Heiner Newe
Heiderose Thomsen-Newe

MIT DEM WOHNMOBIL IN DEN HARZ

IN DAS WESERBERGLAND, AN DIE UNTERE SAALE UND AN DIE ELBE

Die Anleitung für einen Erlebnisurlaub

DER WOHNMOBIL-VERLAG
D-36452 Kaltennordheim
OT Mittelsdorf

Die Deutsche Bibliothek – CIP-Einheitsaufnahme

Bibliografische Information der Deutschen Bibliothek

Die Deutsche Bibliothek verzeichnet diese Publikation in der Deutschen Nationalbibliografie.
Detaillierte bibliografische Daten sind im Internet über <http://dnb.ddb.de> abrufbar.

Titelbild: Teufelsmauer bei Weddersleben, Tour 7
Bild in vorderer Klappe: Ferropolis, Tour 4

Karten: Heiner Newe, Stadtpläne unter Verwendung der Daten von © OpenStreetMap contributors
Fotos: Bildnachweis Seite 355

1. Auflage - 2021

Druck:
Louis Hofmann
Druck- und Verlagshaus, 96242 Sonnefeld

Vertrieb:
GeoCenter GmbH, 70794 Filderstadt

Herausgeber:
WOMO-Verlag, OT Mittelsdorf, 36452 Kaltennordheim
GPS: N 50°36'38.2" E 10°07'55.6"

Fon: 0049 (0) 36946-20691
Fax: 0049 (0) 36946-20692
eMail: verlag@womo.de
Internet: www.womo.de

Autoren-eMail: Newe@womo.de

ISBN 978-3-86903-661-8

Jede Tour und jeder Stellplatz sind von uns meist mehrfach überprüft worden, wir können jedoch inhaltliche Fehler nie ganz ausschließen. Bitte achten Sie selbst auf Hochwasser, Brandgefahr, Steinschlag und Erdrutsch!

Verlag und Autoren übernehmen keine Verantwortung für die Legalität der veröffentlichten Stellplätze und allen anderen Angaben. Unsere Haftung ist, soweit ein Schaden nicht an Leben, Körper oder Gesundheit eingetreten ist, ausgeschlossen, es sei denn, unsere Verantwortung beruht auf Vorsatz oder grober Fahrlässigkeit.

EINLADUNG

Liebe Leser,

der Harz ist der Haupttitel dieses Werkes und das wesentliche Reisegebiet dieses Buches. Jedoch bereisen und beschreiben wir nicht einzig und allein ihn, sondern auch sein Umland.

In diesem Buch erwartet Sie also viel mehr, als nur ein Besuch des Brockens als höchsten Berg Norddeutschlands, einer Besichtigung des mystischen Hexentanzplatzes mit all seinen Naturschönheiten ringsum oder einer Fahrt mit einer der berühmten Harzer Schmalspurbahnen.
Wir widmen uns dem Nationalpark Harz in besonderem Maße, schauen uns die Bergbaustädte an und besuchen die Höhlen und Stauseen dieser Region. Mit Wanderungen und Radtouren werden wir dieses Gebiet näher beleuchten. Es gibt eine ganze Reihe interessanter Pfade, die es sich lohnt zu gehen.
Das Weserbergland liegt westlich unseres Hauptreisegebietes. Hier schauen wir uns unter anderem die Naturlandschaften von Solling, Vogler und Deister sowie die Städte entlang der Weser an. Sie wissen mit zahlreichen Schlössern im Baustil der Weserrenaissance zu glänzen.
Das nördliche Harzvorland bis nach Braunschweig und den Elm suchen wir ebenfalls auf. Diese Region links und rechts des ehemaligen "Eisernen Vorhangs" überrascht mit Vielfalt, verschwiegenen Orten und malerischen Fachwerkstädtchen. Hinzu kommen die Magdeburger Börde und die Stadt Magdeburg. Da wir damit schon an der Elbe sind, geht es flussaufwärts bis an die untere Saale. Hier stehen das Bauhaus in Dessau, die Luthergedenkstätten in Eisleben und Wittenberg, das Gartenreich Dessau-Wörlitz, der Naumburger Dom, die Himmelsscheibe von Nebra sowie der Weinbau im Saale-Unstrut-Gebiet im Vordergrund.
Die hohe Dichte der UNESCO-Welterbestätten in unserem Reisegebiet ist schon außergewöhnlich. Neun der 46 Erbestätten Deutschlands (Stand 2020) haben wir hier zu verzeichnen. Wir haben sie alle berücksichtigt. Sie machen eine Reise in diese Region zu einem besonderen kultur- und wirtschaftshistorischen Erlebnis. Es sind ausschließlich vom Menschen geschaffene Werke, die in den letzten Jahrhunderten entstanden sind und erzählen alle ihre eigenen Geschichten. Wir haben uns bemüht, sie zusammenzufassen und sie Ihnen wohnmobilgerecht aufzubereiten.

Wir wünschen Ihnen einen angenehmen Aufenthalt im Harz.

Heiner Newe und Heiderose Thomsen-Newe.

Unsere Top Ten

Naumburg

Der Naumburger Dom ist ein einzigartiges Zeugnis der mittelalterlichen Architektur und Kunst des 13. Jahrhunderts. Seit 2018 gehört zum Welterbe der UNESCO. Ab Seite 95.

Ferropolis

Für die einen ist es nur ein Haufen Schrott aus längst vergangenen Tagen. Für die anderen ein Industriedenkmal allererster Güte und außergewöhnliche Veranstaltungsstätte. Ab Seite 122.

Wörlitzer Park

Die Schlösser und Parkanlagen von Oranienbaum, Mosigkau, Georgium, Luisium, der Landschaftspark Großkühnau und die Wörlitzer Anlagen bildet ein Welterbe. Ab Seite 126.

Burg Falkenstein

Mittelalterliche Ritterburg über dem Selketal. Kulisse für mehr als 30 Filmproduktionen. Mit Falknerei und gutem Restaurant. Ein schönes Wanderziel. Ab Seite 142.

Quedlinburg

Historische Altstadt mit mehr als 2000 Fachwerkhäusern. Romantische Gassen, Schloss, Stiftskirche, Domschatz, UNESCO Welterbe. Ab Seite 146.

Teufelsmauer

So faszinierend kann Geologie sein. Wie vom Teufel aufgetürmt wirkt diese Gesteinsmauer am Nordrand des Harzes. Bei Weddersleben ist sie besonders prägnant zu sehen. Ab Seite 170.

Hameln

Der Rattenfänger von Hameln machte die Stadt in der ganzen Welt bekannt. Der Ort ist aber auch ein märchenhaftes Städtchen der Weserrenaissance.
Ab Seite 243.

Schloss Marienburg

Neuschwanstein des Nordens. Ein Geschenk des Welfenkönigs Georg V. an seine Gemahlin Marie wurde nur kurze Zeit bewohnt. Ein Blick in die Geschichte verrät warum. Ab Seite 282.

Goslar

Eine der faszinierendsten Städte im Harz. Kaiserpfalz, Domvorhalle, Altstadt, Rammelsberg und Oberharzer Wasserwirtschaft sind die Stichworte für dieses UNESCO-Welterbe. Ab Seite 296.

Hötensleben

Hier waren Deutschland und Europa bis zum 19. November 1989 um 7:50 Uhr geteilt. Ein Denkmal der deutsch-deutschen Geschichte mit Mauer, Stacheldraht und Todesstreifen. Ab Seite 322.

Inhaltsverzeichnis

Gebrauchsanweisung

Der Harz ist eine sagenumwobene Region. Finden wir hier die Walpurgisnacht, Hexen und Teufel, so wandeln wir im Weserbergland auf den Spuren des Lügenbarons Münchhausen. Wir beschäftigen uns aber nicht nur mit Mythen und Märchen, wir unternehmen den Versuch, Ihnen das ganze Spektrum der Sehenswürdigkeiten dieser Regionen näher zu bringen. Bevor wir uns mit den Details befassen, wollen wir Ihnen zunächst den Aufbau des Buches erläutern und Ihnen einen Überblick zu den Inhalten dieses Werkes verschaffen.

Reisegebiet

In der Einladung auf der Seite 3 haben wir das Reisegebiet schon kurz umrissen. An dieser Stelle wollen wir die einzelnen Touren kurz erläutern.

Die **Tour 1** startet in Göttingen, führt durch das Untereichsfeld an der Grenze zu Thüringen in den Südharz. Romantische Fachwerk- und alte Bergbaustädte werden auf dieser Reise einen Schwerpunkt bilden.

In der Innenstadt von Stolberg.

Tour 2 führt durch die Karstlandschaft des Südharzes. Höhlen, Aussichtspunkte, Bergbau, Wanderungen, ein duftender Rosengarten und ein großer Badesee bieten ein vielfältiges Programm. Die Kategorie Geschichte wird mit dem Besuch von Luthers Geburtshaus gefüllt.

Freuen Sie sich in der **Tour 3** auf einen Blick in die Frühgeschichte. Mit der Arche Nebra und dem Sonnenobservatorium in Goseck haben wir gleich zwei hochkarätige Stationen der Himmelswege auf dem Programm. Wir garnieren dies auf dieser Reise mit einigen Burgen und Schlössern, bestaunen das UNESCO-Welterbe Naumburger Dom und tun am Gradierwerk in Bad Kösen und den gefluteten Tagebauseen etwas für die Gesundheit.

Kleiner Strand am Großkaynaer See.

Kulinarisch lassen wir uns mit Wein aus dem Saale-Unstrut-Gebiet verwöhnen.

Mit umgestalteten Tagebaulandschaften geht es auch in **Tour 4** weiter. Hier besuchen wir gleich mehrere Seen und nächtigen neben den Ungetümen, die diese Löcher einst geschaffen haben. Die Abteilung Geschichte füllt wieder Martin Luther, diesmal in Wittenberg, wo er bekanntlich seine ketzerischen Thesen an die Schlosskirche schlug. Für Entspannung sorgen die Spaziergänge im Gartenreich Dessau-Wörlitz.

In der **Tour 5** geht es über die Saale zurück in den Harz. Neben einigen Klöstern, Kirchen, Burgen, Schlössern und Landschaftsgärten, die wir unterwegs einsammeln, ist der Besuch von Quedlinburg der Höhe- und Endpunkt dieser Route.

Auf der **Tour 6** pendeln wir mal links, mal rechts der Elbe entlang nach Magdeburg, der Landeshauptstadt Sachsen-Anhalts. Wir durchstreifen dabei das Biosphärenreservat Mittelelbe, besuchen die Stadt, in der die Zarin Katharina die Große einst lebte, schauen das Ringheiligtum Pömmelte an und lassen die Reise an einem Badesee enden, nachdem wir uns ausgiebig der Stadt Magdeburg gewidmet haben.

Der Brocken.

Tour 7 führt durch den Kernbereich des Harzes. Hier besuchen wird die Teufelsmauer, die als Cover dieses Buch ziert, widmen uns den Hexen, blicken in tiefe Schluchten, zeigen, wo Sie spektakulär mit einer Zip-Line fahren können und haben so nebenbei noch einige Höhlen, Talsperren, Bergbau und Wanderungen auf dem Programm. Höhepunkt im wahrsten Sinne des Wortes ist der Brocken mit 1141 Metern der höchste Berg des Harzes und Norddeutschlands.

In der **Tour 8** verlassen wir den Harz und fahren an die Weser. Reizvolle Fachwerkhäuser stehen bei der Durchquerung des Weserberglandes auf dem Programm.

Einige außergewöhnliche Blicke auf die Weserlandschaft erwartet uns in der **Tour 9**. Mit dem Rad lassen sich die Städte an der Weser wunderbar erkunden. Anstrengungsfrei lässt es sich in die eine oder andere Richtung fahren. Nach der Durchquerung des Solling geht es nach Northeim an die Leine. Eine weitere Fachwerkstadt, die zu einem Besuch einlädt, bevor es über Nörten-Hardenberg nach Göttingen zurückgeht, wo wir dieses Buch begonnen haben.

Wir sind aber noch nicht fertig, mit der **Tour 10** geht es die Weser hinab. Wir beehren den armen "Lügenbaron" mit unserem Besuch, schauen uns ein edles Kurbad an, passieren dabei eines der schönsten Schlösser der Weserrenaissance und hören dann dem Flötenspiel des Rattenfängers von Hameln zu. Einige Stationen weiter ist der Besuch des Kaiser-Wilhelm-Denkmals in Porta Westfalica natürlich Pflicht. Den Besuch dieses Monumentaldenkmals sollten Sie nicht versäumen, bevor Sie in Minden auf dem großen Stellplatz an der Weser Quartier beziehen, wo diese Tour endet.

Kaiser-Wilhelm-Denkmal.

Tour 11 hat von allem etwas. Schlösser, Badegelegenheiten, Dinosaurierspuren, verwunschen-mysteriös gewachsene Bäume, aussichtsreiche Türme in einer Waldwanderlandschaft, eine Steinkohlezeche, einen außergewöhnlichen Wildpark und kurz vor Schluss ein märchenhaft wirkendes Schloss. Beendet wird die Tour in Hildesheim. Hier stehen unter anderem die beiden UNESCO-Welterbestätten St. Michaelis und der Dom auf dem Besuchsprogramm.

Tour 12 führt uns wieder zurück in den Harz, diesmal ist der Norden dran. Über Bockenem, wo die Zeit tickt, geht es zu zwei großen Stauseen und von dort weiter nach Goslar. Für diese Stadt muss man sich ein wenig Zeit nehmen. Mit dem Bergwerk Rammelsberg ist das kein Ort zum Durchhuschen. In Bad Harzburg lernt man ganz neue Seiten des Waldes kennen. Lassen Sie sich überraschen. Neben der malerischen Fachwerkstadt Wernigerode, die wir in dieser Tour auch besuchen werden, machen wir einen Abstecher nach Osterwieck, ein eher ursprünglich wirkendes, verträumtes und keineswegs überlaufenes Fachwerkstädtchen. In Blankenburg beenden wir diese Tour und starten von dort die **Tour 13**, die uns zunächst nach Halberstadt führt und dann über den Huy ins Eulenspiegelland rund um Schöppenstedt. Von dort geht

Im Zentrum von Osterwieck.

es weiter zu einem sehr außergewöhnlichen, futuristisch wirkenden Museum. Um jüngere Zeitgeschichte geht es beim Grenzdenkmal in Hötensleben und bei der Gedenkstätte Deutsch Teilung in Marienborn. In der alten Universitätsstadt Helmstedt lassen wir diese Fahrt enden und begeben uns in der **Tour 14** über Königslutter, Braunschweig und Wolfenbüttel wieder zurück nach Hildesheim.

Wenn Sie sich unser Buch über die Lüneburger Heide besorgen, so können Sie von hier aus gleich die schöne Heidelandschaft in Angriff nehmen.

Eine grafische Übersicht dieser Touren finden Sie in der hinteren Umschlagklappe.

Zum Aufbau des Buches

Kommen wir nun zum Aufbau des Buches. Jedes Kapitel jeder Tour beginnt mit einer Karte auf der linken Seite. In diesen Karten ist der Verlauf der Route mit einer roten Linie gekennzeichnet. Neben diesen roten Linien sind in den Karten natürlich die Ortsnamen, Sehenswürdigkeiten und Symbole verzeichnet, die in der Zeichenerklärung auf der hinteren Umschlagklappe erläutert werden. In einem leichteren Rot sind auch die benachbarten Touren auf den Karten zu sehen. Das soll Ihnen die individuelle Reiseplanung erleichtern. Tipp: Machen sie sich vertraut mit den Symbolen und den Farben der Stellplätze, das erleichtert die Orientierung in den Karten erheblich.

Die Stell- und Campingplätze sind in den Karten durchnummeriert. Die Beschreibungen der Stell- und Campingplätze im Text nehmen diese Nummern wieder auf.

WOMO-Stellplätze

Die Stellplatzkästen sind orange-gelblich eingefärbt. Wir unterscheiden dabei zwischen den offiziellen und den nicht offiziellen Plätzen. Offiziell ist ein Stellplatz immer dann, wenn ein WOMO-Schild am Parkplatz zu sehen ist. Er muss keinerlei wohnmobilspezifische Einrichtungen haben. Die anderen, nicht offiziellen Stellplätze sind in der Regel Parkplatzareale, auf denen wir mit einem Wohnmobil stehen bleiben können. Das sind die Parkplätze, die einfach nur mit einem weißen P auf blauen Grund markiert sind.

Die Stellplatzbeschreibungen erfolgen immer nach demselben Schema. Zunächst werden die GPS-Koordinaten genannt, dann folgt die Adresse. Da nicht jeder Stellplatz eine genaue Postadresse hat, müssen sie damit rechnen, wenn sie in ihr Navi die Adresse eingegeben haben, dass sie nur näherungsweise zu dem Platz geführt werden. Eine zielgenaue Führung erreichen sie nur mit den geografischen Koordinaten. Aber auch diese zielgenaue Führung kann problematisch sein, wenn sie kein spezielles für Wohnmobile eingerichtetes Navigationsgerät benutzen. Deshalb achten Sie bitte auch auf die Beschreibung der Zufahrt, die am Ende einer Stellplatzbeschreibung immer aufgeführt ist. Diese Beschreibungen berücksichtigen Straßenbreiten, Durchfahrtshöhen und Gewichtsbeschränkungen, auf die ihr Navi unter Umständen keine Rücksicht nimmt. Nicht immer ist der kürzeste Weg auch der beste. Tipp: Über die Homepage des Verlages können Sie die GPS-Koordinaten dieses Buches als GPX-Datei bestellen und anschließend auf Ihr Navi kopieren. Damit ersparen Sie sich das lästige Abtippen der Koordinaten oder der Adresse.

Zurück zu den Stellplatzkästen in diesem Buch. Nach den GPS-Koordinaten und der Adresse folgt die Angabe, wie viele Wohnmobile maximal auf dem Stellplatz geparkt werden können. Wir geben ebenfalls an, wie lang das Fahrzeug maximal sein kann. Bei dieser Angabe ist nicht davon auszugehen, dass alle Stellflächen des Platzes die maximale Länge zulassen. Soweit wir es in Erfahrung bringen konnten, haben wir auch vermerkt, wie lange Sie auf diesen Stellplätzen verweilen dürfen.

In der Beschreibung führen wir auch auf, welche Ausstattungsmerkmale die Anlagen haben. Wir beschreiben, wie der Untergrund des Stellplatzes beschaffen ist, sagen, ob Sie Keile benötigen, um ihr Fahrzeug waagerecht zu stellen, führen auf, ob sie Wasser tanken können, ob sie entsorgen können und ob eine Stromversorgung möglich ist. Wenn es sich um einen hochmodernen neuzeitlichen Stellplatz handelt, der in Servicegebäuden Waschmaschine, Wäschetrockner oder einige andere Serviceeinrichtungen anbietet, so führen wir diese ebenfalls auf. Wir gehen auch auf die Umgebungsgeräusche der Stellplätze ein. Wir sagen ihnen, ob sie in der Nacht mit Ruhe rechnen können oder ob es wahrscheinlich laut sein wird. Natürlich haben wir nicht auf allen Stellplätzen übernachtet, die wir beschrieben haben. Wir trauen uns aber aufgrund unserer langjährigen Erfahrung zu, die Lage einigermaßen richtig einschätzen zu können. Natürlich sagen wir Ihnen auch, ob der Stellplatz schattig ist oder nicht. Ist er schattig, so müssen Sie mit eingeschränktem Satellitenempfang rechnen. Die Entfernung von den Stellplätzen zu den jeweiligen Sehenswürdigkeiten der Stadt oder der Region ist in der Regel immer angegeben.

Wir nennen Ihnen alle Preise, die auf den Stellplätzen für die angebotenen Leistungen bezahlt werden müssen. Wir weisen auch an dieser Stelle darauf hin, dass es für die Stellplätze in Deutschland allgemein sehr sinnvoll ist, eine größere Menge an Münzen, insbesondere 50-Cent und 1-Euro-Münzen mitzuführen. Kartenzahlung für die Stellplatzgebühr, für die Wasserentnahme oder für die Entsorgung ist immer noch die Ausnahme. Wir haben die Preise so angegeben, wie wir sie im Jahre 2020 vor Ort vorgefunden haben.

Als Fotomodell verwenden wir, soweit es freie Plätze gibt, unseren Dethleffs Fortero auf der Basis eines Ford-Transit, der Ihnen auf unseren Stellplatzfotos oft begegnen wird.

Unser Fotomodell.

Gern wird immer wieder in den Verkaufsprospekten von Wohnmobilen das Fahrzeug am Meeresstrand oder am Seeufer mit freundlich und glücklich dreinblickenden Menschen gezeigt. Auch im Verlag galt und gilt immer noch das „freie stehen" als das Nonplusultra des Wohnmobilurlaubs. Das ist im Harz und seinem Umland auch kein Problem. Sie werden an vielerlei Orten Wanderparkplätze finden, die dies möglich machen. Nur sind nicht alle optimal geeignet, was an einer vorbeiführenden verkehrsreichen und damit lauten Straße oder einer Hanglage liegen kann. Respektieren Sie bitte, dass eine Übernachtung in den Grenzen des Nationalparks auf den Wanderparkplätzen grundsätzlich verboten ist. Es sei denn, es ist ausdrücklich erlaubt.

WOMO-Badeplätze

Die WOMO-Badeplätze erscheinen in blauer Farbe. Auch hier unterscheiden wir zwischen offiziellen und inoffiziellen Plätzen. Stellplätze an Thermen oder Freibädern werden von uns als Badeplätze definiert. Wir verweisen in diesem Buch auch auf Naturbadeseen und Flussbadestränden, in dessen Nähe sich häufig Stellplätze befinden. Die Beschreibungen folgen dem Schema der gelb-orangenen Kästen.

Badestrand in der Nähe des Pegelturms.

WOMO-Wander- und Picknickplätze

Dies trifft auch für die Wanderparkplätze zu, die in grüner Farbe erscheinen und für die Picknickplätze, die violett dargestellt sind. Hier ist zumeist davon auszugehen, dass eine Infrastruktur für Wohnmobile nicht vorhanden ist. Meistens sind es aber gute und vor allem kostenlose Übernachtungsplätze abseits der Durchgangsstraßen, wenn die Einsamkeit nicht stört.

WOMO-Campingplätze

Campingplätze, die in einem hellen Grün erscheinen, nehmen in diesem Buch einen breiten Raum ein. Die Ausstattungsmerkmale dieser Plätze sind bei den Beschreibungen aufgeführt. Dies soll Ihnen die Wahl erleichtern, den für Sie passenden Ort zu finden. Wir haben aus Platzgründen nicht alle Campingplätze aufnehmen können. Aufgenommen haben wir nur die, die wir uns auch angeschaut haben. Nicht von allen zeigen wir ein Foto. Hier sind wir etwas zurückhaltender, weil wir nicht Personen ungefragt in diesem Buch abbilden möchten. Dort, wo ein aussagekräftiges Bild aus größerer Distanz möglich war, haben wir es berücksichtigt. Um ihnen den Buchungsvorgang eines Campingplatzes zu erleichtern, haben wir sowohl die Homepage als auch die Telefonnummer des jeweiligen Campingplatzbetreibers aufgeführt.

Campingplatz Barleber See.

WOMO-Gasthöfe

Bleiben zum Schluss noch die Gasthöfe, die eine Übernachtung auf ihren Gästeparkplätzen zulassen. Fast immer werden diese Plätze kostenlos angeboten und es versteht sich eigentlich von selbst, dass dies mit der Einkehr in den jeweiligen Gasthof verbunden ist. Eine sehr gute Gelegenheit, die regionale Küche und die regionalen Biere kennenzulernen.

Sehenswürdigkeiten

Nicht alle Sehenswürdigkeiten haben wir ausführlich beschrieben. Vielfach haben wir es dabei belassen, sie nur stichwortartig aufzuführen. Wenn wir uns aber einer Sehenswürdigkeit ausführlicher gewidmet haben, so haben wir auch immer die Öffnungszeiten und die Eintrittspreise dazu geschrieben. Bei den Eintrittspreisen haben wir nicht immer alle Rabatte und Vergünstigungen notiert. Wir haben den Eintrittspreis eines normalen Erwachsenen angegeben. Um die aktuellen Preise und Öffnungszeiten zu erfahren, gehen Sie bitte auf die jeweilige Homepage der Sehenswürdigkeit, die wir in der Regel der Beschreibung hinzugefügt haben. Die ausführlichen Beschreibungen erscheinen in einem hellgelben Kasten.

Wanderungen und Radtouren

Etwas ausführlicher dargestellte Wanderungen und Radtouren erscheinen in einem grünen Kasten. Nicht immer verweisen wir dabei auf eine Wanderkarte. Häufig ist die Beschilderung vor Ort so gut, dass man auch ohne eine Wanderkarte zurechtkommt. Für die Orientierung vor Ort nutzen wir unser Smartphone und Google Maps. Damit kommt man in der Regel sehr gut aus. Wir verweisen vielfach auf Internetadressen, von denen Sie gpx-Daten für Ihr Wandernavigerät herunterladen können. Oft helfen auch schon die ebenfalls im Downloadbereich angebotenen Karten und Beschreibungen, die Ihnen eine Orientierung auf Ihren Wanderungen erleichtern.

Harzer Wandernadel

Es ist eine Spezialität des Harzes. Hier können Sie zu einem Wanderkönig oder gar Wanderkaiser gekrönt werden. Um sich umfassend sachkundig zu machen, schauen Sie bitte hier nach www.harzer-wandernadel.de. Wenn Sie in dem Besitz des Harzer Wanderpasses sind, dann können Sie in diesen Pass an 222 Stellen zumeist markante Wanderziele, sich einen Stempel in den Pass drücken. Kontrolliert wird das von niemanden. Sie finden diese Stempel in witterungsbeständige dunkelgrüne Stempelkästen am Wegesrand. Die Stempel sind angebunden, ein Stempelkissen ist auch dabei. Wenn Sie mindestens 50 unterschiedliche Stempel in Ihrem Pass nachweisen können, dann können Sie eine Nadel als Harzer Wanderkönig erwerben und sich an das Revers heften. Wir haben etliche dieser grünen Kästen auf unseren Wander- und Radtouren gesehen. Im Buch weisen wir allerdings nicht auf die Stempelstellen hin.

Stempelstelle Harzer Wandernadel.

Wenn Sie Harzer Wanderkönig oder Kaiser werden möchten, dann ist es sinnvoll, sich die drei Übersichtskarten zu besorgen, die im shop der angegebenen website angeboten werden. Hier finden Sie auch Wanderführen zu den einzelnen Mehrtageswanderungen.

Restaurants

Einen Gourmetführer haben wir nicht geschrieben. Eine Übersicht zu den Restaurantqualitäten unseres Reisegebietes können wir nicht liefern, dafür haben wir zu wenige aufgesucht. Wir erwähnen nur die Restaurants, die wir in guter Erinnerung haben und in denen wir auch selbst zugegen gewesen sind. Negative Restaurantkritiken werden sie in diesem Buch nicht finden, das überlassen wir anderen. Für die Auswahl eines Restaurants gibt es mittlerweile sehr viele tools und Bewertungsportale, die sie online abrufen können.

Radarkontrollen

In unserem Buch über Baden-Württemberg haben wir vor der höchsten Blitzerdichte in Deutschland gewarnt. Mit der Intensität wie in Baden-Württemberg wird in Niedersachsen und Sachsen-Anhalt nicht kontrolliert. Gleichwohl gibt es auch hier eine große Zahl fest installierter Radarstationen, vorzugsweise an Ortsein- und ausgängen.

Landkarten und Navigation

Wir gehen davon aus, dass heute kaum mehr ein Wohnmobilfahrer ohne Navigationssystem unterwegs ist. Mit den GPS-Angaben und den Beschreibungen sowie den Tourenkarten in diesem Buch könnten sie die Reise direkt starten. Auf die zeichnerische Qualität und Lagegenauigkeit der Tourenkarten in diesem Buch legen wir besonders großen Wert. Ich habe fast mein gesamtes Berufsleben damit verbracht, Autoreisebücher und Atlanten zu erstellen. Für die bessere Orientierung in den Städten oder in Ballungsräumen haben wir deshalb auch Stadtpläne eingefügt, um die Beschreibungen im Text besser nachvollziehen zu können.

Allerdings fehlt ihnen der Überblick über das gesamte Reisegebiet, deshalb halten wir es für sinnvoll, eine Reisekarte mitzuführen. Die ADAC Regionalkarte Harz (Blatt 8) im Maßstab 1:150 000 ist da hilfreich. Natürlich sind auch die klassischen Autoatlanten vom ADAC für die Reiseplanung gut zu verwenden. Landkarten erscheinen uns nach wie vor notwendig, insbesondere dann, wenn Vollsperrungen dazu führen, dass man eine neue Route wählen muss. Natürlich berücksichtigen die neuen Navigationssysteme auch Vollsperrungen auf Bundes- und Landesstraßen sowie Autobahnen und wählen automatisch neue Routen. Dies funktioniert jedoch nicht immer, besonders dann nicht, wenn es sich um kurzfristige Sperrungen handelt oder die Straßen zur untersten Kategorie gehören. Wir haben dies bei unseren Erkundungen immer wieder erlebt.

Dieselfahrverbote

Über den Sinn oder Unsinn der Fahrverbote lässt sich trefflich streiten, nur werden wir das in diesem Buch nicht tun. Dafür gibt es genug Foren, in denen ein reger Austausch stattfindet. Dort, wo wir in der Wahl des Weges durch die Fahrverbote auf einzelnen Straßen oder gar flächenhaft eingeschränkt werden, weisen wir in den Stadtplänen oder Karten darauf hin und zeigen Alternativen auf.

Aktualität und Resonanz der Leser

Ein gedrucktes Buch verliert im Laufe der Zeit seine Aktualität. Stellplätze kommen hinzu oder werden geschlossen, die Preise und Öffnungszeiten verändern sich, Straßen werden verlegt oder in Ihrer Nummerierung geändert. Sobald wir von wesentlichen Veränderungen in unserem Reisegebiet erfahren, teilen wir dies in dem Forum des WOMO-Verlages mit. Schauen Sie hier www.forum.womoverlag.de nach, bevor Sie sich mit diesem Buch auf die Reise begeben, ob es zwischenzeitlich Veränderungen oder Aktualisierungen zu diesem Buch gegeben hat.
Sollten ihnen bei der Nutzung dieses Buches Fehler auffallen oder sollten Sie feststellen, dass getroffene Aussagen in diesem Buch nicht mehr aktuell sind, so teilen sie uns das bitte mit. Am liebsten ist uns hier eine E-Mail, die Sie an diese Adresse senden können: newe@womo.de.
Erstaunlicherweise bekommen wir von unseren Lesern recht wenig Resonanz. Nicht gemeckert ist gelobt genug, sagt der Schwabe. Ob diese Sichtweise so zutrifft, wissen wir nicht. Hinweise auf Fehler in unseren Büchern sind sehr selten. Das ist natürlich schön, noch schöner ist es, wenn ein positives Feedback kommt, so wie sie bei unserem Buch über die französischen Alpen in den Amazon-Rezensionen zu lesen sind.
Wie auch immer, trauen Sie sich uns eine kurze Notiz zu schreiben, und teilen Sie uns mit, wie Sie mit diesem Buch zurechtgekommen sind, ob Veränderungen vorgenommen werden sollten oder was Sie besser machen würden. Wir werden es für die nächste Auflage berücksichtigen.
Für Ihre Mühe danken wir, wollen es nun mit dieser Gebrauchsanweisung belassen und endlich die Reise starten.

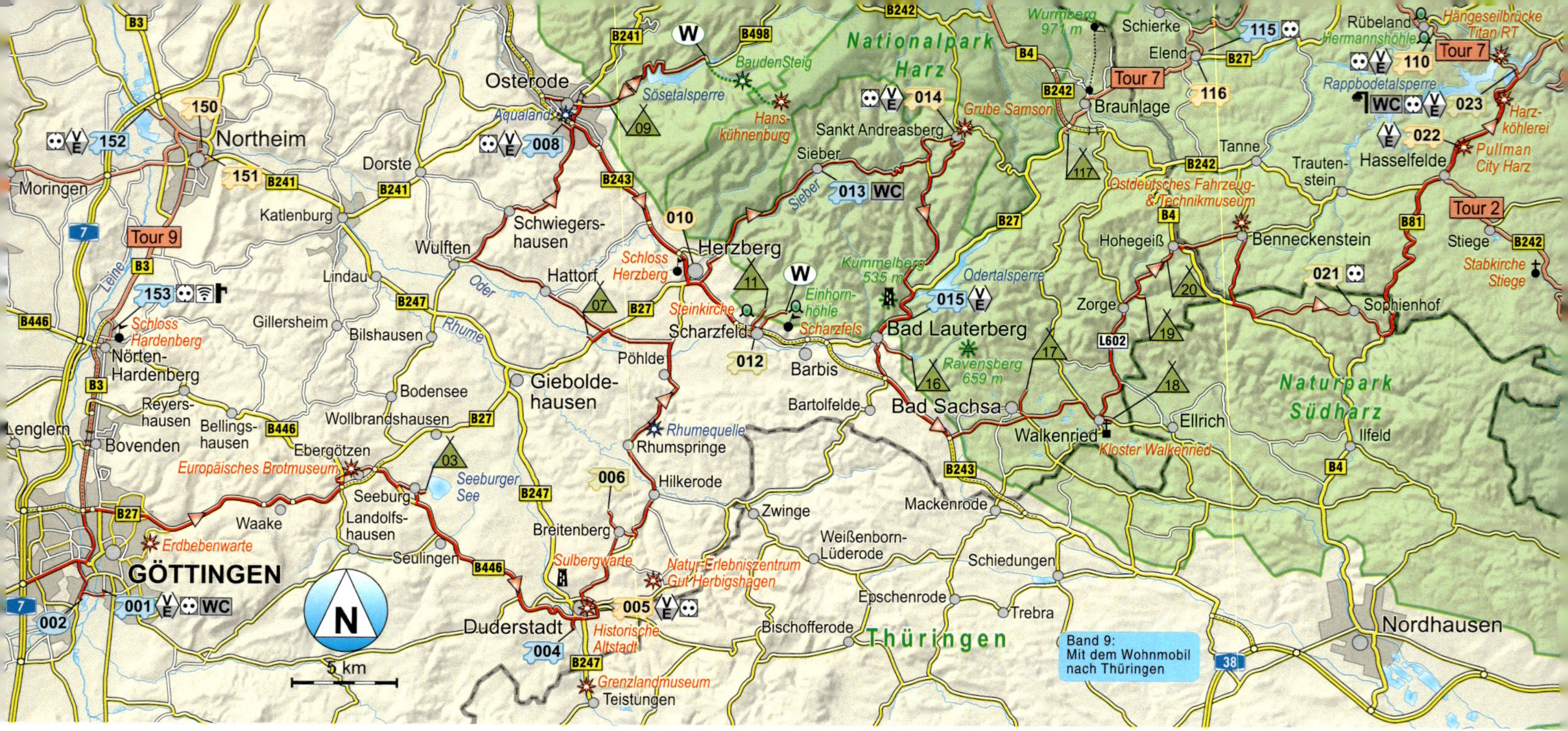
Nationalpark Harz
Naturpark Südharz
Thüringen
Göttingen
Northeim
Osterode
Herzberg
Bad Lauterberg
Bad Sachsa
Braunlage
Duderstadt
Nordhausen
Gieboldehausen
Sankt Andreasberg
Walkenried
Ellrich
Benneckenstein
Hasselfelde
Tour 2
Tour 7
Tour 9
Schloss Herzberg
Schloss Hardenberg
Grube Samson
Kloster Walkenried
Europäisches Brotmuseum
Erdbebenwarte
Sulbergwarte
Grenzlandmuseum
Historische Altstadt
Natur-Erlebniszentrum Gut Herbigshagen
Ostdeutsches Fahrzeug- & Technikmuseum
Stabkirche Stiege
Pullman City Harz
Harzköhlerei
Hängeseilbrücke Titan RT
Rappbodetalsperre
Sösetalsperre
Odertalsperre
Seeburger See
Rhumequelle
Einhornhöhle
Scharzfels
Steinkirche
Hanskühnenburg
BaudenSteig
Wurmberg 971 m
Ravensberg 659 m
Kummelberg 535 m
Band 9: Mit dem Wohnmobil nach Thüringen
5 km

TOUR 1 (ca. 230 km)

Göttingen – Ebergötzen – Seeburg – Duderstadt – Osterode – Scharzfeld – Sankt Andreasberg – Bad Lauterberg – Bad Sachsa – Walkenried – Hohegeiß – Hasselfelde – Rappbodetalsperre

Stellplätze:	Göttingen, Seeburg, Duderstadt, Breitenberg, Osterode, Scharzfeld, Sieber, Sankt Andreasberg, Bad Lauterberg, Walkenried, Sophienhof, Hasselfelde, Rappbodetalsperre.
Campingplätze:	Seeburg, Hattorf am Harz, Osterode, Bad Lauterberg, Bad Sachsa, Hohegeiß.
Ver-/Entsorgung:	Göttingen, Seeburg, Duderstadt, Osterode, Bad Lauterberg, Walkenried, Hasselfelde, Rappbodetalsperre.
Besichtigungen:	Göttingen (Altstadt, Erdbebenwarte), Ebergötzen (Europäisches Brotmuseum), Duderstadt (Historische Altstadt), Rhumspringe (Rhumequelle), Osterode (Altstadt), Scharzfeld (Einhornhöhle), Herzberg (Altstadt), Sankt Andreasberg (Grube Samson), Walkenried (Klosterruine), Hasselfelde (Pullman City, Harzköhlerei).
Wandern:	Harzer Hexenstieg, Harzer Försterstieg, Harzer BaudenSteig. Karstwanderweg.
Baden/Wellness:	Göttingen (Kiessee, Badeparadies Eiswiese), Seeburger See, Duderstadt (Freibad), Osterode (Aqualand), Sieber (Freibad), Bad Lauterberg (Vitamar, Freizeit- und Erlebnisbad).

Den Auftakt unserer Reisen durch den Harz und sein Umland bildet Göttingen. Von dieser altehrwürdigen Universitätsstadt an der Leine arbeiten wir uns durch das Untereichsfeld an der Grenze zu Thüringen in den Südharz vor. Romantische Fachwerk- und alte Bergbaustädte werden auf dieser Reise im Vordergrund stehen. In der Kombination mit dem Besuch von Seen, Quellen, Flüssen und Höhlen sind sie Teil einer abwechslungsreichen Fahrt, die auf einem Stellplatz in der Nähe der Rappbode-Talsperre auf rund 450 Metern Höhe mitten im Harz endet.

Göttingen liegt an der A7, der mit 962 Kilometern längsten Autobahn in Deutschland, die von der dänischen bis zur österreichischen Grenze führt. Die Stadt mit fast 120000 Einwohnern im südlichen Niedersachsen ist also von Norden wie von Süden gut und schnell zu erreichen. Für den Besuch der Universitätsstadt empfehlen wir, den Stellplatz anzufahren, den wir auf der folgenden Seite beschreiben.

(001) Offizieller WOMO-Badeplatz: Göttingen – Badeparadies Eiswiese

GPS: N51°31'18.5" E9°55'47.7"; Windausweg, 37073 Göttingen.
Max. WOMOs: 28, sowie 12 weitere Ausweichplätze vor dem Stellplatzgelände am Beginn eines PKW-Parkplatzes (auch mit Stromversorgung), maximale Länge 12 m, max. Aufenthalt 3 Tage.
Ausstattung: Frischwasserversorgung, Abwasserentsorgung mit Bodeneinlass, Kassettenentleerung, Stromanschlüsse, WC, Behälter für die Müllentsorgung, WLAN, ganzjährig geöffnet.
Beschreibung: Geräumige ebene geschotterte Plätze mit Grünstreifen, direkt neben dem Freibad Brauweg und dem Badeparadies Eiswiese, relativ ruhig. Bäcker in 300 Metern Entfernung, bis zur Stadtmitte sind es 1,5 Kilometer. Eine Bushaltestelle befindet sich in der Nähe des Platzes.

Preise: 12,00 € für ein Fahrzeug mit 2 Personen.Bezahlung erfolgt über einen Automaten mit Bargeld oder EC-Karte. Die Kosten für die Entsorgung, Frischwasser und Strom sind in der Stellplatzgebühr enthalten.
Zufahrt: Von der A7 (Abfahrt 73, Göttingen) 2,5 Kilometer in Richtung Innenstadt fahren, dann rechts in die Jheringstraße und der Beschilderung zum Badeparadies Eisweise folgen.

Neben diesem offiziellen Stellplatz an dem Badeparadies Eiswiese wollen wir für die Kastenwagenfraktion auf den Parkplatz neben dem Vereinsgebäude des Turn- und Wassersportvereins Göttingen im Sandweg 11 hinweisen. Er befindet sich am Kiessee und ist allerdings nur für Fahrzeuge bis zu sechs Metern Länge geeignet. Zu dem Platz gelangen Sie mit diesen Koordinaten [**002:** N51°31'09.5" E9°55'10.0"]. Hier parken Sie kostenlos. In den Sommermonaten wird dieser Parkplatz an sonnigen Tagen von Badegästen und Wassersportlern stark frequentiert.

Rund ein Fünftel der Bevölkerung Göttingens sind Studenten. Dies ist im Innenstadtbereich mit vielen Szenekneipen deutlich wahrnehmbar und auch in den Grünanlagen des Stadtwalls sowie des Cheltenhamparks sieht man viele junge Gesichter.

Die Universität hat einen guten Ruf, auch wenn die ruhmreichen Wissenschaftler, die an dieser Hochschule ausgebildet wurden oder lehrten, längst der Vergangenheit angehören. Robert Koch, Paul Ehrlich, Max Planck, Werner Heisenberg, Otto Hahn, Georg Christoph Lichtenberg gehören dazu und nicht zu vergessen **Carl Friedrich Gauß**, der als Mathematiker, Physiker und Astronom zahlreiche Formeln und Erfindungen hinterlassen hat, die auch heute noch von allergrößter Bedeutung sind. Von der Gaußschen Normalverteilung hat sicher schon jeder einmal gehört. Dämmert da bei Ihnen et-

In der Innenstadt von Göttingen.

was? In der Schule und an der Uni durfte man sich damit befassen. Aber da man das nun nicht täglich braucht, gerät es auch wieder in Vergessenheit. Gauß war ein mathematisches Genie, lieferte Beiträge zur Astronomie, leitete die Königliche Sternwarte in Göttingen und war in der Geodäsie sowie in der Landvermessung aktiv. Als Gauß lehrte und forschte, gab es den Nobelpreis noch nicht, sonst würde er sicher zu dem illustren Kreis des **Göttinger Nobelpreiswunders** gehören. Göttinger Nobelpreiswunder hieß eine Ausstellung, die vor etlichen Jahren durchgeführt wurde und in der 44 Nobelpreisträger vorgestellt wurden, die in irgendeiner Form mit Göttingen in Verbindung standen oder stehen. Die Mehrzahl der Nobelpreisträger erhielten ihre Ehrungen in der ersten Hälfte des 20. Jahrhunderts. Das liegt also schon Jahrzehnte zurück. Die Ausstellung diente wohl in erster Linie dazu, das Image als Universitätsstadt und Wissenschaftsstandort ein wenig aufzupolieren.

Kehren wir zurück zu Carl Friedrich Gauß. Eine seiner Wirkungsstätten ist das Gaußsche Haus, das sich neben der **Wiechert'schen Erdbebenwarte** befindet. In diesem Haus forschte Gauß zum Thema Erdmagnetismus. Spannend ist der Besuch der Erdbebenwarte, die sich in der Herzberger Landstraße 180 befindet und damit rund fünf Kilometer vom Stellplatz entfernt ist. Es ist die erste und älteste Erdbebenwarte der Welt, die mit Seismographen ausgestattet wurde. Den Parkplatz finden Sie mit diesen Koordinaten N51°32'39.6" E9°57'47.6". Hier erfahren Sie alles über die Geschichte der Messungen und Aufzeichnungen und können an einem künstlich erzeugten "Minierdbeben" teilhaben, das durch den Fall einer vier Tonnen schweren Stahlkugel aus 14 Metern Höhe erzeugt wird. Für den Besuch ist eine Anmeldung erforderlich,

Rathaus und Marktplatz mit dem Gänseliesel-Brunnen.

die Sie über diese website www.erdbebenwarte.de durchführen können. Beim Durchstöbern dieser Seite sehen Sie auch gleich, ob eine Besichtigung für Sie interessant ist oder nicht.

Schauen wir uns nun in der sehenswerten Innenstadt um, die von Grünanlagen umgeben ist, die auf den alten Wallanlagen entstanden sind. Von der ehemaligen mittelalterlichen Stadtbefestigung sind nur noch Reste erhalten. Vom Stellplatz bis zu den Wallanlagen sind etwas mehr als ein Kilometer zu gehen. Die Wallanlage selbst ist nur wenig mehr als drei Kilometer lang und durch einen Fußweg erschlossen. Wenn Sie diesen in Angriff nehmen wollen und nach Ankunft gegen den Uhrzeigersinn losmarschieren, dann werden Sie schnell auf das **Gauß-Weber-Denkmal** treffen, das sich in diesen Anlagen befindet.

Die erste Adresse in der Reihenfolge der Sehenswürdigkeiten ist das **Alte Rathaus** mit dem Marktplatz und dem Gänseliesel-Brunnen. Rund um das alte Gemäuer, dessen Aussehen im Wesentlichen seit dem Mittelalter nicht mehr verändert worden ist, finden Sie zahlreiche Cafés und Restaurants. Hier tummeln sich die Straßenmusikanten, an dieser Stelle pulsiert das öffentliche Leben. Vor dem Rathaus steht das meistgeküsste Mädchen der Stadt. Es ist die **Gänseliesel**, die nach altem Brauch von den frisch promovierten Absolventen der Universität einen Schmatz auf die Wange gedrückt bekommt. Gelenkig muss man dabei schon sein, denn das Hochklettern im Brunnen gehört dazu.

Göttingen hat kein geschlossenes mittelalterliches Stadtbild wie andere Städte in dieser Region, die mit malerischen Fachwerkensembles aufzuwarten wissen. Obwohl im Zweiten Weltkrieg nur wenige Häuser durch Bombenangriffe zerstört wurden, fallen die "Nachkriegsbauten" im Stadtbild auf. Die Stadtväter der nach dem Krieg rasch zu einer Großstadt anwachsenden Stadt, wollten ihrem Gemeinwesen einen fortschrittlichen, zeitgemäßen Anstrich verpassen. Deshalb wurde viel alte Bausubstanz abgerissen und Platz gemacht für das, was in den 60er-Jahren als schick und modern galt. So wechselt sich heute im Straßenbild vielfach schönes, zum Teil reich verziertes altes Fachwerk mit neuzeitlich-modernen Gebäuden ab.

Der Gänseliesel-Brunnen.

Auch sehenswert sind unter anderem neben diesen Fachwerkhäusern die **Johanniskirche** mit ihren zwei unterschiedlichen Kirchtürmen, die **Paulinerkirche**, die ohne einen Kirchturm auskommen muss und heute als Bibliothek und Ausstellungsraum genutzt wird, sowie die **Jacobikirche,** deren 72 Meter hohe Turm bestiegen werden kann. Von ihm hat man einen schönen Blick auf die Altstadt. Alle Kirchengebäude befinden sich im näheren Umkreis des Marktplatzes, sind also leicht zu finden. Unter den Fachwerkhäusern ist die **Junkernschänke** mit ihren zahlreichen Schnitzereien an der Außenfassade sicher das prachtvollste. Hier ist heute ein Restaurant untergebracht, das dem Zeitgeist der Globalisierung folgend, eine deutsch-amerikanische Küche aufweist. Angeboten werden die besten smoked Spare Ribs der Stadt, viele andere Fleischgerichte und natürlich einige, wenn auch wenige vegetarische und vegane Gerichte. Das Lokal befindet sich in der Barfüßerstraße, rund 150 Meter vom Gänseliesel-Brunnen entfernt. Wenn Sie dieses Restaurant besuchen wollen, so sollten Sie eine Reservierung vornehmen, die Sie über diese website www.baconsupreme.com vollziehen können.

Von Göttingen geht es nun über die gut ausgebaute B27 nach **Ebergötzen**. In diesem Ort verbrachte der berühmte humoristische Dichter und Zeichner Wilhelm Busch zwischen 1841 bis 1846 den größten Teil seiner Schulzeit. In diesem

Raum, den wir mal weitgefasst als rund um Hannover bezeichnen wollen, werden wir ihm noch öfter begegnen. Seinen Geburtsort suchen wir übrigens im Band 63, Mit dem Wohnmobil in die Lüneburger Heide und in die Elbtalaue auf.

Bockwindmühle auf dem Gelände des Brotmuseums.

Die Attraktion in Ebergötzen ist das außergewöhnlich wirkende **Europäische Brotmuseum**. Um es zu besichtigen, parken Sie Ihr Fahrzeug am geschicktesten in der Bergstraße. Den gut ausgeschilderten Parkplatz finden Sie mit diesen Koordinaten. [N51°34'04.2" E10°06'04.1"]. Auf 800 Quadratmetern im Museumsgebäude und auf zwei Hektar im Außengelände wird die Geschichte des Brotes von seinen Ursprüngen bis in die heutige Zeit eingehend erklärt. Eine 8000-jährige kultur- und zeitgeschichtliche Betrachtung erwartet Sie hier. Zu besichtigen gibt es eine Bockwindmühle, eine Wassermühle, einen Apothekergarten, einen Getreidegarten, einen historischen Park, einen Steinzeitofen und einen Römerofen. Mit Backaktionen bekommen Sie die Herstellung des Brotes in den verschiedenen Epochen gezeigt und können auch selbst Hand anlegen. Das gesamte Programm, die Eintrittspreise und die Öffnungszeiten finden Sie hier www.brotmuseum.de.

Vom Parkplatz des Brotmuseums lässt sich die **Wilhelm-Busch-Mühle** bequem zu Fuß erreichen, sie ist etwa 650 Meter entfernt. Wie bereits erwähnt, verbrachte Busch in diesem Dorf einen großen Teil seiner Schulzeit. Er freundete sich mit Erich Bachmann an, dessen Vater die örtliche Wassermühle betrieb. Zusammen eroberten die zwei das Dorf und bildeten die Vorlage für **Max und Moritz**, die Lausbubengeschichte, die später von Wilhelm Busch so schön gezeichnet und erzählt wurde. Vieles von dem, was er in der Kindheit in Ebergötzen erlebt hat, lässt sich in dieser Geschichte nachvollziehen. Wer kennt sie nicht, die Geschichte vom Schneider

Böck, der über einen angesägten Steg ging und dabei in den Bach stürzte, oder die von der Witwe Bolte, die ihre Hühner nebst Hahn durch die Streiche dieser Lausbuben verlor. Den Steg und das Haus der Witwe Bolte gab es tatsächlich in diesem Dorf. Sie befanden sich in unmittelbarer Nähe der Mühle. Die Wassermühle selbst, in der Max und Moritz nach dem letzten Streich " Rickeracke! Rickeracke! Geht die Mühle mit Geknacke" ihr tragisches Ende fanden, war im Original für Busch ein von ihm viel besuchter Aufenthaltsort. Mit der Fähigkeit dieses weltberühmten Dichters, kleine Erlebnisse und Beobachtungen phantasievoll auszuschmücken und sich die Streiche auszudenken, wurde eine zauberhafte Geschichte, die vielfach übersetzt auch in anderen Ländern gelesen wird und die Sie auf dieser Seite www.wilhelm-busch.de auch unterwegs nachlesen können.

Die Öffnungszeiten und Eintrittspreise der Mühle finden Sie auf dieser Seite www.wilhelm-busch-muehle.de, die darüber hinaus noch viele weitere Informationen bereithält.

Von Ebergötzen ist es nur ein Katzensprung nach **Seeburg**. Dieser kleine Ort im nördlichen Eichsfeld liegt an einem See, der zu einem Teil unter Naturschutz steht und zu einem Teil als Naturbadesee genutzt wird. Für Tagesbesucher gibt es einen Parkplatz in Seenähe, den Sie mit diesen Koordinaten finden [N51°33'52.2" E10°09'15.7"]. Wer einen längeren Aufenthalt ins Auge fasst, sollte sich diesen Campingplatz anschauen.

Am Seeburger See.

(003) WOMO-Campingplatz: Seeburger See

GPS: N51°33'48.8" E10°09'12.5"; Seestraße 20, 37136 Seeburg.
Max. WOMOs: >20, maximale Länge 12 m.
Ausstattung: Frischwasserversorgung, Abwasserentsorgung mit Bodeneinlass, Kassettenentleerung, Stromanschlüsse, Behälter für die Müllentsorgung, WLAN, Restaurant, Backshop auf dem Platz, Abenteuerspielplatz, Tennisplatz, Minigolf in unmittelbarer Nähe. Im Servicegebäude gibt es Duschen, WCs, Waschmaschine und einen Trockner. Der Platz ist von März bis Dezember geöffnet.
Beschreibung: Sehr gepflegte, relativ kleine Anlage mit vielen Rasenflächen und Büschen. Direkt am See, sehr ruhig.
Preise: Für ein Wohnmobil mit zwei Personen werden in der Hauptsaison 25,00 € aufgerufen, in der Nebensaison sind es 20,00 €. Elektrizitätsversorgung schlägt mit 3,00 € zu Buche, für den Hund sind 1,50 € zu zahlen.
Zufahrt: Von der B446 einfach den Hinweisen zum Campingplatz folgen.
Reservierung/Kontakt: Tel.: 0550/71 319 oder 0151/22974221, www.campingseeburgersee.com.

Auf dem genannten Parkplatz ist eine Übernachtung mit dem Wohnmobil untersagt, ein weiterer Parkplatz nur für PKW und Motorräder zugelassen. Wer hier also länger verweilen will, wird den Campingplatz nutzen müssen.

Am See finden Sie ein Restaurant mit Terrasse und freiem Blick auf das 89 Hektar große Gewässer, einen Kiosk, einen Bootsverleih, einen Minigolfplatz und einen Naturbadestrand. Einen ufernahen Wanderweg rund um das Auge des Eichsfeldes, wie der See auch genannt wird, gibt es nicht. Wer ihn umrunden möchte, der muss dies überwiegend entlang von landwirtschaftlich genutzten Wegen und Straßen tun. Es sind etwa fünf Kilometer. Dieser Rundwanderweg ist mit mehreren Infotafeln ausgestattet, die auf die Entstehungsgeschichte und die ökologischen Besonderheiten dieses Gebietes hinweisen.

Als nächsten Ort haben wir **Duderstadt** auf dem Programm. Diese Kleinstadt mit rund 20.000 Einwohnern glänzt mit einer historischen Altstadt, die aus etwa 600 Bürgerhäusern besteht. Die Fachwerkhäuser prägen das mittelalterliche Stadtbild. Viele davon gehen auf das Zeitalter der Gotik zurück. Mittendrin das historische Rathaus aus dem Jahre 1302, das Schmuckstück der Stadt, das zu den ältesten Rathäusern in Deutschland gehört. Um uns diesem Ort etwas näher zu widmen, schauen wir uns zunächst nach einem geeigneten Stellplatz für das WOMO um. Zwei stehen zur Wahl, die Sie beide auf dem Stadtplan verzeichnet finden. Unpraktisch ist die Verwendung von Wertmarken für den Stellplatz am Adenauerring, die erst besorgt werden müssen, wenn man die Ver- und Entsorgung nutzen will.

(004) Offizieller WOMO-Badeplatz: Duderstadt – Freibad

GPS: N51°30'21.8" E10°15'32.9"; August-Werner-Allee 10, 37115 Duderstadt.
Max. WOMOs: offiziell 6, inoffiziell bei Bedarf auch wesentlich mehr, maximale Länge 12 m.

Ausstattung: Keinerlei wohnmobilspezifische Einrichtungen, ganzjährig geöffnet.
Beschreibung: Geschotterte Fläche zwischen dem Freibad und dem Ballhaus zum fidelen Anreischken. Ortsrand, sehr ruhig, wenn im Ballhaus keine Veranstaltung stattfindet. Stellflächen weitgehend sonnig, gut anfahrbar mit sehr guten Rangiermöglichkeiten. Entfernung bis zur Stadtmitte 1 Kilometer.
Preise: Kostenlos.
Zufahrt: Die B247 in Richtung Teistungen/Worbis fahren und nach dem REWE-Supermarkt in die zweite Straße rechts abbiegen. Siehe Stadtplan.

Duderstadt

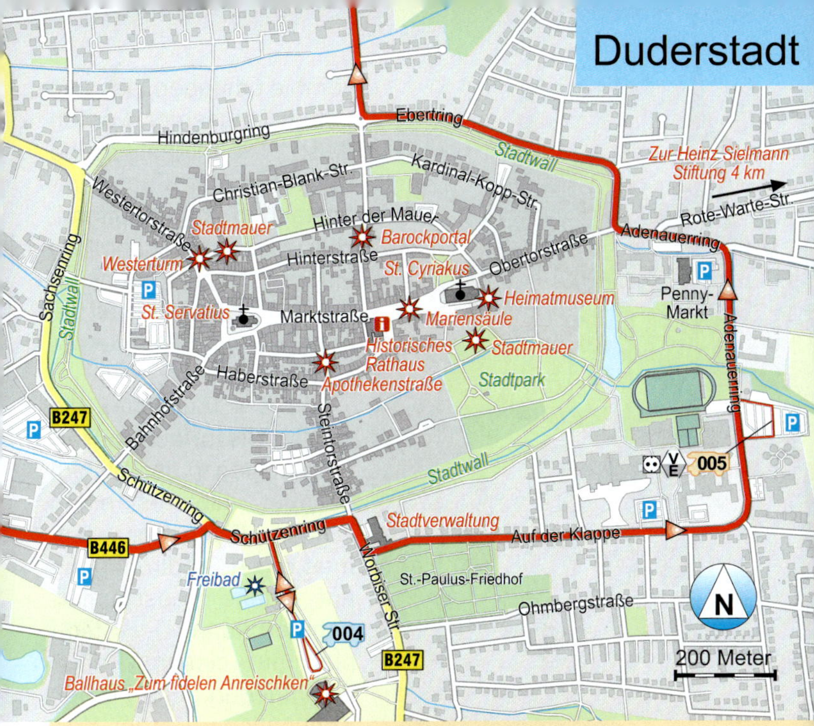

(005) Offizieller WOMO-Stellplatz: Duderstadt – Adenauerring

GPS: N51°30'37.0" E10°16'22.8"; Adenauerring 17, 37115 Duderstadt.
Max. WOMOs: 20, maximale Länge 12 m, max. Aufenthalt 10 Tage.
Ausstattung: Frischwasserversorgung, Abwasserentsorgung ohne Bodeneinlass, nur mit Schlauch möglich, Kassettenentleerung, Stromanschlüsse, Behälter für die Müllentsorgung, ganzjährig geöffnet.

Beschreibung: Mit Rasengittersteinen ausgelegte Plätze mit Grünstreifen und Bäumen. Ortsrandlage, relativ ruhig, Verkehr der nah vorbeiführenden Hauptstraße gut hörbar.
Preise: 3,00 € für ein Fahrzeug. Für die Nutzung der Ver- und Entsorgungsstation müssen Wertmarken bei der Touristinformation (historisches Rathaus), im Lottoladen neben dem Penny-Markt in der Nähe des Stellplatzes (350 Meter Entfernung) oder an der Star-Tankstelle erworben werden. Die Stromversorgung erfolgt über Münzautomaten, die ebenfalls nur mit Wertmarken gefüttert werden können. Es gibt nur wenige Steckplätze. Strom kostet 0,50 € pro kWh, Frischwasser gibt es für 1,00 € (= 2 Wertmarken), die Entsorgung kostet ebenfalls 1,00 €.
Zufahrt: Der B247 in Richtung Teistungen/Worbis folgen und nach einer rechtwinkeligen Rechtskurve an der Star-Tankstelle hinter dem Stadthaus links abbiegen und der Straße bis zum Stellplatz folgen. Siehe Stadtplan.

Für welchen Stellplatz Sie sich auch entscheiden, der Weg in die Altstadt ist jeweils kurz. Schon nach einem kleinen Fußmarsch sind Sie von einem faszinierenden Fachwerken-

Das Historische Rathaus in Duderstadt.

semble umgeben, das den Schritt langsamer werden lässt. Die künstlerische Vielfalt in der Fachwerkgestaltung ist verblüffend. Hier wird man schnell zu einem "Hanns Guck-in-die-Luft", wenn man all die Fassadenelemente erfassen will.

Von der Touristinfo, die sich im **Historischen Rathaus** mitten in der Altstadt befindet, gibt es einen kleinen Flyer, mit dem man einen Stadtrundgang auf eigene Faust unternehmen kann. Der Stadtplan auf diesem Papier ist entgegen den üblichen Konventionen in der Kartographie gesüdet, nicht genordet, wie Sie ihn auf der vorangegangenen Seite vorfinden. Trotzdem ist der Flyer sehr hilfreich und enthält sehr viel mehr Informationen, als wir Ihnen hier bieten können. Es werden von der Touristinfo auch Führungen angeboten. Themen und Zeiten erfahren Sie vor Ort oder auf dieser Seite https://tourismus.duderstadt.de. Von dieser Seite können Sie sich auch den genannten Flyer als PDF herunterladen und auf Ihr Smartphone oder Tablet speichern und beim Rundgang mitführen.

Das Rathaus dient schon seit langer Zeit nicht mehr als Verwaltungsgebäude. Heute wird das ursprünglich als Kaufhaus errichtete Gebäude als kulturelles Zentrum in erster Linie für Ausstellungen und Veranstaltungen genutzt. Es kann täglich vom Keller bis zum Dach begangen werden. Von der Folterkammer bis zum Turm mit einem grandiosen Blick auf die Stadt steht das Gebäude den Besuchern offen.

In unmittelbarer Nähe des Historischen Rathauses sind gleich eine ganze Reihe besonderer Sehenswürdigkeiten anzutreffen. Die **Mariensäule**, die an die 1683 überstandene Pest errichtet wurde, in Sichtweite davon das Steinerne Haus, ein barockes Sandsteingebäude, wenige Meter entfernt davon die Statue des Heiligen Nepumuk. Überragt wird dieses Ensemble von den Türmen der Cyriakus-Probsteikirche, in die es sich auch hineinzugehen lohnt.

Reich verziertes Fachwerk in der Apothekenstraße.

Hinter der Kirche befindet sich das Heimatmuseum. Es ist in einem Fachwerkhaus aus der Barockzeit untergebracht. Unweit davon sind Reste der Stadtmauer zu sehen. Dahinter befindet sich der Stadtpark, den Sie vielleicht schon durchschritten haben, wenn Sie Ihr Fahrzeug am Adenauerring abgestellt haben. Der Stadtpark geht in die Wallanlage über, die auch heute noch die gesamte Stadt umschließt und den äußeren Befestigungsring der Stadt gebildet hat.

Wer vom Heimatmuseum die Straße "Hinter der Mauer" in Richtung Westerturm geht, kommt irgendwann an die Einmündung der Jüdenstraße vorbei, in der dieses Barockportal zu bewundern ist. Nun scheint das Fachwerk nicht so recht zu diesem reich verzierten Portal zu passen. Ursprünglich war die Holzkonstruktion auch verputzt und zeigt im Stile des Barock ausgeschmückte Fenstereinfassungen. Erst sehr viel später wurde das Fachwerk wieder freigelegt und in den derzeit sichtbaren Zustand versetzt. Ähnlich ist es für viele weitere

Schmuckes Barockportal eines Fachwerkhauses aus dem Jahr 1680.

Der Westerturm in Duderstadt.

Gebäude dokumentiert. In der Epoche des Spätbarock und des Klassizismus, die den Zeitraum von 1750 bis etwa 1920 umfasst, sollten die Gebäude eher wie Steinbauten aussehen, auch wenn sie in einer Fachwerkkonstruktion errichtet wurden. Ganze Häuserreihen, die sich heute mit ihrem Fachwerk präsentieren, waren verputzt und mit klassizistischen Gestaltungselementen versehen.

Auf dem weiteren Weg zum **Westerturm** kommt man erneut an Resten der Stadtmauer vorbei. Der Turm mit seiner eigenwillig gedrehten Spitze diente als Stadttor und war Teil der mittelalterlichen Stadtbefestigung. Auch diesen Turm mit seinen Nebengebäuden können Sie über die bereits genannte Tourismusseite der Stadt vorab virtuell besichtigen.

Nach so einer langen und vielfältigen Besichtigung der Stadt tut eine Stärkung not. Kulinarisch ist Duderstadt bekannt für seine **Eichsfelder Feldgieker**, das ist eine Mettwurst in Blasenform, die ihren einzigartigen Geschmack vor allem durch die warme Verarbeitung und einen langen Reifungsprozess bekommt. Sie erhalten diese Köstlichkeit in den örtlichen Fleischereien, zum Beispiel in der Fleischerei Borchardt und Nebel unweit der Servatiuskirche. In den Restaurants der Stadt haben wir sie auf keiner Karte entdecken können, ist auch nicht überraschend, denn es überwiegt die italienische Küche.

Bevor wir nun aufbrechen und den nächsten Ort aufsuchen, wollen wir zum Abschluss noch auf die **Sulbergwarte** hinweisen, die über die B247 in Richtung Gieboldehausen zu finden ist. Von dieser frei zugänglichen Warte haben Sie einen guten Blick auf Duderstadt und über das Eichsfeld. Kurz hinter der Grenze in Thüringen befindet sich im Norden von Teistungen in der Nähe der alten Grenzanlagen das **Grenzlandmuseum Eichsfeld**. Hier ist die Geschichte des Eichsfeldes während der innerdeutschen Teilung dokumentiert. Hinzu kommt ein länderübergreifender Rundweg mit einigen im Original erhaltenen Grenzsperranlagen. Um diesen Ausflug in die deutsch-deutsche Geschichte zu machen, fahren Sie einfach auf der B247 in Richtung Worbis. Sie werden dabei das Museum nicht verfehlen.

Nach dem Fall der Mauer engagierte sich der bekannte Tierfilmer **Heinz Sielmann** dafür, den Todesstreifen der ehemaligen innerdeutschen Grenze zu Thüringen für den Naturschutz zu erhalten. Diese Initiative trug zur Entwicklung des "Grünen Bandes Deutschland" bei und führte zur Gründung der **Heinz Sielmann Stiftung**, die ihren Sitz auf **Gut Herbigshagen** hat. Das Gut befindet sich rund vier Kilometer östlich von Duderstadt. Sie finden es mit diesen Koordinaten [N51°31'25.9" E10°18'52.4"]. In der Anlage befindet sich ein Besucherzentrum, ein Naturlehrpfad mit Bauerngarten, Bienenhaus und Insekten-Nistwand, ein Feuchtbiotop, ein Damwildgehege sowie ein Ökobauernhof mit seltenen Haus- und Nutztierrassen. In der Assisi-Kapelle auf dem Gelände des Gutes fand Heinz Sielmann seine letzte Ruhestätte. Weitere Informationen zu der Stiftung und ihrer Arbeit bietet diese Seite www.sielmann-stiftung.de/gut-herbigshagen.

Waldparkplatz am Forsthaus Hübental.

Wer die Kombination "ruhiger Übernachtungsplatz in würziger Waldeinsamkeit mit einem Restaurant und guter regionaler Küche mit Wildspezialitäten und Wandermöglichkeiten" sucht, der findet im **Forsthaus Hübental** in **Breitenberg** einen idealen Platz. Nur schmale Sträßchen führen zu diesem Ort, den Sie mit diesen Koordinaten [**006:** N51°33'15.8" E10°16'51.3"] finden. Hier bekommen Sie neben vielen Wildgerichten auch die Eichsfelder Mettwurst.

Am Forsthaus führt der Europäische Fernwanderweg E6 vorbei. Geht man ihn in südliche Richtung, hat man nach sieben Kilometern Duderstadt erreicht, in nördlicher Richtung ist man nach sechs Kilometern an der Rhumequelle. Gut Herbigshagen ist auf einer Wanderung in südöstlicher Richtung nach fünf Kilometern erreicht. Mit dem Rad stehen natürlich längere Strecken offen. Hier lassen sich Duderstadt, die Rhumequelle und eine längere Strecke auf dem ehemaligen Kolonnenweg an der Landesgrenze in Thüringen miteinander kombinieren. Auf www.outdooractive.com ist eine Tour dieser

Die Rhumequelle am Südrand des Harzes.

Art beschrieben. Sie finden sie unter dem Titel "Grenzerfahrungen auf der Kolonne" und können sich diese als PDF, gpx oder kml-Datei herunterladen.

Wer nicht zur **Rhumequelle** wandern, sondern fahren möchte, kann den Wanderparkplatz in unmittelbarer Nähe der Quelle ansteuern. Er ist mit diesen Koordinaten zu finden [N51°35'28.0" E10°18'35.7"]. Die Beschilderung zu diesem Naturwunder ist übrigens ausgezeichnet, sie ist also einfach zu finden.

Wir befinden uns hier am westlichen Rand der Südharzer Karstlandschaft. Sie erstreckt sich in etwa von Osterode in Niedersachsen, bis Pölsfeld in Sachsen-Anhalt, das nördlich von Sangerhausen liegt. In diesem Gebiet sind immer wieder Geländeformen zu sehen, die für Karstlandschaften typisch sind. Dolinen gehören dazu, Hohlformen, die durch einbrechende Höhlen im Untergrund an der Erdoberfläche entstehen. Durch das im Regen gelöste Kohlenstoffdioxid wird aus dem Niederschlagswasser eine schwache Säure, die Kohlensäure. Diese Säure greift kalkhaltige Gesteine in besonderem Maße an, es kommt zu einer Kohlensäureverwitterung. Das Wasser oder in diesem Falle reden wir weiter von der schwachen Säure, dringt in den Gips und Dolomit ein, der sich vor rund 250 Millionen Jahren am Grunde des Zechsteinmeeres gebildet hat und vom Buntsandstein überdeckt ist. Die schwache Säure löst den Dolomit und den Gips auf und transportiert ihn durch Klüfte und Spalten in die Tiefe oder besser gesagt irgendwo zu einer Quelle ab. Ein Vorgang, den es schon seid zigtausend Jahren gibt und eine Vielzahl von Höhlen hat entstehen lassen, die entweder mit Wasser gefüllt sind oder als Tropfsteinhöhlen ausgeformt wurden. Wir werden noch einige davon auf unserer Reise durch den Harz besuchen. Aber kommen wir zurück zur Rhumequelle.

Durch die kleinen Kalkpartikel, die das Wasser auf seinem Weg durch das Gestein aufnahm, wird an der Erdoberfläche durch die Lichtstreuung eine bläulich-grüne Farbe erzeugt, wie sie in der Rhumequelle zu sehen ist. Warum ist die Quelle hier und warum so groß? Dies wurde durch eine Geologische Verwerfung verursacht. Jüngere, weniger wasserdurchlässige Tonschichten sind an dieser Stelle um etwa 120 Meter abgesunken und riegeln wie eine Staumauer die wasserführenden Schichten des porösen Kalkgesteins ab. Da das Wasser diese Tonschichten nicht in der Menge durchdringen kann, quillt es an dieser Stelle hoch und fließt ab. Die Rhumequelle zählt zu den ergiebigsten Karstquellen in Mitteleuropa. Mit einer Schüttung von rund 2000 Litern pro Sekunde wird sie in Deutschland nur vom Aachtopf, den Paderquellen und dem berühmten Blautopf übertroffen.

Die Rhumequelle ist mit Wegen gut erschlossen, sie kann bequem auf einem Spaziergang umrundet werden. Schautafeln erläutern die Flora und Fauna des Gebietes und erläutern auch, wie die Quelle als Kultort von unseren Vorfahren genutzt wurde. Bei Sanierungsarbeiten an der Quelle wurden unter anderem Tonscherben aus der Zeit der Bandkeramik gefunden (5400 - 4800 Jahre v.Chr.). Auch heute wird dieser Ort von einigen Menschen als Quelle des Glücks betrachtet, wenn man nur eine Münze in das bläulich schimmernde Gewässer wirft.

Wem der kleine Spaziergang um die Quelle nicht genügt, der findet auf einer Wandertafel sechs Rundwanderwege markiert, die alle an diesem Quelltopf beginnen und enden. Die ausgewiesenen Strecken haben Längen zwischen drei und neun Kilometern und Höhenunterschiede zwischen 78 und 149 Metern. Viele Einkehrmöglichkeiten gibt es nicht. Alle Strecken führen fast vollständig durch Waldgebiete.

Über den Kamm des Rotenbergs könnten wir auch zu unserem nächsten Ziel, den Campingplatz Oderbrücke wandern, das sind nur sieben Kilometer. Wir fahren aber dorthin und haben dazu etwas mehr als neun Kilometer zurückzulegen. Sie finden den Campingplatz auf der folgenden Seite beschrieben. Es ist ein ruhiges Fleckchen Erde mit einfacher Ausstattung, der als Standort für Radtouren gut geeignet ist. Duderstadt, Northeim, Osterode, Walkenried und andere Orte sind in Tagestouren gut zu erreichen, die Rhumequelle sowieso.

Wir fahren gleich weiter nach Osterode am Harz, das von dem Campingplatz 20 Kilometer entfernt liegt.

(007) WOMO-Campingplatz: Hattorf am Harz – Oderbrücke

GPS: N51°37'39.3" E10°16'15.3"; An der B27, 37197 Hattorf am Harz.
Max. WOMOs: 10, maximale Länge 12 m.
Ausstattung: Frischwasserversorgung, Abwasserentsorgung mit Bodeneinlass, Kassettenentleerung, Stromanschlüsse, Behälter für die Müllentsorgung, WLAN, kleines Restaurant. Im Servicegebäude gibt es Dusche, WC, Waschmaschine und einen Trockner. Der Platz ist ganzjährig geöffnet.

Beschreibung: Ausreichend große Rasenplätze entlang der Oder, relativ ruhig. Guter Standort für Radtouren in die Umgebung.
Preise: Erwachsene Person 4,50 €, Kind 3,00 €, Hund 1,50 €, Wohnmobil 7,50 €, Strom 2,50 pro Tag.
Zufahrt: An der B27 zwischen Gieboldehausen und Herzberg. Gut ausgeschildert, nicht zu verfehlen.
Reservierung/Kontakt: Tel.: 05521/4359; Buchung nur über die homepage https://de.kamperenindeharz.nl/.

Am **Aqualand**, ein großes Freizeit- und Erlebnisbad, das sich voraussichtlich bis 2023 in einem grundlegenden Umbau und Modernisierungsmaßnahmen befindet, gibt es diesen Stellplatz.

(008) Offizieller WOMO-Badeplatz: Osterode am Harz – Aqualand

GPS: N51°43'22.1" E10°14'59.9";
Schwimmbadstraße, 37520 Osterode am Harz.
Max. WOMOs: 7, maximale Länge 10 m, max. Aufenthalt 2 Tage.
Ausstattung: Frischwasserversorgung, Abwasserentsorgung, Kassettenentleerung, Stromanschlüsse, Behälter für die Müllentsorgung, ganzjährig geöffnet.

Beschreibung: Dicht beieinanderliegende gepflasterte Stellflächen mit Grünstreifen, die den Verkehrslärm der vorbeiführenden Bundesstraße kaum abdämpfen. Entfernung zum Aloha-AquaLand rund 250 Meter, bis zur Stadtmitte sind es rund 1000 Meter.
Preise: Von April bis September 8,00 € für ein Fahrzeug, von Oktober bis März 12,00 €. Entsorgung 1,00 €, Frischwasser 1,00 €, Strom 1,50 € für acht Stunden. Es kann nur mit Münzen gezahlt werden.
Zufahrt: In Osterode angekommen im ersten Kreisverkehr die dritte Ausfahrt wählen und 700 Meter bis zum Stellplatz auf der rechten Seite fahren.

Der Vorteil dieses Platzes liegt darin, relativ nah an der Innenstadt zu sein. Sehr viel ruhiger geht es dagegen auf dem Campingplatz Eulenburg zu, den wir auch kurz vorstellen wollen.

(009) WOMO-Campingplatz: Osterode am Harz – Eulenburg

GPS: N51°43'39.0" E10°16'58.0";
Scheerenberger Str. 100, 37520 Osterode am Harz.

Max. WOMOs: 13 vor der Schranke, > 20 auf dem Campinggelände, maximale Länge 12 m.

Ausstattung: Frischwasserversorgung, Abwasserentsorgung mit Bodeneinlass, Kassettenentleerung, Stromanschlüsse, Behälter für die Müllentsorgung, WLAN, Gast- und Kaminstube mit Imbiss und Biergarten, zwei Grillhütten mit offener Feuerstelle, ein Abenteuerspielplatz mit Planschbecken, ein Schwimmbad (20 x 8 Meter), ein Wassertretbecken. Im Servicegebäude gibt es Dusche, WC, Waschmaschine, Trockner und Babywickelraum. Der Platz ist ganzjährig geöffnet.

Beschreibung: Ausreichend groß angelegte geschotterte Plätze vor der Schranke, größere Rasenflächen auf dem Campingplatzgelände. Hier gibt es auch einen direkten Zugang zur Söse, sehr ruhig. Entfernung bis zur Stadtmitte rund 2,5 km.

Preise: Vor der Schranke 12,00 € für ein Fahrzeug mit zwei Personen. Auf dem Campingplatz 6,00 € pro Erwachsenen, Kind 4,00 €, Hund 2,00 €, WOMO 8,00 €, Frischwasser 1,00 €, Strom 1,00 € pro kWh.

Zufahrt: Über die B498 in Richtung Sösetalsperre fahren. Hinter dem Industriedenkmal Eulenburg rechts abbiegen.

Reservierung/Kontakt: Tel.: 05522/6611;
E-Mail: ferien@eulenburg-camping.de; oder www.eulenburg-camping.de.

Die Fachwerkstadt Osterode ist das Tor zum Harz. Im 17. und 18. Jahrhundert war der Ort eine bedeutende Handwerkerstadt, Brauerei- und Textilstandort und ein wichtiges Handelszentrum. Hier war vor allem der Handel mit den Bergbaustädten im Harz von besonderer Bedeutung. Der mächtige Barockbau des **Harzkornmagazins** zeugt noch heute davon. Hier lagerte das Getreide, das für die Versorgung der Bergbauorte benötigt wurde. Das **Eseltreiberdenkmal** vor dem Alten Rathaus erinnert an diesen Handel.

Eseltreiberdenkmal vor dem Alten Rathaus.

Figur am Ritterhaus.

Heute ist in dem Harzkornmagazin das Rathaus untergebracht.

Eine ganze Reihe weiterer sehenswerter Gebäude hat die Stadt innerhalb der nur noch teilweise erhaltenen Befestigungsanlagen vorzuweisen. Die Stadtmauer war einst 1700 Meter lang. An die vier Zugangstore erinnern nur noch die Straßennamen. Neben Mauerresten sind nur noch der Pulver- und der Sonnenturm erhalten.

Zentraler Platz in der Altstadt ist der Kornmarkt, der von einigen Fachwerkhäusern umgeben ist, in denen sich Ladengeschäfte, Cafés und Bäckereien befinden. Die Innenstadt macht einen sehr ruhigen Eindruck. Vom Tourismus überlaufen ist dieser Ort nicht. In Goslar, Wernigerode und Quedlinburg geht es sehr viel lebhafter zu. Hier können Sie in aller Ruhe durch die Gassen schlendern und die gepflegten Fachwerkhäuser betrachten, die vielfach mit Fächerrosetten als Fassadengestaltungmerkmal ausgestattet sind. Ein Schmuckelement, das bei den Fachwerkhäusern in dieser Region immer wieder zu sehen ist und eine Entstehung dieser Gebäude in der Renaissance vermuten lässt. Osterode gehört zum **Fachwerk5Eck**, ein Zusammenschluss mit den Städten Duderstadt, Einbeck Hann.Münden und Northeim, die sich unter anderem zum Ziel gesetzt haben, den Fachwerktourismus zu fördern.

In einem der schönsten Fachwerkhäuser Osterodes ist das städtische Museum untergebracht. Wer näheres über die Geschichte der Stadt erfahren möchte, der geht in dieses zum Museum umfunktionierte **Ritterhaus**, das seinen Namen der Ritterfigur an der Hausecke verdankt, die an der Straßenecke Untere Neustadt/Rollberg zu sehen ist.

Öffnungszeiten: Dienstags bis freitags von 10:00 bis 13:00 Uhr und 14:00 bis 17:00 Uhr, samstags und sonntags von 14:00 bis 17:00 Uhr. Eintritt 2,50 €.

Die Stadt wird überragt von der **Alten Burg**, die sich nordöstlich der Altstadt auf einem Bergsporn zwischen dem

Gepflegtes Fachwerk in der Innenstadt von Osterode.

Lerbach und der Söse erhebt. Von der ehemals mächtigen Anlage ist nur noch die Hälfte des verfallenen Bergfrieds zu sehen. Die anderen Gebäude wurden in den vergangenen Jahrhunderten als Steinbruch genutzt und abgetragen. Die Ruine ist nur von außen und auch nur mit Sicherheitsabstand zu betrachten.

Wer Osterode besucht, darf keinen großen Trubel erwarten, den gibt es hier nicht, das hatten wir schon anklingen lassen. Die Stadt ist für den Wanderfreund allerdings eine sehr gute Adresse. Hier beginnt der **Harzer Hexenstieg**, der 94 Kilometer lange Top Trail des Harzes, der über den Brocken bis nach Thale führt. Die Stadt liegt am **Harzer BaudenSteig**, ein 97 Kilometer langer Wanderweg, der von Bad Grund bis nach Walkenried führt. Er lässt sich in sechs Etappen erwandern und verbindet die schönsten Waldgaststätten und Berggasthöfe miteineinander, die hier im Harz "Bauden" genannt werden. Dann ist der 60 Kilometer lange **Harzer Försterstieg** zu nennen, der in Goslar beginnt, die drei großen Stauseen (Granetalsperre, Innerste-Talsperre, Sösetalsperre) miteinander verbindet und auf der Gemarkung der Stadt Osterode endet. Und wer sich noch einmal dem Thema "Karst" zuwenden möchte, der kann direkt vom Stellplatz den

Die Sösetalsperre nördlich von Osterode. Eines der Ziele auf dem Harzer Hexenstieg, dem Harzer Försterstieg und dem BaudenSteig.

230 Kilometer langen **Karstwanderweg** in Angriff nehmen, der bis nach Pölsfeld nördlich von Sangerhausen führt. Dieser Weg ist mit einem "K" auf einer rot-weiß gestreiften Tafel markiert und kann auch mit einem Mountainbike befahren werden.

Zu all diesen Wanderwegen erhalten Sie auf dieser Seite www.osterode.de/tourismus weitere umfangreiche Informationen und auf www.outdooractive.com können Sie sich diese Wanderrouten als PDF, gpx oder kml-Datei herunterladen.

Die Baude Hanskühnenburg auf 811 Metern Höhe.

Es gibt entlang dieser Wanderouten immer wieder Abschnitte, die zu kleineren Rundwanderwegen einladen. So können Sie zum Beispiel auf einem Rundweg von der Sösetalsperre zur Baude **Hanskühnenburg** hinauf wandern. Der Rundweg ist etwas mehr als 17 Kilometer lang. Parken können Sie hier [N51°44'51.7" E10°21'05.4"] an der Vorsperre an der Straße von Osterode nach Altenau. Die Baude ist von diesem Parkplatz nach rund sechs Kilometern erreicht. Höhenunterschied rund 478 Meter. Sie können auch mit Ihrem MTB hochfahren. Der Weg ist etwas länger. Wenn Sie Ihr Ladegerät dabei haben, so können Sie Ihr e-bike auch an der Baude kostenlos mit Sonnenstrom wieder aufladen. Eine Übernachtung auf dem Wanderparkplatz ist übrigens nicht gestattet, hier können Sie nur zwischen 7:00 und 20:00 parken.

Wir machen uns nun auf den Weg zu unserem nächsten Etappenziel und fahren nach **Herzberg**. Seit 2006 benutzt Herzberg den offiziellen Beinamen „die Esperanto-Stadt“, in Esperanto: „la Esperanto-urbo“. Was ist Esperanto? Es ist eine Brückensprache, die die Verständigung zwischen Menschen verschiedener Völker erleichtern und kulturelle Gleichberechtigung ermöglichen soll. Sie soll darüber hinaus schneller zu erlernen sein als jede Nationalsprache. Wie es dazu kam, das Herzberg Esperanto-Stadt wurde, können Sie auf der website der Stadt www.herzberg.de nachlesen.

Wir werfen einen Blick auf das Schloss, das sich auf einer Anhöhe über der Stadt befindet. Den Parkplatz der Anlage finden Sie mit diesen Koordinaten [N51°39'18.0" E10°19'47.5"]. Doch Vorsicht, er ist nur für kleine Fahrzeuge geeignet. Mit einem Kastenwagen geht es, mit einem ausgewachsenen

Wohnmobil sollte man nicht hochfahren. Im Schloss hat heute das Amtsgericht seinen Sitz. Darüber hinaus gibt es ein Museum und ein Café. Verschiedene Räumlichkeiten werden für kulturelle Veranstaltungen genutzt. Das Museum widmet sich der Geschichte der Forstwirtschaft des Harzes, zeigt die Schlossgeschichte und die damit verbundene Geschichte der Welfen, in deren Besitz sich das Schloss über 700 Jahre befand. Die Vierflügelanlage wurde 1510 nach einem Brand der mittelalterlichen Vorgängerburg auf deren Grundmauern in Fachwerkbauweise neu errichtet. Mit seinen 180 Zimmern ist es das größte Fachwerkschloss in Niedersachsen. Ein Schwerpunkt der Dauerausstellung im Museum ist die Präsentation des hannoverischen und englischen Königshauses im 18. Jahrhundert.

Über dem Eingangsportal des Schlosses Herzberg.ist das Wappen des Herzogtums Braunschweig zu sehen.

Die Innenstadt von Herzberg besteht aus einer schmucken Mischung aus Fachwerkhäusern und modernen Klinkergebäuden, ein Ensemble, das man nicht unbedingt gesehen haben muss. Wie Osterode ist auch die Kernstadt von Herzberg kein touristischer Hotspot, wie man auch an dem Stellplatz erkennen kann. Den können Sie kostenlos nutzen, wenn Sie in das Zentrum möchten oder sich auf den Fußmarsch hoch zum Schloss begeben wollen. Der Platz ist für normale Wohnmobile geeignet, sonderlich groß ist er aber nicht. Sie finden ihn mit diesen Koordinaten [**010:** N51°39'25.6" E10°20'20.9"].

Die nächsten beiden Plätze, die wir nun besuchen wollen, befinden sich am Rande des Stadtgebietes von Herzberg. Der eine verführt mit Kulinarik und Theaterspiel, der andere glänzt durch himmlische Ruhe. Beide sind gute Standorte für Wanderungen zur Einhornhöhle, zum Steinberg, zur Burg- und Festungsruine Scharzfeld und einigen weiteren Wanderzielen, die in einem kleinen Umkreis zu erreichen sind und keine mühsamen Tageswanderungen erfordern. Stellen wir zunächst den Campingplatz vor.

(011) WOMO-Campingplatz: Campingplatz am Blockhaus

GPS: N51°38'12.4" E10°23'11.9"; Bremkestraße 35, 37412 Herzberg am Harz.
Max. WOMOs: 20, maximale Länge 10 m.

Ausstattung: Frischwasserversorgung, Abwasserentsorgung, Kassettenentleerung, Stromanschlüsse, Behälter für die Müllentsorgung, WLAN, Restaurant, Waldschwimmbad. Im Servicegebäude gibt es Duschen, WCs, Waschmaschine und Trockner. Der Platz ist ganzjährig geöffnet.
Beschreibung: Idyllischer Naturplatz mit Rasenflächen. Von Büschen und Wald umgeben, sehr ruhig.
Preise: Ein Fahrzeug mit zwei Personen 20,00 € inkl. aller Versorgungsleistungen. Jede weitere Person 3,00 €, Hunde gratis.
Zufahrt: Nach der Abfahrt von der Bundesstraße die zweite Straße links abbiegen (Hinterstraße), dann in die nächste Straße (Vor der Steinkirche) erneut links abbiegen und dieser bis zum Campingplatz folgen.
Reservierung/Kontakt: Tel.: 015156503284
www.restaurant-blockhaus.com.

Alle Wanderziele sind nach wenigen Kilometern erreicht.

Lecker speisen lässt es sich im **Harzer Hof** in der Mitte von Scharzfeld. Hier werden freundlicherweise eine Reihe von Stellplätzen für uns Wohnmobilisten bereitgehalten, die sich auf der Rückseite der Restaurant- und Hotelanlage befinden. Mit diesen Koordinaten finden Sie hin [**012:** N51°37'47.1" E10°23'02.2"]. Sie landen mit diesen Angaben an der Einfahrt des Hinterhofes. Fahren Sie hinein, die Stellflächen sind ausreichend groß und für mehrere Fahrzeug gut dimensioniert. Neben einer klassischen deutschen Küche werden im Hotel auch gelegentlich Theaterveranstaltungen angeboten, bei der Sie während der Aufführung ein 4-Gang-Menü genießen können.

Von dem Stellplatz am Harzer Hof haben Sie den **Steinberg** im Blick, in dessen Felsformationen sich die **Steinkirche** befindet. Es handelt sich dabei um eine natürliche Klufthöhle im Dolomit, die durch Kohlensäureverwitterung entstanden ist.

Die Höhle und ihr Vorplatz dienten gegen Ende der Älteren Steinzeit Rentierjägern als Rastplatz. Zahlreiche Funde, die von Archäologen bei Ausgrabungen geborgen wurden, belegen dies. Ab dem 9. Jahrhundert diente die Höhle als Kirche, wie an der in den Fels geschlagenen Kanzel am Eingang und einer aus dem Stein geschlagenen Nische für einen Altar zu sehen ist.

Auch die **Einhornhöhle** ist eine Karsthöhle im Zechstein-Dolomit, die eine Reihe von Siedlungsspuren aufweist. Für Archäologen und Geologen ist die Höhle eine außerordentliche Fundgrube, der sie viele Erkenntnisse über den Neandertaler und über die jüngeren erdgeschichtlichen Entwicklungen während der letzten Eiszeit verdanken. Sie helfen, die natürlichen Klimaveränderungen von der dieser Kaltzeit bis heute zu rekonstruieren. Die Höhle besteht aus mehreren Hallen und Dome im Zechsteindolomit. Gefunden wurden fossile Reste von Großsäugetieren, vor allem von Höhlenbären, jedoch nicht vom legendären Einhorn, das es lediglich als Fabelwesen gibt. Die Anlage ist nur im Rahmen einer Führung zu besichtigen. Über die Öffnungszeiten und Eintrittspreise gibt diese Seite www.einhornhoehle.de Auskunft.

Eingang der Einhornhöhle.

Wer nur die Höhle und die **Burgruine Scharzfels** besuchen möchte, kann auch den Wanderparkplatz, der mit diesen Koordinaten [N51°38'14.7" E10°24'14.4"] zu finden ist, anfahren. Vom Wanderparkplatz bis zur Burgruine sind es 1,5 Kilometer. Diese ist frei und zu jederzeit zu besichtigen. Auf dem Weg dorthin gibt es einen Baumartenpfad, der die Baumarten präsentiert, die auf Dolomit wachsen. Am Fuße der Ruine befindet sich ein kleines Restaurant. Die Öffnungszeiten des Lokals und die Speisekarte können Sie hier einsehen www.burgruine-scharzfels.de. Auf dieser Seite erfahren Sie auch alles Wissenswerte über die Geschichte der Burgruine.

Der Knollenturm.

Wer die Hoffnung hegt, mit dem Wanderparkplatz in der Nähe der Einhornhöhle auch einen schönen und ruhigen Übernachtungsplatz gefunden zu haben, den müssen wir enttäuschen. Eine Übernachtung mit dem Wohnmobil ist hier nicht gestattet.

Wo es sich dagegen gut übernachten lässt, ist im Tal der Sieber. Auf dem Weg nach Sankt Andreasberg durchfahren wir das kleine Dorf, das den Namen dieses Flusses trägt. Es wartet mit einem Freibad, einem Abenteuerspielplatz für die Kleinen und einem kostenlosen und sehr ruhigen Stellplatz auf [**013:** N51°41'40.2" E10°25'08.2"]. Wir befinden uns hier mitten in einem Naturschutzgebiet, das von einem verzweigten Netz mit Wanderwegen durchzogen ist. Einer davon ist der schon bekannte Harzer BaudenSteig. Die Baude Hanskühnenburg lässt sich auch von diesem Stellplatz erreichen. Nach etwas mehr als fünf Kilometern, auf denen 488 Meter Höhenunterschied zu überwinden sind, ist dieser Gasthof erreicht. Die große Wandertafel am Stellplatz verschafft eine gute Orientierung.

Stellplatz in Sieber.

Das Flüsschen Sieber.

Diese Übersicht weist auch auf den weiteren Weg nach Bad Lauterberg hin und zeigt einen 12,3 Kilometer langen Rundweg, der über die Waldgaststätte **Großer Knollen** mit dem **Knollenturm** führt. Auf dieser Wanderung ist nur ein Höhenunterschied von 325 Metern zu bewältigen. Der BaudenSteig von Sieber bis nach Bad Lauterberg ist fast 15 Kilometer lang. Nach der Beschreibung auf der Wandertafel sicher eine schöne Wanderung. Aber wir können unser WOMO leider nicht in den Rucksack stecken und für den Weg hin- und zurück an einem Tag fehlt die Kondition. Mit dem MTB wäre es möglich, haben wir aber nicht ausprobiert. Zum Knollenturm und zur Baude finden Sie auf dieser Seite sehr umfangreiche Informationen www.grosserknollen.de.

Der nächste Ort auf unserer Reise ist **Sankt Andreasberg**, ein Städtchen mit 1600 Einwohnern auf einer mittleren Höhe von 600 Metern und damit die höchstgelegene Bergstadt des Harzes. Umgeben ist der Ort von mehreren Bergen mit ca. 700 Metern Höhe. Die etwas entfernteren wie der Rehberg kommen auch auf über 800 Meter. Die Bergwiesen und die Höhenzüge sind ein Wanderparadies. Die Kurbetriebe dieses Ortes nutzen dieses Areal zum Fastenwandern. So beschaulich, angenehm und komfortabel es heute zugeht, ein Blick in die Geschichte offenbart, dass in früheren Jahren das Leben in dieser Region hart und entbehrungsreich war. Dies lässt sich schnell entdecken, wenn man die Grube Samson aufsucht, neben der sich dieser Stellplatz befindet.

(014) Offizieller WOMO-Stellplatz: St. Andreasberg – Grube Samson

GPS: N51°42'51.7" E10°30'59.2"; Am Samson 5, 37444 St. Andreasberg.
Max. WOMOs: 20, maximale Länge 12 m, max. Aufenthalt 5 Tage.
Ausstattung: Frischwasserversorgung, Abwasserentsorgung mit Bodeneinlass an der Straße die am Sportplatz vorbeiführt, Kassettenentleerung, Stromanschlüsse, Behälter für die Müllentsorgung, WC, ganzjährig geöffnet.
Beschreibung: Großes geschottertes, weitgehend ebenes Gelände hinter einem Fußballplatz in unmittelbarer Nähe der Grube Samson, sehr ruhig.
Preise: 15,00 € für ein Fahrzeug inkl. Strom und Wasserver- und Grauwasserentsorgung. Die Gebühr ist bei der Touristinformation (650 Meter vom Stellplatz entfernt) zu entrichten.
Zufahrt: Den Hinweisen zur Grube Samson folgen.

Ein mehrtägiger Aufenthalt in diesem Ort lässt sich abwechslungsreich gestalten. Dazu seien nicht nur die vielfältigen Wandermöglichkeiten genannt, über die man sich in der Touristinfo oder im Nationalparkhaus bestens informieren kann. Auch im Hochseilgarten, auf der Sommerrodelbahn, den vielen Nordic-Walking- und Mountainbikerouten lässt sich

Sankt Andreasberg aus dem Nordwesten betrachtet.

der Bewegungsapparat je nach Lust, Laune und Kondition in Schwung bringen. Für kultur- und geschichtsinteressierte Reisende stehen die **Grube Samson** und das **Harzer Roller-Kanarien-Museum** zur Verfügung. Der Harzer Roller ist nicht nur ein stark duftender Käse, sondern auch die Bezeichnung für einen Kanarienvogel, der als Warnvogel für den Bergbau gezüchtet wurde. Das ist eine interessante Geschichte, die im Museum gezeigt wird.

Die Grube Samson ist mit ihrem Gebäudeensemble das letzte komplett erhaltene Bergwerk des historischen Oberharzer Erzbergbaus. Seit 2010 ist sie ein Teil des UNESCO-Welterbes "Bergwerk Rammelsberg, Altstadt von Goslar und Oberharzer Wasserwirtschaft".

Sankt Andreasberg, Gebäude der Grube Samson.

Von außen sehen die Häuser der Grube Samson unscheinbar aus. Ein Gebäude mit Brettern vernagelt, dunkel gestrichen und durch Wind und Wetter schon ein wenig angegraut. Wer spektakuläre Fördertürme wie die Zechenanlagen aus dem Ruhrgebiet a la Zollverein in Essen im Kopf hat (auch UNESCO-Welterbe, nebenbei bemerkt), ist erst mal verwundert, dreht sich um und schaut, ob er sich nicht verlaufen hat. Vielleicht halten Sie nach einem großen Stahlgerüst als klassisches Merkmal einer Bergbauanlage Ausschau. Dieser Bretterverschlag, der auch als stattliches Bauerngehöft durchgehen könnte, kann es ja wohl nicht sein.

Die Loren vor dem Gebäudekomplex und die Hinweisschilder weisen jedoch eindeutig darauf hin, dass es sich hier um das Besucherbergwerk Grube Samson handelt.

Um die Entscheidungsfindung abzukürzen: Zögern Sie nicht. Ein Besuch lohnt sich für jeden, der ein wenig an Industrie- und Bergbaugeschichte sowie an die Lebensweise in früheren Jahrhunderten interessiert ist. Wenn Sie einmal auf diese Seite gehen www.grube-samson.de und sich in einem virtuellen Rundgang einen ersten Eindruck verschafft haben, dann werden Sie sicher die ganze Anlage auch im Original sehen und erleben wollen.

Es ist schlicht und ergreifend mehr als beeindruckend, was sich dem Besucher bietet. Wie dieses Gewirr von Holzkonstruktionen, Wasserrädern, Drahtseilen und Treppen funktioniert hat, wird eingehend erläutert. Sie bekommen einen Eindruck davon, wie die Wasserkraft eingesetzt wurde und eine Vorstellung davon wie die Oberharzer Wasserwirtschaft aufgebaut war. Sie können nachvollziehen, warum es diese große Zahl kleiner Stauseen gibt, die heute als solche nicht immer auf den ersten Blick erkennbar sind. Sie erfahren, warum von einem "Wasserregal" gesprochen wird und das man unter "Fahrkunst" auch etwas ganz anderes verstehen kann, als rückwärts fehlerfrei einzuparken, ohne dabei irgendwo anzuecken.

Auf eigene Faust können Sie das Museum nicht besuchen, Sie müssen schon an einer Führung teilnehmen. Diese ist auch notwendig, denn durch die sachkundigen Erläuterungen wird dieses gesamte System erst verständlich. Es gibt einen Bereich "Über Tage", wie der Bergmann sagt und einen "Unter Tage". Letzteres meint die eigentliche Grube, also den Teil der Anlage, in den kein Tageslicht mehr eindringen kann und in dem das Silber aus dem Berg geschlagen wurde. Zum Abschluss geht es ins Museum, das mit vielen Modellen aufwartet und das in der Führung gesehene und gehörte noch einmal anschaulich wiederholt.

Die Öffnungszeiten und Eintrittspreise entnehmen Sie bitte der genannten website. Noch ein Hinweis für all diejenigen, die mit einem Hund unterwegs sind: Die Grube Samson ist eines der wenigen Museen, in das Sie ihren Vierbeiner mitnehmen dürfen. Wenn Ihr treuer Begleiter auf Gitterrosten nicht laufen kann, dann werden Sie ihn des Öfteren tragen müssen, denn viele Treppen bestehen aus diesen Stahlkonstruktionen.

Es gibt noch ein weiteres Besucherbergwerk in Sankt Andreasberg. Es heißt **Lehrbergwerk Grube Roter Bär** und ist etwas mehr als einen Kilometer vom Stellplatz entfernt. Das Angebot dieses Bergwerkes inklusive der Öffnungszeiten und Eintrittspreise können Sie hier nachlesen www.lehrbergwerk.de.

Wir setzen unsere Fahrt mit dem WOMO fort. Durch das Tal der Sperrlutter geht es hinunter nach **Bad Lauterberg**. Diese ehemalige Bergbaustadt liegt lang gestreckt an der Oder im Südharz und wird von Höhenzügen eingerahmt, wie auf diesem Foto schön zu sehen ist.

Vom Hausberg hat man diesen Blick auf Bad Lauterberg.

Als "Hausberg" wird für gewöhnlich der Berg eines Ortes bezeichnet, der der Siedlung am nächsten oder einer der höchsten in der näheren Umgebung ist. Normalerweise hat er dann noch einen eigenen Namen. Der Achalm bei Reutlingen ist so ein Beispiel. Hier in Bad Lauterberg ist das anders, hier heißt der Hausberg einfach **Hausberg**. Einen weiteren Namen hat er nicht.

Er ist eine der Attraktionen dieser Stadt. Mit 420 Metern Höhe liegt er fast 130 Meter oberhalb der Talsohle. Eine Seilbahn führt hinauf. Von der Bergstation bis zum Restaurant auf dem Plateau sind es nur wenige Meter. Es verfügt über eine Terrasse, von der sich die Aussicht auf die Harzlandschaft mit einem Kaffee oder einem leckeren Essen kulinarisch verfeinern lässt. Was es Gutes gibt, verrät ein Blick auf die Speisekarte, die Sie hier https://bg-hausberg.de einsehen können. Auf dieser website finden Sie auch die Öffnungszeiten. Das Gasthaus steht auf den Grundmauern einer alten Burganlage, deren Reste bei genauer Betrachtung noch erkennbar sind. Bevor wir aber Bad Lauterberg weiter erkunden, schauen wir zunächst danach, wo wir mit unserem WOMO übernachten können. Zwei Plätze stehen dabei zur Wahl, keiner von beiden ist innenstadtnah.

(015) Offizieller WOMO-Badeplatz: Bad Lauterberg – Vitamar Freizeit- und Erlebnisbad

GPS: N51°38'01.9" E10°29'14.4"; Masttal 1, 37431 Bad Lauterberg im Harz.
Max. WOMOs: 5, maximale Länge 8 m.
Ausstattung: Frischwasserversorgung, Abwasserentsorgung, Kassettenentleerung, Behälter für die Müllentsorgung, ganzjährig geöffnet.
Beschreibung: Enge gepflasterte Plätze mit Grünstreifen, direkt neben dem Erlebnisbad, relativ ruhig. Entfernung bis zur Stadtmitte 1,5 Kilometer.
Preise: Kostenlos, Entsorgung 1,00 €.
Zufahrt: Von der B27 am Ortseingang von Bad Lauterberg nach einer langen Rechtskurve hinter dem Gebäude der Fa. Kuhlmann links abbiegen und der Straße zum Erlebnisbad folgen.

(016) WOMO-Campingplatz: Bad Lauterberg – Campingpark Wiesenbeker Teich

GPS: N51°37'00.5" E10°29'22.3";
Wiesenbek 75/77, 37431 Bad Lauterberg im Harz.
Max. WOMOs: >20, maximale Länge 10 m.
Ausstattung: Frischwasserversorgung, Abwasserentsorgung mit Bodeneinlass, Kassettenentleerung, Stromanschlüsse, Behälter für die Müllentsorgung, WLAN, Brötchenservice, Restaurant, Badesee, Beach-Volleyball, Bogenschießen, Kinderspielplatz, Sandstrand, Liegewiese, Kinderplanschbecken, Badeinsel, Bootsverleih. Im Servicegebäude gibt es Dusche, WC, Waschmaschine und einen Trockner. Der Platz ist ganzjährig geöffnet.
Beschreibung: Ein sehr schön angelegter, gepflegter und komfortabler Platz im Wald am Wiesenbeker Teich. Entfernung bis zur Stadtmitte 2,5 km.

Preise: Quick-Camp 17:00 bis 10:00 Uhr, max. 1 Nacht, WOMO mit 2 Personen 30,00 € (alle Einrichtungen des CP sind nutzbar). Preise auf dem Campinggelände: Stellplatz inkl. einer Person 24,50 €, jede weitere Person 9.90 €, Kind 7,50 €, Hund 3,80 €, Strom 0,80 € pro kWh plus einmalige Anschlussgebühr 3,20 €. Ab 5 Übernachtungen gibt es 5% Rabatt, ab 10 Übernachtungen 20%.
Zufahrt: Auf der B27 bis in die Mitte von Bad Lauterberg fahren und dort an einer breiten Kreuzung (Lidl in Sichtweite) nach links in die Schanzenstraße abbiegen und etwa 200 Meter später in die Straße Wiesenbek abbiegen und diese bis zum Ende durchfahren.
Reservierung/Kontakt: Tel.: 05524/2510
E-Mail: info@campingwiesenbek.de oder www.campingwiesenbek.de.

Um in die Innenstadt zu gelangen, ist also ein längerer Fußmarsch vonnöten. Wir nehmen gewöhnlich bei etwas größeren Distanzen die Fahrräder. Wobei in diesem Fall der Anstieg zum Hausberg recht steil ist. Dies trifft in ähnlicher Weise auch für den Weg zur Waldgaststätte am **Bismarckturm** zu, dem zweiten Ausflugslokal oberhalb von Bad Lauterberg. Dieses Gasthaus ist eine Station auf dem BaudenSteig, das als Besonderheit ein Waschbärengehege hat. Auch dieses Lokal bietet eine umfangreiche Speisekarte, die Sie hier einsehen können www.bismarckturmbadlauterberg.de. Der Bismarckturm steht auf der Ostkuppe des Kummelberges auf 535 Metern Höhe. Von hier können Sie auf der einen Seite den Turm der Hanskühnenburg erspähen und auf der anderen Seite den Ravensberg, den wir auch noch besuchen werden. Er fällt mit seinem 64 Meter hohen Turm in besonderer Weise auf. Der BaudenSteig führt übrigens auch am Campingplatz Wiesenbeker Teich vorbei.

Der Hausberg.

Der Bismarckturm.

Die Königshütte.

Bad Lauterberg entwickelte sich von einer Bergbau- zu einer Kurstadt. Das **Besucherbergwerk Scholmzeche** zeugt von den längst vergangenen Zeiten des Bergbaus in dieser Stadt. Es kann ganzjährig immer freitags und samstags um 15 Uhr im Rahmen einer Führung erkundet werden. Sie finden die Zeche in der Nähe des Kurparkes. Die **Königshütte** befindet sich im Süden der Stadt. Es handelt sich dabei um eine ehemalige Hochofenanlage, Gießerei und Drahtzieherei, die im frühen 19. Jahrhundert entstand, in der unter anderem die Drahtseile gefertigt wurden, die in den Bergbaubetrieben Verwendung fanden. Heute ist diese Anlage ein Industriedenkmal. Das Außengelände ist frei zugänglich, die Gebäude können nur in Rahmen von Führungen besucht werden. Öffnungszeiten und Eintrittspreise sowie detaillierte Informationen über diese Anlage finden Sie auf dieser Seite www.koenigshuette-badlauterberg.de.

Als Kurort stehen mehrere Kliniken zur Verfügung. Für den Wellnessbereich bietet das **Vitamar** das größte Wellenbecken im Harz, einige Rutschen, Saunen, Massagebereich und ein italienisches Restaurant. Öffnungszeiten und Eintrittspreise finden Sie hier www.vitamar.de. Nahe der Innenstadt offeriert die **Kirchberg-Therme** ein umfangreiches Angebot. Informationen dazu sowie die Öffnungszeiten und Eintrittspreise finden Sie hier www.gollee.de/kirchberg-therme.

Von Bad Lauterberg bis nach **Bad Sachsa** sind es nur elf Kilometer. Das hiesige Erlebnisbad mit mehreren Becken, Saunen und Wellnessbereich hat leider keinen Wohnmobilstellplatz vor der Tür, nicht einmal einen halbwegs geeigneten Parkplatz in unmittelbarer Nähe. Um das Fahrzeug abzustellen und den Ort und das Umland zu erkunden, steht dieser Campingplatz zur Verfügung.

(017) WOMO-Campingplatz: Bad Sachsa – Im Borntal

GPS: N51°36'21.9" E10°33'59.3"; Borntal 1, 37441 Bad Sachsa.
Max. WOMOs: 40, maximale Länge 12 m.
Ausstattung: Frischwasserversorgung, Abwasserentsorgung mit Bodeneinlass, Kassettenentleerung, Stromanschlüsse, Behälter für die Müllentsorgung, Brötchenservice. Im Servicegebäude gibt es Dusche, WC, Waschmaschine und einen Trockner. Der Platz ist ganzjährig geöffnet.
Beschreibung: Terrassenförmig angelegter Platz mit großen Stellflächen im Grünen, sehr ruhig. Der Betreiber kommt am Abend vorbei, um die Gebühren zu kassieren.
Preise: Wohnmobil mit 2 Personen inklusiv Kurtaxe und Strom 20,00 €, Kind 5,00 €, Hund 2,50 €. Ver- und Entsorgung ist im Preis enthalten.
Zufahrt: In Bad Sachsa auf der L604 in Richtung Walkenried nach dem Penny-Markt und einer Autowerkstatt links in die Bahnhofstraße abbiegen, 400 Meter später rechts abbiegen und der Beschilderung zum Campingplatz folgen.
Reservierung/Kontakt: Tel.: 05523/944721
E-Mail: info@imborntal.de, Web: www.imborntal.de

Vom Campingplatz bis in die Innenstadt von Bad Sachsa sind es rund zwei Kilometer, bis zum Harzfalkenhof (zu Fuß) etwa drei Kilometer und bis zum **Ravensberg** fast fünf Kilometer. Vom diesem 659 Meter hohen Berg hat man eine phantastische Weitsicht. Von hier reicht der Blick unter anderem bis zum Kyffhäuserdenkmal, das am Horizont bei gutem Wetter in 46 Kilometern Entfernung deutlich sichtbar ist.

Markant ist der 64 Meter hohe Turm, der auf diesem Berg steht. Er wurde 1970 gebaut und diente dem Bundesnach-

Ehemaliger Horchposten auf dem Ravensberg.

richtendienst als Horchposten. Von hier wurde der Funkverkehr in der DDR abgehört. Heute dient er hauptsächlich der Telekom als Funkübertragungsstelle für den Mobilfunk.

Am Fuße dieses Turms befindet sich eine Baude, der **Berghof Ravensberg**. Das Angebot und die Öffnungszeiten dieses Gasthauses können Sie hier nachlesen www.berghof-ravensberg.de. Auf den Ravensberg führt eine schmale und kurvenreiche Straße. Wer nicht hochgehen mag, kann hochfahren. Parkplätze sind nach einer Erweiterung in ausreichender Zahl und Größe vorhanden.

Nicht versäumen sollten Sie den Besuch des Harzfalkenhofes, den Sie unter dieser Adresse "Katzenstein 1, 37441 Bad Sachsa" finden. Auch hier können Sie herfahren. Und wenn Sie schon an dieser Stelle sind, dann ist ein Besuch des Märchengrundes Pflicht, wenn Sie mit ihren Kindern oder den Enkelkindern unterwegs sind. Er befindet sich in unmittelbarer Nähe.

Der **Harzfalkenhof** ist eine privat geführte Falknerei, die seit über 40 Jahren im Greifvogelschutz, der Zucht und der Forschung aktiv ist. Rund achtzig Greifvögel, Adler, Geier, Falken und Eulen leben in diesem Park und können bei einem Besuch beobachtet werden. Einige dieser Vögel stellen in den Shows ihre Flugkünste unter Beweis. Die Falkner erklären dabei das Wesen dieser Tiere, erläutern ihre Fähigkeiten und klären auch über die Gefahren auf, mit denen sie in freier Wildbahn konfrontiert sind. Es ist einfach immer wieder spannend und erlebnisreich, wenn die

Ein Rotmilan im Segelflug.

Vögel über die Köpfe der Besucher hinweg fliegen und man den Flügelschlag förmlich spüren kann. Die Öffnungszeiten, die Eintrittspreise und weitere Infos mit Fotos der Vögel gibt es hier https://harzfalkenhof.hpage.com.

Den **Märchengrund** gibt es schon seit mehr als 100 Jahren. Es ist eine Anlage, die ganz ohne elektronische Gimmicks auskommt und nur die bekannten Märchen in den Vordergrund stellt. Hier können sich die Kinder in eine der Märchenfiguren verwandeln und mit einem Rätselspaß in Erfahrung bringen, wie gut sie die altbekannten Sagen und Erzählungen kennen. Preise und Öffnungszeiten der Anlage finden Sie hier www.bad-sachsa.de/bad-sachsa/maerchengrund, den Parkplatz mit diesen Koordinaten [N51°36'31.7" E10°31'59.4"].

Das nächste Ziel auf dieser Tour ist **Walkenried**, ein Ort, der vor allem durch die ehemalige **Zisterzienserabtei** bekannt ist und deshalb besucht wird. Auch für uns steht das einstige Kloster im Vordergrund. Außerdem sind die Wanderstrecken rund um den Ort von Interesse.

Den Parkplatz des Klosters finden Sie mit diesen Koordinaten [N51°34'54.0" E10°37'14.7"]. Für einen längeren Aufenthalt bietet sich dieser Campingplatz an.

(018) WOMO-Campingplatz: KNAUS Campingpark Walkenried

GPS: N51°35'22.9" E10°37'28.8"; Ellricher Straße 7, 37445 Walkenried.
Max. WOMOs: 7 overnight-Stellplätze (Reisemobilhafen) vor der Schranke und mehr als 20 Stellplätze für Wohnmobile auf dem Campingplatz.
Ausstattung: Frischwasserversorgung, Abwasserentsorgung mit Bodeneinlass, Kassettenentleerung, Stromanschlüsse, Gasflaschentausch, Behälter für die Müllentsorgung, WLAN, Restaurant, Minimarkt, Brötchenservice. Im Servicegebäude gibt es Duschen, WCs, Waschmaschinen und einen Trockner und nebenan auch eine Hundedusche. Für die sportliche Betätigung und Fitnessübungen gibt es ein Beachvolleyballfeld, einen Bolzplatz, Minigolf, einen Spielplatz, einen Fahrrad- und E-Bike-Verleih, ein beheiztes Hallenbad und eine Sauna. Der Platz ist ganzjährig geöffnet.

Beschreibung: Kleine Rasenplätze mit Grünstreifen vor der Schranke und große Rasenplätze auf dem Campingareal. Sehr ruhig.
Preise: Vor der Schranke für ein Fahrzeug inkl. aller Personen und Hunde 11,50 €, Strom 4,00 pro Tag, Ver- und Entsorgung 5,00 €. Hinter der Schranke: Platz je nach Größe und Saison zwischen 16,40 € und 24,30 €. Erwachsene Person 9,60 €, Kind 4,50 €. Alle Serviceleistungen Dusche, Strom, Wasser, Abwasser etc. sind im Preis enthalten.
Zufahrt: In Walkenried Richtung Ellrich/Nordhausen fahren. Der Campingplatz befindet sich am Ortsausgang auf der rechten Seite.
Reservierung/Kontakt: Tel.: 05525/778
E-Mail: walkenried@knauscamp.de, Web: www.knauscamp.de/walkenried

Ruine der Klosterkirche in Walkenried.

Die **Klosteranlage** gehört zum Weltkulturerbe "Bergwerk Rammelsberg, Altstadt von Goslar und Oberharzer Wasserwirtschaft". Im Herrenhaus des ehemaligen Klosters ist das Welterbe-Infozentrum die erste Anlaufstelle, um sich über die Abtei zu informieren und die Eintrittskarten für den Besuch zu erwerben. Von außen ist die Anlage frei zugänglich. Sie können den Kreuzgang, den Kreuzgarten, das Dormitorium, den Kapitel- und Brüdersaal sowie weitere Ausstellungsräume mit einem Audioguide auf eigene Faust erkunden oder an einer Führung teilnehmen. Auf dieser Seite www.kloster-walkenried.de können Sie sich mit einem virtuellen Rundgang auf den Besuch vorbereiten. Hier finden Sie auch die Öffnungszeiten sowie die Eintrittspreise.

Seine Blütezeit erlebte das Kloster im 12. und 13. Jahrhundert. Die fast 100 Meter lange Kirche im gotischen Stil wurde 1290 fertiggestellt. Die Zisterzienser waren wirtschaftlich auf mehreren Feldern aktiv. Sie legten Teile des Sumpfgebietes um Walkenried trocken, machten daraus landwirtschaftliche Nutzflächen, richteten Fischteiche ein und stellten damit die Lebensmittelversorgung der örtlichen Bevölkerung, der Mönche und Ordensbrüder sicher. Sie waren im Bergbau aktiv, erwarben Silberminen, Brauereien, beteiligten sich an der Verhüttung von Erzen, betrieben Geldgeschäfte und hatten einen wesentlichen Einfluss auf die Entwicklung der **Oberharzer Wasserwirtschaft** (Siehe Seite 188). Aus heutiger Sicht ein kapitalistischer Mischkonzern, der auf all den Feldern engagiert war, die Gewinne versprachen. Nur so konnten sie sich die prachtvolle große gotische Kirche leisten. Mit dem Niedergang des Bergbaues im Harz begann auch der Niedergang dieses mächtigen Klosters. Im 15. Jahrhundert wurden unrentabel gewordene Bergwerke abgestoßen, im 16. Jahrhundert wurden auch Wirtschaftshöfe verkauft. Der Bauernaufstand unter Thomas Müntzer führte 1525 zu einem Sturm auf das noch immer wohlhabende Kloster. Die Kirche wird von den Aufständischen zum Einsturz gebracht und danach nicht wieder aufgebaut. Die Ruine verfällt im Laufe der Jahre immer mehr und wird als Steinbruch für andere neue Gebäude genutzt. Zahlreiche Mönche ziehen sich zurück, wandern ab und die verbliebenen treten 1546 zur Lehre Luthers über. Damit ist die Geschichte des Zisterzienserklosters als Macht- und Wirtschaftsfaktor in Walkenried zu Ende.

Heute wird die Anlage als Museum, als evangelische Kirche und für Veranstaltungen genutzt.

Von Walkenried geht es nun wieder hinauf in den Harz. Die nächsten beiden Campingplätze in Zorge und Hohegeiß bieten die idealen Voraussetzungen für Wanderungen und Radtouren sowie durch ihre Abgeschiedenheit auch beste Bedingungen, um einfach die Seele baumeln zu lassen.

Der Harzer Grenzweg nutzt teilweise den ehemaligen Kolonnenweg.

Der **Harzer Grenzweg** ist sicher der spektakulärste Wanderweg in der Nähe dieser Campingplätze. Wer ihn vollständig

(019) WOMO-Campingplatz: Zorge – Im Waldwinkel

GPS: N51°38'31.0" E10°38'56.3"; Kunzental 2 37445 Walkenried-Zorge.
Max. WOMOs: 10 Stellplätze vor der Schranke und mehr als 20 Stellplätze für Wohnmobile auf dem Campingplatz.
Ausstattung: Frischwasserversorgung, Abwasserentsorgung mit Bodeneinlass, Kassettenentleerung, Stromanschlüsse, Behälter für die Müllentsorgung, WLAN, Brötchenservice. Im Servicegebäude gibt es Dusche, WC, Waschmaschine und einen Trockner, ganzjährig geöffnet.

Beschreibung: Sehr einfach ausgestatteter Platz. Große Rasenplätze mit Grünstreifen vor der Schranke und große Rasenplätze auf dem Campingareal. Sehr ruhig.
Preise: Vor der Schranke für ein Fahrzeug mit zwei Personen und Hunde 9,50 €. Hinter der Schranke: Platz je nach Saison zwischen 16,50 € und 19,90 € inkl. 2 Personen, Kind 3,00 €, Hund 1,00 € , Strom 0,60 € pro kWh. Alle Serviceleistungen Dusche, Strom, Wasser, Abwasser etc. sind im Preis enthalten.
Zufahrt: In Walkenried auf der L602 Richtung Hohegeiß/Braunlage fahren. In Zorge der Beschilderung zum Campingplatz folgen.
Reservierung/Kontakt: Tel.: 05586/1048, E-Mail: Campingzorge@aol.com, Web: www.campingplatz-im-waldwinkel.de.

(020) WOMO-Campingplatz: Hohegeiß – Am Bärenbache

GPS: N51°39'28.3" E10°40'03.0";
Bärenbachweg 10, 38700 Braunlage-Hohegeiß.
Max. WOMOs: >20, maximale Länge 12 m.
Ausstattung: Frischwasserversorgung, Abwasserentsorgung mit Bodeneinlass, Kassettenentleerung, Stromanschlüsse, Behälter für die Müllentsorgung,

WLAN, Brötchenservice. Im Servicegebäude gibt es Dusche, WC, Waschmaschine und einen Trockner. Der Platz ist ganzjährig geöffnet.
Beschreibung: Relative große Rasenflächen mit Grünstreifen. Bei Nässe leicht matschig. Sehr ruhig. Waldschwimmbad nebenan.
Preise: WOMO inkl. 2 Personen, Duschen, WC Benutzung, Ver- und Entsorgung 12,00 € pro Tag.
Zufahrt: Am Ortseingang von Hohegeiß auf der rechten Seite. Die Abfahrt zum Platz hat ein recht ordentliches Gefälle, ist aber nicht lang.
Reservierung/Kontakt: Tel.: 05583/1306, E-Mail: info@campingplatz-hohegeiss.de, Web: https://campingplatz-hohegeiss.de.

gehen will, braucht eine ordentliche Kondition, denn dieser Weg ist nicht der Topographie angepasst, sondern folgt dem Verlauf der ehemaligen innerdeutschen Grenze. Selbst die steilsten Hänge wurden dabei mit Betonplatten ausgelegt, auf denen die Grenztruppen der DDR mit ihren Trabant-Kübel-Fahrzeugen patrouillierten und aufpassten das niemand "rübermacht".

Heute ist dieser insgesamt 91 Kilometer lange Weg ein Teil des "Grünen Bandes", das Deutschland von Nord nach Süd entlang der alten "Zonengrenze" durchzieht.

Die Fahrzeuge, die damals zur Grenzsicherung eingesetzt wurden, kann man heute in dem **Ostdeutschen Fahrzeug- & Technikmuseum** in **Benneckenstein** anschauen, nur etwas mehr als fünf Kilometer von dem Campingplatz in Hohegeiß entfernt. Neben den Fahrzeugen sind Gegenstände aus dem DDR-Alltag, Spielzeug und auch Campingfahrzeuge und -gegenstände aus der Vorwendezeit zu sehen. Etwas sehr Außergewöhnliches findet auf dem Freigelände hinter dem Museum statt. Hier können Sie sich mit einem Panzer durch den Dreck wühlen oder in den dicksten Armeelastern mitfahren. Alle Fahrzeuge stammen aus der Produktion der ehemaligen Ostblockstaaten, überwiegend aus Russland. So ganz billig ist dieses Vergnügen nicht, aber es ist eben auch etwas Besonderes.

Öffnungszeiten, Preise und weitere Informationen zu den Fahrzeugen finden Sie hier www.panzerfahren-harz.de und über das Museum finden Sie auf dieser Seite http://mts-oldtimermuseum.de alle notwendigen Informationen. Mit diesen Koordinaten [N51°40'29.4" E10°42'58.7"] werden Sie direkt zum Museum geführt. Ein interessanter Blick in die Geschichte offenbart sich hier den Wessis und Ossis in diesem Museum und auf dem Freigelände hinter den Gebäuden. Wir befinden uns hier im Dreiländereck. Der Campingplatz Hohegeiß befindet sich noch in Niedersachsen, Benneckenstein liegt in Sachsen-Anhalt und nun fahren wir kurz nach Thüringen und suchen für ein Abendessen und eine Übernachtung diesen Ort auf, der zehn Kilometer von Benneckstein entfernt liegt.

Blick in das Ostdeutsche Fahrzeug- & Technikmuseum.

Einmal einen T55 fahren? Mit dem MT's Panzerfahren Team in Benneckenstein ist das möglich.

(021) Offizieller WOMO-Gasthof-Stellplatz: Sophienhof – Braugasthof Brauner Hirsch

GPS: N51°38'05.0" E10°47'31.4"; Sophienhof 16, 99768 Harztor.
Max. WOMOs: 40, maximale Länge 12 m.
Ausstattung: Stromanschlüsse, Behälter für die Müllentsorgung, ganzjährig geöffnet. Brötchen- und Frühstücksservice im Gasthof, Restaurant mit regional-schmackhafter Küche und gutem Bier aus der Hausbrauerei.

Beschreibung: Es besteht die Wahl zwischen einer leicht geneigten großen Wiesenfläche ohne markierte Stellflächen und einem topfebenen Parkplatz, der mit Pflastersteinen ausgelegt ist und auch von PKW genutzt wird. Nachts ist es hier absolut ruhig.
Preise: 5,00 € für ein Fahrzeug mit 2 Personen. Strom 1,00 € pro kWh.
Zufahrt: Am Ende des Ortes auf der linken Seite.

Von dem Brauereigasthof geht es weiter zu der Westernmetropole **Pullman City**, einer nachgebauten Westernstadt am Nordrand von **Hasselfelde**.

Ein Teil der Westernstadt Pullman City.

Als Kinder haben wir oft Cowboy und Indianer gespielt. Im Fernsehen gab es Bonanza, sonntags waren wir gedanklich auf der Ponderosa und ganz fasziniert von den Geschichten der Cartwrights, die dann die Woche über nachgespielt wurden. Diese Gedanken gingen mir beim Abstellen unserer Kutsche auf der großen Wiese am Rande des Freizeitparkes **Pullmann City** durch den Kopf. Lang ist es her. Nun wollen wir sehen, was die großen Kinder dieses Freizeitparkes auf die Beine stellen.

(022) Offizieller WOMO-Stellplatz: Hasselfelde – Pullman City Harz

GPS: N51°42'04.5" E10°51'56.6"; Am Rosentale 1, 38899 Hasselfelde.
Max. WOMOs: 50, maximale Länge 12 m, max. Aufenthalt 5 Tage.

Ausstattung: Frischwasserversorgung, Abwasserentsorgung, WC, Dusche, Behälter für die Müllentsorgung, ganzjährig geöffnet.
Beschreibung: Leicht abschüssige große Wiese neben einer Viehkoppel am Freizeitpark, nachts sehr ruhig.
Preise: 5,00 € für ein Fahrzeug.
Zufahrt: An der B81 zwischen Hasselfelde und der Rappbodetalsperre auf der rechten Seite.

Der Weg zum Eingang ist kurz. Neben der Tür zum Kassenbereich hängt eine große Tafel, auf der Shows und Darbietungen des Tages angekündigt werden. Gefühlt gibt es alle halbe Stunde etwas anderes. Stunts und wüste Schießereien stehen dabei nicht im Vordergrund. Natürlich gibt es das klassische "high noon" Erlebnis, aber eben auch den harten Cowboyalltag mit Viehtrieb, der Goldsuche, Jagd, Tanzeinlagen, Countrymusik und anderes mehr. Kulinarisch kann man sich in einem Saloon, einem Steakhouse, einer Taverne oder einem Fast Food-Restaurant verwöhnen lassen. Ganz nach den eigenen Vorlieben ist da für jeden etwas dabei. Schauen Sie es sich einfach an.

Einen ersten Eindruck gewinnen Sie hier, inklusive der Öffnungszeiten und Eintrittspreise www.pullmancityharz.de.

Meiler in der Holzköhlerei.

Vom harten Cowboyalltag geht es nun zu dem nicht minder harten Leben der Köhler, einem Berufszweig, der im Harz eine lange Tradition hat. Nur wenige Kilometer weiter in Richtung Blankenburg ist auf der rechten Seite der B81 eine Köhlerei zu sehen, in der man sich mit diesem Handwerk vertraut machen kann. Neben dem Meiler sind die Gerätschaften der Köhler in einem kleinen Museum ausgestellt.

Wir beenden diese Tour in der Nähe der Rappbodetalsperre, der wir uns jetzt aber nicht widmen wollen. Wir kommen in der Tour 7 auf diesen Stausee zurück. Auf der Seite 174 können Sie in die genannte Tour einsteigen, die von Quedlinburg nach Lautenthal führt.

(023) Offizieller WOMO-Gasthof-Stellplatz: Hotel und Reiterhof an der Talsperre

GPS: N51°44'04.2" E10°54'26.1"; Oberbecken 1, 06502 Thale.
Max. WOMOs: >20, maximale Länge 12 m.
Ausstattung: Frischwasserversorgung, Abwasserentsorgung mit Bodeneinlass, Kassettenentleerung, Stromanschlüsse, Behälter für die Müllentsorgung, WLAN, Brötchenservice. Im Servicegebäude gibt es Dusche, WC, Waschmaschine und einen Trockner. Der Platz ist ganzjährig geöffnet. Brötchen- und Frühstücksservice im Gasthof, Restaurant mit guter Küche.

Beschreibung: Unmarkierte ausreichend große Rasenplätze mit Grünstreifen in unmittelbarer Nähe der Talsperre, relativ ruhig. Die Staumauer mit der Hängebrücke ist ein Kilometer entfernt.
Preise: 18,00 € für ein Fahrzeug mit 2 Personen. Kind 2,50 €, Hund 2,00 €, Ver- und Entsorgung kostenlos, Strom 0,60 € pro kWh.
Zufahrt: B81 an der Kreuzung in Richtung Elbingerode.
Reservierung/Kontakt: Tel.: 039456/56950 oder 0172 3576111
E-Mail: info@hotel-talsperre.de, Web: www.campingstellplatz-talsperre.de.

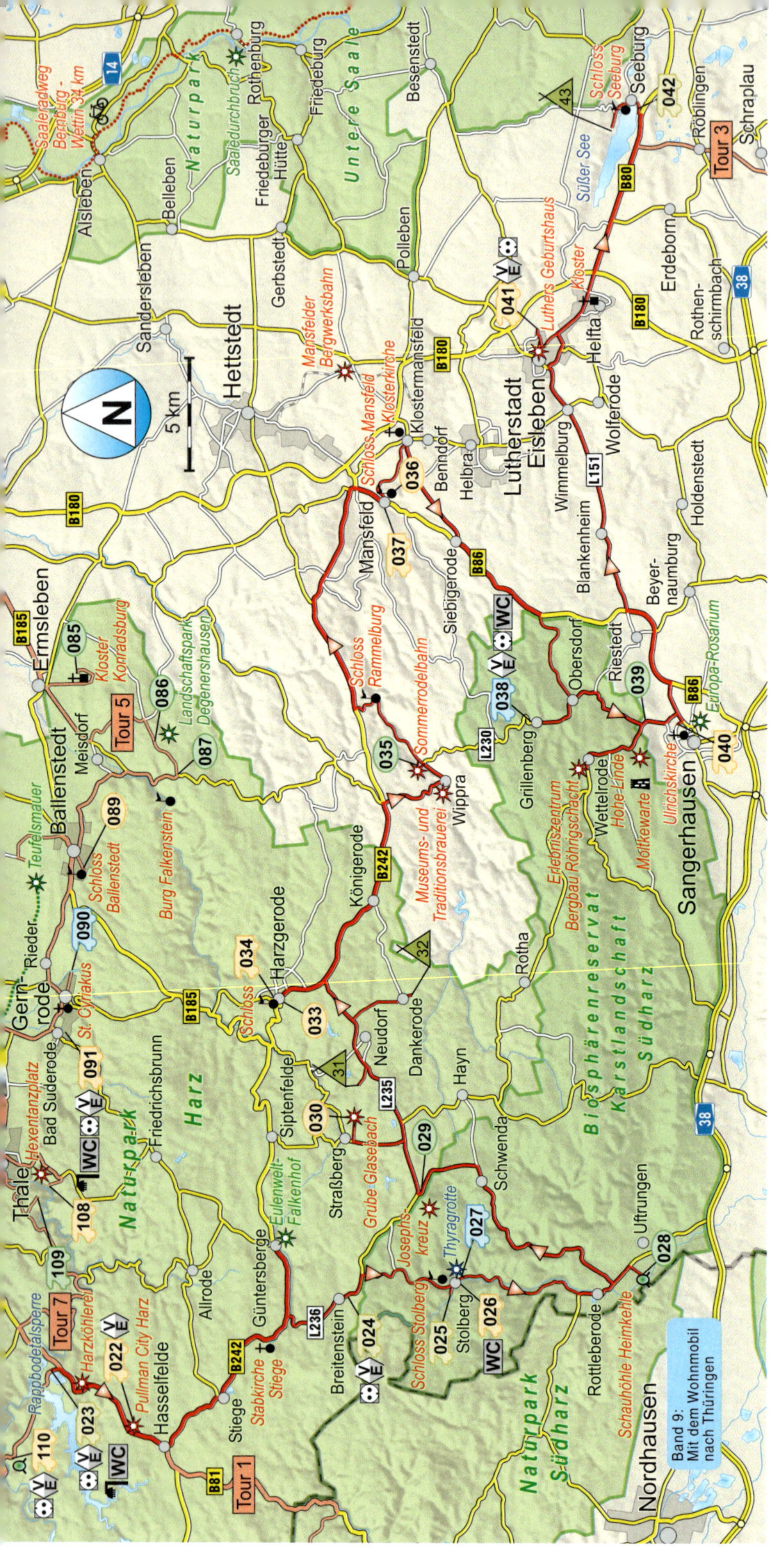
Saaleradweg Bernburg - Wettin 34 km
Alsleben
Belleben
Naturpark
Saaledurchbruch
Rothenburg
Friedeburger Hütte
Friedeburg
Untere Saale
Besenstedt
Sandersleben
Hettstedt
Gerbstedt
Polleben
Seeburg
Schloss Seeburg
Süßer See
Röblingen
Schraplau
Tour 3
Mansfelder Bergwerksbahn
Schloss Mansfeld
Klosterkirche
Klostermansfeld
Benndorf
Helbra
Lutherstadt Eisleben
Luthers Geburtshaus
Kloster
Helfta
Erdeborn
Rothenschirmbach
Wimmelburg
Wolferode
Blankenheim
Holdenstedt
Mansfeld
Siebigerode
Beyernaumburg
Riestedt
Obersdorf
Europa-Rosarium
Sangerhausen
Ulrichskirche
Moltkewarte
Hohe Linde
Wettelrode
Erlebniszentrum Bergbau Röhrigschacht
Grillenberg
Wippra
Museums- und Traditionsbrauerei
Sommerrodelbahn
Schloss Rammelburg
Königerode
Rotha
Biosphärenreservat Karstlandschaft Südharz
Ermsleben
Kloster Konradsburg
Landschaftspark Degenershausen
Meisdorf
Tour 5
Ballenstedt
Schloss Ballenstedt
Burg Falkenstein
Teufelsmauer
Rieder
Gernrode
St. Cyriakus
Harzgerode
Schloss
Dankerode
Neudorf
Hayn
Bad Suderode
Friedrichsbrunn
Harz
Siptenfelde
Straßberg
Grube Glasebach
Schwenda
Uftrungen
Thale
Hexentanzplatz
Naturpark
Eulenwelt-Falkenhof
Güntersberge
Josephskreuz
Thyragrotte
Stolberg
Schloss Stolberg
Breitenstein
Rottleberode
Schauhöhle Heimkehle
Nordhausen
Band 9: Mit dem Wohnmobil nach Thüringen
Naturpark Südharz
Tour 7
Harzköhlerei
Pullman City Harz
Hasselfelde
Rappbodetalsperre
Allrode
Stiege
Stabkirche Stiege
Tour 1
5 km
N

TOUR 2 (ca. 195 km)

Güntersberge – Breitenstein – Stolberg – Rottleberode – Straßberg – Neudorf – Dankerode – Harzgerode – Wippra – Mansfeld – Klostermansfeld – Grillenberg – Sangerhausen – Lutherstadt Eisleben – Seeburg

Stellplätze:	Breitenstein, Stolberg, Rottleberode, Straßberg, Harzgerode, Wippra, Mansfeld, Grillenberg, Sangerhausen, Lutherstadt Eisleben, Seeburg.
Campingplätze:	Neudorf, Dankerode, Seeburg.
Ver-/Entsorgung:	Breitenstein, Grillenberg, Sangerhausen, Lutherstadt Eisleben.
Besichtigungen:	Stabkirche Stiege, Güntersberge (Eulenwelt Falkenhof), Stolberg (Altstadt, Schloss), Rottleberode (Schauhöhle Heimkehle), Straßberg (Grube Glasebach), Harzgerode (Schloss), Wippra (Sommerrodelbahn), Mansfeld (Altstadt, Schloss), Klostermansfeld (Klosterkirche, Bergwerksbahn), Wettelrode (Erlebniszentrum Bergbau Röhrigschacht), Sangerhausen (Ulrichskirche, Rosarium), Lutherstadt Eisleben (Luthers Geburtshaus).
Wandern:	Zum Josephskreuz, Sangerhausen Bergbaulandschaft.
Baden/Wellness:	Stollberg (Thyragrotte), Grillenberg (Freibad), Seeburg (Süßer See).

Diese Tour führt uns zunächst weiter durch den Südharz mit seiner ausgeprägten Karstlandschaft. Die Geschichte des Bergbaus wird auch auf dieser Reise eine Rolle spielen. Im östlichen Harzvorland wurde er noch bis in jüngster Zeit betrieben. Einige schöne Städtchen stehen auf dem Programm, eine Stabkirche, eine Eulenwelt, eine Höhle, ein einmaliger Aussichtsturm und zwei Besucherbergwerke. Wir schauen uns um, wo das "Mansfeldsche Kind" zur Schule ging und kurz vor dem Ende dieser Tour schauen wir uns die Stadt an, in dem große Reformator Martin Luther geboren wurde.

Zunächst fahren wir die B81 bis Hasselfelde zurück, passieren erneut die Köhlerei und die Pullman City. In Hasselfelde biegen wir auf die B242 in Richtung Harzgerode ab und durchfahren den kleinen Ort **Stiege**. Es gibt hier ein kleines Schloss mit einem Café, das über dem Unteren Teich thront. Wer den Ort etwas näher erkunden möchte, der findet in der Nähe des Bahnhofes der Selketalbahn einen Parkplatz [N51°39'42.8" E10°52'53.2"]. Der Fußweg bis zum Schloss

Stabkirche Stiege.

ist rund 800 Meter lang. Stiege ist durch die kleinste Wendeschleife Europas im Bahnhofsbereich bei den Freunden der Harzer Schmalspurbahnen bekannt. Wenn Sie auf dem angegebenen Parkplatz stehen, sind Sie nur wenige Meter davon entfernt. Den **Harzer Schmalspurbahnen** widmen wir uns auf der Seite 70. Dort sehen eine Karte zu den Bahnlinien, in der die Bahnhöfe hervorgehoben sind, in deren Nähe ein Stellplatz vorhanden ist.

Kommen wir zurück zu unserer Reiseroute. Wir durchfahren also Stiege und biegen ca. vier Kilometer hinter dem Ortsende rechts ab. Das WOMO parken wir auf dem Wanderparkplatz, den Sie mit diesen Koordinaten [N51°38'37.0" E10°55'41.0"] punktgenau finden. Von diesem Parkplatz führt ein schmales Sträßchen den Hang hinauf zu der Stabkirche, die Sie hier abgebildet sehen. Sie wurde als Kapelle für die Lungenheilstätte Albrechtshaus 1905 erbaut. Das Sanatorium, in der Lungentuberkulose behandelt wurden, war einst eine der größten Kliniken im Harz. In den neunziger Jahren wurde der Betrieb aufgegeben und nach einem Brand ist es nur noch eine Ruine. Die Stabkirche, erbaut im nordischen Stil, wurde durch Vandalismus beschädigt. Sie ist bis auf die Dacheindeckung im Originalzustand und kann besichtigt werden. Auf dieser Seite www.stabkirche-stiege.de können Sie sich das Gotteshaus von innen ansehen und sich über die Öffnungszeiten informieren. Um weitere Beschädigungen zu vermeiden, soll die Kirche bis 2025 in den Ort Stiege umgesetzt werden.

Vom Wanderparkplatz, der auch gleichzeitig einen Haltepunkt der Selketalbahn markiert, fahren wir weiter nach **Güntersberge**. Eine Wanderung über den Selketal-Stieg oder eine Fahrt mit der Selketalbahn wäre ebenso möglich, denn in dem nächsten Ort auf unserer Reise gibt es ebenfalls einen Bahnhof.

In Güntersberge halten wir uns nicht lange auf. Es gibt hier einige nette Fachwerkhäuser und als Besonderheit das **Mausefallen- und Kuriositätenmuseum** www.mausefallenmuseum.de, das wir allerdings nicht besucht haben. Für die Freunde von Greifvögeln ist der **Eulenwelt-Falkenhof** sicher interessant, dessen Angebot, Eintrittspreise und Öffnungszeiten Sie auf dieser Seite finden http://eulenwelt-falkenhof-harz.de. Mit diesen Koordinaten finden Sie punktgenau hin [N51°38'32.3" E10°59'19.0"].

(024) Offizieller WOMO-Gasthof-Stellplatz: Breitenstein – Harzer Hexenteufel

GPS: N51°37'03.1" E10°56'56.7"; Am Schützenplatz 110e, 06536 Südharz.
Max. WOMOs: 10, maximale Länge 12 m, max. Aufenthalt 5 Tage.
Ausstattung: Frischwasserversorgung, Abwasserentsorgung ohne Bodeneinlass, Kassettenentleerung, 8 Stromanschlüsse, Behälter für die Müllentsorgung, ganzjährig geöffnet.

Beschreibung: Große unparzellierte geschotterte Fläche neben dem Restaurant Harzer Hexenteufel in unmittelbarer Nähe des Schützenplatzes und eines Fußballplatzes. Nachts sehr ruhig.
Preise: Kostenlos. Strom 1,00 € für 8 Stunden, Frischwasser kostenlos.
Zufahrt: Über die L236 in Richtung Stolberg am Ortsausgang von Breitenstein auf der rechten Seite.

Wir fahren nicht weiter in Richtung Harzgerode, sondern kehren um und haben uns **Stolberg** als nächstes Ziel vorgenommen. Auf dem Weg dorthin passieren wir Breitenstein, das am Rande eines Sportplatzes am Ortsausgang einen ruhigen Stellplatz aufzuweisen hat. Direkt daneben befindet sich die Gaststätte Hexenteufel, die einfache und preiswerte Gerichte anbietet.

Von Breitenstein geht es kurvenreich durch eine Waldlandschaft hinunter nach Stolberg. Zu fahren sind rund sieben Kilometer. Hinunter heißt, das Städtchen liegt rund 200 Meter tiefer als Breitenstein.

Der Seigerturm in Stolberg.

In der Innenstadt von Stolberg.

Drei Möglichkeiten gibt es, das WOMO abzustellen. Alle drei Plätze sind "übernachtungsgeeignet", haben aber keinerlei Ver- und Entsorgungseinrichtungen oder Stromanschlüsse. Der erste liegt im Ludetal im Norden des Städtchens. Ihn finden Sie mit diesen Koordinaten [**025:** N51°34'34.7" E10°56'45.5"]. Die Zufahrt erfolgt über die Rittergasse, die Sie in dem Foto unten rechts abgebildet sehen. Die Straße ist hier noch breit, sie wird im weiteren Verlauf aber erheblich enger und zwei WOMOs kommen im Gegenverkehr nicht mehr aneinander vorbei. Der zweite Stellplatz befindet sich am stillgelegten Bahnhof [**026:** N51°33'54.7" E10°57'24.5"], er ist problemlos anzufahren. Er ist etwas mehr als einen Kilometer von der Innenstadt entfernt. Noch weiter entfernt ist der Stellplatz an der Thyragrotte [**027:** N51°33'48.9" E10°57'28.1"]. Auch er ist bequem zu erreichen, aber hier sind die Parkflächen ziemlich eng. Das ist bei den beiden anderen nicht der Fall, da gibt es ausreichend Platz. Kostenlos sind alle drei.

Der Stellplatz am Bahnhof.

Stolberg ist ein charmanter Fachwerkort, der seinen Wohlstand vergangener Zeiten durch den Bergbau erzielte. Besonders sehenswert sind die Häuser rund um den Marktplatz, in dessen Nähe auch der Saigerturm zu sehen ist, der ein Teil der ehemaligen Stadtbefestigung darstellt. Kurios ist das Rathaus, das ursprünglich 12 Türen hatte, die für die Monate im Jahr standen. Dann 52 Fenster aufwies (für die Wochen), in denen 365 Scheiben verbaut waren. Seit 1724 wird dieses 1452 errichtete Gebäude ununterbrochen als Rathaus genutzt.

Vor dem Rathaus ist das **Müntzer Denkmal** zu sehen, das 1989 zum 500. Geburtstag des größten und bekanntesten Sohnes der Stadt aufgestellt wurde.

Eines der schönsten Häuser in Stolberg ist die **Alte Münze,** an der Sie auf dem Weg vom Stellplatz am Bahnhof in die Innenstadt vorbeikommen. In diesem Gebäude ist heute das Museum der Stadt untergebracht. Im Erdgeschoss kann eine historische Münzwerkstatt besichtigt werden. Die oberen Etagen widmen sich der Geschichte Stolbergs und dem Leben und Wirken Thomas Müntzers.

Das Müntzer Denkmal.

Öffnungszeiten: Montags bis sonntags 10:00 bis 16:00 Uhr, Eintritt 2,00 € für einen Erwachsenen, Kinder zahlen die Hälfte.

Das Rathaus in Stolberg.

Hoch oben über der Stadt befindet sich auf einem Bergsporn das **Stolberger Schloss**. Es wurde im 13. Jahrhundert errichtet und war bis 1945 Eigentum der Fürstenfamilie Stolberg-Stolberg. Ab 1947 wurde es als FDGB-Ferienheim genutzt, 1990 ging es in den Besitz der Treuhand über. Dann beginnt ein Auf und Ab mit Investoren und gescheiterten Hotelprojekten, bis Ende 2002 die Deutsche Stiftung Denkmalschutz den Gebäudekomplex übernahm. Erhebliche Mittel wurden zur Verfügung gestellt, um die dringend notwendigen Sanierungs- und Instandsetzungsarbeiten durchzuführen. Heute sind einige Räumlichkeiten wieder für Besucher geöffnet. Der größere Teil der Anlage wird nun mit einem neuen Investor zu einem Hotel umgebaut.

Öffnungszeiten: Dienstags bis sonntags 10:00 bis 17:00 Uhr, Eintritt 4,00 €.

Offen für Besucher sind einige repräsentative Räume im Fürstenflügel, die nach aufwendigen Restaurierungsarbeiten in ihrer ursprünglichen Gestalt wiederhergestellt wurden.

Die **Stolberger Lerchen** sind eine Spezialität des Ortes. Es sind keine Vögel, sondern wohlschmeckende Bratwürste. Die beim Bratvorgang entweichende Luft soll, so sagt der Volksmund, ein Geräusch verursachen, das dem Gesang der Lerchen ähnelt. Im Gasthaus Kupfer (unweit des Rathauses) und im Restaurant des Hotels "Zum Kanzler", das sich am Marktplatz befindet, können Sie diese Köstlichkeit probieren.

Von Stolberg geht die Fahrt mit dem WOMO weiter nach Süden in Richtung Bad Frankenhausen. Wir fahren durch Rottleberode, kommen am großen Gipswerk der Fa. Knauf vorbei und sehen am Horizont bereits das Kyffhäuser-Denkmal. Ziel ist die **Heimkehle**, eine der größten Schauhöhlen in Deutschland. Sie erreichen den Parkplatz mit diesen Koordinaten [**028:** N51°29'51.2" E10°57'17.2"], ein Platz, den Sie auch für eine Übernachtung kostenfrei nutzen dürfen. Durch die Lage weit abseits der Straße können Sie hier eine ruhige Nacht verbringen.

Der Stellplatz an der Heimkehle.

Die Höhle kann nur im Rahmen einer Führung besichtigt werden. Sie beginnt im Stollen, der sich neben der Kasse befindet. In der Heimkehle ist es konstant im Sommer wie im Winter 8° C kühl. Es ist also keine schlechte Idee, einen Pullover überzuziehen oder eine Jacke mitzunehmen.

Der für Besucher zugängliche Weg ist etwa 750 Meter lang. Die Höhle liegt an der Landesgrenze zu Thüringen. Bei Ihrem Besuch werden Sie zwischen zwei Bundesländern pendeln. Beeindruckend ist die Höhle, durch ihre großen Hallen, die durch das Zusammentreffen der Thyra, dem Krebsbach und dem Krummschlachtbach entstanden sind, die diese Hohlräume mit vereinten Kräften ausgewaschen haben. Größte Halle ist der **Große Dom** mit einer Höhe von 22 Metern und einem Durchmesser von 65 Metern. Hier ist eine große Lichtshow installiert.

Im folgenden Kleinen Dom ist eine Mahn- und Gedenkstätte eingerichtet. In den letzten Kriegsjahren wurden die großen Säle für die Rüstungsproduktion genutzt. Häftlinge mussten hier unter den übelsten Bedingungen Flugzeugteile herstellen.

Impressionen aus der Heimkehle.

Neben der Entstehung der Höhle und die Nutzung in den Kriegsjahren, werden Sie während der Führung auch noch einiges über Fledermäuse erfahren, denn die Heimkehle gehört zu den bedeutendsten Fledermausquartieren im Harz.

Öffnungszeiten der Höhle: Von Mai bis Oktober dienstags bis sonntags von 10.00 bis 17.00 Uhr. Führungen finden um 10:00, 12:00, 14:00 und 16:00 Uhr statt. Eintritt 5,50 € für den Erwachsenen, Kind 3,10 €. In den Wintermonaten ist die Höhle zwischen 11:00 und 16:00 Uhr geöffnet.

Für den großen und den kleinen Hunger gibt es direkt neben dem Parkplatz ein Restaurant mit einer guten deutschen Küche.

Nach diesem unterirdischen Erlebnis geht es gleich weiter zum nächsten Ziel, das uns in eine luftige Höhe bringt. Bevor es so weit ist, sind 15 Kilometer Fahrt vonnöten, die uns zu diesem Punkt führt [**029:** N51°35'14.7" E11°00'52.5"], von dem wir dann noch etwas mehr als einen Kilometer den Berg hochmarschieren müssen. Der Aussichtsturm befindet sich auf 580 Metern Höhe.

Das Josephskreuz ist 38 Meter hoch.

Das **Josephskreuz** ist eine Doppelkreuz-Stahlkonstruktion, die auf dem Großen Auerberg steht. Sie ist 38 Meter hoch und kann über Treppen begangen werden. Wer die 200 Stufen hochgeht, genießt von der Aussichtsplattform bei gutem Wetter einen wunderbaren Blick über den Südharz. Der Brocken ist von hier oben sehr schön erkennbar. Ohne Eintritt zu zahlen, kommt man allerdings nicht hoch. Der Erwachsene entrichtet 3,50 €, um dieses größte stählerne Doppelkreuz der Welt besteigen zu dürfen. Der Turm wird von 100.000 Nieten zusammengehalten und erinnert im unteren Bereich an den Pariser Eiffelturm. Das ist kein Zufall, denn diese Konstruktion, in Eisenfachwerk, die 1896 begonnen wurde, orientiert sich in seiner Architektur am 7 Jahre zuvor in Paris errichteten Turm von Gustave Eiffel.

Öffnungszeiten: Montags 11:00 bis 16:00 Uhr, dienstags bis sonntags 10:00 bis 18:00 Uhr.

Am Fuße dieses Aussichtsturmes befindet sich ein Ausflugslokal mit einem großen Biergarten. Das Josephskreuz lässt sich auch gut über einen Wanderweg aus Stolberg erreichen. Es sind nur rund vier Kilometer mit einem Höhenunterschied von etwa 280 Metern. Der Weg ist gut ausgeschildert.

Außenanlage der Grube Glasebach.

Unser nächstes Ziel ist weniger als sechs Kilometer entfernt. In **Straßberg**, einem Ortsteil von Harzgerode, besuchen wir das Bergwerksmuseum **Grube Glasebach**. Sie finden es mit diesen Koordinaten [**030:** N51°36'46.0" E11°03'34.7"]. Eine Übernachtung auf dem Besucherparkplatz ist gestattet. Die geschotterte Fläche ist zwar nicht topfeben, aber es geht.

Mit dem Bergbau in dieser Region wurde Ende des 14. Anfang des 15. Jahrhunderts begonnen. Die Geschichte der Grube ist gekennzeichnet von Öffnungen und Schließungen, mal wurden Erze gefördert, dann wurde die Grube aus verschiedenen Gründen wieder geschlossen, dann wurde der Betrieb wieder aufgenommen. Ein Wechselspiel über Jahrhunderte. Abgebaut wurde in erster Linie Fluorit, besser bekannt als Flussspat. Ein Mineral, das bei der Verhüttung von Eisenerzen gern zur Verbesserung der Fließfähigkeit eingesetzt wird.

Im Stollen der Grube Glasebach.

Noch in den Siebzigerjahren des letzten Jahrhunderts wurde das zwölf Meter hohe stählerne Fördergerüst errichtet, das Sie auf der linken Seite sehen können. Wegen mangelnder Ergiebigkeit wurde die Flussspatförderung 1982 eingestellt.

Die Wasserkunst der Grube Glasebach.

Bei einer Befahrung, die zu Fuß über Gänge und Treppen erfolgt, werden zwei im Original erhaltene Sohlen aus dem 17. und dem 18. Jahrhundert gezeigt. Präsentiert werden die Werkzeuge, mit denen die Erze gewonnen wurden. Die Wasserkunst, mit der das einsickernde Grundwasser aus der Grube befördert wurde, wird eingehend erläutert. Wenn Sie die Grube Samson besucht haben, dann sind Sie ja schon fast ein Profi und verstehen die Funktionsweise und Sie wundern sich auch nicht darüber, dass Sie in die Grube fahren, obwohl Sie gehen. Wem das jetzt als sprachliches Wirrwarr erscheint, dem empfehlen wir, eines dieser historischen Besucherbergwerke aufzusuchen. Danach wird vieles sehr viel verständlicher sein, als wir das hier mit den wenigen Sätzen präsentieren können.

Öffnungszeiten: Montags bis sonntags 9:30 bis 16:00 Uhr. Eintrittspreis 10,00 € für einen Erwachsenen. Weitere Informationen finden Sie hier www.grube-glasebach.de.

Für einen längeren Aufenthalt in dieser Region bieten sich diese beiden Campingplätze an, die wir auf unserem Weg nach Harzgerode für Sie aufgesucht haben.

(031) WOMO-Campingplatz: Ferienpark Birnbaumteich

GPS: N51°36'35.7" E11°04'59.4"; Birnbaumteich, 06493 Neudorf.
Max. WOMOs: >20, maximale Länge 12 m.
Ausstattung: Frischwasserversorgung, Abwasserentsorgung mit Bodeneinlass, Kassettenentleerung, Stromanschlüsse, Behälter für die Müllentsorgung, WLAN, Brötchenservice. In den Servicegebäuden gibt es Duschen, WCs, Waschmaschinen und Trockner. Baden, Angeln und Stehpaddeln sind auf dem See möglich. Trampolin, Spielplatz, Volleyballplatz und Fitnessraum mit Sauna stehen zur Verfügung. Der Platz ist ganzjährig geöffnet.

Beschreibung: Großes Rasengelände am See mit Ferienhäusern, Zeltplätzen, Dauercampern, Restaurant und Biergarten, sehr ruhig.
Preise: Wohnmobil 7,90 €, Erwachsene Person 5,90 €, Kind 4,00 €, Hund 4,00 €, Stromanschluss (einmalig) 3,00 €, Verbrauch 0,60 pro kWh, Waschmaschine und Trockner jeweils 3,50 €, Dusche 1,00 €, Sauna 7,00 €.
Zufahrt: Auf der L235 in Richtung Harzgerode vor dem Ortseingang von Neudorf links abbiegen und der Beschilderung folgen.
Reservierung/Kontakt: Tel.: 039484/6243 oder 0170 4807524
E-Mail: info@ferienpark-birnbaumteich.de,
Web: https://ferienpark-birnbaumteich.de

(032) WOMO-Campingplatz: Panoramablick

GPS: N51°35'20.5" E11°08'29.8";
Hinterdorf 79, 06493 Harzgerode-Dankerode.
Max. WOMOs: 40, maximale Länge 12 m.

Ausstattung: Frischwasserversorgung, Abwasserentsorgung mit Bodeneinlass, Kassettenentleerung, Stromanschlüsse, Behälter für die Müllentsorgung. Jeder Stellplatz hat seine eigene Nasszelle mit Dusche und WC. Der Platz ist vom 1.3. bis 31.10. geöffnet.
Beschreibung: Große Rasenplätze abseits des Ortes, sehr ruhig. Bäcker und Restaurant im Ort.
Preise: Bis zu 4 Personen 20,00 €, Wohnmobil mit Stromversorgung 12,50 €, Verbrauch 0,50 € pro kWh. Entsorgung Chemieklo und Grauwasser sowie Versorgung mit Frischwasser jeweils 1,00 €.
Zufahrt: Die Mitte des Ortes durchfahren und der Beschilderung folgen.
Reservierung/Kontakt: Tel.: 039484/747109 oder 0174/7163877
E-Mail: Ludwig-Dankerode@web.de, Web: www.harz-camping.org

Harzgerode kann auf eine lange Geschichte zurückblicken. Vor mehr als 1000 Jahren wurde es als Klosterflecken gegründet und entwickelte sich im Laufe der Jahrhunderte zu einem bedeutenden Ort des Bergbaus und der Verhüttung. Die Blütezeit lag im 18. und 19. Jahrhundert. Der Niedergang des Bergbaues in der Region hatte auch erhebliche Auswirkungen auf das Hüttenwesen im Ort, der auf uns einen sehr ruhigen Eindruck gemacht hat. Das Schloss gilt als die größte Sehenswürdigkeit der Stadt. Es ist ein Gebäude aus der Renaissance, das heute unter anderem als Museum genutzt wird und in dem die Stadtgeschichte gezeigt sowie an den Bergbau und die Entwicklung des Kunstgusses erinnert wird. Optisch und architektonisch spektakulär ist das Schloss nicht.

Der Brunnen auf dem Marktplatz in Harzgerode erinnert an die Bergbautradition des Ortes.

Für den Wohnmobiltouristen hat die Stadt vier Stellplätze in der Nähe des Marktplatzes und des Schlosses eingerichtet. Sie eignen sich aber aufgrund des zur Verfügung stehenden Platzangebotes nur für Kastenwagen und sehr kompakte Wohnmobile. Sie finden den Platz mit diesen Koordinaten [**033:** N51°38'31.7" E11°08'22.6"]. Größere parken besser hier am Kreisverkehr [**034:** N51°38'25.5" E11°08'22.0"]. Von diesem Platz ist es zwar etwas weiter, um in die Mitte des Ortes zu gelangen, aber hier lässt es sich einfach besser wenden und rangieren. Beide Stellplätze sind kostenlos.

Harzgerode ist eine Station der Selketalbahn und des Selketal-Stiegs. Von hier aus lassen sich gut Wanderungen und Bahnfahrten kombinieren.

Nicht nur die Selketalbahn ist für eine Kombination Wandern/Bahnfahren eine Möglichkeit. Auch die Harzquerbahn und die Brockenbahn können dazu genutzt werden, einen Fußmarsch erlebnisreich zu vereinfachen. Auf den folgenden Seiten finden Sie eine Übersicht, die mit den in diesem Buch aufgeführten Stellplätzen kombiniert ist.

Harzer Schmalspurbahnen

Dampflok der Harzquerbahn in Drei Annen Hohne.

Die Harzer Schmalspurbahnen werden von der HSB in Wernigerode betrieben. Das Streckennetz ist etwa 140 Kilometer lang und verfügt über 44 Bahnhöfe und Haltepunkte. Auf der nebenstehenden Karte ist das abgebildet. Die Bahnanlagen werden heute überwiegend touristisch genutzt. Sie dienen Wanderern und Radlern als willkommene Beförderungsmittel für den Hin- oder Rückweg von Wander- und Radtouren. Eingesetzt werden Dampflokomotiven und Dieseltriebwagen. Sind die alten schnaufenden Dampfrösser bei der eigenen Wandertour im Einsatz, ist der Ausflug gleich viel interessanter. Die Fahrpläne geben mit einem kleinen Piktogramm darüber Auskunft, wann und auf welcher Strecke Dampflokomotiven oder Triebwagen eingesetzt werden. Sie können Sie hier www.hsb-wr.de einsehen.

Der Fuhrpark besteht aus 25 Dampflokomotiven, 12 Diesellokomotiven,

10 Triebwagen sowie 137 historischen Reisezugwagen. Auch Speisewagen gibt es, sie werden bei der Harzquerbahn eingesetzt. Gewartet werden die Lokomotiven und Waggons hauptsächlich im Bahnbetriebswerk Wernigerode, das auch besichtigt werden kann.

Die am stärksten genutzte Verbindung ist die Brockenbahn, die ausschließlich mit Dampflokomotiven betrieben wird. Sie zählt jährlich mehr als 600.000 Fahrgäste. Am wenigsten wird die Selketalbahn genutzt. Sie kommt auf nur etwas mehr als 100.000 Fahrgäste, die zumeist mit den Dieseltriebwagen befördert werden.

Die Harzer Schmalspurbahnen verkehren nur in den Bundesländern Sachsen-Anhalt und Thüringen.

Dampflok der Selketalbahn in Gernrode.

Nach diesem kleinen Einschub zu den Harzer Schmalspurbahnen kehren wir zu unserer Reiseroute mit dem Wohnmobil zurück.

Wir verlassen Harzgerode und fahren auf der B242 in Richtung Mansfeld. Nach etwa elf Kilometern, die uns durch große landwirtschaftliche Nutzflächen überwiegend bergab führt, biegen wir rechts ab und folgen der Straße nach **Wippra**, einem kleinen Ort mit weniger als 1500 Einwohnern. Neben einigen ansehnlichen Fachwerkhäusern ist die örtliche Brauerei mit ihrem Museum einen Besuch wert. Dabei ist zu berücksichtigen, dass es hier keine Brauereigaststätte gibt. Nur einen Verkauf der lokal gebrauten Biere und ein Museum. Das komplette Angebot und die Öffnungszeiten können Sie hier nachlesen www.wippra-bier.de. Was den Besuch etwas kompliziert macht, sind die Parkmöglichkeiten.

Kletterfelsen in der Wipperia.

Bequem parken lässt es sich nur auf diesem Wanderparkplatz an der **Wipperia**, einem Funpark mit Sommerrodelbahn, Hochseilgarten und Kletterfelsen. Von hier sind es zu Fuß entlang der Wipper bis zu der **Museums- und Traditionsbrauerei** rund 1000 Meter. Den Wanderparkplatz erreichen Sie mit diesen Koordinaten [**035:** N51°34'46.7" E11°16'57.4"].

Der weitere Weg nach Mansfeld führt uns auf die B242 zurück. Dabei kommen wir kurz vor der Bundesstraße an dem **Schloss Rammelburg** vorbei, das malerisch auf einer Bergkuppe zu sehen ist. Es wird zurzeit nicht genutzt, die Eigentumsverhältnisse scheinen ungeklärt. Was mit dem Schloss in Zukunft geschieht, ist offen.

Den Weg zu diesem alten Gemäuer können Sie sich also derzeit sparen. Das ist bei dem **Schloss Mansfeld** anders. Hier lohnt es sich hochzufahren und die Sicht hinunter zu genießen. Sie erreichen den Parkplatz mit diesen Koordinaten [**036:** N51°35'38.8" E11°27'34.2"]. Hier finden Sie mehr Platz

Schloss Mansfeld.

als auf dem offiziell ausgewiesenen Stellplatz, der sich unten in der Stadt befindet und auch als PKW-Parkplatz genutzt wird. Er ist unserer Erfahrung nach nur für Kastenwagen geeignet. Ein normales Wohnmobil in die schmalen Parkflächen zu bugsieren ist schlecht möglich. Wir haben es ausprobiert. Es handelt sich um den Parkplatz P2 am Brauhausplatz, den Sie mit diesen Koordinaten erreichen **[037:** N51°35'35.8" E11°27'05.3"]. Also lieber am Schloss parken und zu Fuß in die Stadt hinunter gehen. Bis zum Lutherbrunnen sind es 900 Meter, ein Abstieg von 60 Metern ist dabei zu bewältigen.

Für die Besichtigung der Innenräume des Schlosses gibt es keine geregelten Öffnungszeiten, denn das Gebäude wird als Christliche Jugendbildungs- und Begegnungsstätte genutzt. Die Begehung der Außenanlagen mit dem Schlosspark und der Festungsanlage sind jedoch möglich. Der Ausblick in das Mansfelder Land ist wunderbar. Im Schloss-Café Wächterstube bekommen Sie leckeren Kuchen und diverse Kaffeegetränke.

Der Lutherbrunnen in Mansfeld.

Die Entwicklung der Stadt Mansfeld wurde im Mittelalter durch den Kupfer- und Silberbergbau sowie der Kupferverarbeitung geprägt. In den Spitzenzeiten verließen jährlich bis zu 40.000 Zentner Kupfer und beträchtliche Mengen Silber diese Region. Martin Luthers Vater kam 1484, ein Jahr nach seiner Geburt mit seiner Familie nach Mansfeld, um im Berg- und Hüttenwesen zu arbeiten. Luther besuchte die örtliche Lateinschule und wechselte 1497 zu einer weiterführenden Schule nach Magdeburg. Sein Elternhaus ist heute ein **Museum**. Sie finden es in der Lutherstraße. Dem Haus gegenüber steht ein moderner Gebäudekomplex, der sich dem Leben des "Mansfeldischen Kindes", wie Luther sich selbst nannte, mit zahlreichen Exponaten widmet. Dieses Ausstellungsgebäude ist von dem Parkplatz P2 nur 200 Meter entfernt. Auch nicht weit entfernt ist der **Lutherbrunnen**, der sich unweit des Rathauses befindet. Er zeigt drei entscheidende Momente aus dem Leben des Reformators. "Hinaus in die Welt", "Hinein in den Kampf", "Hindurch zum Sieg", die für das Verlassen des Elternhauses, den Anschlag seiner Thesen in Wittenberg und für seine Bibelübersetzung stehen.

Wechseln wir das Thema. Gehen wir vom Wegbereiter der evangelischen Kirche zurück zu einer Zeit, als die katholische Kirche noch unumstritten war, und schauen uns ein Gotteshaus an, das in einer Epoche entstanden ist, die von Historikern **Romanik** getauft wurde.

Die Klosterkirche in Klostermansfeld.

Viele der Kirchen, die in dieser Zeit gebaut wurden, werden heute von der evangelischen Kirche genutzt und sind häufig nur während der Gottesdienste geöffnet. Dies trifft auch für die evangelische Marienkirche im ehemaligen Benediktinerkloster in Klostermansfeld zu. Wenn Sie diese besichtigen wollen, so müssen Sie kurz im Pfarramt anrufen und einen Termin vereinbaren. Die Nummer finden Sie in der Nähe des Eingangs auf einer Tafel verzeichnet.

Es gibt keinen größeren Parkplatz im unmittelbaren Umfeld der Kirche. Wenn Sie Glück haben, können Sie direkt vor dem Gebäude in der Kirchstraße 2 parken [N51°35'03.0" E11°29'47.5"]. Das die Romanik in Sachsen-Anhalt einen besonderen Status genießt und deshalb ihre "eigene Straße" hat, wollen wir kurz erläutern.

Straße der Romanik

Der romanische Architekturstil begann um 950 und endet im Laufe des 13. Jahrhunderts. Dieser Baustil, der in ganz Europa vertreten ist, wird von der Gotik abgelöst, die in Frankreich entwickelt wurde und mit der ehemaligen Abteikirche von Saint-Denis in Paris ihren Anfang nahm.

Um die Zeit der Romanik zu verstehen, müssten wir eine historische Betrachtung der Christianisierung und der Herrschaftsverhältnisse in dieser Epoche und für diese Region vornehmen. Das können und das wollen wir in diesem Buch nicht leisten. Das können andere besser. Dazu empfehlen wir das Buch "Auf der Straße der Romanik", das im Schmidt-Buch-Verlag erschienen ist.

In diesem Werk werden die romanischen Kirchen, Klöster, Burgen und damit verbundene Kunstwerke, die in Sachsen-Anhalt so zahlreich vertreten sind, eingehend beschrieben. Es wird die Entstehungsgeschichte dargelegt, die zu der Anlage dieser Straße geführt hat. Und es werden vor allem die 80 sehenswertesten Objekte, die in diesem Bundesland einen Besuch lohnen, ausführlich dargestellt. Das Buch enthält Karten, die eine Orientierung erleichtern.

Offizielles Logo der Straße der Romanik, wie es auf den Hinweisschildern entlang der Straßen und auf den Informationstafeln vor den Gebäuden zu sehen ist.

Ein weinrotes Logo mit drei romanischen Bögen weist auf diese Straße hin. Vor jedem dieser Objekte befindet sich eine oder mehrere Informationstafeln, die immer wieder in demselben Stil auf den Verlauf der Route hinweisen. Alle relevanten baugeschichtlichen Daten werden individuell vor dem Gebäude auf einer Schautafel präsentiert. Die Hintergrundinformationen liefert das genannte Buch, oder Sie erfahren mehr, wenn Sie an Führungen teilnehmen.

Aufgeteilt ist die Straße der Romanik in eine Nord- und eine Südroute, die in etwa die Form der Zahl acht hat. In der Mitte befindet sich Magdeburg. Nord- und Südroute passen damit auch ganz gut zu unseren beiden Büchern über den Harz und die Lüneburger Heide.

Dennoch haben wir nicht alle Objekte in diesem Buch berücksichtigt und wir haben auch darauf verzichtet, diese Straße in unseren Tourenkarten abzubilden. Wir würden sie damit überladen.

Zu der Straße der Romanik gibt es natürlich auch eine offizielle website, die Sie hiermit www.strassederromanik.de aufrufen können.

Auf dieser Seite finden Sie Panoramen der Gebäude und können das eine oder andere auch schon einmal virtuell von innen besichtigen und einen Rundgang machen.

Fahrzeuge der Mansfelder Bergwerksbahn.

Für die Freunde der Eisenbahnromantik sei auf die **Mansfelder Bergwerksbahn** hingewiesen, die in relativ kurzen Abständen ihre alten Wagen und Lokomotiven des "Kombinats Wilhelm Pieck" durch die Bergbaulandschaft des Mansfelder Landes rollen lässt. Wobei "Romantik" hier wohl der falsche Begriff ist, denn die Zeit des aktiven Bergbaues in dieser Region war alles andere als einfach und romantisch. Nähere Informationen dazu gibt es hier www.bergwerksbahn.de.

Befahren wird eine rund 11 Kilometer lange Strecke von **Benndorf** nach **Hettstedt**, die Sie auch auf der Tourenkarte zu Beginn dieses Kapitels verzeichnet finden. Angeboten werden in diesem Zusammenhang auch Haldenbegehungen. Auf eine der Abraumhalden des 1990 eingestellten Kupferbergbaus wurde eine Aussichtsplattform eingerichtet. Die Halde kann aus Sicherheitsgründen nur im Rahmen einer Führung begangen werden.

Der Parkplatz in Benndorf ist klein. Er dürfte bei Veranstaltungen schnell belegt sein. Sie finden ihn am Bahnhof Klostermansfeld in der Hauptstraße mit diesen Koordinaten [N51°34'30.5" E11°29'30.2"].

Von Klostermansfeld geht die Fahrt weiter in Richtung Sangerhausen. Bevor wir uns auf dem Weg dorthin noch einem weiteren Bergbaudenkmal widmen, kurven wir einmal an dem Freibad in Grillenberg vorbei, das fast direkt neben den Badebecken diesen Stellplatz aufzuweisen hat.

(038) Offizieller WOMO-Badeplatz: Waldbad Grillenberg
GPS: N51°32'12.0" E11°18'38.5";
Harzstraße 68, 06526 Sangerhausen OT Grillenberg.

Max. WOMOs: 8, maximale Länge 9 m.
Ausstattung: Frischwasserversorgung, Abwasserentsorgung ohne Bodeneinlass, Kassettenentleerung, Stromanschlüsse, Behälter für die Müllentsorgung, WLAN, Brötchenservice. Im Servicegebäude gibt es Duschen, WCs, eine Waschmaschine und einen Trockner. Der Stellplatz ist ganzjährig geöffnet, das Freibad saisonal.

Beschreibung: Große Rasenplätze direkt neben dem Waldschwimmbad, Ortsrandlage, Waldrand, sehr ruhig. Entfernung nach Sangerhausen etwa 9 Kilometer.
Preise: Saisonabhängig, Wohnmobile 6,00 € - 7,00 €, Erwachsene Person 3,00 € - 5,00 €, Kind 2,00 € - 3,00 €, Hund 3,00 € - 5,00 €, Strompauschale pro Person 1,50 €, Waschmaschine und Trockner jeweils 2,00 €.
Zufahrt: Über die L230 in Richtung Wippra am Ortsausgang von Grillenberg auf der rechten Seite.

Mit einem herzlichen "Glück Auf" werden wir im **Erlebniszentrum Bergbau Röhrigschacht** in Wettelrode begrüßt. Es ist ein weiteres Bergbaumuseum in dieser Region. Bis in die Achtzigerjahre des letzten Jahrhunderts war diese Schachtanlage noch in Betrieb. Täglich drehten sich die Räder des Förderturms, um Kumpel unter Tage zu bringen, die unter strapaziösen Bedingungen Kupferschiefer abgebaut haben.

Der Förderturm des Erlebniszentrums Bergbau Röhrigschacht.

Der bereits 1888 in Betrieb gegangene Turm ist auch heute noch in Funktion. Jetzt fahren mit dieser Anlage interessierte Besucher ein. 283 Meter geht es in die Teufe, wie der Bergmann sagt. Unten angekommen, geht es mit der Grubenbahn weiter. Rund einen Kilometer rumpelt die Bahn durch eine enge Strecke bis zu einem Abbaufeld aus dem 19. Jahrhundert. Dort werden die Geräte gezeigt und vorgeführt, mit denen die Bergleute in einem Streb arbeiten mussten, der ihnen nur wenig Bewegungsfreiheit gönnte. Die Zwischenräume, in denen sie sich bewegen konnten, waren oft nur zwischen 40 und 80 Zentimetern hoch. Die Hauer

Eine der Attraktionen ist die Begehung der Abraumhalde "Hohe Linde".

brachen in Schwerstarbeit kauernd oder liegend das Erz aus dem Gestein. Erst wenn man dies einmal gesehen hat und vorgeführt bekommt, wird ansatzweise klar, welchen harten Job die Kumpel unter Tage hatten.

Über Tage kann man im Museum alles über die Geschichte des Bergbaues im Mansfelder Land erfahren.

Die Hinterlassenschaften der bergmännischen Tätigkeit sind in dieser Region überall sichtbar. Die Abraumhalden wurden zu großen Hügeln aufgeschüttet. Auf eine dieser Halden kann man hinaufkrabbeln, es ist die Abraumhalde **"Hohe Linde"**, eine Spitzkegelhalde, die mit einer Seilbahn innerhalb von 35 Jahren auf 144 Meter gebracht wurde. Rund 20 Millionen Tonnen soll die Halde wiegen. Alles nur Abraum. Nicht verwertbares Gestein, das die Bergleute von unter Tage nach oben befördert haben.

Zweimal im Jahr ist diese Halde für Publikumsverkehr geöffnet und kann begangen werden. Wann, das erfahren Sie auf dieser Seite https://roehrigschacht.de. Hier können Sie auch die Öffnungszeiten und die Eintrittspreise für das Bergbaumuseum nachlesen.

Einen Parkplatz finden Sie in unmittelbarer Nähe des Museums mit diesen Koordinaten [N51°31'01.5" E11°16'53.9"]. Einen Wanderparkplatz in der Nähe der Hohen Linde finden Sie hier [**039:** N51°28'38.1" E11°18'27.8"]. Von diesem Platz ist es nicht weit zu Einkehrmöglichkeiten, die sich fast in Sichtweite befinden. Sie liegen am Wildrosenpfad, einem Wanderweg von rund elf Kilometern Länge. Er ist leicht zu gehen. Markiert mit einer stilisierten Rose führt er auch am Fuße der Abraumhalde vorbei. Rosen sind ein schönes Stichwort für die Überleitung zum nächsten Ziel.

Sangerhausen ist für sein **Europa-Rosarium** bekannt. Der Anspruch ist nicht klein, das Rosarium behauptet von sich, die weltgrößte Rosensammlung vorweisen zu können. Um die Stadt und das Rosarium zu besuchen, empfiehlt es sich, diesen Platz anzufahren.

(040) Offizieller WOMO-Stellplatz: Sangerhausen – An der Probstmühle

GPS: N51°28'38.1" E11°18'27.8";
An der Probstmühle 1, 06526 Sangerhausen.
Max. WOMOs: >10, maximale Länge 12 m, max. Aufenthalt 3 Tage.
Ausstattung: Keinerlei wohnmobilspezifische Einrichtungen, ganzjährig geöffnet.
Beschreibung: Große sonnige, teilweise auch schattige Stellflächen, unbefestigt, sehr ruhig. Innenstadtnah und nah am Rosarium.
Ver- und Entsorgung: Eine Frischwasserver- und Abwasserentsorgung mit Bodeneinlass sowie die Möglichkeit, die Bordtoilette zu entleeren, besteht am Rande des Omnibusparkplatzes am Sotterhäuser Weg. GPS: N51°28'22.4" E11°19'01.2"

Preise: Der Parkplatz ist kostenlos. Für die Ver- und Entsorgung sind 5,00 € zu zahlen. Die Anlage ist verschlossen, sie kann nur während der Öffnungszeiten des Rosariums genutzt werden. Um die Service-Station zu benutzen, muss sie aufgeschlossen werden. Den Schlüssel dafür gibt es an der Kasse des Rosariums. Dort ist er zu holen und eine Kaution zu hinterlegen.

Zufahrt: Beide Parkplätze sind gut ausgeschildert. Bei der Anfahrt zur Ver- und Entsorgung ist darauf zu achten, dass man tatsächlich in den Sotterhäuser Weg fährt. Werden nur die Koordinaten genommen, besteht die Gefahr, über einen vermeintlich kürzeren Weg vor Pollern zu landen, durch die nur Fußgänger gehen können.

Das Rosarium ist eine sehr große Parkanlage mit sehr unterschiedlich gestalteten Bereichen. Auf einem Gelände von 13 Hektar, was einer Fläche von 18 Fußballfeldern entspricht, können rund 8600 Rosenarten betrachtet werden. Darunter 300 Wildrosen und 850 Kletterrosen, die kunstvoll in den Schaugärten arrangiert sind. Teiche, Pavillons, Obstbäume, Wiesen und Ausstellungsobjekte sorgen für weitere Abwechslung in diesem duftenden Garten. Zusätzlich haben Sie an einigen Stellen einen großartigen Blick in das Mansfelder Land.

Die Anlage dient nicht nur als Schaugarten, sondern auch der Zucht und der Bestandserhaltung verschiedener Sorten, wie man während einer sachkundigen Führung durch die Parkanlagen erfahren kann. Hier können Sie Tipps für die Rosen im heimischen Garten bekommen und im Shop am Haupteingang aus einem vielfältigen Angebot wählen, um den eigenen Rosengarten zu vergrößern. Natürlich gibt es ein Café in der Anlage und auch ein Restaurant. Das Café bietet sehr wohlschmeckenden leckeren Kuchen an.

Kletterrosen im Rosarium Sangerhausen.

Noch ein Hinweis für alle die mit Hunden unterwegs sind: Sie dürfen in diese Anlage nicht hinein. Über die Öffnungszeiten und die Eintrittspreise erfahren Sie alles Notwendige auf dieser Seite https://europa-rosarium.de. Hier finden Sie auch einen Blühkalender, der darüber Auskunft gibt, wann welche Gewächse in voller Blüte stehen.

Die Ulrichkirche in Sangerhausen.

Neben dieser Blütenpracht hat Sangerhausen noch eine historische Altstadt zu bieten, die einen großen geschlossenen Baubestand aufweisen kann, der zwischen dem 15. und 18. Jahrhundert entstanden ist. Es lohnt sich also, einen Spaziergang durch die Gassen und vor allem auf den Marktplatz zu machen. Vom Stellplatz an der Probstmühle sind das rund 1000 Meter. Wer den kürzesten Weg über die Riestedter Straße wählt, kommt dabei an der **Ulrichkirche** vorbei, eine der vielen romanischen Kirchen in Sachsen-Anhalt und eine der Stationen auf der Straße der Romanik.

Wir verlassen nunmehr Sangerhausen, fahren nach Eisleben weiter und steuern diesen Stellplatz an.

(041) Offizieller WOMO-Stellplatz: Lutherstadt Eisleben – Festplatz Wiesenmarkt

GPS: N51°31'43.5" E11°33'45.1"; Wiesenweg 4, 06295 Eisleben.
Max. WOMOs: 7, maximale Länge 12 m.

Ausstattung: Frischwasserversorgung, Abwasserentsorgung mit Bodeneinlass, Kassettenentleerung, Stromanschlüsse, Behälter für die Müllentsorgung, ganzjährig geöffnet.
Beschreibung: Große asphaltierte, leicht geneigte Fläche am Rande des Festplatzes, sehr ruhig. Offiziell sind 7 Stellplätze ausgewiesen. Das Areal ist aber riesig und solange keine Großveranstaltungen stattfinden, bietet der Platz Raum für sehr viel mehr Fahrzeuge. Entfernung bis zu Luthers Geburtshaus 1 Kilometer, bis zum Marktplatz 1,2 Kilometer.
Preise: 10,00 € für ein Fahrzeug, Frischwasser 1,00 € und Strom 0,50 € pro kWh. Abwasserentsorgung und Entleerung der Bordtoilette ist kostenfrei.
Zufahrt: Die L151 in Eisleben bis zur Halleschen Straße durchfahren. Das ist eine Querstraße, an der sich links ein Lidl-Markt befindet, rechts eine Tankstelle. Hier links abbiegen und der Beschilderung zum Festplatz folgen.

Lutherstadt, diesen Beinamen gab sich Eisleben bereits 1946. Hier wurde Luther 1483 geboren und hier starb er 1546 im Alter von 62 Jahren. Beigesetzt wurde er in der Schlosskirche zu Wittenberg. Ein Ort, der auch den Beinamen "Lutherstadt" trägt und den wir in der Tour 4 aufsuchen werden. Beide Städte gehören mit ihren Luthergedenkstätten seit 1996 zum Welterbe der UNESCO.

Lutherdenkmal auf dem Marktplatz in Eisleben.

Was gibt es nun in Eisleben zu sehen? Beginnen wir mit **Luthers Geburtshaus**, das sich in der Lutherstraße in nicht allzugroßer Entfernung vom Marktplatz befindet. Auffallend ist das Relief über der Tür mit dem Brustbild Martin Luthers. Gleich daneben befindet sich das Besucherzentrum, das mit zahlreichen Exponaten aufwarten kann, und versucht die gesellschaftlichen Verhältnisse, in den der junge Luther aufwuchs, zu erläutern.

Luthers Geburtshaus in Eisleben.

Auf dem Marktplatz ist das große Denkmal zu Ehren des Reformators zu sehen und nur wenige Meter davon entfernt befindet sich das vermeintliche **Sterbehaus**. Vermeintlich deshalb, weil durch eine Verwechslung im 18. und 19. Jahrhundert die Stadt das falsche Anwesen erwarb. Luther soll in dem Haus am Markt, in dem sich heute das Hotel Graf von Mansfeld befindet, gestorben sein. Im Sterbehaus ist ein Museum untergebracht, das sich den letzten Lebenstagen des größten Sohnes der Stadt widmet und auf seinen Umgang mit dem Tod und der Trauer als Theologe.

Mit dem Lutherweg, einem Spazierweg von rund 1000 Metern Länge, sind alle wesentlichen Aufenthaltsorte Luthers in Eisleben verbunden. Er reicht von seinem Geburtshaus bis zur St. Annenkirche, der ersten evangelischen Kirche im Mansfelder Land. Wer diesen Weg geht, kommt auch an allen anderen sehenswerten Gebäuden der Stadt, an Cafés und Restaurants vorbei.

Über die Öffnungszeiten des Geburtshauses und des Sterbehauses informiert diese Seite www.martinluther.de.

Hier finden Sie auch weitere und tiefer gehende Informationen zu den Luthergedenkstätten sowie Hinweise zu besonderen Veranstaltungen.

Wir fahren nun zum letzten Ziel dieser Tour, zum **Süßen See**, der auch gern "das blaue Auge des Mansfelder Landes" genannt wird. Das Gewässer ist rund fünf Kilometer lang und etwa einen Kilometer breit. Der See ist natürlichen Ursprungs und wird von der Bösen Sieben, die am Ostrand des Harzes entspringt, gespeist. Am Ostufer befindet sich Seeburg, ein kleiner Erholungsort mit rund 600 Einwohnern. An den Hängen des Sees wachsen Apfel-, Kirsch- und Aprikosenbäume. Die klimatisch günstige Lage lässt auch einen guten Wein gedeihen. Es gibt in den Südhanglagen einige Weingüter und einige Straußenwirtschaften, die bevorzugt an den Wochenenden zwischen Mai und September zum Verkosten einladen. Wenn Sie zu dieser Zeit dort unterwegs sind, achten Sie auf die ausgehängten Besen. "Wenn der Besen hängt, wird auch einer ausgeschenkt". Dieser Spruch gilt hier im nördlichsten Weinanbaugebiet Deutschlands genauso wie in anderen viel bekannteren Weinbauregionen.

Parkplatz am Restaurant Seeterrassen.

Am Südufer, praktisch am Ortseingang von Seeburg, bietet das **Restaurant Seeterrassen** auf dem hauseigenen Parkplatzgelände Restaurantgästen, die mit dem Wohnmobil angereist sind, kostenlose Stellflächen für eine Nacht. Es ist kein Spezialitätenrestaurant, sondern offeriert einfach nur eine solide Küche zu fairen Preisen. Die Aussicht aus dem voll verglasten Restaurant auf den See mit dem Schloss an dem gegenüberliegenden Ufer ist besonders bei nasskaltem Wetter angenehm. Sie erreichen den Parkplatz mit diesen Koordinaten [**042:** N51°29'11.6" E11°41'58.0"]. Montags

Die Seeburg am Nordufer des Süßen Sees. Im Vordergrund Bootsverleih am Südufer beim Restaurant Seeterrassen.

und dienstags ist Ruhetag. Dann ist das Tor zum Stellplatz vor dem Restaurant verschlossen. Für diese Tage bietet sich der gebührenpflichtige Parkplatz an, der nur wenige Meter vom Restaurant entfernt an der Straße der Freundschaft liegt [N51°29'10.3" E11°41'58.8"].

Wer länger verweilen will, baden, segeln oder surfen möchte, für den wird ein Aufenthalt auf dem Campingplatz am Nordufer die bessere Alternative sein. Ein schmales Sträßchen führt dorthin.

(043) WOMO-Campingplatz: Seeburg – Campingplatz am Süßen See

GPS: N51°29'47.0" E11°41'02.6"; Nordstrand 1, 06317 Seeburg.
Max. WOMOs: 40, maximale Länge 12 m.
Ausstattung: Frischwasserversorgung, Abwasserentsorgung mit Bodeneinlass, Kassettenentleerung, Stromanschlüsse, Behälter für die Müllentsorgung, WLAN, Brötchenservice, Badestege, Bootsliegeplätze, Grill- und Kinderspielplätze. Im Servicegebäude gibt es Duschen, WCs, Waschmaschinen und Trockner. Der Platz ist ganzjährig geöffnet.

Beschreibung: Ausreichend große Rasenflächen in Seeufernähe, sehr ruhig. Entfernung zur Ortsmitte von Seeburg zwei Kilometer.
Preise: Erwachsene Person 6,50 €, Kind 3,00 €, Hund 3,00 €, Wohnmobil 7,50 €, Strom 3,00 € pro Tag.
Zufahrt: Seeburg durchfahren und den Hinweisen zum Campingplatz folgen.
Reservierung/Kontakt: Tel.: 034774/28281 oder 0162/3418144
E-Mail: info@campingplatz-seeburg.de,
Web: https://campingplatz-seeburg.de.

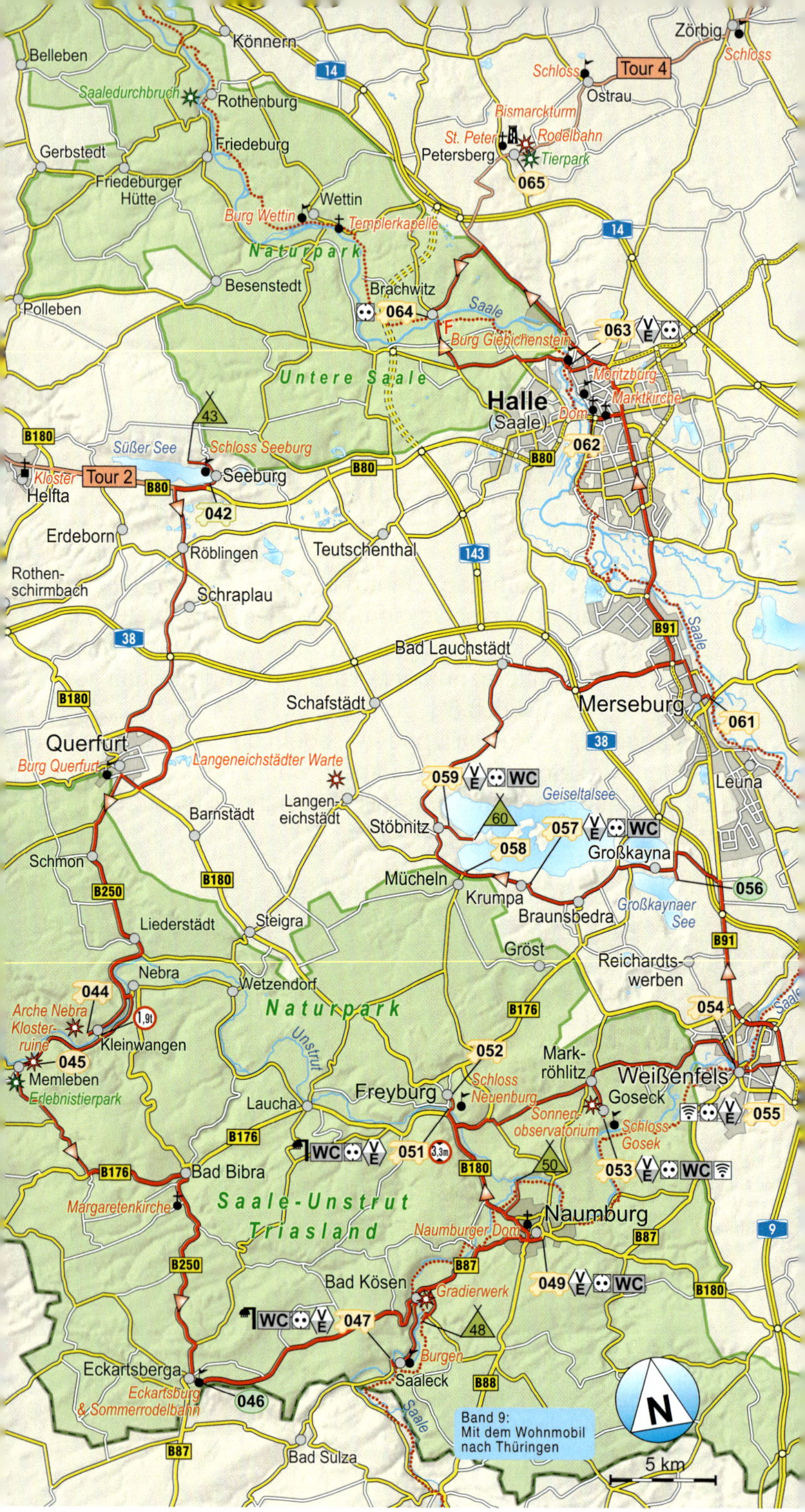
Zörbig
Schloss
Tour 4
Könnern
Belleben
14
Schloss
Ostrau
Saaledurchbruch
Rothenburg
Bismarcktturm
St. Peter
Rodelbahn
Petersberg
Tierpark
Gerbstedt
Friedeburg
Friedeburger Hütte
065
Wettin
Burg Wettin
Templerkapelle
14
Naturpark
Besenstedt
Brachwitz
Polleben
064
Saale
063
Burg Giebichenstein
Untere Saale
Moritzburg
Halle (Saale)
Marktkirche
Dom
43
B180
Süßer See
Schloss Seeburg
062
B80
Kloster
Tour 2
Helfta
B80
Seeburg
B80
042
Erdeborn
Röblingen
Teutschenthal
143
Rothen-schirmbach
Schraplau
B91
Saale
38
Bad Lauchstädt
B180
Schafstädt
Merseburg
061
Querfurt
38
Burg Querfurt
Langeneichstädter Warte
059
Leuna
Geiseltalsee
Barnstädt
Langen-eichstädt
60
Stöbnitz
057
Schmon
058
Großkayna
Mücheln
Krumpa
056
B250
B180
Braunsbedra
Großkaynaer See
Liederstädt
Steigra
Gröst
Reichardts-werben
B91
Nebra
Wetzendorf
054
044
Naturpark
B176
Saale
Arche Nebra
Kloster-ruine
1,9t
Kleinwangen
Unstrut
052
Mark-röhlitz
045
Weißenfels
Memleben
Schloss Neuenburg
Goseck
Erlebnistierpark
Laucha
Freyburg
Sonnen-observatorium
055
Schloss Gosek
B176
051
3,3m
B180
50
053
B176
Bad Bibra
Margaretenkirche
Saale-Unstrut Triasland
Naumburg
Naumburger Dom
B87
B250
B87
Bad Kösen
Gradierwerk
049
B180
047
48
Burgen
Eckartsberga
Saaleck
B88
Eckartsburg & Sommerrodelbahn
046
Saale
Band 9: Mit dem Wohnmobil nach Thüringen
N
B87
Bad Sulza
5 km
9

TOUR 3 (ca. 220 km)

Querfurt – Nebra – Memleben – Bad Bibra – Eckartsberga – Bad Kösen – Saaleck – Naumburg – Freyburg – Goseck –Weißenfels – Großkayna – Mücheln – Stöbnitz – Bad Lauchstädt – Merseburg – Halle – Brachwitz

Stellplätze:	Querfurt, Nebra, Memleben, Eckartsberga, Saaleck, Naumburg, Freyburg, Goseck, Weißenfels, Braunsbedra, Mücheln, Stöbnitz, Merseburg, Halle, Brachwitz.
Campingplätze:	Bad Kösen, Naumburg, Mücheln.
Ver-/Entsorgung:	Saaleck, Naumburg, Freyburg, Goseck, Weißenfels, Braunsbedra, Mücheln, Stöbnitz, Halle.
Besichtigungen:	Querfurt (Burg), Nebra (Arche mit Himmelsscheibe), Memleben (Klosterruine), Eckartsberga (Eckartsburg und Sommerrodelbahn), Bad Kösen (Gradierwerk), Saaleck Burgen), Naumburg (Altstadt und Dom), Freyburg (Schloss, Sektkellerei), Goseck (Sonnenobservatorium, Schloss), Merseburg (Altstadt), Halle (Altstadt, Burg Giebichenstein).
Wandern:	Nebra (zur Fundstelle der Himmelsscheibe), Burgenwanderung zwischen Bad Kösen und Saaleck, Ausflug zur Langeneichstädter Warte.
Baden/Wellness:	Badestrände am Geiseltalsee.

Von Seeburg führt uns diese Tour über Querfurt in den Naturpark Saale-Unstrut Triasland. Wir bewegen uns im südlichsten Zipfel von Sachsen Anhalt, eine Landschaft, die durch ihre Topographie klimatisch begünstigt ist und deshalb auch schon vor langer Zeit besiedelt wurde. Unsere Urahnen durchstreiften bereits die Urwälder an Saale und Unstrut und machten sich Gedanken über den Lauf der Gestirne. Die Himmelsscheibe von Nebra und das Sonnenobservatorium in Goseck legen Zeugnis darüber ab. Ihnen folgten Siedler, die im Laufe der Jahrhunderte unter anderem eine außergewöhnliche Kulturlandschaft mit terrassierten Weinbergen und Streuobstwiesen schufen. Eine Landschaft, die sie gegen eindringende Feinde zu schützen suchten, wie die vielen Burgen und Festungen in dieser Region belegen. Wir werden auf dieser Tour die Highlights anfahren und die für Sie notwendigen Informationen zusammentragen. Beginnen wollen wir mit **Querfurt**, "der Perle an der Straße der Romanik", wie die Querfurter sagen.

Größte Sehenswürdigkeit in diesem Ort mit rund 10.000 Einwohnern ist die mittelalterliche **Burg**. Am Südrand der Stadt finden Sie mit diesen Koordinaten [N51°22'29.8" E11°35'51.2"] einen ausreichend dimensionierten Parkplatz, um das WOMO abzustellen. Er ist nur rund 400 Meter vom Eingang dieser monumentalen Anlage entfernt.

Blick auf das Südostrondell mit Burggraben, äußerer Ringmauer und der Burgkirche.

Um diese zu erfassen, sollten Sie ein wenig Zeit mitbringen. Rein romanisch ist diese Burg nicht. Da sie über die Jahrhunderte immer wieder verändert und umgebaut wurde, sind auch gotische und barocke Einflüsse erkennbar. Der **"dicke Heinrich"**, so wird der fensterlose Wehrturm aus dem 12. Jahrhundert genannt, ist rein romanisch, die innere Wehrmauer ebenso. Nun wollen wir hier nicht alle Gebäude innerhalb des Burggeländes aufzählen und mit einer Baustilkunde langweilen. Im **Burgmuseum** finden Sie ausreichend Gelegenheit, sich in Details zu vertiefen. Interessant ist auch die Dauerausstellung des Museums "Leben in Krieg und Frieden".

Wenn Sie den Eindruck haben, diese Burg schon einmal irgendwo gesehen zu haben, dann mag das daran liegen, dass diese Anlage gern als Filmkulisse genutzt wird. **Der Medicus** wurde in weiten Teilen hier gedreht, um nur ein bekanntes Filmepos zu nennen.

Im Laufe des Jahres finden eine ganze Reihe unterschiedlichster Veranstaltungen auf der Burg statt. Ritterfeste, Musikveranstaltungen, Weihnachtsmärkte und anderes mehr. Auf dieser website www.burg-querfurt.de finden Sie alle Veranstaltungen, die Öffnungszeiten, die Eintrittspreise sowie eine

Fülle weiterer Information über die Geschichte und die Gebäude dieser größten Burganlage in den neuen Ländern.

Der Besuch dieser Anlage wird nur getrübt durch die Instandsetzungsarbeiten, die zurzeit durchgeführt werden. Dadurch sind nicht immer alle Burgareale begehbar.

Futuristisch sieht das nächste Gebäude aus, das wir auf unserer Reise aufsuchen.

Der Besucherparkplatz ist einfach zu finden und kann als Übernachtungsplatz genutzt werden. Sie erreichen ihn mit diesen Koordinaten [**044:** N51°16'21.9" E11°32'20.5"]. Die Arche ist von diesem Platz aus bereits zu sehen. Es sind 300 Meter zu gehen, um sie zu erreichen. Zum eigentlichen Fundort der Himmelsscheibe auf dem Mittelberg sind weitere 2,5 Kilometer zurückzulegen. Hier wartet ein 30 Meter hoher Aussichtsturm auf die Besucher, der gleichzeitig die Funktion des Zeigers einer Sonnenuhr hat. Der Turm, das Besucherzentrum sowie vier weitere Stationen sind Teil des archäoastronomischen Netzwerks **"Himmelswege"**. Die Stationen sind Goseck mit dem Sonnenobservatorium, Langeneichstädt mit dem Grab der Dolmengöttin, Pömmelte mit seinem Ringheiligtum und Halle mit dem Landesmuseum für Vorgeschichte, in dem Sie das Original der Himmelsscheibe von Nebra bewundern können. All diese Orte werden wir im weiteren Verlauf unserer Reise noch aufsuchen.

Das Besucherzentrum Arche Nebra.

Himmelsscheibe von Nebra

Als diese Scheibe 1999 in der Nähe von Nebra gefunden wurde, war das eine archäologische Sensation. Das Alter der tellergroßen Scheibe mit ca. 32 Zentimetern Durchmesser wurde auf 3700 bis 4100 Jahre geschätzt. Es ist eine Bronzeplatte mit Goldapplikationen, die die älteste bisher bekannte Himmelsdarstellung zeigt, weltweit Beachtung gefunden hat und bereits zum UNESCO-Weltdokumenterbe zählt. Mit hohem Aufwand wird die Geschichte um diese Scheibe in dem Besucherzentrum erzählt. Multimediale Darstellungen erläutern den aktuellen Forschungsstand. Versucht wird dies mit Witz, Charme und virtuellen Figuren, die durch die Vitrinen hüpfen. Langweilig ist das nicht gestaltet. Trotzdem wird es für den einen oder anderen schwierig sein, den komplexen astronomischen Erläuterungen zu folgen. Was nicht zur Sprache kommt, sind die

Forschungsergebnisse anderer Archäologen, die die Himmelsscheibe für wesentlich Jünger halten und zwar um rund 1000 Jahre. Wenn sie Recht haben, dann müsste die ganze Geschichte neu geschrieben werden und die Ausstellungsmacher in Nebra hätten ordentlich zu tun. Egal wie alt die Scheibe nun auch ist, faszinierend ist die Geschichte, die mit ihr verbunden wird, allemal. Ob der Präsentationsaufwand gerechtfertigt ist? Mit dieser Frage im Kopf, auf die wir keine Antwort haben, kehren wir zum WOMO zurück.

Ein Teil der Klosterruine in Memleben.

Das **Kloster** und die **Kaiserpfalz** in **Memleben**, ist unser nächstes Ziel. Es ist nur wenige Kilometer von Nebra entfernt. Wenn Sie diese Koordinaten [**045:** N51°15'55.7" E11°29'47.9"] für den Parkplatz eingegeben haben, wird Ihr Navi Sie unter Umständen auf den kürzesten Weg über die Unstrut führen wollen. Doch die Brücke in Wangen darf von Fahrzeugen mit mehr als 1,9 Tonnen zulässigem Gesamtgewicht nicht genutzt werden. So fahren wir entlang des Flusses nach Nebra zurück, überqueren dort die Unstrut und gleiten dann über die Straße bis zum genannten Parkplatz, der sich gegenüber der Klosteranlage befindet.

Memleben war nicht nur ein Kloster, sondern unter Otto II. und Otto III. auch eine bedeutende Reichsabtei. Das liegt sehr lange zurück. Der Aufstieg Memlebens begann um 980 und ab dem 13. Jahrhundert ging es bereits wieder bergab. Während der Bauernaufstände zu Beginn des 16. Jahrhunderts wird das Kloster geplündert und kurz danach aufgegeben. Geblieben sind die Ruinen der zweiten Kirche, die Sie oben im Bild sehen, der freigelegte Grundriss der imposanten, sehr viel größeren Kirche aus dem 10. Jahrhundert sowie die inzwischen wieder hergerichteten Flügel des Klosters. Sie werden heute für Ausstellungen genutzt. Hier können Sie mit vielen Exponaten und Schautafeln die ganze Geschichte der ottonischen Herrschaft im Mittelalter und die Klostergeschichte nachvollziehen. Ein Leckerbissen für alle, die sich für diese Epoche interessieren.

Bevor wir nun wieder ins WOMO steigen und unsere Fahrt fortsetzen, sei noch auf den **Erlebnistierpark** hingewiesen, der nur wenige Meter vom Kloster entfernt ist. Diese Anlage ist eine Mischung aus einem Freizeitpark mit vielen Spielgeräten und Shows sowie einem zoologischen Garten, in der Tiere aus allen Kontinenten gezeigt werden. Das geht vom Amurtiger aus Asien bis zu den Zwergzebus aus Afrika.

Das ganze Angebot, die Eintrittspreise und die Öffnungszeiten können Sie hier nachlesen http://erlebnistierpark.de.

Wir fahren nunmehr über Bad Bibra weiter nach **Eckartsberga** zur **Eckartsburg**. Wir befinden uns auf der Straße der Romanik, die uns hinter Bad Bibra an der romanischen **Margaretenkirche** vor dem Ortseingang von Steinbach vorbeiführt. Den Besuch dieser Kirche lassen wir aus. Wie wir schon erwähnt hatten, besuchen wir nicht jedes romanische Bauwerk entlang der Straße der Romanik. In Eckartsberga angekommen suchen wir den Parkplatz an der Burgstraße auf [**046:** N51°07'09.3" E11°34'04.5"]. Hier kostet ein Tagesticket 5,00 €. Der Weg von diesem Parkplatz zur Burg ist gepflastert mit einer Reihe von Freizeiteinrichtungen.

Die Eckartsburg

Direkt neben dem Parkplatz befindet sich ein **Irrgarten**, gegenüber ein **Geister- und Spielehaus**. Wer den Weg zur Burg hochgeht, kommt an einem Kräutergarten, einer **Sommerrodelbahn**, dem **Burgenland** und einem **DinoWeltWäldchen** vorbei. In dem Burgenland werden 26 Burgen und Schlösser aus Sachsen-Anhalt, Sachsen und Thüringen im Maßstab 1:75 gezeigt. Im DinoWeltWäldchen gibt es 30 Modelle der Urzeittiere etwa im Maßstab 1:10. Mit Ausnahme der Sommerrodelbahn kann für all diese Einrichtungen mit der **Ecki's SparCard** eine gemeinsame Eintrittskarte erworben werden. Preise, Öffnungszeiten sowie weitere Informationen finden Sie hier www.freizeitspass-eckartsberga.com.

Wer alle "Attraktionen" mit den Kindern durch hat, der darf sich auf ein Rittermahl in der Burgschänke freuen. Hier werden in der Ritterstube oder im Biergarten im Innenhof leckere Gerichte serviert. Bis die Mahlzeiten an den Tisch gebracht werden, kann noch schnell die Ballade "Der getreue Eckart" von Johann Wolfgang von Goethe gelesen werden, der bei einem Zwischenstopp in Eckartsberga diese Verse verfasst hat. Und wenn man schon am Fuße des Burgturmes sitzt, dann lohnt es sich, auch einmal hinaufzusteigen und die schöne Sicht auf die Landschaft zwischen Saale und Unstrut zu genießen.

(047) Offizieller WOMO-Stellplatz: Saaleck – Saalebogen

GPS: N51°06'48.5" E11°41'44.5"; Stendorf 14, 06628 Bad Kösen.
Max. WOMOs: 12, maximale Länge 12 m, max. Aufenthalt 5 Tage.
Ausstattung: Frischwasserversorgung, Abwasserentsorgung mit Bodeneinlass, Kassettenentleerung, Stromanschlüsse. Im Servicegebäude befinden sich Duschen und WCs. Behälter für die Müllentsorgung sind vorhanden und es gibt eine Spiel- und Liegewiese, eine Grillstelle und einen überdachten Kinderspielplatz. Der Platz ist ganzjährig geöffnet.
Beschreibung: Rasenflächen mit Blick auf die Saale und Schotterplätze, die wenige Meter vom Fluss entfernt sind, sehr ruhig. Die Burgen sind in Sichtweite.

Preise: 10,00 € für ein Fahrzeug auf der Schotterfläche, 13,00 € für ein Fahrzeug auf der Rasenfläche an der Saale. Frischwasserversorgung sowie Abwasserentsorgung und Entleerung der Bordtoilette ist kostenfrei. Strom 2,00 € pro Tag. Die Gebühren werden vom Platzwart am Abend kassiert.
Zufahrt: In Saaleck hinter der zweiten Saalebrücke rechts abbiegen.

Von Eckartsberga fahren wir weiter an die Saale. Zwei schöne Plätze stehen in Bad Kösen für einen längeren Aufenthalt zur Wahl. Der eine befindet sich am Saalebogen nah an der Grenze zu Thüringen, der andere ist der Campingplatz in der Nähe der Rudelsburg.

Im Burggasthof der Rudelsburg.

Vom Stellplatz am Saalebogen liegen die Burgruinen Saaleck und Rudelsburg gut im Blick. Hier sind Sie den Burgen näher als auf dem Campingplatz. Eine Wanderung zu den Ruinen ist von beiden Standorten sehr gut möglich, die Steigungen hinauf sind nicht gravierend. Es

(048) WOMO-Campingplatz: Bad Kösen – Camping an der Rudelsburg

GPS: N51°07'22.1" E11°43'03.2"; Zum Campingplatz 1, 06628 Bad Kösen.
Max. WOMOs: 70, maximale Länge 12 m.

Ausstattung: Frischwasserversorgung, Abwasserentsorgung mit Schwenkarm, Kassettenentleerung, Stromanschlüsse, Behälter für die Müllentsorgung, WLAN, Brötchenservice, Spielplatz, Kanuverleih mit Zustell- und Abholservice. Im Servicegebäude gibt es Duschen, WCs, Waschmaschinen und Trockner. Der Platz ist von Ende März bis Ende Oktober geöffnet.
Beschreibung: Große sonnige und teilweise auch schattige Rasenplätze mit Grünstreifen am Waldrand. Saale in unmittelbarer Nähe, sehr ruhig. Fußweg zur Rudelsburg 2 km, Fußweg bis zum Gradierwerk 1,5 Kilometer.
Preise: Erwachsene Person 8,00 €, Jugendliche 16-18 Jahre 6,00 €, Kind 0-15 Jahre 3,50 €, Hund 2,50 €, Kurtaxe (ab 17 Jahre) 2,00 €, Wohnmobil 11,00 €, Strom 0,70 pro kWh, Duschmünze 1,00 €, WLAN ist kostenlos.
Zufahrt: Bad Kösen auf der B87 bis zum Ortsausgang durchfahren und dort zwischen einem Lidl-Markt und einer Tankstelle rechts abbiegen. Dieser Straße, eine noch junge Allee 1,5 Kilometer folgen, dann am Ende vor dem Wald rechts und gleich danach links abbiegen und die Straße hinunterfahren.
Reservierung/Kontakt: Tel.: 034463/28705
E-Mail: info@campbadkoesen.de,
Web: www.campingbadkoesen.de

sind nur rund 80 Meter Höhenunterschied zu überwinden, die aber reichen, um von den Aussichtspunkten eine wunderbare Sicht auf die Saale genießen zu können, wie auf diesem Foto zu sehen ist.

Blick von der Rudelsburg auf die Saale.

Das Gradierwerk in Bad Kösen.

Bad Kösen hat zwar nicht die Berühmtheit erlangt wie Baden-Baden, Bad Wörishofen oder Bad Kissingen, dennoch hat dieser heilklimatische Kurort schon zahlreichende illustre Gäste zu verzeichnen gehabt. Franz Liszt und Theodor Fontane gehören dazu, die bereits hier verweilten, die Landschaft genossen und die Burgruinen besucht haben.

Hauptbauwerk, Sehenswürdigkeit, technisches Denkmal oder einfach nur gesundheitsfördernde Einrichtung. Das **Gradierwerk** in Bad Kösen lässt sich aus verschiedenen Blickwinkeln betrachten. Mit einer Länge von 325 Metern gehört es in jedem Fall zu den größten dieser Art in Deutschland. Hier können Sie bei einem Spaziergang rund um die Anlage salzhaltige Luft inhalieren wie an der Nordsee bei starkem Wind. Und das ohne Kurkarte, das Gradierwerk ist frei zugänglich. Ursprünglich angelegt, um aus der Tiefe geförderte Sole in eine höhere Konzentration zu versetzen, um dann Kochsalz daraus zu gewinnen, dient es heute nur noch therapeutischen Zwecken. Dies auch schon zu der Zeit, als es noch vor der Wende als "Bad der Werktätigen" fungierte. Für eine gewinnbringende Salzgewinnung reichen die Lagerstätten in Bad Kösen nicht mehr aus.

Zu Fuß ist das Gradierwerk vom Campingplatz aus bequem zu erreichen. Mit einer Personenfähre lässt sich am Fuße dieser Anlage die Saale überqueren, der Spaziergang durch einen Besuch des kleinen Kurparks, des Tiergartens und des Parkschlösschens mit seinem Restaurant verlängern. Noch weiter ausdehnen lässt sich der Ausflug in Bad Kösen mit einer Schifffahrt zur Rudelsburg und von dort zurück auf Schusters Rappen zu den von Ihnen gewählten Stell- oder Campingplatz. Der Anleger in Bad Kösen befindet sich hinter dem Tierparkgelände in unmittelbarer Nähe der Fußgängerfähre.

Über die Abfahrtszeiten und Preise informiert diese Seite www.saaleschifffahrt.de.

Naumburg ist unser nächstes Ziel. Auf dem Weg dorthin kommen wir, kurz nachdem wir Bad Kösen verlassen haben, in **Schulpforte** vorbei. In einer scharfen Linkskurve steuern wir zunächst auf eine Vinothek zu. Wir bedauern, dass wir aus Platzmangel nicht direkt davor parken können, aber nach einer weiteren scharfen Kurve, diesmal nur rechts herum, kommen wir nach wenigen Metern zu einer Hofeinfahrt und finden auch sogleich ein Plätzchen. Nicht die Vinothek ist das Besondere in dieser ehemaligen Klosteranlage, sondern die Kirche und das Kloster selbst. Es ist schon ein besonderer Ort, dessen Bau- und Kulturgeschichte Sie am besten mit einer Führung erfassen können. Alternativ stehen Ihnen für den individuellen Rundgang Audioguides zur Verfügung, die Sie im Besucherzentrum erhalten können. Sie gehen bau- wie kulturgeschichtlich vom Mittelalter bis in die Neuzeit. Von den Zisterziensern bis zu einer ultramodernen Bildungseinrichtung.

Die Westfassade der Klosterkirche.

Die Anlage wird als ein Internatsgymnasium für besonders begabte Schüler genutzt. Sie befindet sich in der Trägerschaft des Landes Sachsen-Anhalt. Es werden in dieser Institution die Schüler in Sprachen, Musik und Naturwissenschaften in besonderer Weise gefördert und ausgebildet.

Als Ausbildungsstätte hat die **Landesschule Pforta** eine lange Tradition. Einige Schüler dieser Einrichtung wurden sehr bekannt, wie Friedrich Gottlieb Klopstock, Friedrich Nietzsche oder Heinrich Hoffmann, der Verfasser des Struwelpeters.

Und wie ist das nun mit dem Wein? In Klöstern lebte man bekanntlich nicht nur in der Askese. Die Mönche wussten einen guten Wein nicht nur zu schätzen, sie konnten ihn auch anbauen und keltern. Diese Tradition versucht das Weingut zu pflegen und auszubauen. Sie finden in der Vinothek aller Preisklassen, von Premiumqualitäten bis zum Tafelwein. Das Angebot ist vielfältig, Sie werden nicht alle probieren können.

Von dieser Klosteranlage bis zu unserem nächsten Etappenziel ist es nur noch ein Katzensprung. Ein Stell- und ein Campingplatz bieten sich für den Besuch von Naumburg (Saale) an.

(049) Offizieller WOMO-Stellplatz: Naumburg (Saale) – Vogelwiese

GPS: N51°08'54.4" E11°48'53.1"; Luisenstraße, 06618 Naumburg (Saale).
Max. WOMOs: 10, maximale Länge 12 m, max. Aufenthalt 3 Tage.

Ausstattung: Frischwasserversorgung, Abwasserentsorgung mit Bodeneinlass, Kassettenentleerung, Stromanschlüsse, Behälter für die Müllentsorgung. Im Servicegebäude gibt es WCs. Der Platz ist ganzjährig geöffnet.
Beschreibung: Große sonnige, teilweise auch schattige geschotterte Plätze mit Grünstreifen am Rande des Festplatzes Vogelwiese, nicht ruhig. Innenstadtnah, Marktplatz und Dom sind nur 800 Meter entfernt.
Preise: 10,00 € für ein Fahrzeug, Frischwasser 0,50 € (50 Liter) und Strom 0,50 € pro kWh. Abwasserentsorgung und Entleerung der Bordtoilette ist kostenfrei. Den Parkschein gibt es am Kassenautomaten oder virtuell per EasyPark-App mit dem Smartphone.
Zufahrt: In Naumburg auf der B180/B87 in Richtung Weißenfels/Autobahn fahren. Diese Bundesstraße führt direkt an der Vogelwiese vorbei.

(050) WOMO-Campingplatz: Blütengrund

GPS: N51°10'30.7" E11°48'12.8"; Blütengrund 6, 06618 Naumburg (Saale).
Max. WOMOs: >20, maximale Länge 12 m.

Ausstattung: Frischwasserversorgung, Abwasserentsorgung mit Bodeneinlass, Kassettenentleerung, Stromanschlüsse, Behälter für die Müllentsorgung, Brötchenservice, Biergarten und Bistro. Im Servicegebäude gibt es Duschen, WCs, Waschmaschinen und Trockner. Die Serviceeinrichtungen sind nicht auf dem neuesten technischen Stand. Der Platz ist von Anfang März bis Ende Oktober geöffnet.
Beschreibung: Große überwiegend sonnige, naturbelassene Wiesenplätze mit einigen Bäumen und einem Badesee an der Mündung der Unstrut in die Saale, sehr ruhig. Ideal gelegen für Kanu- oder Radtouren. Eine Personenfähre führt auf das gegenüberliegende Ufer der Saale. Bis zur Innenstadt von Naumburg sind es zu Fuß oder mit dem Rad rund 3,5 Kilometer.
Preise: Erwachsene Person 6,50 €, Kind 3,00 €, Jugendlicher 4,00 €, Hund 2,50 €, Wohnmobil 11,00 €, Strom und Wasser pauschal 3,00 €.
Zufahrt: In Naumburg auf der B180 in Richtung Freyburg fahren und am Ortsausgang, nach Überquerung der Bahnlinie rechts abbiegen, bis zu einer Kleingartenkolonie fahren und dort links abbiegen.
Reservierung/Kontakt: Tel.: 03445/261144
E-Mail: info@campingplatz-naumburg.de,
Web: www.campingplatz-naumburg.de

Naumburger Dom

Mehrere Versuche hat es gegeben, 2018 war es endlich soweit und der Naumburger Dom Sankt Peter und Sankt Paul wurde in die Liste des Welterbes der UNESCO aufgenommen.

Der Dom gilt als einzigartiges Zeugnis der mittelalterlichen Architektur und Kunst des 13. Jahrhunderts. Mit dem Bau wurde bereits kurz nach der ersten Jahrtausendwende begonnen. Im 13. Jahrhundert wurde er dann zu einer Doppelchoranlage weiterentwickelt und spiegelt damit die Architekturströmungen dieser Zeit wieder. Spätromanische und frühgotische Baustile sind in diesem mehr als 100 Meter langen Gebäude auf harmonische Weise vereint.

Die Westtürme des Naumburger Domes.

Weltweit einmalig sind die beiden Lettner, mit denen der West- und der Ostchor vom Kirchenschiff getrennt wurden. Für den Rundgang benötigen Sie ein wenig Zeit. Sie können den Dom auf eigene Faust mit einem Audioguide erkunden. Sie können aber auch an einer Führung teilnehmen, die in den Sommermonaten werktäglich zweimal angeboten wird und an den Wochenenden sowie an Feiertagen auch dreimal. Die genauen Führungszeiten und Eintrittspreise finden Sie hier www.naumburger-dom.de.

Ekkehard II. und Uta von Ballenstedt, zwei der Hauptstifter des Domes.

Der Rundgang beginnt in der Vorhalle des Südquerhauses, führt vorbei an der Stephanuskapelle und geht zunächst in den Ostchor. Hier fällt sogleich der **Ostlettner** aus spätromanischer Zeit auf. Er ist der älteste voll ausgebildete Hallenlettner in einer deutschen Kirche. Die einzelnen Kunstwerke und die Beschreibung der Glasmalereien in den Fenstern des Ostchores wollen wir hier nicht präsentieren. Das wäre zu viel des Guten. Während einer Führung oder mit dem Audioguide bekommen Sie alle Details eingehend erläutert. Um in das Langhaus zu kommen, durchschreiten Sie den Ostlettner. Gleich fällt der Blick auf den **Westlettner**, der mit seinen frühgotischen Stilelementen beeindruckt. Wer diesen durchschreitet, gelangt in den Westchor,

Der Westlettner im Dom zu Naumburg. Der Blick durch die Türen geht in das Langhaus. Im Hintergrund ist der Ostlettner sichtbar.

in dem die zwölf Stifterfiguren von besonderer Bedeutung sind. Die Darstellung dieser Figuren ist außergewöhnlich. Porträthaft zeigen die in Stein gemeißelten Skulpturen Emotionen, wirken fast lebendig. Sie stellen Männer und Frauen des thüringisch-sächsischen Hochadels dar, die den Bau dieses Domes ermöglicht haben. Die Hauptstifter Ekkehard und Uta sowie Hermann und Reglindis stehen sich in der Mitte des Chores gegenüber. Alle anderen Figuren sind als Einzelpersonen dargestellt. Hervorzuheben ist die Statue der Uta von Ballenstedt, die der Schriftsteller Umberto Eco als die „Schönste Frau des Mittelalters" bezeichnet haben soll. Das Antlitz der Dame wirkt in der Tat recht geheimnisvoll.

Im spätgotischen Kreuzgang des Klosters.

Vom Westchor geht es weiter in das romanische Domschatzgewölbe, das als Ausstellungsraum für sakrale Kunstgegenstände genutzt wird. Hier sehen Sie unter anderem Bilder von Lucas Cranach des Älteren, ein monumentales Chorbuch aus dem 16. Jahrhundert, das 45 Kilogramm wiegt, die Naumburger Pietà aus dem 14. Jahrhundert sowie Altäre und weitere Heiligenfiguren.

Über den Kreuzgang geht es zum Ausgang. Er ist zweigeteilt. Der Nord- und Ostflügel ist spätromanisch, der West- und Südflügel spätgotisch. Durch die Bögen sind die West- und die Osttürme des Domes gut zu sehen.

Neben dem Dom hat diese schöne Stadt an der Saale weitere Sehenswürdigkeiten zu bieten. Aufzuzählen sind der Marktplatz mit dem Rathaus, die Stadtkirche St. Wenzel und die "Wilde Zicke", wie die Naumburger ihre Straßenbahn liebevoll nennen. Sie ist nur mit historischen Wagen unterwegs, die alle unterschiedlich aussehen und hauptsächlich aus den 50er und 60er-Jahren stammen. Auf den 72 Meter hohen Turm der **Stadtkirche** kann man hinauf. Er gewährt einen schönen Blick auf die Stadt und das Umland, das mit seiner Weinbauland-

Das Rathaus am Marktplatz in Naumburg.

schaft an der Saale und der Unstrut zu einer Kanu- oder Radtour einlädt. Für derlei Unternehmungen ist der Campingplatz der ideale Standort. Hier gibt es auch eine Flussfähre, mit der Sie die Saale samt Fahrrad überqueren können.

Zentrum des Weinbaus an Saale und Unstrut ist **Freyburg**. Über die B180 ist diese rund 5000 Einwohner zählende Stadt schnell erreicht. Mit der **Neuenburg**, dem Bergfried Dicker Wilhelm, dem Denkmal des Turnvaters Jahn an der Jahnturnhalle, dem Eckstädter Tor und der Marienkirche ist die Liste der Sehenswürdigkeiten schon recht umfangreich. Die meisten Besucher zieht es aber in die **Rotkäppchen-Sektkellerei**, einem Traditionsunternehmen, das die Wende erfolgreich

Historische Gebäude der Rotkäppchen Sektkellerei.

(051) Offizieller WOMO-Stellplatz: Freyburg (Unstrut) – Schleusenblick

GPS: N51°12'38.2" E11°46'11.1"; Wasserstr. 22, 06632 Freyburg (Unstrut).
Max. WOMOs: 8, maximale Länge 8 m.
Ausstattung: Frischwasserversorgung, Abwasserentsorgung mit Bodeneinlass, Kassettenentleerung, Stromanschlüsse, Behälter für die Müllentsorgung, Brötchenservice. Im Gebäude gibt es Duschen und WCs. Der Platz ist ganzjährig geöffnet.

Beschreibung: Enger sonniger Platz auf Rasengittersteinen in einem Hinterhof direkt an der Unstrut. Durchfahrtshöhe in den Hof 3,30 Meter. Bei voller Belegung begrenzte Rangiermöglichkeiten. Innenstadtnah, bis zur Rotkäppchen Sektkellerei sind es 700 Meter, bis zum Schloss zu Fuß rund 1000 Meter.
Preise: 20,00 € für ein Fahrzeug, Strom, Frischwasser und Entsorgung ist im Preis enthalten.
Zufahrt: In Freyburg die Unstrutbrücke überqueren, danach die zweite Straße links abbiegen, bis zum Marktplatz vorarbeiten, dort links in die Marienstraße schwenken und diese bis zum Ende durchfahren, dann erneut links abbiegen und nach 80 Metern rechts durch die schmale Hofeinfahrt fahren.
Reservierung/Kontakt: Tel.: 034464/36611
E-Mail: Schleusenblick@gmx.de, Web: www.pension-freyburg.de

Der Stellplatz "Schützenplatz".

gemeistert hat und heute der größte Sekthersteller Deutschlands ist. Es ist eines der wenigen ostdeutschen Unternehmen, das nicht aufgekauft wurde, sondern andere Traditionsmarken erworben hat und damit auch gern als gelungenes Vorzeigeunternehmen präsentiert wird.

Wer auf einen Stromanschluss und auf eine Ver- und Entsorgung verzichten kann, der steht auf dem Schützenplatz ruhig, kostenlos und zentrumsnah. Er lässt sich mit diesen Koordinaten [**052:** N51°12'51.8" E11°46'22.9"] in der Straße "Hinterm Schlag" bequem erreichen und bietet sehr viel mehr Raum als der Stellplatz Schleusenblick. Bis zur Sektkellerei sind es zu Fuß nur 500 Meter. Hier gibt es einen Shop, in dem Sie sich mit Sekt und Wein eindecken können. Angeboten werden auch informative und kurzweilige Führungen durch die Kellerei. Wenn Sie daran Interesse haben, dann sollten Sie vorher über diese Seite www.rotkaeppchen.de eine Teilnahme buchen. Preise und die Führungszeiten finden Sie dort ebenfalls.

Ein breites Spektrum an Kulturveranstaltungen wird im Lichthof der Kellerei angeboten. Es werden Konzerte gegeben, Theater gespielt oder Kabarettveranstaltungen dargeboten. Die Programmübersicht und eine Kartenvorbestellung finden Sie ebenfalls auf der genannten Seite.

Die Marienkirche in Freyburg.

Wenn Sie urig Essen gehen möchten, so können Sie dies in der **Burgwirtschaft** auf **Schloss Neuenburg** tun. Sie können sich zu Fuß auf den Weg nach oben machen, das sind vom Stellplatz auf dem Schützenplatz rund 1,5 Kilometer, vom Stellplatz Schleusenblick 500 Meter weniger. Sie können aber auch den kleinen Schlossparkplatz nutzen, den Sie mit diesen Koordinaten erreichen [N51°12'42.0" E11°46'44.1"]. Angeboten wird unter anderem eine Landgrafen-Tafelei in vier Akten. Die Speisenfolge, die Preise sowie die Öffnungszeiten können Sie hier nachlesen www.burgwirtschaft.de. Von Schloss Neuenburg haben Sie diesen Blick über das Tal der Unstrut.

Blick von Schloss Neuenburg in das Tal der Unstrut.

Wenn Sie gern auf ruhigen und verschwiegenen Plätzen verweilen, so wird Ihnen diese Anlage in **Goseck** gefallen. Es ist der nächste Ort auf unserer Reise, den wir hauptsächlich wegen des **Sonnenobservatoriums** besuchen wollen.

(053) Offizieller WOMO-Stellplatz: Goseck – "Am Wald"
GPS: N51°11'36.8" E11°52'15.5"; Weststraße 3 A, 06667 Goseck.
Max. WOMOs: 5, maximale Länge 9 m.
Ausstattung: Frischwasserversorgung, Abwasserentsorgung mit Bodeneinlass, Kassettenentleerung, Stromanschlüsse, Behälter für die Müllentsorgung, Grillstelle. Gartenhaus mit Dusche, WC und kleiner Küche. Der Platz ist von Anfang April bis Ende September geöffnet.
Beschreibung: Große sonnige Rasenplätze in einem kleinen umgestalteten Garten am Waldrand, sehr ruhig. Schloss Goseck ist nur 500 Meter entfernt und bis zum Sonnenobservatorium sind es auch nur rund 1000 Meter.

Preise: 6,00 € für ein Fahrzeug, 3,00 € für eine erwachsene Person, Strom je nach Verbrauch zwischen 2,00 und 3,00 €. Frischwasser, Abwasserentsorgung und Entleerung der Bordtoilette ist kostenfrei. Müll 1,00 €. Die Nutzung der Dusche und des WCs ist im Preis enthalten.
Zufahrt: Von Freyburg in Richtung Weißenfels fahren und in Markröhlitz nach Goseck abbiegen.

Zwischen 2002 und 2004 wurde die 7000 Jahre alte Kreisgrabenanlage von Archäologen in Goseck komplett ausgegraben, vermessen und dokumentiert. Sie hatte einen Durchmesser von 71 Metern. Sie ist das weltweit älteste Zeugnis für eine gezielte Himmelsbeobachtung. Sommer- und Wintersonnenwende konnten mit diesem Observatorium genau

Teil des kreisrunden Sonnenobservatoriums in Goseck.

bestimmt werden. Neben der astronomischen Funktion hatte diese Anlage aber auch eine Bedeutung als Kultplatzes, auf dem Opfer dargebracht wurden. Archäologen führen Knochenfunde als Beleg dafür an. Was Sie unweit des Stellplatzes sehen können, ist eine originalgetreue Rekonstruktion dieser Anlage. Sie ist, wie Nebra und das Ringheiligtum in Pömmelte, eine Station der archäologischen Tourismusroute **"Himmelswege"** in Sachsen-Anhalt.

Die Forschungsergebnisse des Sonnenobservatoriums können Sie im **Schloss Goseck** studieren, das sich ebenfalls nah am Stellplatz befindet, nur in der entgegengesetzten Richtung. Neben dem Schloss steht eine romanische Kirche, die weitgehend restauriert der Öffentlichkeit wieder zugänglich gemacht wurde. In aller Abgeschiedenheit ist hier kulturgeschichtlich also einiges geboten. Und da die Schloss-Schenke für das leibliche Wohl sorgt, muss die Bordküche nicht genutzt werden.

Als nächsten Ort haben wir **Weißenfels** auf dem Programm. Am Niemöllerplatz/Klimaparkplatz gibt es Stellflächen für zwei Wohnmobile, die eine Länge von 7,5 Metern nicht überschreiten sollten. Sie finden den Platz mit diesen Koordinaten [**054:** N51°12'07.7" E11°57'57.5"]. Die Lage ist gut, um die Innenstadt zu besichtigen. Der Marktplatz ist nur 600 Meter entfernt und geht man noch einmal 400 Meter weiter, dann ist schon das Schloss Neu-Augustusburg erreicht. Größere Fahrzeuge finden hier Platz.

(055) Offizieller WOMO-Stellplatz: Weißenfels – Firma Gerth-Mobile

GPS: N51°11'51.4" E11°59'46.7; Selauer Straße 91b, 06667 Weißenfels.
Max. WOMOs: 6, maximale Länge 8 m, max. Aufenthalt 24h.

Ausstattung: Frischwasserversorgung, Abwasserentsorgung ohne Bodeneinlass, Kassettenentleerung, Stromanschlüsse, Behälter für die Müllentsorgung, WLAN, ganzjährig geöffnet.
Beschreibung: Schotterfläche neben einem Händler für Wohnwagen und Wohnmobile mit Werkstatt und Campingshop. Eine Tankstelle befindet sich in unmittelbarer Nähe und ein Einkaufszentrum mit Fleischer, Bäcker und Baumarkt auf der anderen Seite der vorbeiführenden B91. Im Baumarkt lassen sich Gasflaschen tauschen.
Preise: 4,00 € für ein Fahrzeug, Frischwasser 2,00 € und Strom 2,00 €. Abwasserentsorgung und Entleerung der Bordtoilette ist kostenfrei. Die Parkgebühr ist im Büro des Unternehmens zu entrichten.
Zufahrt: Von Weißenfels in Richtung Autobahn/Hohenmölsen fahren und direkt vor der Anschlussstelle auf die B91 hinter der Tankstelle rechts abbiegen.

Der Marktplatz von Weißenfels mit Blick auf Schloss Neu-Augustusburg.

Das **Schloss Neu-Augustusburg** thront über der Stadt Weißenfels. Es wurde im 18 Jahrhundert gebaut und diente den Herzögen von Sachsen-Weißenfels als Residenz. Heute befindet sich in dem Gebäude unter anderem ein **Schuhmuseum**, das mit Exponaten aus aller Welt aufwarten kann. Das Museum ist eine Reminiszenz an die Schuhindustrie der Stadt, die in mehreren VEBs in Spitzenzeiten bis zu 5000 Beschäftigte in diesem Industriezweig hatte. Es war das Zentrum der Schuhproduktion in der DDR. Eine Sanierung der Betriebe nach der Wende gelang nicht. Ein Betrieb nach dem anderen musste Insolvenz anmelden. Heute ist von den Schuhfabriken nichts mehr zu sehen.

Sehenswert ist die **Schlosskirche St. Trinitatis**, die sich von außen nicht als Kirche zu erkennen gibt. Freunde des Barocks werden über die Ausschmückung dieser Kirche staunen. Tafeln an der Außenwand weisen darauf hin, dass Johann Sebastian Bach eine Zeit lang die Hofkapelle unterstützte und die hohe musikalische Begabung Georg Friedrich Händels an der Orgel dieser Kirche entdeckt wurde. Interessant ist auch eine Führung durch die Fürstengruft mit seinen 38 Sarkophagen.

Die Öffnungszeiten und das Veranstaltungsprogramm des Museums finden Sie hier www.museum-weissenfels.de.

Wir verlassen Weißenfels, fahren über die B91 weiter in Richtung Merseburg. Über die sehr gut ausgebaute Bundesstraße erreichen wir schnell den Autobahnanschluss, überqueren die Autobahn, passieren den Autohof und biegen danach bei der nächsten Gelegenheit links ab. Vorher gönnen wir uns in der "Schnitzelschmiede" noch ein klassisches Wiener Schnitzel und sind beim Blick auf die Karte verwundert, in welchen Größen diese Fleischgerichte angeboten werden.

Es gibt nicht nur XL-Formate, nein auch eine XXXXL-Variante mit einem Gewicht von ca. 800 Gramm. Wie schafft man das allein? Darüber nachdenkend, fahren wir nunmehr nach einer normalen Portion gesättigt, wie bereits gesagt links ab. Die Kreuzung kann man nicht verpassen. Sie befindet sich dort, wo auf der rechten Seite die Lagertanks und die Fabrikationstürme der petrochemischen Anlage der Total-Raffinerie in den Blick geraten. Es duftet ein wenig nach Chemie, aber wer noch den Geruch der "VEB Leuna-Werke Walter Ulbricht" aus der DDR-Zeit in Erinnerung hat, den wird das nicht stören. Wir folgen der schmalen Kreisstraße, überqueren erneut die Autobahn und biegen am Ende der Straße links ab, um wenige Meter später abermals links abzubiegen, und schon haben wir den kostenlosen Wanderparkplatz an der Schäferei erreicht [**056:** N51°16'59.0" E11°57'10.3"]. Wenn Sie Glück haben, finden Sie einen Platz mit Blick auf den Großkaynaer See. Idyllisch wird es am Abend, wenn die Tagestouristen mit den PKWs das Areal verlassen haben. Es gilt zu beachten, kein "Campingverhalten" zu zeigen. Das heißt, Stühle und Tische bleiben im Fahrzeug und die Markise wird nicht ausgefahren. Das Ordnungsamt fährt Patrouille, wie wir selbst erlebt haben.

Wanderparkplatz am Großkaynaer See.

Kleiner Strand am Großkaynaer See.

Der **Großkaynaer See** ist, wie auch der wesentlich größere Geiseltalsee, ein gefluteter Tagebau. Es gibt eine ganze Reihe kleiner Buchten, die sich für ein gemütliches Picknick eignen. Der südliche Bereich des Sees steht unter Naturschutz. Hier haben

Sonnenuntergang am Großkaynaer See.

sich bereits ausgedehnte Röhrichte und Verlandungszonen entwickelt. Sie bieten Lebensraum für zahlreiche Vogelpopulationen und sind auch für Zugvogelarten von großer Bedeutung. Fischadler, Kornweihen, Graugänse, Kormorane, Enten und Möwen können hier beobachtet werden. Ein Rundweg führt in gebührenden Abstand um den See und um die Brut- und Nistplätze. Drei Aussichtspunkte gewähren Blicke auf die Seelandschaft und können zur Beobachtung der gefiederten Gesellschaften genutzt werden. Ein gutes Fernglas ist dabei hilfreich. Wer eine Kamera mit einem guten Teleobjektiv dabei hat, wird hier eine Reihe von schönen Aufnahmen machen können.

Wer sich auf einem offiziellen Stellplatz wohler fühlt, der kann hierher fahren.

(057) Offizieller WOMO-Stellplatz: Krumpa – El Retiro

GPS: N51°17'42.2" E11°51'16.0"; Neumarker Str. 3, 06242 Braunsbedra.
Max. WOMOs: 25, maximale Länge 10 m.
Ausstattung: Frischwasserversorgung, Abwasserentsorgung, Kassettenentleerung, Stromanschlüsse, Behälter für die Müllentsorgung, Brötchenservice, Restaurant und Biergarten, Fahrradverleih. Im Hauptgebäude gibt es Duschen und WCs. Der Platz ist ganzjährig geöffnet.
Beschreibung: Rustikaler, schattiger Rasenplatz unter hohen Bäumen. Bei voller Belegung recht eng, doch ziemlich ruhig. Der Abwassereinlass ist sehr klein, geht nur mit Schlauch. Der See ist rund 600 Meter entfernt.

Preise: Hauptsaison (Mitte April bis Mitte Oktober) 14,00 € für ein Fahrzeug mit 2 Personen, Nebensaison 10,00 €. Frischwasser, Entsorgung, Strom und Nutzung der Sanitäranlagen sind im Preis enthalten.
Zufahrt: Braunsbedra in Richtung Mücheln durchfahren. Am Ortseingang von Krumpa den Hinweisen zur Pension El Retiro folgen.

Hier stehen Sie bereits in der Nähe des **Geiseltalsees**. Der Abbau der Braunkohle wurde an dieser Stelle 1993 aufgegeben, das Tagebauloch ab 2001 mit Saalewasser geflutet. Seit 2011 ist die Flutung abgeschlossen, der See hat mit 19 Quadratkilometern Fläche seine maximale Größe erreicht. Es ist also noch eine sehr junge Seenlandschaft, die hier südwestlich von Merseburg entstanden ist. Die touristische Entfaltung hat erst angefangen. Ferienhäuser und Gastronomiebetriebe sind noch nicht in großer Zahl vertreten, aber die Entwicklung schreitet voran.

Neben dem eher rustikal angelegten Stellplatz "El Retiro" finden Sie in **Mücheln** oberhalb der **Marina** einen weiteren Platz [**058:** N51°18'23.6" E11°48'36.4"]. Es handelt sich dabei um eine einfache, abgeschrankte, schattenlose und gebührenpflichtige Anlage ohne irgendwelche wohnmobilspezifische Einrichtungen.

Die Parkgebühr in Höhe von 6,00 € pro Tag sind vor dem Verlassen an einem Ticketautomaten zu entrichten. Im Hafengelände können Sie sich ein Sportboot oder ein Grillboot mieten (beide Kategorien führerscheinfrei) und damit über den Geiseltalsee schippern. Die Ausstattungsmerkmale, Öffnungszeiten und Preise finden Sie hier www.bootsverleih-geiseltal.de. Wer Fahrräder dabei hat, kann von dieser Stelle auch gut eine Runde um den See drehen. Das sind rund 26 Kilometer. Einen Badestrand gibt es hier nicht.

Aussichtssturm am Geiseltalsee bei Stöbnitz.

Wer einen Sprung in das kühle Nass machen möchte, der sollte auf die Halbinsel fahren, die in den Geisaltalsee hineinragt.

Hier gibt es drei Möglichkeiten, das Fahrzeug abzustellen. Zum einen ist es ein neu eingerichteter Stellplatz in Stöbnitz, dann ein kostenloser Parkplatz [N51°19'08.1" E11°48'54.1"] oberhalb des Sees in der Nähe eines Aussichtsturmes, den man sich mit vielen PKW-Fahrern teilen muss und einen Campingplatz.

Blick vom Aussichtsturm auf den Geiseltalsee.

(059) Offizieller WOMO-Stellplatz: Geiseltalsee – Zum Weinberg

GPS: N51°19'31.3" E11°48'30.4"; Werkstraße, 06249 Mücheln (Geiseltal).
Max. WOMOs: 25, maximale Länge 16 m.
Ausstattung: Frischwasserversorgung, Abwasserentsorgung mit Bodeneinlass, Kassettenentleerung, Stromanschlüsse, Behälter für die Müllentsorgung, WC, freies WLAN. Der Platz ist ganzjährig geöffnet.

Beschreibung: Teilweise schattiger Platz am Ortsrand von Stöbnitz. Der Badestrand am See ist rund 1000 Meter entfernt.
Preise: 15,00 € für ein Fahrzeug inkl. Frischwasser, Entsorgung, Strom und Nutzung der Sanitäranlagen.
Zufahrt: Von Mücheln in Richtung Bad Lauchstädt fahren und in Stöbnitz den Hinweisen zum Campingplatz und Geiseltalsee folgen. Der Platz befindet sich am Ortsende auf der linken Seite.

(060) WOMO-Campingplatz: Geiseltalsee Camp

GPS: N51°19'07.9" E11°49'16.0"; Strandallee, 06249 Mücheln (Geiseltal).
Max. WOMOs: >20, maximale Länge 12 m.

Ausstattung: Frischwasserversorgung, Abwasserentsorgung mit Bodeneinlass, Kassettenentleerung, Stromanschlüsse, Behälter für die Müllentsorgung, WLAN, Brötchenservice, Tauchschule. Im Servicegebäude gibt es Duschen und WCs. Der Platz ist ganzjährig geöffnet.
Beschreibung: Große sonnige Rasenplätze in Ufer- und Strandnähe. Vor der Schranke gibt es vier weitere Stellflächen für Kurzzeitgäste. Die Ortsmitte von Mücheln mit Einkaufsmöglichkeiten und Restaurants ist rund 3 Kilometer entfernt.
Preise: Erwachsene Person 5,00 €, Kleinkind 1,50 €, Kinder bis 14 Jahre 3,00 €, Hund 2,00 €, Camperfrühstück 5,00 €, Wohnmobil 8,50 €, Strom 2,00 pro Tag. Vor der Schranke 8,00 € für ein Fahrzeug inkl. Strom.
Zufahrt: Von Mücheln in Richtung Bad Lauchstädt fahren, in der Mitte von Stöbnitz nach rechts in die Werkstraße abbiegen und der Straße bis zum Ende folgen.
Reservierung/Kontakt: Tel.: 0160/94470012
E-Mail: geiseltalseecamp@gmx.de, Web: www.geiseltalsee.de

Neben dem Badevergnügen bieten sich Radtouren zur Freizeitbetätigung an. Dass der See umrundet werden kann, hatten wir schon erwähnt, aber auch eine Tour abseits der Seenlandschaft ist durchaus reizvoll.

In einer 32 Kilometer langen Tour lässt sich zum Beispiel vom Geiseltalsee eine schöne Rundtour starten, die den Besuch der Bockwindmühle in Langeneichstädt, die Langeneichstädter Warte mit dem Grabmal der Dolmengöttin und den Besuch der Goethestadt Bad Lauchstädt kombiniert.

Die **Langeneichstädter Warte** ist nur sieben Kilometer vom Geiseltalsee entfernt. Sie wurde im späten 15. Jahrhundert erbaut und diente der Kontrolle der Handelswege und militärischen Zwecken. Auch wenn man ihn nicht besteigen kann, reicht der Blick von dieser Anhöhe weit in das Umland hinein. Neben dieser Warte befindet sich das **Grab der Dolmengöttin**, das 1987 zufällig entdeckt wurde, als beim Pflügen des Feldes eine mächtige Steinplatte angehoben wurde. Archäologische Forschungen haben ergeben, dass dieses Steinkammergrab vor etwa 5500 Jahren angelegt wurde. Dieses Grab ist eine weitere Station der archäologischen Tourismusroute **"Himmelswege"** in Sachsen-Anhalt.

Die Langeneichstädter Warte.

Wenn Sie sich mit dem Rad auf den Weg zu der Warte begeben haben, so kommen Sie nahezu automatisch an der Bockwindmühle am Ortsausgang von Langeneichstädt vorbei, die Sie allerdings nur von außen betrachten können.

Interessanter ist der Besuch der **Goethestadt Bad Lauchstädt**, die nur neun Radkilometer von der Warte entfernt ist. Kureinrichtungen werden Sie in Bad Lauchstädt allerdings vergeblich suchen. Die Glanzzeit als Kurstadt währte nur kurz. Sie begann um 1700, als eine Mineralquelle mit heilkräftiger Wirkung entdeckt wurde. Dies führte zum Ausbau des kleinen Ortes zu einem beliebten Badeort. Ein Kursaal, ein Spielpavillon, ein Sommertheater sowie ein Kurpark entstanden. Im frühen 19. Jahrhundert spielte das Weimarer Hoftheater unter Goethes Leitung jeden Sommer in Bad Lauchstädt.

Parkteich und Schloss in Bad Lauchstädt.

Nachdem 1814 der letzte Vorhang gefallen war und kein Theater mehr gespielt wurde, verlor der Ort an Anziehungskraft und verwaiste zusehends. Die Glanzzeit als Kurstadt war vorbei, die Anlagen verfielen.

Historische Kuranlage in Bad Lauchstädt.

Mit sehr viel Aufwand wurden in den letzten Jahrzehnten die historischen Kuranlagen wieder hergerichtet, die Häuser und das Theater erstrahlen in neuem Glanz und der Kurpark zählt mittlerweile zu den Gartenträumen. Unter dem Stichwort **Gartenträume** wurde in Sachsen-Anhalt ein Vorhaben entwickelt, dass die historischen Parks und Gärten des Bundeslandes in den Fokus nimmt, diese denkmalpflegerisch betreut und die Gartenkunst und den Gartenbau einer breiten Öffentlichkeit zugänglich macht. Der Tourismus spielt dabei ein besondere Rolle, die Gartenanlagen sollen Besucher anlocken. Bislang gehören 50 Parks und Gärten in Sachsen-Anhalt zu den "Gartenträumen". Der bekannteste ist sicher der Wörlitzer Park, den wir in der nächsten Tour besuchen werden. Einen guten und umfassenden Überblick zu allen Parks und Gärten finden Sie hier https://gartentraeume-sachsen-anhalt.de.

Von großen Besucherzahlen ist Bad Lauchstädt bislang verschont geblieben, wie es scheint. Der schön herausgeputzte Ort ist aber durchaus einen Besuch wert. Wenn Sie mit dem Wohnmobil herfahren, dann können Sie übrigens hier parken [N51°23'16.2" E11°51'32.6"].

Der nächste Ort auf unserer Reise ist **Merseburg**. Die Stadt ist nur zwölf Kilometer von Bad Lauchstädt entfernt. Der Schlossgarten gehört zu den "Gartenträumen" der Dom St. Johannes und St. Laurentius ist eine der Stationen auf der Straße der Romanik. Da lohnt es sich doch vorbeizuschauen.

Stellplatz in Merseburg.

Wie immer halten wir zunächst danach Ausschau, wo wir das Wohnmobil abstellen können. Die Stadt bietet hier nur eine Möglichkeit für drei Fahrzeuge an. Das ist nicht überwältigend. Eine Ver- und

Entsorgungsstation gibt es nicht, Stromanschlüsse auch nicht. Dafür darf hier kostenlos geparkt werden und nah an den Sehenswürdigkeiten der Stadt liegt der Platz auch, immerhin etwas. Sie finden den Platz in der Straße "Am Brühl" mit diesen Koordinaten [**061:** N51°21'17.8" E12°00'08.6"].

Der Dom in Merseburg.

Dom und **Schloss** bieten ein malerisches Ensemble. Sie liegen aneinandergeschmiegt auf einem Hügel über dem Steilufer der Saale. Um diesen Anblick zu genießen, muss man sich entweder auf der Saale befinden oder die Brücke überqueren und auf sich an das rechte Saaleufer begeben. Es ist eine historische Brücke, auf der einst Friedrich Wilhelm III die Nachricht von der Niederlage Napoleons in Waterloo überbracht wurde.

Der Dom wurde im frühen 11. Jahrhundert als frühromanisches Gebäude errichtet, im Laufe der Jahrhunderte aber mehrfach umgebaut und erweitert. Sein heutiges Aussehen

Das Schloss in Merseburg.

entspricht weitgehend der letzten Umgestaltung im 16. Jahrhundert. Von besonderer kulturgeschichtlicher Bedeutung ist der Domschatz mit seinen Skulpturen, Epitaphen, Gemälden und Handschriften, darunter die berühmten **Merseburger Zaubersprüche**. Sie wurden im zehnten Jahrhundert niedergeschrieben und sind bis heute die weltweit einzigen bekannten Schriftstücke heidnischen Inhalts, die in althochdeutscher Sprache vorliegen. Publik wurden diese durch eine Bewertung Jakob Grimms, einem der Begründer der Germanistik, der mit seinem Bruder Märchen zusammentrug und dadurch berühmt wurde.

Die Öffnungszeiten, Eintrittspreise und Führungszeiten erfahren Sie auf dieser Seite www.merseburger-dom.de.

Das **Schloss** wurde im Stile der Renaissance errichtet. Die Fassadengestaltung finden wir in vielen Palästen und Schlössern an der Weser in ähnlicher Form vor. Diente es in vergangenen Jahrhunderten den Herzögen und Fürsten dieser Region als Residenz, ist es heute Sitz der Kreisverwaltung des Saalekreises. In dem Schloss ist darüber hinaus das Kulturhistorische Museum der Stadt untergebracht, das sich den Eingang mit dem Dom neben dem Domportal teilt.

Der Schlossgarten ist nicht außergewöhnlich groß. Am Ende befindet sich der Schlossgarten-Salon, ein Gebäude aus dem 18. Jahrhundert, das für die Ausrichtung von Gartenfesten gebaut wurde und auch heute noch als Veranstaltungsort dient.

Stellplatz in der Nähe der Altstadt von Halle (Saale).

Wie in Merseburg ist die Parksituation auch in **Halle (Saale)**, unserem nächsten Ziel auf dieser Reise eher bescheiden. Der Stellplatz am Rande der Altstadt ist eine Mischung aus Baustofflager und Parkplatz, ist aber ideal gelegen, um den Marktplatz, den Roten Turm, Hallmarkt und den Dom zu besichtigen. Sie finden den Platz in der Herrenstraße mit diesen Koordinaten [**062:** N51°28'50.5" E11°57'41.5"]. Die Zufahrtsstraße ist eine Einbahnstraße, der Weg dorthin schon ein wenig verzwickt. Hier hat man sich schnell verfranzt.

Etwas Geduld wird auch benötigt, wenn der Platz an der Burg Giebichenstein angefahren werden soll. Ebenfalls kein idealer Platz, sehr klein, für große Fahrzeuge nicht geeignet und weit weg von der Altstadt.

(063) Offizieller WOMO-Stellplatz: Halle (Saale) – Burg Giebichenstein

GPS: N51°30'06.7" E11°57'13.5"; Fährstraße 2, 06114 Halle (Saale).
Max. WOMOs: 4, maximale Länge 7 m.
Ausstattung: Frischwasserversorgung, Abwasserentsorgung mit Bodeneinlass, Kassettenentleerung, Stromanschlüsse, Behälter für die Müllentsorgung, ganzjährig geöffnet.
Beschreibung: Eng beieinanderliegende, leicht geneigte Stellflächen auf Pflastersteinen am Rande eines PKW- und Omnibusparkplatzes in unmittelbarer Nähe der Burg Giebichenstein, nicht ruhig. Innenstadtfern, bis zum Marktplatz sind es rund 3, bis zum Zoologischen Garten rund 1 Kilometer.

Preise: 5,00 € für ein Fahrzeug, Frischwasser 1,00 €, Strom kostet 1,00 € für 8 Stunden. Abwasserentsorgung und Entleerung der Bordtoilette ist kostenfrei. Den Parkschein gibt es am Kassenautomaten mit Münzen oder EC-Karte.
Zufahrt: Der Beschilderung zur Burg Giebichenstein folgen.

Vom Stellplatz an der Herrenstraße ist es nur ein kurzer Weg bis in die Innenstadt. Nachdem man den Mühlgraben überquert und das Gebäude des MDR passiert hat, ist der **Hallmarkt** schon fast erreicht, das sind nur 500 Meter. Der **Göbelbrunnen** auf dem Hallmarkt ist ein beliebter Treffpunkt der Jugend. Wer die Bronzefiguren richtig interpretieren will, der muss sich schon mit der Hallenser Geschichte auskennen. Wir betrachten es einfach als eigenwillige künstlerische Arbeit, die gut auf diesen Platz passt.

Eine Figur des Göbelbrunnens, dahinter Türme der Marktkirche.

Zwischen dem Hallmarkt und dem Marktplatz steht die Marktkirche "Unser Lieben Frauen". Sie hat zwei Turmpaare aufzuweisen, die ursprünglich zu zwei unterschiedlichen Kirchen gehörten. Die Türme standen sich gegenüber, jede hatte dahinterliegend ein eigenes Kirchenschiff. Im 16. Jahrhundert wurden diese abgetragen und die dadurch frei stehenden Turmpaare mit einem neuen, größerem Kirchenschiff verbunden. Die Hausmanntürme, das sind die beiden Türme, die am Marktplatz stehen, können bestiegen werden. Wer die 220 Stufen hinaufgeht, wird mit einem wun-

Die Orgel in der Marktkirche.

derbaren Blick auf die Stadt belohnt. Von hier oben lässt sich das Markttreiben gut beobachten und man kann sich schon mal eines der Kaffeehäuser oder Restaurants aussuchen, die rund um den Marktplatz zahlreich vertreten sind. Auf jeden Fall sollten Sie hier am Ort einmal eine **Halloren Kugel** probieren, ein süßes Naschwerk aus der ältesten bis heute produzierenden Schokoladenfabrik Deutschlands, die hier in Halle ihren Sitz hat.

Man sollte auch einen Blick in die Kirche nicht versäumen, in der Georg Friedrich Händel, der große Sohn der Stadt getauft wurde. Er ist auch auf dem Marktplatz nicht zu übersehen. Die 3,2 Meter hohe Bronzestatue ist das einzige Händeldenkmal in Deutschland.

Der Marktplatz mit Rotem Turm und Marktkirche.

Nicht weit vom Denkmal entfernt steht der Rote Turm. Mit 84 Metern Höhe der höchste frei stehende Glockenturm Deutschlands.

Was ist noch besonders sehenswert in Halle? Starten wir einen Schnelldurchgang:

Wer in Nebra das Original der Himmelsscheibe vermisst hat, der hat nun in Halle die Gelegenheit, sie im **Landesmuseum für Vorgeschichte** zu betrachten. Auf dieser Seite www.landesmuseum-vorgeschichte.de erfahren Sie alles über die Öffnungszeiten, die Eintrittspreise und erhalten tiefer gehende Informationen zu der touristischen Route "Himmelswege". Kunstliebhaber sollten den Besuch der **Moritzburg** nicht versäumen. In dieser spätmittelalterlichen Bischofsresidenz werden Werke der bildenden und angewandten Kunst von der Antike bis zur Gegenwart gezeigt. Hier erfahren Sie mehr www.kunstmuseum-moritzburg.de.

Händeldenkmal auf dem Marktplatz.

Von der **Burg Giebichenstein** sind nur noch der Torturm und der Gewölbekeller erhalten. Der Rest der Anlage ist seit dem Dreißigjährigen Krieg Ruine. Sie gilt als die älteste der Saaleburgen und kann nur von Ende März bis in den Oktober besichtigt werden.

Öffnungszeiten: Dienstags bis sonntags 10:00 bis 18:00 Uhr. Eintritt 4,00 €.

Durch den Handel mit Salz gelangte Halle einst zu Reichtum. Wie das Salz gewonnen und verarbeitet wurde, wird im **Salinemuseum** eingehend erläutert. Zurzeit wird das Museum allerdings umgebaut und renoviert. Die Sanierungsarbeiten werden voraussichtlich erst 2022 abgeschlossen sein. Auf der Seite www.salinemuseum.de erfahren Sie mehr.

Damit wollen wir den Besuch in Halle beenden, allerdings nicht ohne an den ehemaligen Außenminister Hans-Dietrich Genscher zu erinnern, der in dieser Stadt geboren wurde und auf dem Balkon der Prager Botschaft am Abend des 30. September 1989 wohl einen der berühmtesten Halbsätze der Geschichte gesprochen hat.

Stellplatz an der Marina in Brachwitz.

Schlusspunkt der Tour ist die Marina in **Brachwitz**, ein rustikaler, ruhiger naturbelassener Stellplatz an der Elbe. Kastenwagen können den kurzen Weg wählen und die Elbfähre nutzen. Fahrzeuge mit langem Überhang sollten auf die Fähre verzichten und den etwas längeren Anfahrtsweg (siehe Tourenkarte) in Kauf nehmen. Mit diesen Koordinaten [**064:** N51°32'03.0" E11°52'14.7"] finden Sie hin. Er kostet 10,00 € pro Tag inkl. Strom.

5 km
Dobien
Lutherstadt Wittenberg
Schlosskirche
076
Coswig
Apollensdorf
074
übler Straßenzustand
Elbe
Pratau
75
Zerbst
Schloss
096
Tour 6
077
Roßlau
078
Coswig
Apollensdorf
073
Wörlitzer Park
Wörlitz
Mittelelbe
Georgium
Biosphärenreservat
Dessau
Bauhaus
Dessau-Wörlitz
Schloss & Lustgarten
Oranienbaum
Aken
079
Mosigkau
Schloss
Gartenreich
072
Ferropolis
071
Mosigkauer Heide
Mulde
Gremminer See
Gräfenhainichen
Tour 5
080
Quellendorf
Industriedenkmal Kraftwerk
Zschornewitz
Gröbener See
070
Raguhn
Gröbern
Köthen
Schlaitz
69
Wolfen
Pegelturm
Schachtbaude
067
Muldestausee
Bitterfeld
Pouch
068
Gr. Goitzschesee
66
Seelhausener See
Zörbig
Schloss
Schloss
Ostrau
Bismarckturm
St. Peter
Rodelbahn
Tierpark
Petersberg
065
Brehna
Delitzsch
Landsberg
Tour 3
Brachwitz
Werbelliner See
064
Saale
063
Band 72: Mit dem Wohnmobil nach Sachsen
Burg Giebichenstein
Moritzburg
Halle (Saale)
Marktkirche
Dom
062

TOUR 4 (ca. 180 km)

Petersberg – Ostrau – Zörbig – Bitterfeld – Pouch – Gröbern – Gräfenhainichen – Oranienbaum – Wörlitz – Coswig – Lutherstadt Wittenberg – Dessau

Stellplätze:	Petersberg, Bitterfeld, Pouch, Gröbern, Gräfenhainichen, Oranienbaum, Wörlitz, Coswig, Lutherstadt Wittenberg, Roßlau, Dessau.
Campingplätze:	Bitterfeld, Schlaitz, Lutherstadt Wittenberg.
Ver-/Entsorgung:	Gröbern, Gräfenhainichen, Oranienbaum, Wörlitz, Coswig, Roßlau, Dessau.
Besichtigungen:	Petersberg (Bismarckturm, Romanische Kirche), Ostrau Schloss und Schlosspark, Zörbig (Schloss), Bitterfeld (Pegelturm), Gräfenhainichen (Ferropolis), Oranienbaum (Schloss, Barockkirche), Wörlitz (Wörlitzer Park), Lutherstadt Wittenberg (Luthergedenkstätten), Dessau (Bauhaus).
Wandern:	Radtour zum Schloss Mosigkau, Spaziergänge am Großen Goitzschesee und durch das Gartenreich Desssau-Wörlitz
Baden/Wellness:	Goitzschesee, Muldestausee, Gröbener See, Gremminer See.

Diese Tour führt uns in eines der Zentren des ehemaligen Braunkohletagebaus. Es ist verblüffend und faszinierend, was aus diesen überdimensionalen Löchern, die über Jahrzehnte von riesigen Baggern gegraben wurden und die Landschaft nachhaltig verändert haben geworden ist. Aus den Gruben wurden Seen, wo noch vor wenigen Jahren die Schaufelräder der stählernen Ungetüme unablässig Braunkohle abbaggerten, segeln heute Jollen, sausen die Surfer über das Wasser und planschen die Kinder am Ufer der aufgefüllten Tagebaulöcher. Die Bagger selbst wurden zu Museums- und Ausstellungsobjekten. In Ferropolis, der Stadt aus Stahl, sind sie versammelt. Das schauen wir uns an, bevor wir weiterreisen in das Gartenreich Dessau-Wörlitz, das zu Spaziergängen sowie Wander- und Radtouren einlädt und dabei nahtlos in das Biosphärenreservat Mittelelbe übergeht. Elbaufwärts geht es in den geschichtsträchtigen Ort Wittenberg, wo die Reformation begann. Danach besuchen wir zum guten Schluss die Stadt Dessau, von der in der Architektur und Gestaltung von Alltagsgegenständen in den Dreißigerjahren Impulse in die Welt gingen, die bis heute nachwirken und in vielen Städten deutlich sichtbar sind.

Innenraum der Sankt-Petri-Kirche.

Bevor wir uns jedoch den viel besuchten Highlights dieser Tour zuwenden, schauen wir uns auf dem Weg dorthin noch einige weniger beachtete Sehenswürdigkeiten an.

Beginnen wollen wir mit **Petersberg**, einem kleinen Ort mit nicht einmal 700 Einwohnern, der am Fuße des gleichnamigen 250 Meter hohen Berges liegt.

Der Hang dieser Erhebung wurde geschickt für die Errichtung einer **Sommerrodelbahn** genutzt, ein **Tierpark** mit ca. 70 Arten heimischer Wild- und Haustiere befindet sich direkt daneben und hoch oben auf dem Berg ist neben einem **Bismarckturm** die romanische Kirche eines ehemaligen Augustiner-Chorherrenstiftes einen Besuch wert. Sie wurde nach einem Brand im Jahr 1565 fast komplett zerstört und drohte zu verfallen. Zwischen 1853 und 1857 erfolgte eine weitgehend originalgetreue Wiederherstellung des Gebäudes. Heute ist die **Sankt-Petri-Kirche Petersberg** eine Station auf der Straße der Romanik. Um all dies besuchen zu können, stellen Sie Ihr Fahrzeug am besten auf diesen Parkplatz ab [**065:** N51°35'34.2" E11°57'23.3"].

Dass bei den 'Gartenträumen' noch nicht alle Anlagen in Sachsen-Anhalt renoviert und instand gesetzt wurden, zeigt das **Schloss und der Schlosspark in Ostrau**. Die Parkanlage mit seinen Wassergräben und uralten mächtigen Gehölzen wirkt verwunschen und märchenhaft und bedarf sicher keiner weiteren Neugestaltung. Das Barockschloss hat dagegen schon bessere Tage gesehen. Das Gebäude ist stark renovierungsbedürftig, wird aber zurzeit noch als Schule genutzt. Im Ostflügel ist für die Besucher des Parks

Im Schlosspark Ostrau.

ein Café untergebracht. "Der Umzug der Schule in ein neues, modernes Objekt im Ort wurde 2015 beschlossen und ist für die nächsten Jahre geplant." So ist auf dieser Seite www.ostrau.de zu lesen. Hier erfahren Sie auch die ganze Geschichte über die Schlossgründer, den Park und welche Pläne es für die Zukunft gibt. Sicher wird diese Anlage eines Tages in neuem Glanz erstrahlen, wie so viele andere in diesem Bundesland. Vielleicht wird dann auch ein Wohnmobilstellplatz angelegt, denn diese kleinen Parkplätze, die Sie hier [N51°37'02.7" E12°00'39.1"] in der Straße 'Am Ostrauer Park' finden, eigenen sich nicht besonders gut für unsere großen Kisten.

Wir fahren weiter nach **Zörbig**. Um die Stadt zu besuchen, parken Sie am besten auf dem Schützenplatz in der Löberitzer Straße, den Sie mit diesen Koordinaten finden. [N51°37'45.2" E12°07'27.9"].

Diese Stadt kann auf eine mehr als 1000-jährige Geschichte zurückblicken. Schon vor rund 5000 Jahren wurde dieser Raum besiedelt, Zörbig 961 erstmalig urkundlich erwähnt. Im Mittelalter entwickelte sich der Ort rasch. Er war von einer Stadtmauer und Gräben umgeben. Drei Tore gewährten einen Zugang zur Stadt. Nur der **Hallesche Torturm** ist erhalten geblieben. Die Gräben sind längst zugeschüttet, deren Verlauf zum Teil durch Grünanlagen heute noch erkennbar. Ansonsten sind von der ehemaligen Stadtbefestigung nur noch Mauerreste sichtbar. Vom Schloss sind unter anderem Umfassungsmauern und eine Zugangsbrücke erhalten. Das eigentliche Schlossgebäude ist schlicht und einfachster Art. Hier ist das Heimatmuseum des Ortes untergebracht, in dem die gesamte historische Entwicklung von Burg und Stadt präsentiert wird. Als markantestes Gebäude des Schlosses ist der **Bergfried** erhalten. Er kann bestiegen werden.

Der Bergfried des Schlosses in Zörbig.

Öffnungszeiten für Museum und Turm: Montags bis freitags 9:00 - 12:00 Uhr und 13:00 - 15:30 Uhr, sonn- und feiertags 14:00 - 17:00 Uhr.

Von Zörbig bis zum Großen Goitzschesee bei **Bitterfeld** sind es rund 17 Kilometer. Bitterfeld, dieser Name wurde über Jahrzehnte mit großen Umweltsünden in Verbindung gebracht, die von den Chemiekombinaten in dieser Region verursacht wurden. Das ist lange her. Die alten Anlagen aus der DDR-Zeit gibt es nicht mehr. Zwar sind auch heute noch Chemieunternehmen in Bitterfeld ansässig, doch sie betreiben neue Anlagen, die nach den zurzeit gültigen Umweltstandards geführt werden. So wie der Himmel über der Ruhr wieder blau wurde, so wurde die Luft rund um Bitterfeld wieder frei von unangenehmen Gerüchen. Die Menschen in dieser Region konnten im wahrsten Sinne des Wortes aufatmen.

Neben den Anlagen der chemischen Industrie wurde in dieser Region im großen Stil Braunkohle abgebaut. Bis kurz nach der Wende war der Tagebau Goitzsche noch in Betrieb. Ursprünglich war geplant, den Betrieb bis 2038 aufrecht zu erhalten. Doch dann kam die Wende und 1991 das Aus für den Tagebau im Bitterfelder Revier, der Umbau zu einer Freizeit- und Badelandschaft begann.

1998 wurde mit der Einleitung von Muldewasser in den Großen Goitzschesee begonnen. Ein durch das Muldehochwasser im Jahre 2002 ausgelöster Bruch eines Dammes ließ das Gewässer ungewollt innerhalb von zwei Tagen um 7 Meter anschwellen und beschleunigte damit die Flutung des Sees.

Für den Wohnmobilisten gibt es ein breites Angebot an Stell- und Campingplätzen in dieser Seenlandschaft. Überfüllt vorgefunden haben wir keinen. Gehen wir die Anlagen einmal durch. Als ersten hätten wir diesen Campingplatz.

(066) WOMO-Campingplatz: Ferienpark Goitzsche

GPS: N51°36'59.7" E12°20'23.6"; Niemegker Straße 24 in 06749 Bitterfeld.
Max. WOMOs: >20, maximale Länge 10 m.
Ausstattung: Frischwasserversorgung, Abwasserentsorgung mit Bodeneinlass, Kassettenentleerung, Stromanschlüsse, Behälter für die Müllentsorgung. Im Servicegebäude gibt es Duschen, WCs, Waschmaschinen und Trockner. Der Platz ist ganzjährig geöffnet.
Beschreibung: Wahlweise sonnige oder schattige Rasenplätze mit Grünstreifen in der Nähe des Seeufers. Der Pegelturm ist 3 Kilometer entfernt.
Preise: Erwachsene Person 5,00 €, Kind 3,30 €, Hund 2,00 €, Wohnmobil bis 7 Meter Länge 9,00 €, darüber 12,00 €, Strom pro Tag 2,00 €.
Zufahrt: Die B183 in Bitterfeld bis zur Kreuzung mit der B100 durchfahren, dort links abbiegen und in die nächste Straße rechts abbiegen. Das ist die Burgstraße die in die Niemegker Straße übergeht. Dieser Straße bis zum Kreisverkehr folgen, dann ist der Ferienpark schon in Sichtweite.
Reservierung/Kontakt: Tel.: 0152 09205436
E-Mail: rezeption@ferienpark-goitzsche.de,
Web: www.ferienpark-goitzsche.de

Vom Campingplatz bis zum "Bitterfelder Bogen" einer begehbaren Stahlkonstruktion sind es nur etwas mehr als 1000 Meter. Wenn Sie ganz nach oben gehen, haben Sie einen sehr schönen Blick über die Seenlandschaft und die Stadt.

Stellplatz an der Bernsteinpromenade.

Wenn Sie von dem Campingplatz auf der B100/B183 weiterfahren in Richtung Bad Düben/Gräfenhainichen, so gelangen Sie mit diesen Koordinaten [**067:** N51°37'40.7" E12°20'43.9"] zu einem Stellplatz an der Bernsteinpromenade, der einen freien Blick auf den 13 Quadratkilometer **Großen Goitzschesee** bietet. Der gebührenpflichtige Platz (2,00 € während des Tages 10,00 € wenn man über Nacht bleiben will) ist recht groß, eben und schattenlos. Von Nachteil ist nur die vorbeiführende Bundesstraße, die auch in der Nacht zu hören ist. Ver- und Entsorgungseinrichtungen und Stromanschlüsse gibt es auf diesem Platz nicht.

Der Pegelturm am Großen Goitzschesee.

Badestrand in der Nähe des Pegelturms.

Etwas mehr als einen Kilometer müssen Sie von hier aus gehen, um zum **Pegelturm** zu gelangen. Dieser schwimmende, 26 Meter hohe Turm ist nur über eine 190 Meter lange Pontonbrücke zu erreichen. Über 144 Stufen geht es über zwei gegenläufige Wendeltreppen hinauf und hinunter. Am Pegelturm gibt es eine kleine Strandpromenade mit Cafés, Restaurants, einem Badestrand und dem Liegeplatz der **MS Reudnitz**, einem "Freibeuterschiff" mit dem Segelrundfahrten auf dem

See angeboten werden. Über die Fahrzeiten, die Preise, Buchungsmöglichkeiten und das Gastronomieangebot an Bord informiert diese Seite www.msreudnitz.de.

Wenn Sie nur den Pegelturm besuchen oder einen Segeltörn mit der Reudnitz machen möchten, so können Sie Ihr Fahrzeug an dieser Stelle parken [N51°38'15.3" E12°21'22.4"].

Wir fahren weiter zum nächsten Stellplatz.

(068) Offizieller WOMO-Badeplatz: Pouch – Agora Wakepark

GPS: N51°37'49.4" E12°23'14.0"; Zur Agora, 06774 Muldestausee.
Max. WOMOs: > 100, maximale Länge 12 m.
Ausstattung: Frischwasserversorgung, Abwasserentsorgung ohne Bodeneinlass, Kassettenentleerung, Stromanschlüsse, Behälter für die Müllentsorgung, Wakepark, Badestrand. Der Platz ist ganzjährig geöffnet.

Beschreibung: Große schattige, topfebene befestigte Stellflächen, die mit Baumreihen voneinander getrennt sind. Fußweg zum See 50 Meter. Es gibt 24 Stromanschlüsse. In der neu eingerichteten Entsorgungseinrichtung wurde leider auf einen Bodeneinlass verzichtet. Unglücklich gelöst.
Preise: Stellplatz inklusiv aller Personen 12,00 €. 2,00 € Parkgebühr für den Tag, die am beschrankten Eingang per Münzeinwurf zu zahlen sind, 10,00 € für die Übernachtung, die am Abend von einem Mitarbeiter des Platzbetreibers am Fahrzeug kassiert werden. Strom 1,00 € für 1,5 kWh. Es werden 0,50, 1,00 und 2,00-Euromünzen akzeptiert. Frischwasser 1,00 € pro 100 Liter. Die Entsorgung ist kostenlos.
Zufahrt: Die B100/183 von Bitterfeld in Richtung Gräfenhainichen/Bad Düben fahren und am Ortseingang von Pouch hinter einem Wäldchen rechts abbiegen.

Wakeboardanlage am Gr. Goitzschesee.

Es geht nunmehr Schlag auf Schlag. In dichter Folge finden Sie hier Camping- und Stellplätze. Von allen diesen Orten lässt sich die Seenlandschaft mit Wanderungen oder Radtouren bestens erkunden. Bademöglichkeiten

(069) WOMO-Campingplatz: Heide-Camp Schlaitz

GPS: N51°38'58.9" E12°25'15.2"; Seestraße 111, 06774 Muldestausee.
Max. WOMOs: >20, maximale Länge 12 m.
Ausstattung: Frischwasserversorgung, Abwasserentsorgung mit Bodeneinlass, Kassettenentleerung, Stromanschlüsse, Behälter für die Müllentsorgung, Restaurant, Kinderspielplatz. Im Servicegebäude gibt es Duschen, WCs, Waschmaschinen und Trockner. Der Platz ist ganzjährig geöffnet.

Beschreibung: Große sonnige, teilweise auch schattige Rasenplätze mit Grünstreifen zwischen einem Wäldchen und dem See. Sehr ruhig. Badestrand am See. Pferderanch nebenan.

Preise: Erwachsene Person 7,00 €, Kind 4,00 €, Hund 3,00 €, Wohnmobil 8,00 €, Strom 0,70 pro kWh + einmaliger Anschluss 1,00 €.

Zufahrt: Die B100 von Bitterfeld in Richtung Gräfenhainichen fahren. Nach der Durchquerung eines größeren Waldgebietes kurz vor Schlaitz am Waldrand links abbiegen und der Straße bis zum Ende folgen.

Reservierung/Kontakt: Tel.: 034955/20571
E-Mail: info@heide-camp-schlaitz.de, Web: www.heide-camp-schlaitz.de

(070) Offizieller WOMO-Badeplatz: See- und Waldresort Gröbern

GPS: N51°41'37.3" E12°26'54.7"; Chausseestraße, 06774 Muldestausee.
Max. WOMOs: 24, maximale Länge 12 m.
Ausstattung: Frischwasserversorgung, Abwasserentsorgung mit Bodeneinlass, Kassettenentleerung, Stromanschlüsse, WLAN, Behälter für die Müllentsorgung, Brötchenservice, Duschen, WCs, Waschmaschinen und Trockner, Fitness- und Wellnessangebote, Tiergehege, Spielplatz, Restaurant, Grillplatz und Hofladen. Der Platz ist ganzjährig geöffnet.

Beschreibung: Große sonnige, topfebene befestigte Stellflächen, die mit schmalen Grünstreifen voneinander getrennt sind. Fußweg zum See 250 Meter.

Preise: Stellplatz inklusiv zweier Personen, Strom, Wasser und Sanitärnutzung je nach Saison zwischen 20,00 € und 30,00 €. Jede weitere Person ab 12 Jahre 6,50 €, Kinder 6-11 Jahre 3,50 €. Waschmaschine und Trockner jeweils 4,00 €. Fitness- und Wellnessangebote werden individuell abgerechnet.

Zufahrt: In Gröbern die B100 verlassen und der Chausseestraße zum See folgen.

Reservierung/Kontakt: Tel.: 034955/230000
E-Mail: info@seeresort-groebern.de, Web: www.seeresort-groebern.de

sind gegeben, Spielplätze eingerichtet, jede dieser Einrichtungen hat seine speziellen Angebote, Sie haben hier die Qual der Wahl. Wenn Sie mit dem Rad in dieser Region unterwegs sind, dann empfehlen wir als eine Raststation die **Schachtbaude**

Am Gröbener See.

"Pannenkoek", ein Ausflugslokal am **Muldestausee**. Hier können nicht nur Sie regenerieren, auch der Akku Ihres Fahrrades lässt sich an einer Steckdose aufladen, wenn Sie denn Ihr Ladegerät dabei haben. Alles Weitere finden Sie hier https://schachtbaude.de.

Wir haben schon viele Stellplätze in unserem WOMO-Leben aufgesucht, sehr schöne, reizvolle und weniger schöne. Dieser hier ist der bislang wohl Außergewöhnlichste.

(071) Offizieller WOMO-Stellplatz: Ferropolis

GPS: N51°45'30.7" E12°26'46.6"; Ferropolisstraße, 06773 Gräfenhainichen.
Max. WOMOs: > 25, maximale Länge 18 m.
Ausstattung: Frischwasserversorgung, Abwasserentsorgung mit Bodeneinlass, Kassettenentleerung, Stromanschlüsse, Behälter für die Müllentsorgung, Badestrand. Der Platz ist in den Wintermonaten geschlossen.
Beschreibung: Große ebene Flächen auf vier verschiedenen Arealen. Zumeist in unmittelbarer Nähe eines Stahlkolosses. Ein Platz hat einen direkten Zugang zum Badestrand am Gremminer See.

Preise: Gestaffelt nach der Lage. Am Badestrand 35,00 € für ein Fahrzeug mit maximal 5 Personen, auf den anderen Plätzen 30,00 €. Strom Ver- und Entsorgung, Dusche, WC sowie Eintritt in das Museum inklusive. Auf dem Kurzzeitparkplatz (ohne Versorgungseinrichtungen und Strom) kostet die Übernachtung 20,00 €.
Zufahrt: Auf der B100 zunächst den Hinweisen nach Gräfenhainichen/Dessau folgen, allerdings nicht nach Gräfenhainichen hineinfahren sondern vorher links abbiegen und den Hinweisschildern zur Ferropolis folgen.

1718 Tonnen Stahl, der Big Wheel in Ferropolis.

Hier stehen Sie neben den Großgeräten, mit denen vor wenigen Jahrzehnten die Löcher gebuddelt wurden, die heute mit Wasser gefüllt sind und zu Freizeitlandschaften umgestaltet wurden. Auch die Bagger gehören zu dieser Freizeitlandschaft, bilden sie doch eine prächtige Kulisse für Konzertveranstaltungen, die in der rund 25.000 Zuschauer fassenden Arena zwischen diesen Stahlkolossen abgehalten werden. Fünf Ungetüme stehen auf dem Gelände. Sie wurden Big Wheel, Medusa, Mad Max, Mosquito und Gemini getauft.

Mosquito, 77 Jahre alt.

Jeder Bagger hat seine eigene Geschichte, die Sie sich über einen Audioguide bei einem Spaziergang über das Gelände erzählen lassen können. Es werden auch sachkundige Führungen angeboten, in denen Sie mehr über die Geschichte des Braunkohlentagebaus dieser Region erfahren als mit dem Audioguide. Gemini ist mit 1980 Tonnen der schwerste und mit einer Länge von 125 Metern der gewaltigste unter den fünf Baggern. Er besteht mit Aufnahme- und Abwurfgerät aus zwei Hauptteilen. Er ist bislang der einzige Bagger, der für Besucher begehbar ist.

Gemini, der einzige Bagger der begangen werden kann.

Ein Museum ist in dem ehemaligen Umspannwerk eingerichtet. Die Schaltanlage ist zum Teil im Original erhalten, Informationstafeln und historische Aufnahmen aus dem Tagebau **Golpa-Nord** zeichnen die Landschaften nach, wie sie noch vor einigen Jahrzehnten während des Braunkohlentagebaus ausgesehen haben.

Die Braunkohle wurde mit Zügen zu den Kraftwerken Vockerode und Zschornewitz transportiert und dort für die Gewinnung elektrischer Energie genutzt. Zschornewitz lässt sich mit dem Fahrrad bequem von Ferropolis erreichen. Auf dieser Seite www.kohle-dampf-licht-seen.de, finden Sie sogar schöne Routenbeschreibungen, mit denen Sie diesen ausgewiesenen Radweg von der Lutherstadt Wittenberg bis zum Leipziger Neuseenland folgen können. Er ist insgesamt 160 Kilometer lang und führt natürlich an Ferropolis vorbei.

In **Zschornewitz** stand einst das größte und modernste Braunkohlekraftwerk der Welt. Über Generationen bestimmte die Silhouette der Schornsteine und Kühltürme das Bild dieser Siedlung. Es wurde 1915 innerhalb kürzester Zeit errichtet und versorgte unter anderem die Metropole Berlin mit Strom. Das Kraftwerk war identitätsstiftend für die Region, die Werkssiedlung 'Kolonie' war ein Vorzeigeobjekt des sozialen Wohnungsbaus Anfang des 20. Jahrhunderts. Zur Expo 2000 wurde der gesamte Siedlungskomplex aufwendig saniert und wieder zu einem Schmuckstück moderner Siedlungsarchitektur. Vom Kraftwerk ist bis auf eine Stahlsilhouette nichts mehr zu sehen. Die Anlagen wurden demontiert, die Gebäude gesprengt und der Bauschutt abgeräumt. Wer sich ein Bild von dem Betrieb dieser Anlagen machen will, der findet auf www.youtube.com einige Videos. Dazu müssen Sie nur die Stichworte 'Zschornewitz' und 'Golpa-Nord' eingeben und Sie werden fündig.

Widmen wir uns nun dem nächsten Thema. Wir fahren weiter nach Oranienbaum und finden am Ortsrand diesen privat betriebenen Stellplatz vor.

(072) Offizieller WOMO-Stellplatz: Oranienbaum

GPS: N51°48'09.8" E12°23'24.5"; Dessauer Str. 49, 06785 Oranienbaum.
Max. WOMOs: 6, maximale Länge 12 m.
Ausstattung: Frischwasserversorgung, Abwasserentsorgung mit Bodeneinlass, Kassettenentleerung, Stromanschlüsse, WC, Dusche, Spielplatz, Behälter für die Müllentsorgung, ganzjährig geöffnet.

Beschreibung: Schattige Rasenplätze am Waldrand. Schloss Oranienbaum 1,5 Kilometer entfernt. Bis zum Wörlitzer Park sind es ca. 7 Kilometer, bis in die Stadtmitte von Dessau rund 13 Kilometer.
Preise: 10,00 € für ein Fahrzeug inklusive aller Serviceleistungen.
Zufahrt: In Oranienbaum auf der B107 in Richtung Dessau fahren und am Ortsausgang hinter der Q1-Tankstelle rechts abbiegen.

Wenn Sie sich den Grundriss der Stadt Oranienbaum auf einer Karte anschauen, so wird Ihnen die rechtwinkelige Anordnung der Straßen und der Aufbau in Quadraten auffallen. Diese Gliederung setzt sich auch in den Gartenanlagen fort. Eine Achse führt direkt vom Garten durch das Schloss über den Marktplatz an das Ortsende dieses Städtchens. Es ist eine Barockanlage, die in ihrer Form und Architektur außergewöhnlich ist. Ein holländischer Baumeister erhielt von **Henriette Catharina** (*1637– †1708), Gemahlin des Fürsten Johann Georg II. von Anhalt-Dessau den Auftrag, diese Anlage als zu errichten. Zunächst als Sommerresidenz, dann als Witwensitz. Henriette Catharina stammt aus dem **Haus Oranien-Nassau**, dem Königshaus der Niederlande und verfügte ihren Familiennamen bei der Benennung des Schlosses einzubeziehen. So bekamen das Schloss und der Ort den Namen **Oranienbaum**.

Schloss Oranienbaum.

Ihre drei Schwestern, die ebenfalls mit deutschen Herrschern verheiratet worden waren, verfuhren in gleicher Weise. Schloss Oranienburg bei Berlin durch Luise Henriette von Brandenburg, Schloss Oranienstein bei Diez durch Albertine Agnes von Nassau-Dietz und Schloss Oranienhof bei Bad Kreuznach durch Marie von Pfalz-Simmern. Das Schloss bei Bad Kreuznach existiert allerdings nicht mehr.

Niederländisch geprägt ist auch die Innengestaltung des Schlosses. Es kann nur im Rahmen einer Führung besichtigt werden. Die Führungszeiten und Eintrittspreise entnehmen Sie bitte dieser Seite www.gartenreich.de. Da das Schloss sich in der Restaurierung befindet, sind nicht alle Räumlichkeiten zugänglich. Für den Besuch des Parkes, der nach Henriette Catharinas Tod in einen englisch-chinesischen Garten umgewandelt wurde, müssen Sie keinen Eintritt entrichten. Dasselbe trifft auch für den Besuch des Wörlitzer Parks zu, der nur acht Kilometer entfernt ist.

(073) Offizieller WOMO-Stellplatz:
Großparkplatz Seespitze Wörlitzer Park

GPS: N51°50'58.0" E12°24'41.5"; Seespitze 25, 06785 Oranienbaum-Wörlitz.
Max. WOMOs: 24, maximale Länge 12 m.

Ausstattung: Frischwasserversorgung, Kassettenentleerung, Stromanschlüsse, Behälter für die Müllentsorgung. Im Kiosk am Rande des Platzes gibt es Duschen und WCs. Der Platz ist ganzjährig geöffnet.
Beschreibung: Große sonnige Stellplätze auf Betonpflastersteinen, die mit kleinen Hecken voneinander getrennt sind. Der Platz befindet sich im hinteren Bereich des Großparkplatzes. Eine Frischwasserversorgung ist nur über die Wasserhähne am Kiosk möglich, eine Entsorgungsstelle gibt es nicht.
Preise: 10,00 € für ein Fahrzeug bei Übernachtung, 5,00 € Parkgebühr für 3 Stunden, Frischwasser 2,00 €, Strom 0,50 € pro kWh. WC-Nutzung und Dusche jeweils 0,50 €, Kurtaxe für einen Erwachsenen 1,00 €.
Zufahrt: In Wörlitz der Beschilderung zum Großparkplatz folgen.

Eine stärkere Konzentration mit UNESCO-Welterbestätten wie in dieser Region werden Sie in Deutschland nicht finden. Das **Gartenreich Dessau-Wörlitz** mit den Schlössern und Parkanlagen von Oranienbaum, Mosigkau, Georgium, Luisium, dem Landschaftspark Großkühnau und die Wörlitzer Anlagen bilden ein Welterbe. Das Bauhaus in Dessau ist das nächste Welterbe, dann haben wir noch das UNESCO-Bio-

Die Rousseau-Insel vor Neumarks Garten.

sphärenreservat „Mittelelbe“, in dem als weiteres Welterbe die Lutherstadt Wittenberg liegt. So viel UNESCO, da kann einem schon schwindelig werden. Mit der **WelterbeCard** bekommt man Zugang oder Vergünstigungen, wenn man die Welterbestätten dieser Region besuchen will. Über den genauen Leistungsumfang, den Preis und die Bezugsstellen dieser Karte informiert diese Seite https://welterbecard.de.

Die Insel„Stein“ mit der Villa Hamilton.

Das Gotische Haus mit Museum.

Die **Wörlitzer Anlagen** sind die bekanntesten Parkanlagen des Gartenreiches. Die 112 Hektar große Anlage besteht aus fünf einzelnen Gärten, die ohne irgendeine Begrenzung in die Landschaft übergehen und gleichzeitig miteinander verknüpft sind. Schlossgarten, Neumarks Garten, Schochs Garten, dem Weidenheger und die Neuen Anlagen sind durch Gewässer getrennt, aber mit Brücken und Sichtachsen zu einem großen Ensemble vereint. Bei einem Spaziergang durch diese Anlagen werden Sie immer wieder überrascht sein, wie sich der Blick über den See oder in den Sichtachsen öffnet, da und dort ein Gebäude oder eine Skulptur scheinbar zufällig sichtbar wird. Nur es ist kein Zufall, es ist ein Gesamtkunstwerk, das sich mit zahlreichen Wegen, Brücken und mit Gondeln erkunden lässt. Fürst Leopold III. Friedrich Franz von Anhalt-Dessau ließ ab 1765 diese Parklandschaft anlegen. 40 Jahre wurden benötigt, bis diese künstliche Verschönerung und Idealisierung der Naturlandschaft an der Elbe fertiggestellt wurde. Es ist der erste Landschaftspark nach englischem Vorbild in Mitteleuropa.

Wir schließen den Besuch dieser Parkanlage mit dem Hinweis ab, dass Sie dort, wo die Gartenanlage an die Ortschaft grenzt, ausreichend Möglichkeiten finden, etwas zu essen oder zu trinken.

Fahren wir weiter nach Coswig. Doch Achtung: Wenn Sie den kürzesten Weg über die Fähre nehmen wollen, dann sollten Sie sich das gut überlegen. Die Kopfsteinpflasterstraße ist

(074) Offizieller WOMO-Stellplatz: Marina Coswig

GPS: N51°52'50.0" E12°26'10.2"; Elbstraße, 06869 Coswig (Anhalt).
Max. WOMOs: 40, maximale Länge 12 m.
Ausstattung: Frischwasserversorgung, Abwasserentsorgung mit Bodeneinlass, Kassettenentleerung, Stromanschlüsse, Behälter für die Müllentsorgung, WLAN, Gasflaschentausch, Brötchenservice direkt ans Wohnmobil, Restaurant und Grillstation, Frühstücksangebot im Restaurant, Sky Sportsbar, Sandstrand, zwei Spielplätze, Hundestrand. Im Servicegebäude gibt es Duschen, WCs, Sauna, Waschmaschinen und Trockner. Darüber hinaus sind ein Fahrrad- und Schlauchbootverleih vorhanden und es können Kanutouren auf der Elbe mit Rückholservice unternommen werden. Der Platz ist ganzjährig geöffnet, ein Supermarkt nur 100 Meter entfernt.

Beschreibung: Große sonnige, teilweise auch schattige Stellflächen auf drei unterschiedlichen Ebenen, die aus befestigten Schotterflächen für das Fahrzeug und Rasenflächen für den Aufenthalt im Freien angelegt sind. Nicht alle Stellflächen gewähren einen freien Blick auf die Elbe. Ausgezeichneter Standort für Radausflüge entlang der Elbe.
Preise: Stellplatz für ein Wohnmobil und eine Person (inklusive Müllentsorgung, Entsorgung, Chemietoilette, Nutzung von Toiletten und Waschgelegenheiten) 14,50 €, jede weitere Person 3,50 €, Hunde 1,50 €, Strom 0,70 € pro kWh. Dusche 1,00 €.
Zufahrt: Nach der Fähre auf die B187 in Richtung Dessau fahren und nachdem die Ortsmitte von Coswig umfahren wurde, gegenüber des Netto-Getränkemarktes links abbiegen.

(075) WOMO-Campingplatz: Lutherstadt Wittenberg – Marina-Camp Elbe

GPS: N51°51'17.3" E12°38'45.8"; Brückenkopf, 06888 Lutherstadt Wittenberg.
Max. WOMOs: >20, maximale Länge 12 m.

Ausstattung: Frischwasserversorgung, Abwasserentsorgung mit Bodeneinlass, Kassettenentleerung, Stromanschlüsse, Behälter für die Müllentsorgung, WLAN, Brötchenservice, Gasflaschentausch. Im Servicegebäude gibt es Duschen, WCs, Waschmaschinen und Trockner. Der Platz ist ganzjährig geöffnet.
Beschreibung: Große, zumeist sonnige Rasenplätze mit Grünstreifen am Ufer der Elbe mit Blick auf die Lutherstadt, deren Mitte rund 3 Kilometer Fußweg vom Stellplatz entfernt ist, in der Luftlinie aber nur 1 Kilometer.
Preise: Erwachsene Person 7,00 €, Kind 5,00 €, Hund 5,00 €, Wohnmobil 13,00 €, Strom 2,50 pro Tag. Ver- und Entsorgung ohne Übernachtung 5,00 €.
Zufahrt: In Wittenberg auf der B2 die Elbe in Richtung Bad Düben überqueren und hinter der Brücke rechts abbiegen.
Reservierung/Kontakt: Tel.: 03491/4540 oder 0178 6017666
E-Mail: info@marina-camp-elbe.de, Web: www.marina-camp-elbe.de.

dermaßen miserabel, dass selbst Schrittgeschwindigkeit zu schnell erscheint. Und Fahrzeuge mit einem langen Hintern nimmt der Fährmann ohnehin nicht mit. Es ist besser, den Umweg über die Autobahn zu wählen.

Von Coswig lassen sich allerlei Unternehmungen starten, wie Sie der Beschreibung des Platzes entnehmen können. Die Stadt selber ist hübsch hergerichtet, hat aber nichts, was man unbedingt gesehen haben muss.

Das ist in der **Lutherstadt Wittenberg** anders. Hier lohnt auch ein längerer Aufenthalt, weshalb wir den Campingplatz voranstellen, den Sie auf der linken Seite der Elbe ganz leicht finden können.

Womoparkplatz in Wittenberg.

Wer nur einen kurzen Besuch der Stadt ins Auge fasst, der kann in der Straße "Am Alten Bahnhof" neben dem Gebäude der Sparkasse parken [**076:** N51°52'03.2" E12°37'53.2"].

Von hier aus sind es nur 500 Meter bis zur berühmten **Schlosskirche**, die mit ihrer kupfergedeckten neugotischen Turmhaube schon von Weitem zu erkennen ist.

Die Thesentür der Schlosskirche.

Das beliebteste Fotomotiv in der Stadt ist die Bronzetür mit den 95 Thesen Luthers, ein Geschenk des preußischen Königs Friedrich Wilhelm IV. Welche Folgen die Untat Luthers hatte, die Kirchenobrigkeit zu kritisieren und den Ablasshandel infrage zu stellen, müssen wir hier nicht ausbreiten. Seine im Oktober 1517 veröffentlichen Thesen veränderten die Welt sehr nachhaltig. Luther, der in Wittenberg lehrte, fand in **Philipp Melanchthon**, der ebenfalls an die Uni-

Der Marktplatz in Wittenberg.

versität in Wittenberg berufen wurde, einen Mitstreiter und Bruder im Geiste. Beide gingen als die großen Reformatoren in die Geschichte ein und beide fanden in der Schlosskirche zu Wittenberg ihre letzte Ruhestätte. Ein Besuch der Kirche ist außerhalb der Gottesdienste mittlerweile kostenpflichtig. Über die Preise, die Öffnungszeiten, die Turmbesteigung (289 Stufen), Führungen und Veranstaltungen in der Kirche informiert diese Seite www.schlosskirche-wittenberg.de.

Neben der Schlosskirche hat Wittenberg eine Reihe weiterer Sehenswürdigkeiten aufzuweisen. Allein ein Spaziergang durch die Gassen der Stadt und auf dem Marktplatz ist schon reizvoll. Um die Reformatoren kommt man aber auch in der Stadt nicht herum. Es gibt das Lutherdenkmal, den Luthergarten, das Lutherhaus, das Melanchthonhaus und als besonderen Leckerbissen das **Panorama Luther 1517**, das von **Yadegar Asisi** geschaffen wurde und in der Lutherstraße 42 gezeigt wird. Ein begehbares Panorama, schauen Sie hier www.wittenberg360.de.

Von Wittenberg geht die Fahrt zurück nach Coswig und von dort weiter nach **Dessau**. Hier steht in erster Linie das Bauhaus auf unserem Programm, aber auch die Wasserburg Roßlau, das Georgium, das Herzogliche Mausoleum und der Tierpark sind zu beachten.

Die Wasserburg in Roßlau.

Um zum Bauhaus zu gelangen, hat man immer einen etwas längeren Weg vor sich, ganz gleich, für welchen dieser folgenden Plätze Sie sich entscheiden.

(077) Offizieller WOMO-Gasthof-Stellplatz: Bowlingtreff Roßlau

GPS: N51°53'55.2" E12°15'23.6";
Hermann-Wäschke-Weg 17, 06862 Dessau-Roßlau.
Max. WOMOs: 50, maximale Länge 12 m.

Ausstattung: Frischwasserversorgung, Abwasserentsorgung mit Bodeneinlass, Kassettenentleerung, Stromanschlüsse, Behälter für die Müllentsorgung, ganzjährig geöffnet.
Beschreibung: Große sonnige, naturbelassene Wiesenplätze neben einer Bowlinganlage mit Restaurant. Rund 9 Kilometer vom Bauhaus in Dessau entfernt.
Preise: 10,00 € für ein Fahrzeug, Frischwasser 1,00 € und Strom 0,50 € pro kWh. Abwasserentsorgung und Entleerung der Bordtoilette ist kostenfrei.
Zufahrt: In Roßlau auf der B187 nach dem Ortseingang auf der L120 in Richtung Meinsdorf/Thießen fahren und nach etwas mehr als einem Kilometer links abbiegen.

(078) Offizieller WOMO-Stellplatz: Seesportverein Dessau

GPS: N51°51'23.5" E12°13'14.4"; Leopoldshafen 4, 06846 Dessau-Roßlau.
Max. WOMOs: 10, maximale Länge 10 m.
Ausstattung: Frischwasserversorgung, Abwasserentsorgung mit Bodeneinlass, Kassettenentleerung, Stromanschlüsse, Behälter für die Müllentsorgung, WLAN, Brötchenservice. Im Servicegebäude gibt es Duschen und WCs. Der Platz ist ganzjährig geöffnet.
Beschreibung: Sonnige, teilweise auch schattige Wiesenplätze am Hafenrand. Rund 2,5 Kilometer vom Bauhaus entfernt.

Preise: 14,00 € für ein Fahrzeug, Frischwasser 1,00 € und Strom 0,50 € pro kWh. Abwasserentsorgung und Entleerung der Bordtoilette ist kostenfrei. Die Nutzung der Duschen und der WCs sind im Preis enthalten.
Zufahrt: Auf der B184 nach Dessau hineinfahren. An der Araltankstelle zu Beginn des Ortes rechts abbiegen, auf der B184 bleiben, dann die Bahnlinie überqueren, dabei die Bundesstraße verlassen und geradeaus weiterfahren, an der römischen Ruine "Die sieben Säulen" rechts abbiegen und der Wegweisung zum Hafen folgen.
Reservierung/Kontakt: Tel.: 0340/617235

(079) Offizieller WOMO-Stellplatz: Dessau – Hugo-Junkers-Flugplatz

GPS: N51°50'03.3" E12°10'56.1"; Alte Landebahn, 06846 Dessau-Roßlau.
Max. WOMOs: 8, maximale Länge 8 m.
Ausstattung: Frischwasserversorgung, Abwasserentsorgung mit Bodeneinlass (Schlauch notwendig), Kassettenentleerung, Stromanschlüsse, Behälter für die Müllentsorgung, WLAN. Im Betriebsgebäude gibt es Duschen und WCs. Der Platz ist ganzjährig geöffnet.

Beschreibung: Sonnige ausreichend große Rasenplätze am Flugplatzgelände. Bei Regen leicht matschig. Starts und Landungen der Kleinflugzeuge wirken nicht störend. Das Bauhaus in Dessau ist rund vier Kilometer entfernt.
Preise: 11,00 € für ein Fahrzeug inklusive aller Leistungen. Wer nur die Ver- und Entsorgungsanlage in Anspruch nehmen möchte, zahlt 5,00 €.
Zufahrt: Die B184 in Dessau durchfahren, dabei in Richtung Aken orientieren und der Beschilderung zum Flugplatz folgen.

Das Bauhaus in Dessau.

Walter Gropius, der Gründer und Leiter des **Bauhauses** sowie seine Nachfolger **Hannes Meyer** und **Ludwig Mies van der Rohe** sind vertraute Namen in der Architekturwelt. Mit einfachen rechtwinkeligen geometrischen Formen, funktionalem Design, Flachdächern und großen Fensterflächen revolutionierten sie die Architekturwelt und führten sie damit in die Moderne. Diese drei Architekten machten das Bauhaus zur bedeutendsten Schule für Kunst, Design und Architektur des 20. Jahrhunderts. Sie zogen berühmte Künstler an, die in der Ausbildung der Schüler tätig waren. Wassily Kandinsky, Lyonel Feininger, Paul Klee und Oskar Schlemmer waren darunter. Es entstanden in den Werkstätten Gebrauchsgegenstände, die nicht nur zu Übungszwecken angefertigt wurden. Alle Arbeiten sollten verkauft und die Auszubildenden an den Einnahmen finanziell beteiligt werden. Erstmals wurde Kunst nicht nur unter ästhetischen Gesichtspunkten betrachtet. Funktionalität, Zweckmäßigkeit und die Tauglichkeit zur industriellen Massenproduktion rückten in den Fokus. Das war ein ganz anderer, ein ungewohnter Blickwinkel.

Umfassend können Sie sich im **Bauhaus Museum Dessau** informieren. Sie finden es am Mies-van-der-Rohe-Platz. Über die Öffnungszeiten und Eintrittspreise informiert diese Seite www.bauhaus-dessau.de.

Für den Besuch empfiehlt es sich, die auf der website beworbene App auf das Smartphone zu laden.

Die **Wasserburg in Roßlau** ist vom Stellplatz "Bowlingtreff" nur einen Steinwurf entfernt. Es ist eine kleine Anlage, die für Veranstaltungen genutzt wird. Für die Kulinarik sorgt die Ritterklause, die allerdings nur begrenzte Öffnungszeiten hat. Nähere Informationen finden Sie hier https://burgrosslau.de.

Das **Georgium** ist der zweitgrößte Landschaftspark im Gartenreich Dessau-Wörlitz. Es ist eine weitere schöne Gartenanlage, die am einfachsten zu besuchen ist, wenn man den Stellplatz am Seesportverein nutzt. Es ist eine willkommene Zwischenstation auf dem Weg in das Bauhaus.

Schloss Mosigkau erreicht man dagegen am bequemsten vom Hugo-Junkers-Flugplatz. Auch diese Anlage gehört zum Gartenreich Dessau-Wörlitz, das sagten wir bereits.

Schloss Mosigkau im Gartenreich Dessau-Wörlitz.

Das Rokoko-Schloss wurde in den Jahren 1752 bis 1757 gebaut und wird hauptsächlich für Konzertveranstaltungen genutzt. Für Besucher stehen 24 Räume offen, die im Rahmen einer Führung zu besichtigen sind. Sie befinden sich noch im Originalzustand. Im Galeriesaal sind bedeutende Gemälde niederländischer Maler wie Antonis van Dyck und Peter Paul Rubens zu bewundern. Öffnungszeiten und Preise finden Sie hier www.gartenreich.de. Die Parkanlage ist während der Öffnungszeiten ohne Eintritt zu besichtigen.

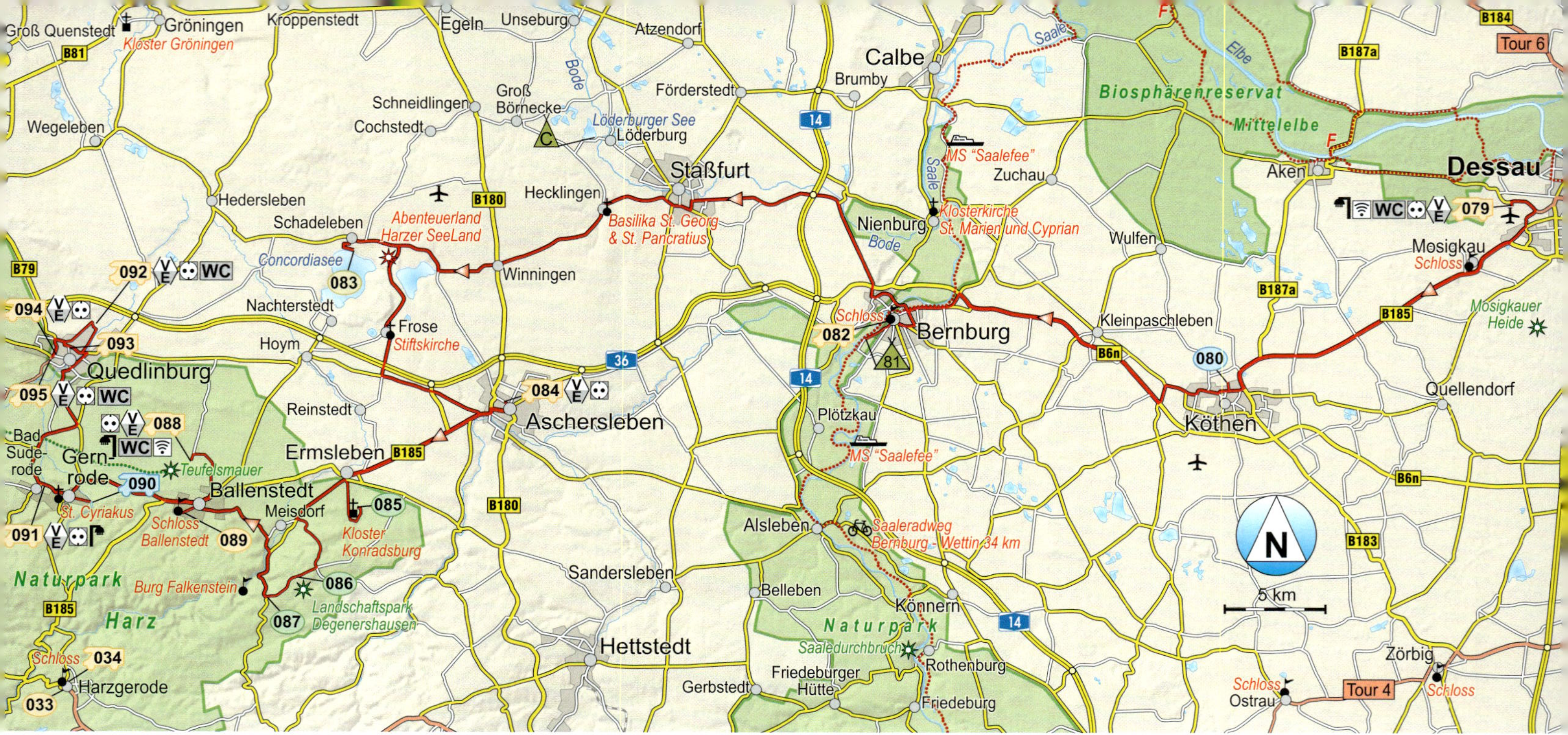

Groß Quenstedt
Gröningen
Kloster Gröningen
Kroppenstedt
Egeln
Unseburg
Atzendorf
Calbe
Brumby
Saale
Elbe
Biosphärenreservat
Mittelelbe
Dessau
Tour 6
Wegeleben
Schneidlingen
Groß Börnecke
Cochstedt
Bode
Löderburger See
Löderburg
Förderstedt
Staßfurt
MS "Saalefee"
Zuchau
Aken
Hedersleben
Schadeleben
Abenteuerland Harzer SeeLand
Hecklingen
Basilika St. Georg & St. Pancratius
Nienburg
Klosterkirche St. Marien und Cyprian
Wulfen
WC
079
Mosigkau
Schloss
Concordiasee
083
Winningen
092
094
093
Nachterstedt
Frose
Stiftskirche
Schloss
082
Bernburg
81
Kleinpaschleben
Mosigkauer Heide
Quedlinburg
Hoym
080
Quellendorf
095
084
Aschersleben
Reinstedt
Plötzkau
Köthen
088
Bad Suderode
Gernrode
090
Teufelsmauer
Ermsleben
Ballenstedt
MS "Saalefee"
St. Cyriakus
Meisdorf
085
Kloster Konradsburg
Alsleben
Saaleradweg Bernburg - Wettin 34 km
091
Schloss Ballenstedt
089
Naturpark
Burg Falkenstein
086
Sandersleben
Belleben
N
5 km
Harz
087
Landschaftspark Degenershausen
Könnern
Naturpark
Schloss
034
Hettstedt
Saaledurchbruch
Rothenburg
Zörbig
Harzgerode
Gerbstedt
Friedeburger Hütte
Friedeburg
Schloss
Ostrau
Tour 4
Schloss
033
B81
B79
B180
B185
B187a
B184
B6n
B183
14
36

TOUR 5 (ca. 185 km)

Köthen – Bernburg – Staßfurt – Aschersleben – Ermsleben – Ballenstedt – Gernrode – Quedlinburg

Stellplätze:	Bernburg, Aschersleben, Ermsleben, Ballenstedt, Gernrode, Quedlinburg.
Campingplätze:	Bernburg, Staßfurt.
Ver-/Entsorgung:	Aschersleben, Ballenstedt, Gernrode, Quedlinburg.
Besichtigungen:	Köthen (Altstadt), Bernburg (Altstadt), Staßfurt, Aschersleben (Altstadt), Ermsleben (Kloster Konradsburg), Ballenstedt (Schloss), Gernrode (St. Cyriakus), Quedlinburg (Altstadt, Schloss).
Wandern:	Saaleradweg, Landschaftspark Degenershausen, Teufelsmauer.
Baden/Wellness:	Köthen (Badewelt), Gernrode (Naturbadesee Osterteich).

Von der Elbe fahren wir auf dieser Tour zurück in den Harz. Eine ganze Reihe altehrwürdiger Städte mit Schlössern und Burgen werden wir dabei aufsuchen. Auch auf die Straße der Romanik werden wir auf dieser Reise wieder treffen und werden dabei einige besonders herausragende Zeugnisse der romanischen Baukunst anschauen.

St. Jakob in Köthen.

Beginnen wollen wir in **Köthen**, der **Welthauptstadt der Homöopathie**, die diesen Titel durch das langjährige Wirken Samuel Hahnemanns in dieser Stadt inoffiziell verliehen bekommen hat. Über seine Arbeit erfahren Sie alles im Historischen Museum, das die "Geschichte der Homöopathie in Köthen" in einer Dauerausstellung präsentiert. Das Museum befindet sich im Schloss, an dem Sie auf

Ihrem Spaziergang in die Altstadt vorbeikommen, wenn Sie Ihr Fahrzeug hier [**080:** N51°45'30.6" E11°58'32.3"] an der **Köthener Badewelt** am Ratswall abgestellt haben. Zu Fuß sind das rund 650 Meter. Wenn Sie im Besitz der Welterbe-Card sind (wir hatten auf Seite 127 darauf hingewiesen), dann können Sie das Bad gratis nutzen.

Im Schloss befindet sich die Touristinformation, die neben Prospektmaterial auch Audioguides für die Besucher bereithält. Sehenswert ist die Bach-Gedenkstätte. **Johann Sebastian Bach** war von 1717 bis 1723 als Hofkapellmeister unter Fürst Leopold im Schloss tätig. Auch er ging sicher in den Schlossanlagen spazieren und gewann hier vielleicht seine schöpferische und kreative Kraft für die nächsten Kompositionen. Seinen Meisterwerken können Sie bei verschiedenen Veranstaltungen im Schloss lauschen. Heute gehört der Schlosspark zu den 50 'Gartenträumen' in Sachsen-Anhalt und ist sicher einen Spaziergang wert. Vom Schloss bis zum Marktplatz mit der Kirche **St. Jacob** sind es nur 500 Meter. Imposant sind die mit einer Brücke verbundenen 75 Meter hohen Doppeltürme.

Neben der Kirche befindet sich das **Rathaus**. Auffallend ist der 48 Meter hohe Turm dieses im Stil der Neorenaissance errichteten Gebäudes. Kirche, Rathaus und Marktplatz bieten zusammen ein schönes städtebauliches Ensemble.

(081) WOMO-Campingplatz: Bernburg (Saale) – Schifferklause

GPS: N51°47'04.3" E11°42'54.9";
Dr.-John-Rittmeister-Str. 12-13, 06406 Bernburg (Saale).
Max. WOMOs: >20, maximale Länge 12 m.

Ausstattung: Frischwasserversorgung, Abwasserentsorgung mit Bodeneinlass, Kassettenentleerung, Stromanschlüsse, Behälter für die Müllentsorgung, Restaurant. Im Servicegebäude gibt es Duschen und WCs. Der Platz ist von Anfang April bis Ende Oktober geöffnet.
Beschreibung: Große sonnige, teilweise auch schattige Rasenplätze mit Grünstreifen am Ufer der Saale, sehr ruhig. Das Schloss ist rund 2 km entfernt, bis zum Freizeitbad "Saaleperle" sind es zu Fuß etwa 700 Meter. Das Restaurant "Schifferklause" bietet eine gutbürgerliche Küche und einen Biergarten mit Blick auf die Saale.
Preise: Erwachsene Person 7,00 €, Kind 4,00 €, Hund 1,50 €, Wohnmobil 6,50 €, Strom 1,00 pro kWh, Dusche 1,50 €, Müll 0,50 €.
Zufahrt: Der Beschilderung zum Freibad und Campingplatz folgen.
Reservierung/Kontakt: Tel.: 03471/317339 oder 0174 1525 584
E-Mail: ga-arneburg@t-online.de, Web: www.saalecamping-bernburg.de

Das Schloss in Bernburg.

Von Köthen geht die Reise weiter auf der neu ausgebauten B6 nach **Bernburg an der Saale**. Hier lohnt ein mehrtägiger Aufenthalt nicht wegen einer Stadtbesichtigung, sondern um auf dem Saaleradweg nach Norden oder Süden Touren zu unternehmen. Sie lassen sich auch mit einer Fahrt der MS Saalefee auf dem Fluss verbinden. Fahrpläne und weitere Infos dazu finden Sie hier www.bernburger-freizeit.de.

Saaleradweg

Der Saaleradweg ist insgesamt 403 Kilometer lang. Er beginnt an der Quelle im Fichtelgebirge und führt über neun Etappen bis nach Barby, wo die Saale in die Elbe mündet. In der Kombination mit dem Besuch Bernburgs sind die beiden letzten Etappen interessant. Die letzte führt bis zur Elbe, die vorletzte flussaufwärts bis nach Halle. Die Etappenbeschreibungen nebst GPX-Daten für ihr Smartphone oder Navigationsgerät finden Sie auf dieser Seite www.saaleradweg.de.

Von Bernburg lässt sich in nördliche Richtung in Nienburg die sehenswerte Klosterkirche St. Marien und St. Cyprian erreichen (11 km). Sie ist eine der Stationen auf der Straße der Romanik. In südliche Richtung ist der Weg bis zur Burg Wettin interessant (34 km), die heute als Gymnasium genutzt wird.

Für einen längeren Aufenthalt in Bernburg empfiehlt es sich, den Campingplatz aufzusuchen, wer nur einen kurzen Besuch in Bernburg machen möchte, der findet unten an der Saale einen Parkplatz für Wohnmobile mit diesen Koordinaten [**082:** N51°47'36.1" E11°43'59.4"]. So ganz einfach ist er nicht zu erreichen und für große Fahrzeuge ab acht Metern Länge unseres Erachtens ungeeignet.

Über Treppen und schmale Gassen geht es von diesem Parkplatz hoch zum Schloss. Von einer Aussichtsplattform am Schloss hat man einen Blick hinunter auf die Saale und auf den Tiergarten auf der gegenüberliegenden Seite des

Endstation der "Stillen Post".

Flusses. Wenn die MS Saalefee nicht gerade unterwegs ist, so sieht man auch sie am Anleger vertäut im Wasser liegen.

Über die Schloßstraße geht es Richtung Schloßkirche weiter und über die Friedensstraße in Richtung Karlsplatz. Ihn erreicht man über die Poststraße, in der mit sechs Stationen das Kinderspiel "stille Post" dargestellt wird. Ein lehrreiches Aufmerksamkeitsspiel, in der man verwundert sein darf, was aus einer Ausgangsnachricht durch mehrfache Weitergabe werden kann.

Auf dem Karlsplatz findet dienstags und freitags zwischen 8:00 und 18:00 Uhr ein Wochenmarkt statt. Rund um den Platz gibt es Cafés, Eisdielen und Restaurants.

Um zum Tiergarten und zur Liegestelle der MS Saalefee auf der anderen Seite der Saale zu gelangen, muss man nicht den weiten Weg über die Brücke wählen. Die Fähre "Einheit" quert die Saale täglich nach Bedarf zwischen 9:00 und 19:00 Uhr für Fußgänger und Radfahrer, nur montags startet sie erst um 12:00 Uhr. Der Anleger befindet sich in Sichtweite des Stellplatzes unterhalb der Burg.

Damit beenden wir unseren Besuch in Bernburg und fahren über Staßfurt weiter in das **Harzer Seeland**.

Der Concordiasee im Harzer Seeland.

Auf dem Weg dorthin durchqueren wir den kleinen Ort **Hecklingen**, die mit der Klosterkirche St. Georg und Pankratius eine Station auf der Straße der Romanik darstellt.

Am Harzer Seeland gibt es ein Abenteuerland, dass eigentlich nichts anderes ist als ein überdimensionaler Spielplatz. Wenn Sie mit Kindern unterwegs sind, ist das ein ideales Reiseziel. Schauen Sie hier www.harzerseeland.de.

Der dazugehörige Parkplatz, den Sie mit diesen Koordinaten [N51°49'51.3" E11°23'01.9"] erreichen, wäre auch für eine Übernachtung geeignet, das wird jedoch nicht gestattet. Das ist nicht weiter tragisch, denn der Platz an der Arche Noah, den Sie mit diesen Koordinaten [**083:** N51°49'56.6" E11°21'29.2" oder der Adresse Seepromenade 1 in 06449 Seeland] erreichen, ist sehr viel reizvoller. Hier stehen Sie oberhalb des Sees und können eine ruhige Nacht verbringen. Aber eben auch nur eine, ein längerer Aufenthalt ist nicht gestattet. Es gibt einen weiteren Parkplatz, an dem Sie vorbeikommen, wenn Sie den eben genannten anfahren. Dort können Sie Ihr Fahrzeug tagsüber abstellen und die Gegend um den See erkunden. Auch dieser See ist die Folgenutzung einer ehemaligen Braunkohlegrube. Die Flutung des Sees ist noch nicht abgeschlossen. Erst 2030 soll der Endstand erreicht sein. Die touristische Entwicklung des Sees hat aber bereits begonnen. Für den Badestrand zahlen Sie 2,00 € Eintritt.

Das nächste Ziel auf unserer Reise ist **Aschersleben**, die älteste Stadt Sachsen-Anhalts. Wir fahren diesen Stellplatz an.

(084) Offizieller WOMO-Stellplatz: Aschersleben – Freizeitzentrum Ballhaus

GPS: N51°45'39.4" E11°27'27.4"; Seegraben, 06449 Aschersleben.
Max. WOMOs: 8, maximale Länge 12 m, max. Aufenthalt 5 Tage.

Ausstattung: Frischwasserversorgung, Abwasserentsorgung, Kassettenentleerung, Stromanschlüsse, Behälter für die Müllentsorgung, ganzjährig geöffnet.
Beschreibung: Große sonnige Stellflächen auf Rasengittersteinen am Freizeitzentrum Ballhaus. Den Schlüssel für die Kästen der Stromversorgung gibt es im Ballhaus, in dem ein Schwimmbad, eine Turnhalle, eine Saunalandschaft und eine Klettersporteinrichtung untergebracht ist. Bis zur Herrenbreite sind es 500 Meter, die Innenstadt ist 900 Meter entfernt.
Preise: Kostenlos, Frischwasser 1,00 € und Strom 0,50 € pro kWh. Abwasserentsorgung und Entleerung der Bordtoilette ist kostenfrei.
Zufahrt: Durch die Stadt in Richtung Staßfurt fahren und vor dem Bahnübergang links abbiegen.

Der Johannistorturm ist Teil der ehemaligen Stadtbefestigung in Aschersleben.

Wer die Straße über **Frose** wählt, der kommt an einer weiteren Kirche an der Straße der Romanik vorbei. Wir haben den Besuch ausgelassen.

Zu den bedeutendsten Sehenswürdigkeiten der Stadt gehört die mittelalterliche Stadtmauer. Auf der Stadtbefestigungroute lässt sich dieses Verteidigungswerk umrunden. Die dicken Mauern sind im Schnitt acht Meter hoch. Über zwei Kilometer geht dieser Weg vorbei an Bastionen und Türmen oder Turmresten. Am eindrücklichsten sind der nördliche und der westliche Teil dieser Befestigungsanlage. Von den Stadttoren ist nur der 42 Meter hohe, 1380 erbaute **Johannistorturm** erhalten geblieben.

Sehenswert sind auch das Rathaus und die Stephanikirche. Mit dem **Kriminalpanoptikum** hat Aschersleben ein außergewöhnliches Museum. Hier sehen Sie Tatwerkzeuge im Original, mittelalterliche Folterinstrumente, moderne Kriminaltechnik, Uniformen und Ausrüstungsgegenstände, Gefängniszellen und vieles andere mehr. Auf Wunsch werden Ihnen hier auch einmal Handschellen angelegt. Eingerichtet ist dieses Museum in einem ehemaligen Gefängnis. Hier erfahren Sie mehr www.kriminalpanoptikum.de. In Aschersleben gibt es mehrere Parkanlagen. Sie gehören zu den 'Gartenträumen' Sachsen-Anhalts. Die größte Anlage ist die Herrenbreite unweit des Johannistorturmes.

Wanderparkplatz an der Konradsburg.

Wir fahren weiter Richtung Quedlinburg, nur nicht auf dem schnellsten Wege. Wenn Sie auf der Suche nach schönen, sehr ruhigen Übernachtungsplätzen sind, dann folgen Sie uns bitte. Zunächst zum Kloster Konradsburg, danach zum Landschaftspark Degenershausen.

Das **Kloster Konradsburg** erreichen Sie mit diesen Koordinaten [**085:** N51°42'53.2" E11°20'56.0"] südlich von Ermsleben. Es ist eine sehr kleine Anlage an der Straße der Romanik, die sich auf einer Anhöhe befindet. Um den Erhalt und die Restaurierung des Klosterareals bemüht sich ein Förderverein. Teile des Klosters wie die sanierte Krypta können besichtigt werden.

Die Klosteranlage Konradsburg.

Auch wenn mit den Sanierungsarbeiten sicher schon einiges erreicht wurde, bleibt hier noch viel zu tun. Über die Geschichte des Klosters und die Öffnungszeiten auch des Cafés auf diesem Gelände informiert diese Seite www.konradsburg.com.

Im Landschaftspark Degenershausen.

Den Parkplatz des **Landschaftsparks Degenershausen** erreichen Sie mit diesen Koordinaten [**086:** N51°41'13.2" E11°18'14.3"]. Während der Platz an der Konradsburg noch einen weiten Blick in das Umland ermöglichte, stehen Sie hier sehr ruhig mitten im Wald. An dieser Stelle verstummt Ihr Smartphone, es gibt keinen Empfang. Mit einem Wegenetz von fast drei Kilometern Länge ist dieser zwölf Hektar große Park erschlossen. Wie es dazu kam mitten im Wald einen Landschaftspark anzulegen, ist eine längere Geschichte, die Sie hier nachlesen www.landschaftspark-degenershausen.de können. Über 175 Arten und Sorten einheimischer und exotischer Pflanzen gibt es hier zu bewundern. Der Park geht nahtlos in die Waldlandschaft des Harzes über. Er ist zu jeder Zeit frei zugänglich und durch seine Abgeschiedenheit nicht stark frequentiert. Also ideal für einen ruhigen Abendspaziergang und eine ruhige Nacht, für die drei Euro Parkgebühren zu zahlen sind. Ein Restaurant oder Café gibt es hier nicht. Für die Verpflegung müssen Sie also schauen, was Ihre Kombüse hergibt. Oder Sie fahren zwei Kilometer weiter zu diesem Platz [**087:** N51°40'44.0" E11°17'06.3"].

Es ist der Wanderparkplatz für die **Burg Falkenstein**, unserem nächsten Ziel. Auf der Speisekarte des Lokals 'Gartenhaus' können Sie ja schon mal schnuppern, ob für Sie etwas dabei ist. Siehe hier www.ritteressen-burg-falkenstein.de.

Zur Burg Falkenstein können Sie sich fahren lassen, wandern oder mit dem Rad hochfahren. Der Weg ist rund zwei Kilometer lang, die Steigung nicht beunruhigend. Über die gesamte Distanz sind es nur etwas mehr als 60 Meter Höhenunterschied.

Burg Falkenstein im Harz.

Die Burg befindet sich hoch über dem Selketal. Sie wurde im 12. Jahrhundert erbaut und in den darauf folgen Jahrhunderten mehrfach umgestaltet, hat aber den mittelalterlichen Charakter einer Ritterburg bewahren können und ist eine weitere Station der Straße der Romanik.

Der Charme dieser Anlage führte dazu, dass sie in mehr als 30 Filmproduktionen als Kulisse diente.

Heute sind in der Burg ein Museum, eine Falknerei und die Burggaststätte "Krummes Tor" untergebracht. Sie ist ein Besuchermagnet. Seien Sie nicht überrascht, wenn mit Ihnen zwei, drei oder mehr Busreisegesellschaften den Weg zur Burg hochwandern oder sich bequem mit einer Kremserfahrt hochbringen lassen. Über die Öffnungszeiten der Burg informiert diese Seite www.burg-falkenstein.de.

Von der Burg Falkenstein setzen wir unsere Reise fort und steuern **Ballenstedt** an, eine Kleinstadt mit weniger als 10.000 Einwohnern, aber einer großen Geschichte. Nur acht Kilometer haben wir zu fahren und haben die Wahl, das WOMO am Verkehrslandeplatz abzustellen oder auf den Schlossparkplatz auszuweichen.

(088) Offizieller WOMO-Stellplatz: Verkehrslandeplatz Ballenstedt

GPS: N51°44'30.4" E11°14'02.0"; Asmusstedt 13, 06493 Ballenstedt.
Max. WOMOs: 8, maximale Länge 12 m, max. Aufenthalt 5 Tage.

Ausstattung: Frischwasserversorgung, Abwasserentsorgung mit Bodeneinlass, Kassettenentleerung, Stromanschlüsse, Behälter für die Müllentsorgung, WLAN, kleines Restaurant. Im Servicegebäude gibt es Duschen und WCs, ganzjährig geöffnet.
Beschreibung: Sonnige Stellflächen auf Rasengittersteinen direkt neben dem Landeplatz. Die Gegensteine (Elemente der Teufelsmauer) sind 1 km entfernt. Das Schloss ist zu Fuß mit einer kleinen Wanderung von drei Kilometern zu erreichen.
Preise: 12,00 € für ein Fahrzeug, Frischwasser 1,00 € und Strom 0,50 € pro kWh. Abwasserentsorgung und Entleerung der Bordtoilette ist kostenfrei.
Zufahrt: In Ballenstedt in Richtung Hoym fahren und der Beschilderung zum Flugplatz folgen.

Vom Stellplatz am Flugplatz ist es nur ein kurzer Weg hinauf zu den Gegensteinen, dem kleinen und dem großen. Es sind zwei freistehende Felsformationen der Teufelsmauer, die vom Stellplatz gut zu sehen sind. Wer sich diese etwas näher anschauen möchte, bekommt einen kleinen Vorgeschmack auf einen wesentlich größeren und längeren Abschnitt der Teufelsmauer, den wir uns im weiteren Verlauf unserer Reise noch anschauen werden, von dem unter anderem das Titelbild stammt, das dieses Buch ziert.

Der Große Gegenstein bei Ballenstedt.

Wenn wir hier schon am Flugplatz stehen und Ihnen der Gedanke kommt: Ein **Rundflug über den Harz**, das wäre doch auch nicht schlecht. Dann sagen wir Ihnen, es geht, wenn Sie mögen. Schauen Sie hier nach www.ballenstedter-aeroclub.de.

Wer die drei Kilometer zum Schloss nicht gehen mag, der fährt direkt den Schloß-Parkplatz am Fuße der Anlage an

[089: N51°43'04.9" E11°13'14.1"]. Die Parkflächen reichen für Wohnmobile bis acht Meter Länge aus.

Albrecht der Bär vor Schloss Ballenstedt.

Frisch renoviert und herausgeputzt ist das Wahrzeichen der Stadt, das Residenzschloss. Es ist eine barocke Dreiflügelanlage aus der ersten Hälfte des 18. Jahrhunderts, in der die ehemalige Klosteranlage aus dem 11. und 12. Jahrhundert integriert wurde. Damit ist auch dieses Schloss eine Station auf der Straße der Romanik. Vor dem Schloss posiert, lässig und leicht lächelnd auf sein Schild gelehnt **Albrecht der Bär**, Graf von Ballenstedt, erster Markgraf von Brandenburg und Gründer des Fürstentums Anhalt. Er stammt aus dem Hochadelsgeschlecht der **Askanier**. Der Künstler hat ihn neben den Sockel gestellt. Die Grablege des Markgrafen Albrecht befindet sich in der ehemaligen Klosterkirche.

Über das Geschlecht der Askanier und deren Bedeutung im Mittelalter informiert eine Ausstellung im Schloss. Informationen dazu und zur Schlossbesichtigung finden Sie auf dieser Seite www.ballenstedt.de.

Neben dem Schloss befindet sich ein weiterer 'Gartentraum' Sachsen-Anhalts, der Schlosspark. Herausragendes gartenarchitektonisches Element ist die Wasserachse mit fünf Becken und einer imposanten Drachenfontäne. Der Blick hinunter von der Aussichtsterrasse des Schlosses ist durch den Bewuchs stark eingeschränkt.

Der Osterteich in Gernrode.

Freie Sicht auf den **Osterteich** haben Sie dagegen, wenn Sie diesen Parkplatz in **Gernrode** anfahren [090: N51°43'28.2" E11°09'36.2"]. Nur wenige Meter sind es bis zum Damm, der diesen Blick auf

Die Stiftskirche St. Cyriakus in Gernrode .

den Naturbadesee freigibt. Der Badestrand befindet sich auf der gegenüberliegenden Seite des kleinen Sees. Über einen Fußweg von 500 Metern Länge ist er zu erreichen.

Hauptsehenswürdigkeit in Gernode ist die **Stiftskirche St. Cyriakus**. Sie ist eines der bedeutendsten Zeugnisse ottonischer Architektur und ein Highlight an der Straße der Romanik, an der man einfach nicht achtlos vorbeigehen kann. Sie ist mehr als 1000 Jahre alt und in einem bemerkenswert guten Zustand, der unter anderem darauf zurückgeführt wird, dass schon Ende des 19. Jahrhunderts mit großem Sachverstand Restaurierungs- und Rekonstruierungsarbeiten vorgenommen wurden. Die in der Folge der Reformation entstandenen Verwüstungen und Zerstörungen wurden dabei behoben.

Besonders zu erwähnen ist das **Heilige Grab** im südlichen Seitenschiff, das auf dem nebenstehenden Bild links zu erkennen ist. Es ist die älteste erhaltene Nachbildung des Grabes Christi in Deutschland.

Der Innenraum der Stiftskirche.

(091) Offizieller WOMO-Stellplatz: Bad Suderode – Harzer Feriengarten

GPS: N51°43'29.8" E11°07'33.3";
Am Schwedderberg 30B, 06485 Bad Suderode.
Max. WOMOs: 10, maximale Länge 12 m.
Ausstattung: Frischwasserversorgung, Abwasserentsorgung mit Bodeneinlass, Kassettenentleerung, Stromanschlüsse, Behälter für die Müllentsorgung, WLAN, Brötchenservice. Jede Stellfläche hat sein eigenes Servicegebäude mit Dusche und WC. Der Platz ist ganzjährig geöffnet.
Beschreibung: Luxuriöse Anlage mit Kräuter-, Tier- und Spielegarten. 120 Quadratmeter große sonnige, teilweise auch schattige Rasenplätze am Waldrand.

Preise: 30,00 € für ein Fahrzeug mit 2 Personen, jede weitere Person 6,00 €, Hund 2,00 €, Strom 2,50 €, Kurtaxe 2,50 €. Entsorgung und Frischwasserversorgung ist im Preis enthalten.
Zufahrt: Über die Clara-Zetkin- und Ernst-Thälmann-Straße durch die Ortsmitte von Gernrode fahren. Am Ortsausgang links abbiegen, dann in die nächste Straße rechts abbiegen.
Reservierung/Kontakt: Tel.: 039485/62446 oder 0170 6033861
E-Mail: info@feriengarten.de, Web: www.kurcamping-harz.de

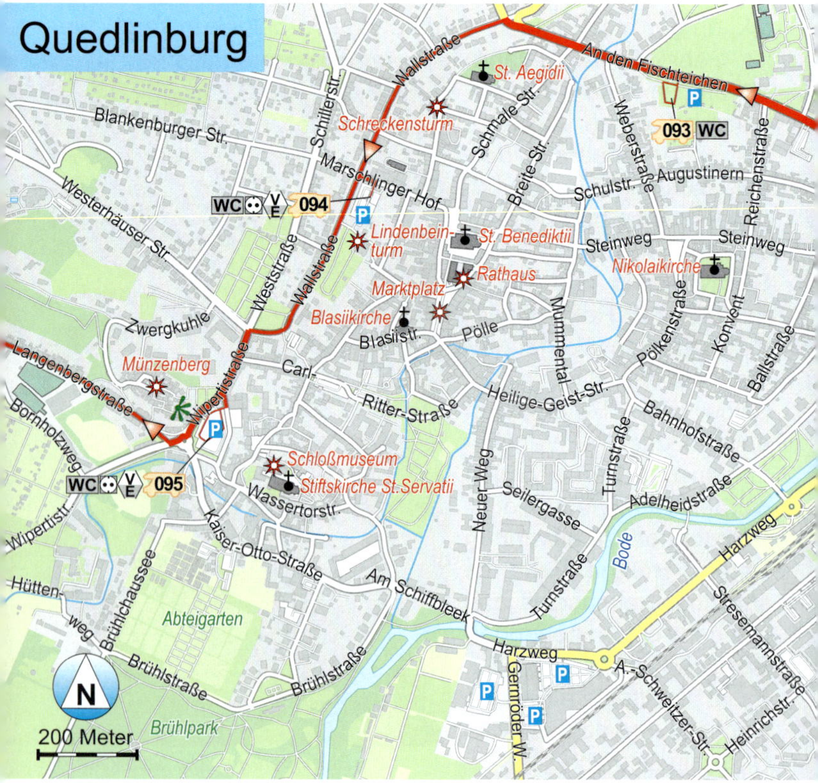

Die Kirche kann in den Sommermonaten täglich ohne Führung besichtigt werden. Wer an einer Führung teilnehmen oder das Heilige Grab von Innen sehen möchte, der findet alle Informationen dazu auf dieser Seite www.stiftskirche-gernrode.de.

Der Besuch der Kirche ist auch von diesem Stellplatz kein Problem, er ist nur einen Kilometer entfernt.

In **Bad Suderode** fällt das fast vollständig erhaltene Ensemble von Gründerzeithäusern in einer Bäderarchitektur auf, die mit filigranen Verzierungen an Veranden und Balkonen einen besonderen architektonischen Reiz haben und damit an den längst eingestellten Badebtrieb erinnern.

Der Kurbetrieb mit Wellnesseinrichtungen soll reaktiviert werden. Wann es soweit ist, ist noch offen.

Kommen wir nun zu **Quedlinburg**, wo wir gleich vier Möglichkeiten haben, das Wohnmobil abzustellen. Drei davon finden Sie auf dem Stadtplan verzeichnet.

(092) Offizieller WOMO-Stellplatz: Quedlinburg – Am Lehof

GPS: N51°48'15.6" E11°10'05.2"; Feldmark links der Bode 17, 06484 Quedlinburg.

Max. WOMOs: 10, maximale Länge 12 m.

Ausstattung: Frischwasserversorgung, Abwasserentsorgung mit Bodeneinlass, Kassettenentleerung, Stromanschlüsse, Behälter für die Müllentsorgung. Im Servicegebäude gibt es Duschen, WCs, ganzjährig geöffnet.

Beschreibung: Große schattige Stellflächen auf Betonplatten im hinteren Bereich eines Gehöftes, sehr ruhig. Das Zentrum Quedlinburgs ist 2,5 Kilometer entfernt.

Preise: 20,00 € für ein Fahrzeug, Strom 2,00 € pro Tag. Abwasserent- und Frischwasserversorgung sowie die Entleerung der Bordtoilette ist kostenfrei. Die Nutzung der Duschen und der WCs sind im Preis enthalten.

Zufahrt: In Quedlinburg über den Ditfurter Weg in nördliche Richtung fahren.

(093) Offizieller WOMO-Stellplatz: An den Fischteichen

GPS: N51°47'34.6" E11°08'57.0"; An den Fischteichen, 06484 Quedlinburg.

Max. WOMOs: 10, maximale Länge 12 m.

Ausstattung: Kiosk, WC, ganzjährig geöffnet.

Beschreibung: Ebene Stellflächen hinter einem Kiosk, relativ ruhig.

Preise: 15,00 € für ein Fahrzeug inkl. Kurtaxe.

Zufahrt: Im Norden der Stadt einfach zu finden, siehe Stadtplan.

(094) Offizieller WOMO-Stellplatz: Marschlinger Hof

GPS: N51°47'27.8" E11°08'22.4"; Marschlinger Hof, 06484 Quedlinburg.
Max. WOMOs: 5, maximale Länge 7 m.

Ausstattung: Frischwasserversorgung, Abwasserentsorgung mit Bodeneinlass, Kassettenentleerung, Stromanschlüsse, ganzjährig geöffnet.
Beschreibung: Ebene Stellflächen neben einem Omnibusparkplatz, sehr nah an der Innenstadt.
Preise: 15,00 € für ein Fahrzeug inkl Kurtaxe. Strom 1,00 €, Frischwasser 1,00 €, Entsorgung kostenlos.
Zufahrt: Siehe Stadtplan.

(095) Offizieller WOMO-Stellplatz: Schlossparkplatz

GPS: N51°47'13.9" E11°08'04.7"; Wipertistraße, 06484 Quedlinburg.
Max. WOMOs: 6, maximale Länge 7 m.
Ausstattung: Frischwasserversorgung, Abwasserentsorgung mit Bodeneinlass, Kassettenentleerung, Stromanschlüsse, ganzjährig geöffnet.

Beschreibung: Ebene Stellflächen, sehr enge Zufahrt, wenig Parkraum, sehr nah am Schloss.
Preise: 15,00 € für ein Fahrzeug inkl Kurtaxe. Für Frischwasser und Strom müssen spezielle Münzen beim nahgelegenen Bowlingcenter erworben werden.
Zufahrt: Siehe Stadtplan.

Man benötigt in der Hauptreisezeit schon ein wenig Glück, um einen Stellplatz zu ergattern. Natürlich sind die beiden Plätze in der Stadtmitte und am Schloss am schnellsten belegt.

Was treibt die Besucher in diese Stadt? Nun, die Liste der Sehenswürdigkeiten in Quedlinburg ist sehr lang, wir werden hier nicht alles aufzählen. Seit 1994 steht die Altstadt auf der UNESCO-Liste des Weltkulturerbes und wurde damit zu einem der größten Flächendenkmale in Deutschland.

In der historischen Altstadt mit ihren kopfsteinverwinkelten Gassen und kleinen Plätzen befinden sich etwa 2000 Fachwerkhäuser aus acht Jahrhunderten. Sie werden nicht alle in Augenschein nehmen können. Rund um den Markt mit dem prächtigen **Renaissance-Rathaus** und der **Roland-Statue** stehen einige davon. Hier lohnt es sich ein wenig zu verweilen, zum Beispiel in dem Café zum Roland. Es geht natürlich auch in jedem anderen Café oder Restaurant, die Auswahl ist groß genug.

Marktplatz und Rathaus in Quedlinburg. Im Hintergrund St. Benediktii.

Schon 944 erhielt Quedlinburg das Stadtrecht. Die erste urkundliche Erwähnung der Stadt geht auf das Jahr 922 zurück. Sie hat also schon etliche Jahre auf den Buckel und das große Glück, während des Zweiten Weltkrieges von Bombenangriffen verschont worden zu sein. Die historische Bausubstanz wurde zwar nicht zerstört, verfiel aber in den Jahren nach dem Krieg. Für den Erhalt und die Pflege dieser Baudenkmäler hatte die DDR-Regierung nicht die notwendigen Mittel und vermutlich auch nicht den notwendigen Willen, um diese kunst- und kulturhistorisch so bedeutsame Stadt zu erhalten.

Nasenschild des Cafe Roland.

"Ruinen schaffen ohne Waffen" nannte man das. Pläne für den Abriss der Altstadt lagen schon in der Schublade. Neue Gebäude sollten danach hier errichtet werden. Doch soweit kam es nicht. Die Wende 1989 war letztlich die Rettung für die Altstadt. Seit dieser Zeit wurden etliche Millionen in die Restaurierung gesteckt, Häuser von Grund auf saniert, der Stadt neues Leben eingehaucht. Aber ein Gang durch die Gassen verrät auch, dass die Auf-

St. Benediktii, unweit des Marktplatzes hat einen begehbaren Turm.

Schmale Gassen und viele Fachwerkhäuser prägen die Altstadt Quedlinburgs.

gabe der Stadtsanierung noch längst nicht erledigt ist. Allzu häufig findet sich noch bröckelnder Putz neben einem bereits solide hergerichten Gebäude, Sie werden es auf Ihrem Spaziergang durch die Altstadt mit eigenen Augen sehen können. Wernigerode, die andere wunderbare große Fachwerkstadt in der Nachbarschaft scheint da einige Schritte weiter zu sein. Allerdings gibt es dort mit 624 Fachwerkhäusern auch längst nicht so viele wie in der Welterbestadt Quedlinburg. Nach einer Bestandsaufnahme wurden von den mehr als 2000 Fachwerkhäusern dieser Stadt 75 Prozent zwischen 1621 und 1800 erbaut, sechs Prozent vor dieser Zeit, der Rest ist jüngeren Datums.

Es gibt noch etliches zu tun, um dieses Schmuckkästchen im Harz weiter aufzupolieren, da werden noch einige Millionen fließen müssen.

Wenn Sie über den Markt in südliche Richtung schlendern, gelangen Sie früher oder später zum Schlossberg mit der romanischen Stiftskirche. Es lohnt sich, Schloss und Kirche etwas näher zu betrachten. In der Stiftskirche **St. Servatii** steht der **Domschatz** im Vordergrund. Hier ist einer der historisch bedeutendsten

Schätze Deutschlands zu sehen. Sie werden staunen über die filigran verarbeiteten mittelalterlichen Reliquienkästen, Schreine, den Gold- und Edelsteinapplikationen.

Öffnungszeiten des Domschatzes: Dienstags bis sonntags zwischen 10:00 und 16:00 Uhr.

Öffnungszeiten des Schlossmuseums: Dienstags bis sonntags zwischen 10:00 und 18:00 Uhr.

Nach der Betrachtung von Kunst und Kultur in der Kirche und im Schloss ist es angenehm, durch den **Abteigarten** und den **Brühl-Park** unterhalb des Schlossberges zu wandeln. Es sind übrigens weitere 'Gartenträume'. Wenn Sie noch nicht

Vom Münzenberg hat man einen wunderbaren Blick auf das Schloss und die Stiftskirche St. Servatii.

zu müde sind, dann steigen Sie die Stufen zum **Münzenberg** hoch. Dieses Kleinod mit den verwinkelten Gassen ist an sich schon einen Besuch wert. Der Blick hinunter auf die Stadt und hinüber zum Schlossberg ist einfach phänomenal.

Die Stadt auf eigene Faust zu erkunden ist zu jederzeit möglich. Wer mehr über die Quedlinburg wissen möchte, der sollte sich einer Führung anschließen, die in zahlreichen Formen angeboten werden. Schauen Sie hier www.tourismus-quedlinburg.de. Die Touristinfo befindet am Marktplatz. Dort versorgt man Sie gern mit Broschüren und Sie können eine Stadtführung buchen.

Wir beenden damit diese Tour und machen im nächsten Abschnitt einen Sprung zurück nach Dessau und fahren von dort entlang der Elbe nach Magdeburg. Wenn Sie weiter durch den Harz reisen möchten, dann blättern Sie bitte weiter auf Seite 169.

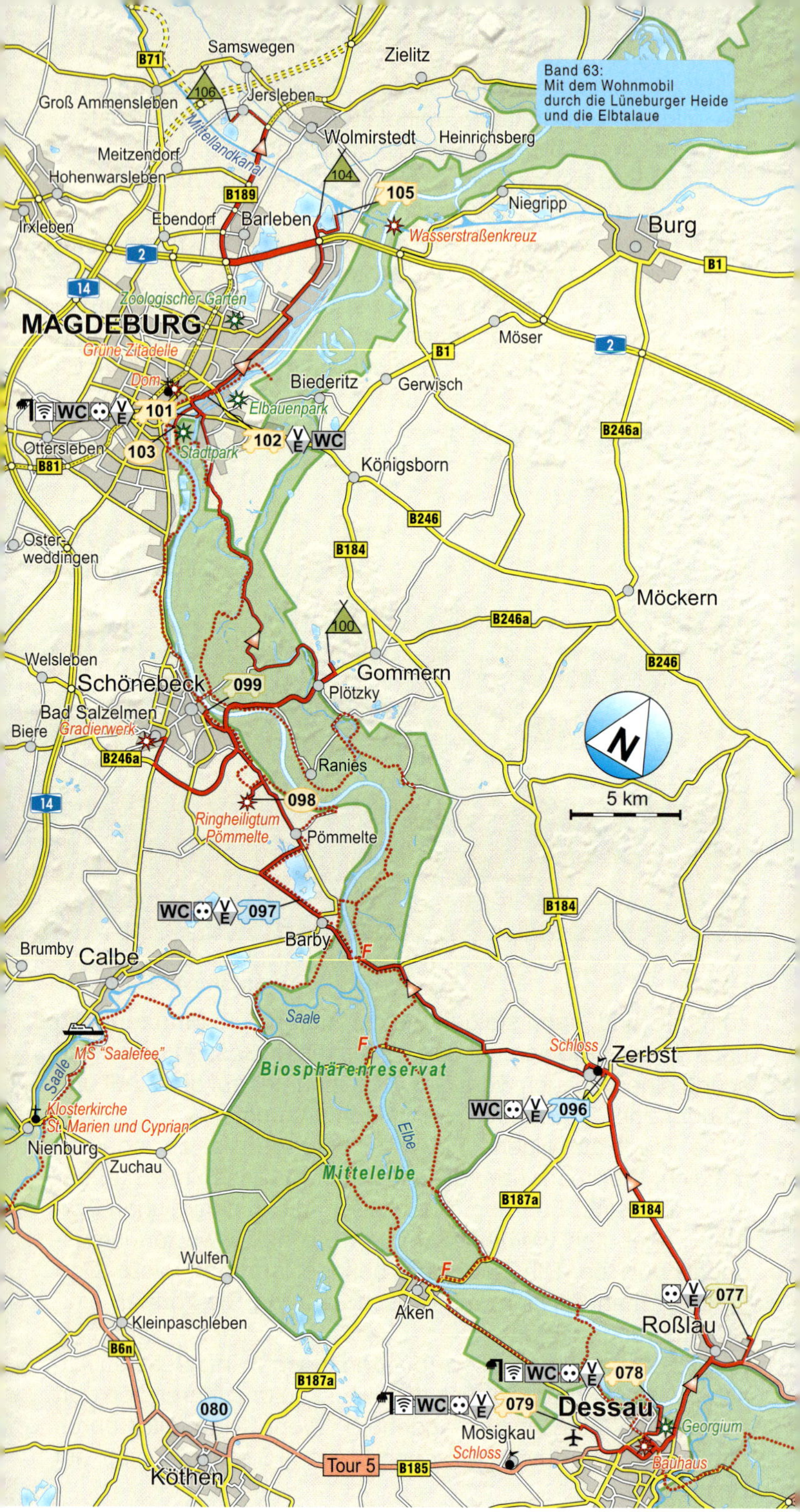
Band 63:
Mit dem Wohnmobil
durch die Lüneburger Heide
und die Elbtalaue
Samswegen
Zielitz
Groß Ammensleben
Jersleben
Mittellandkanal
Meitzendorf
Wolmirstedt
Heinrichsberg
Hohenwarsleben
105
Niegripp
Irxleben
Ebendorf
Barleben
Wasserstraßenkreuz
Burg
Zoologischer Garten
MAGDEBURG
Grüne Zitadelle
Dom
Möser
Biederitz
Gerwisch
101
Elbauenpark
Ottersleben
103
102
Stadtpark
Königsborn
Oster-
weddingen
Möckern
Welsleben
Schönebeck
099
Gommern
Plötzky
Bad Salzelmen
Biere
Gradierwerk
Ranies
098
Ringheiligtum
Pömmelte
5 km
097
Barby
Brumby
Calbe
Saale
MS "Saalefee"
Schloss
Zerbst
Biosphärenreservat
096
Klosterkirche
St. Marien und Cyprian
Nienburg
Zuchau
Elbe
Mittelelbe
Wulfen
077
Aken
Kleinpaschleben
Roßlau
078
079
Dessau
Georgium
080
Mosigkau
Schloss
Tour 5
Bauhaus
Köthen

TOUR 6 (ca. 120 km)

Zerbst – Barby – Pömmelte – Schönebeck – Plötzky – Magdeburg – Barleben – Jersleben

Stellplätze:	Zerbst, Barby, Pömmelte, Schönebeck, Magdeburg, Barleben.
Campingplätze:	Plötzky, Barleben, Jersleben.
Ver-/Entsorgung:	Zerbst, Barby, Magdeburg.
Besichtigungen:	Zerbst (Stadtmauer, Schloss), Pömmelte (Ringheiligtum), Schönebeck (Gradierwerk), Magdeburg (Dom, Grüne Zitadelle, Elbauenpark, Zoologischer Garten), Wasserstraßenkreuz Magdeburg.
Wandern/Radwandern:	Unterwegs im Biosphärenreservat Mittelelbe über den Elberadweg und im Elbauenpark.
Baden/Wellness:	Zerbst (Volksschwimmhalle), Barby (Seepark), Ferienpark Plötzky, Barleber See, Jersleber See.

Auf dieser Tour fahren wir von Dessau mal links, mal rechts der Elbe entlang nach Magdeburg. Es ist eine kurze Strecke, die einige markante Sehenswürdigkeiten aufzuweisen hat und durch das Biosphärenreservat Mittelelbe führt. Hinter Magdeburg suchen wir noch zwei Badeseen mit Campingplätzen auf, die Sie auch in unserem Buch über die Lüneburger Heide und die Elbtalaue finden. Mit dem Buch können Sie dann weiter die Elbe hinunterfahren oder quer durch die Altmark gen Westen in die Lüneburger Heide reisen.

Denkmal für Katharina die Große in Zerbst.

Beginnen wollen wir jetzt in **Zerbst**, einem Ort mit etwas mehr als 20.000 Einwohnern.

Von 1603 bis 1793 war Sie die Residenzstadt der Fürsten von Anhalt-Zerbst. Prinzessin Sophie Auguste Friederike von Anhalt-Zerbst verbrachte einen Teil ihrer Jugend in dieser Stadt. Die machtpolitische motivierte Heiratspolitik der Fürstenhäuser brachte es mit sich, dass die junge Prinzessin mit dem russischen Thronfolger Großfürst Peter Fjodorowitsch und späteren Kaiser

Peter III vermählt wurde. Sie konvertierte vom evangelisch-lutherischen zum orthodoxen Glauben und bekam nach ihrer Hochzeit den Namen Jekaterina Alexejewna. Nun wollen wir hier nicht die gesamte Geschichte dieser sicher sehr bedeutenden Herrscherin wiedergeben. Das können Sie an anderen Stellen besser nachlesen oder sehen, wie in verschiedenen Beiträgen auf youtube. Aber nun verstehen Sie, warum im Park neben der Ruine der ehemaligen Residenz eine Statue zu Ehren Katharinas steht.

Um die Stadt zu besuchen, stellen Sie das WOMO am besten auf diesem Stellplatz ab.

(096) Offizieller WOMO-Badeplatz: Zerbst – Volksschwimmhalle

GPS: N51°58'00.1" E12°05'24.9"; Wolfsbrücke 3, 39261 Zerbst/Anhalt.
Max. WOMOs: 3, maximale Länge 10 m.
Ausstattung: Frischwasserversorgung, Abwasserentsorgung mit Bodeneinlass, Kassettenentleerung, Stromanschlüsse, Behälter für die Müllentsorgung, ganzjährig geöffnet.

Beschreibung: Zentral gelegene, schattenlose Plätze auf Betonpflastersteinen zwischen der Volksschwimmhalle und einer Schule.
Preise: Kostenlos, 60 Liter Frischwasser kosten 1,00 € und für 8 Stunden Strom ist ebenfalls 1,00 € zu zahlen.
Zufahrt: In das Stadtzentrum von Zerbst fahren und hier den Hinweisen zur Volksschwimmhalle folgen.

Die Stadt Zerbst versucht natürlich ein wenig von dem Glanz der berühmten Zarin auf den Ort zu lenken. So gibt es einen kleinen Rundweg, der um die zerstörte Residenz und entlang der noch gut erhaltenen Stadtmauer führt.

Zerbst wurde in den letzten Tagen des Zweiten Weltkrieges durch Bombenangriffe schwer getroffen und fast vollständig zerstört. Darunter befand sich auch das ehemals prächtige Barockschloss, das nach Ende des Krieges weiter abgerissen wurde. Heute steht nur noch ein Trakt und auch der ist nicht vollständig, sondern zeigt deutliche Spuren der Zerstörung. Instandsetzungsarbeiten sind aber in Angriff genommen worden. Auch die Nikolaikirche, die Bartholomäuskirche und die Kirche St. Marien wurden entweder gar nicht oder nur teilweise wieder hergestellt und als Ruinen stehen gelassen. Drumherum wurde die Stadt mit Plattenbauten neu aufgebaut, die rundherum von der fast vollständig erhaltenen Stadtmauer eingefasst ist. Das ist eine interessante architektonische Mischung, die sich dem Besucher bietet.

Eines der drei erhaltenen Stadttore in Zerbst.

Von Zerbst geht es weiter nach **Barby**. Auf dem Weg dorthin überqueren wir die Elbe mit der Fähre, durchfahren das Städtchen und wenden uns diesem Platz zu.

(097) Offizieller WOMO-Badeplatz: Seepark Barby

GPS: N51°58'12.5" E11°51'29.0"; Gnadauer Str., 39249 Barby (Elbe).
Max. WOMOs: 10, maximale Länge 12 m.
Ausstattung: Frischwasserversorgung, Abwasserentsorgung, Kassettenentleerung, Stromanschlüsse, Behälter für die Müllentsorgung. Der Platz und der Seepark sind von Mitte Mai bis Mitte September in Betrieb.

Beschreibung: Große sonnige Wiese in unmittelbarer Nähe des Strandbades. Duschen und Toiletten befinden sich im Gebäude des Strandbades.
Preise: 14,00 € für ein Fahrzeug mit 4 Personen. Anmeldung und Bezahlung erfolgt im Strandbadforum. Dieses ist täglich in der Zeit von 10:00 bis 18:00 Uhr besetzt. Die Entsorgung und die Wasserversorgung ist kostenlos. Strom kostet 4,00 € pro Tag.
Zufahrt: Barby über die Gnadauer Straße in Richtung Gnadau verlassen. Dann der Straße folgen, die nur wenige Meter hinter Barby am Seepark vorbeiführt.

Der Auf- und Abfahrwinkel auf die Fähre in Barby ist nicht so steil wie an anderen Orten. Man kommt auch mit einem langen Hinterteil rauf und runter, ohne aufzusetzen.

Fährzeiten der Fähre Barby: Von Anfang Mai bis Mitte Oktober montags bis freitags 5:15 bis 20:00 Uhr, Wochenende & feiertags 8:00 bis 19:00 Uhr. Rest des Jahres montags bis freitags 5:15 bis 18:30 Uhr, Wochenende & feiertags 10:00 bis 16:00 Uhr. Preis 5,00 € für ein Wohnmobil inkl. Fahrer.

Zwischen Dessau und Schönebeck gibt es auf der Distanz von 54 Flusskilometern keine Brücke, nur drei Gierfähren.

Der Seepark in Barby ist ein netter Standort für einen kleinen Badeurlaub. Er eignet sich auch als Standort für Radtouren auf dem Elberadweg. Eine schöne Tagestour von 41 Kilometern Länge könnte zum Beispiel vom Seepark zum Ringheiligtum Pömmelte führen, von dort nach Schönebeck und dann auf der andern Seite der Elbe durch das Biosphärenreservat und über die Eisenbahnbrücke bei Barby wieder zurück zum Seepark.

Der Baggersee am Seepark in Barby.

Das Ringheiligtum Pömmelte.

Mit dem **Ringheiligtum Pömmelte** haben wir die letzte Station der "Himmelswege" vor uns. Die Himmelsscheibe von Nebra (Seite 87), das Sonnenobservatorium von Goseck (Seite 100) und das Grab der Dolmengöttin (Seite 107) hatten wir ja schon besucht, nun also Pömmelte.

Der Parkplatz [**098:** N51°59'49.5" E11°47'47.0"] ist über schmale Wege gut zu erreichen. Er ist asphaltiert, topfeben und als Übernachtungsplatz sehr gut geeignet.

Diese in einem Kreis aufgestellten Baumstämme ist die Rekonstruktion eines steinzeitlichen Heiligtums, das etwa zur gleichen Zeit wie die Steinringe von Stonehenge entstand. Es basiert auf archäologische Funde, die an dieser Stelle ausgegraben wurden. Die Anlage ist vermutlich vor rund 4300 Jahren im Übergang von der Stein- in die Bronzezeit entstanden.

Sie ist dem Sonnenobservatorium von Goseck ähnlich, hatte eine astronomische und eine rituelle Funktion. Knochenfunde deuten darauf hin, dass auch an dieser Stelle Menschenopfer dargebracht wurden. Das Ringheiligtum ist jederzeit frei zugänglich.

Im **Salzlandmuseum** in **Bad Salzelmen,** einem Stadtteil von Schönebeck sind Fundstücke aus diesem Ringheiligtum ausgestellt. Um zu diesem Museum zu gelangen, fahren wir in die Eggersdorfer Straße in Schönebeck (Elbe) und suchen den Parkplatz P2 auf [N51°59'59.2" E11°43'30.5"]. Hier, zwischen der Bahnlinie und dem Gradierwerk lässt sich immer ein Parkplatz finden.

Das Gradierwerk in Bad Salzelmen.

Über Jahrhunderte war die Salzgewinnung an diesem Ort der bestimmende Wirtschaftsfaktor. Bereits im 12. Jahrhundert wurde Sole gefördert und in Pfannen gesiedet. Das "weiße Gold" versprach im Mittelalter Reichtum, Macht und Wohlstand. Zumindest für die Herren, die das Sagen hatten. Das Gradierwerk wurde in der zweiten Hälfte des 18. Jahrhunderts durch den preußischen Staat errichtet und hatte in seiner letzten Ausbaustufe eine Länge von 1837 Metern. Es war damit das längste Bauwerk dieser Art auf der Welt. Eine monumentale Anlage, die der Anreicherung der Sole diente. Die Salzgewinnung auf diese Weise wurde in der Neuzeit jedoch unrentabel, der Betrieb 1967 eingestellt.

Heute dient das auf 300 Meter verkürzte Gradierwerk nur noch therapeutischen und touristischen Zwecken. Auf dem Gradierwerk befinden sich ein Uhrenturm und der Nachbau einer ehemaligen Windmühle zur Soleförderung. Es ist zu jeder Zeit zugänglich und dient ausschließlich der Freiluftinhalation. Neben dieser Anlage befinden sich der Kurpark und verschiedene Reha-Einrichtungen.

Wenn Sie mehr über die Geschichte der Salzgewinnung und Verarbeitung wissen möchten, so bietet der Kunsthof am Soleturm einen interessanten Einblick und Führungen an. Dazu gehören eine Begehung des Gradierwerkes mit einem Aufstieg auf die Anlage, ein Gang zur Solequelle die unter die Erdoberfläche führt und ein Besuch des Schausiedehauses mit einer mittelalterlichen Siedepfanne. Diese Besichtigungen können kombiniert werden mit einem Besuch des **Salzlandmuseums**, das etwa einen Kilometer entfernt liegt und bequem mit einem Spaziergang durch den Kurpark erreicht werden kann. Sie zahlen dann nur einen gemeinsamen Eintrittspreis. Weitere Informationen dazu gibt es auf dieser Seite www.sole-park.de.

Marktbrunnen und Salzturm inSchönebeck.

In **Schönebeck (Elbe)** suchen wir diesen Stellplatz neben dem **Restaurant Weltrad** auf. Hier gibt es eine umfangreiche Speisekarte und Tische mit Blick auf die Elbe. Nebenan ist ein Fahrradladen und eine Manufaktur in der Sie sich ein Fahrrad maßgeschneidert auf Ihre Bedürfnisse zusammenbauen lassen können. Den Stellplatz finden Sie hier [**099:** N52°01'15.3" E11°44'42.4"; Cokturhof 3, 39218 Schönebeck (Elbe)]. Er bietet Platz für maximal vier Fahrzeuge, die eine Länge von sieben Metern nicht überschreiten sollten. Eine Ver- und Entsorgungsstation gibt es hier nicht.

Stellplatz am Restaurant Weltrad.

Die Hauptsehenswürdigkeiten der Stadt befinden sich in Bad Salzelmen, die hatten wir schon genannt. Aber ein Besuch des Marktplatzes mit dem Marktbrunnen und dem Salzturm, der in den Sommermonaten bestiegen werden kann, lohnt dennoch. Das lässt sich mit einem Spaziergang entlang der Elbe verbinden. In der anderen Richtung führt eine Fußgängerbrücke über den Salinekanal in den 2013 eingerichteten **Bürgerpark Salineinsel**. Es ist eine Grünanlage mit Spielplätzen, die gern von der örtlichen Jugend auch in den Abendstunden aufgesucht wird.

Da sich der Stellplatz in Schönebeck für einen längeren Aufenthalt nicht eignet, empfehlen wir, um zum Beispiel links und rechts der Elbe Rad zu fahren oder zu wandern, diesen Campingplatz.

(100) WOMO-Campingplatz: Ferienpark Plötzky

GPS: N52°03'46.0" E11°48'01.5";
Kleiner Waldsee 1, 39217 Schönebeck (Elbe).
Max. WOMOs: >20, maximale Länge 12 m.
Ausstattung: Frischwasserversorgung, Abwasserentsorgung mit Bodeneinlass, Kassettenentleerung, Stromanschlüsse, Behälter für die Müllentsorgung, WLAN, Restaurant, Brötchenservice. Im Servicegebäude gibt es Duschen, WCs, Waschmaschinen und Trockner. Der Platz ist ganzjährig geöffnet.
Beschreibung: Bis zu 200 Quadratmeter große sonnige, teilweise auch schattige Rasenplätze mit zumeist direkten Wasser- und Abwasseranschluss.
Preise: Erwachsene Person 8,00 €, Kind 5,00 €, Hund 2,50 €, Wohnmobil 10,00 €, Strom 4,00 € pro Tag, Familienmietbad mit Wanne und Dusche pro Nacht 6,00 Euro, Waschmaschine 4,00 €, Trockner 4,00 €.
Zufahrt: Die Elbe überqueren und auf der B246a in Richtung Gommern/ Möckern fahren. 700 Meter hinter dem Ort Plötzky geht es links ab zu dem Ferienpark.
Reservierung/Kontakt: Tel.: 039200/50155.
E-Mail: info@ferienpark-ploetzky.de, Web: www.ferienpark-ploetzky.de

Von diesem Platz sind es bis zum **Steinzeitdorf Randau** nur sieben Kilometer, bis zum Ringheiligtum Pömmelte zwölf und bis zur Wasserburg in Gommern nur drei Kilometer. Dort gibt es ein schönes Restaurant und hausgemachtes Bier.

Im Steinzeitdorf Randau.

Im Steinzeitdorf Randau werden Häuser aus drei Epochen gezeigt. Das älteste ist die Rekonstruktion eines Langhauses aus der linienbandkeramischen Kultur. Es stammt aus den Anfängen der jungsteinzeitlichen Besiedlung vor etwa 7500 Jahren. Die anderen Rekonstruktionen spiegeln jüngere Gebäude wieder. Im Dorf gibt es eine Reihe von Aktionen, die insbesondre Kindern die

Magdeburg

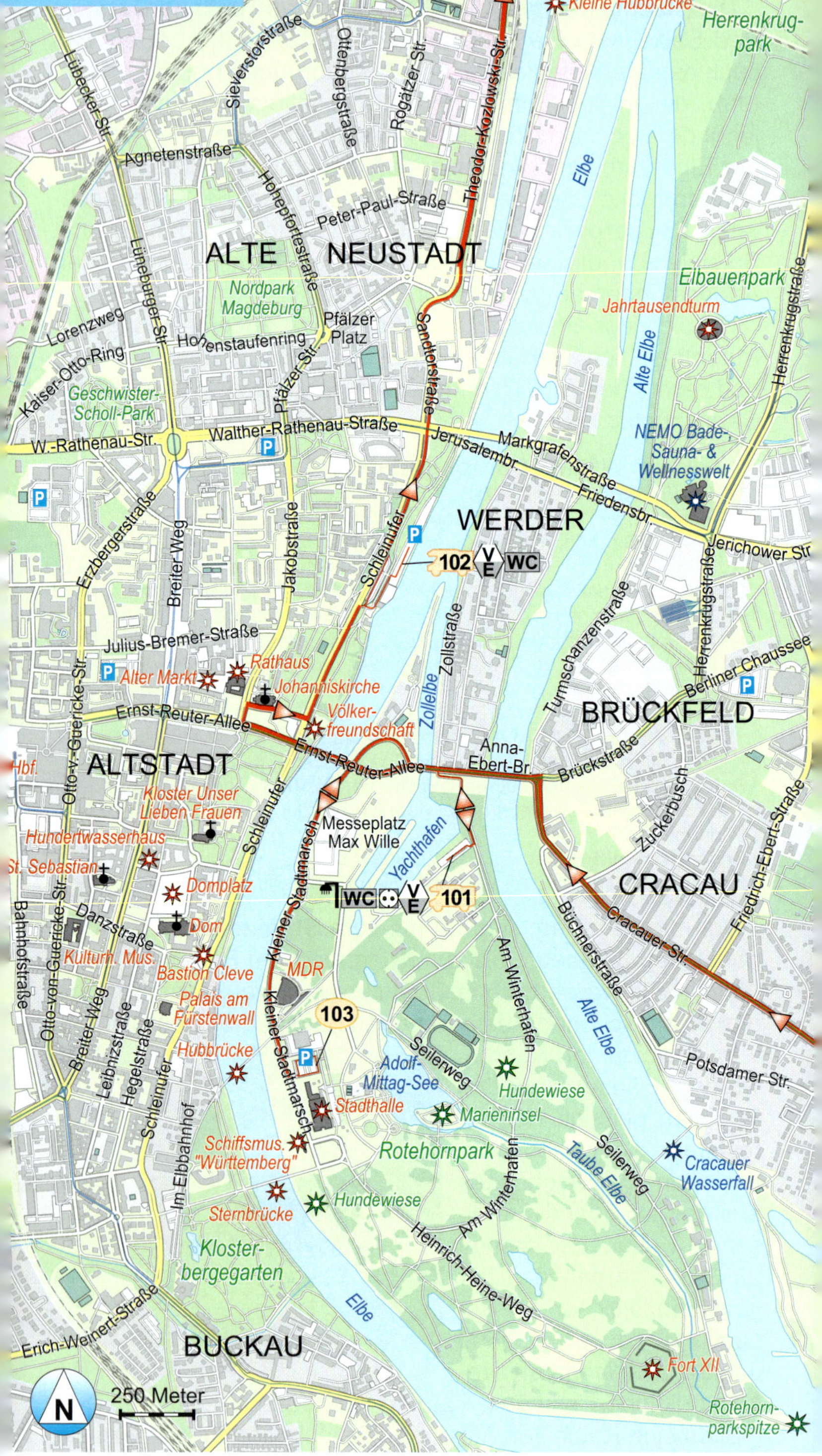

Kleine Hubbrücke
Herrenkrug-park
Lübecker Str.
Sieverstorstraße
Ottenbergstraße
Rogätzer Str.
Theodor-Kozlowski-Str.
Elbe
Agnetenstraße
Hohepfortestraße
Peter-Paul-Straße
ALTE NEUSTADT
Lüneburger Str.
Nordpark Magdeburg
Pfälzer Platz
Elbauenpark
Jahrtausendturm
Herrenkrugstraße
Lorenzweg
Kaiser-Otto-Ring
Hohenstaufenring
Pfälzer Str.
Sandtorstraße
Alte Elbe
Geschwister-Scholl-Park
W.-Rathenau-Str.
Walther-Rathenau-Straße
Jerusalembr.
Markgrafenstraße
Friedensbr.
NEMO Bade-, Sauna- & Wellnesswelt
Erzbergerstraße
Breiter Weg
Jakobstraße
Schleinufer
WERDER
102
V E
WC
Jerichower Str.
Herrenkrugstraße
Julius-Bremer-Straße
Zollstraße
Turmschanzenstraße
Berliner Chaussee
Alter Markt
Rathaus
Johanniskirche
Völker-freundschaft
Zollelbe
BRÜCKFELD
Ernst-Reuter-Allee
Otto-v.-Guericke-Str.
ALTSTADT
Hbf.
Anna-Ebert-Br.
Brückstraße
Kloster Unser Lieben Frauen
Messeplatz Max Wille
Yachthafen
Zuckerbusch
Friedrich-Ebert-Straße
Hundertwasserhaus
St. Sebastian
Domplatz
Kleiner Stadtmarsch
WC
101
CRACAU
Bahnhofstraße
Danzstraße
Dom
Kulturh. Mus.
Bastion Cleve
MDR
Am Winterhafen
Büchnerstraße
Cracauer Str.
Otto-von-Guericke-Str.
Palais am Fürstenwall
103
Alte Elbe
Breiter Weg
Leibnizstraße
Hegelstraße
Schleinufer
Hubbrücke
Adolf-Mittag-See
Seilerweg
Hundewiese
Potsdamer Str.
Stadthalle
Marieninsel
Im Elbbahnhof
Schiffsmus. "Württemberg"
Rotehornpark
Am Winterhafen
Taube Elbe
Seilerweg
Cracauer Wasserfall
Sternbrücke
Hundewiese
Am Winterhafen
Heinrich-Heine-Weg
Kloster-bergegarten
Erich-Weinert-Straße
Elbe
BUCKAU
Fort XII
N
250 Meter
Rotehorn-parkspitze

Lebensweise unserer Urahnen näher bringen. In den Sommermonaten ist die Anlage montags bis freitags zwischen 9:30 und 16:00 Uhr geöffnet. Hunde dürfen mit hinein. Der Eintritt für den Erwachsenen kostet 2,50 €. Weitere Informationen gibt es hier www.steinzeitdorf-randau.de.

Wenn Sie mit dem Wohnmobil hinfahren möchten, dann finden Sie den Parkplatz mit diesen Koordinaten und Adresse [N52°03'56.8" E11°43'17.8", Müllerbreite, 39114 Magdeburg].

Wir machen uns nunmehr auf den Weg nach Magdeburg, wo wir diese Stellplatzmöglichkeiten für Sie ausgesucht haben.

(101) Offizieller WOMO-Stellplatz: Yachthafen Magdeburg

GPS: N52°07'30.4" E11°38'56.1"; Am Winterhafen 1, 39114 Magdeburg.
Max. WOMOs: 20, maximale Länge 12 m, max. Aufenthalt 5 Tage.
Ausstattung: Frischwasserversorgung, Abwasserentsorgung mit Bodeneinlass, Kassettenentleerung, Stromanschlüsse, Behälter für die Müllentsorgung, WLAN. Im Servicegebäude gibt es Duschen und WCs. Der Platz ist ganzjährig geöffnet.

Beschreibung: Fünf Meter breite schattenlose geschotterte Stellflächen mit Blick auf den Yachthafen, sehr ruhig. Innenstadtnah, bis zum Dom sind es zu Fuß 2 km.
Preise: 10,00 € für ein Fahrzeug, Frischwasser 1,00 € und Strom 0,50 € pro kWh. Entleerung der Bordtoilette 1,00 €, Dusche 3,00 €.
Zufahrt: Siehe Stadtplan.

(102) Offizieller WOMO-Stellplatz: Magdeburg – Petriförder

GPS: N52°07'58.4" E11°38'49.1"; Petriförder 1, 39104 Magdeburg.
Max. WOMOs: 50, maximale Länge 12 m, max. Aufenthalt 3 Tage.
Ausstattung: Frischwasserversorgung, Abwasserentsorgung ohne Bodeneinlass, Kassettenentleerung, Behälter für die Müllentsorgung, WLAN, WCs. Der Platz ist ganzjährig geöffnet.

Beschreibung: Große gepflasterte leicht abschüssige Stellflächen mit Blick auf die Elbe. Innenstadtnah, bis zum Dom sind es zu Fuß 1,5 km. Die Ver- und Entsorgungsanlage befindet sich neben der WC-Anlage auf dem PKW-Parkplatz.
Preise: 8,00 € für ein Fahrzeug, Frischwasser 1,00 €. Entleerung der Bordtoilette 1,00 €.
Zufahrt: Siehe Stadtplan. Bei der Einfahrt mittig bis zum Poller vorfahren (Abstand maximal 1 Meter). Dann am Münzautomat die Parkgebühren zahlen. Das geht nur mit 50 Cent-Stücken und 1 € + 2 €-Münzen. Dann senkt sich der Poller und der Weg zum Stellplatz ist frei. Bei der Ausfahrt senkt sich der Poller automatisch.

Der Domplatz und Landtagsgebäude in Magdeburg.

Eine weitere gute Parkmöglichkeit besteht an der Stadthalle [**103:** N52°07'10.2" E11°38'20.5"]. Auch dieser Platz ist auf dem Stadtplan verzeichnet, das 24-Stundenticket kostet hier 5,00 €.

Für Magdeburg brauchen Sie ein wenig Zeit. Die Liste der aufzuzählenden Sehenswürdigkeiten dieser Stadt würde schnell mehrere Seiten füllen und wäre doch unvollständig.

Die **Ottostadt**, wie sich Magdeburg gern selber nennt, hat sich in den letzten Jahrzehnten prächtig entwickelt. Mit Otto ist nicht der Komiker aus Ostfriesland und auch nicht das Versandhaus in Hamburg gemeint. Mit dem Namen verbinden wir zunächst **Otto den Großen**, der Magdeburg zu seiner heimlichen Hauptstadt machte und von hier aus das Heilige Römische Reich regierte, wenn er sich nicht gerade in einer anderen Kaiserpfalz aufhielt oder in eine Schlacht zog. Er sorgte dafür, dass in Magdeburg ein Erzbistum errichtet wurde und ließ es zu einem bedeutenden Missionsstützpunkt ausbauen, um die heidnische Bevölkerung des Ostens zu christianisieren. Dort, wo heute der Dom steht, ließ er das St.-Mauritius-Kloster errichten, das dann zwei Jahrhunderte später dem gotischen Dom weichen musste, in dem er und seine Gemahlin ihre letzte Ruhestätte haben.

Die Stadt Magdeburg nennt mit **Otto von Guericke** einen weiteren Namenspatron für die Ottostadt. Er war Bürgermeister der Stadt, Politiker, Jurist, Physiker und Erfinder in einer Person und hatte im 17. Jahrhundert einen großen Anteil daran, die Stadt zu einem Wissenschaftsstandort zu entwickeln. Er war der Erfinder der Hubkolbenpumpe und gilt als Begründer der Vakuumtechnik. Mit seinen **"Magdeburger Halbkugeln"** versetzte er auf Ausstellungen und Veranstaltungen die Zuschauer immer wieder in Erstaunen.

Darüber können Sie auch heute noch staunen, und zwar im **Jahrtausendturm**, den Sie im Elbauenpark finden. Die Straßenbahn Linien 4 und 5 bringen Sie hin. Oder Sie nehmen das Fahrrad, das in dieser radfahrerfreundlichen Stadt für uns ohnehin das beste Fortbewegungsmittel ist. Bis zum Jahrtausendturm sind es von den Stellplätzen zwei, bzw. zweieinhalb Kilometer. Im Jahrtausendturm werden nicht nur die "Magdeburger Halbkugeln" präsentiert, sondern noch eine ganze Reihe anderer physikalischer Phänomene, die Sie ebenfalls in Erstaunen versetzen werden. Darunter das Foucaultsches Pendel, die Impulskugeln, ein Glasprisma zur Spektralzerlegung weißen Lichts, eine Röntgenröhre und vieles andere mehr. Sie werden Zeit brauchen, bis Sie die insgesamt 250 Exponate und Darstellungen auf den fünf Ausstellungsebenen gesehen und erlebt haben. Aber die Zeit vergeht wie im Flug, es ist faszinierend was geboten wird. Es ist gleichzeitig eine Zeitreise durch die Technik- und Wissenschaftsgeschichte der Menschheit.

Der Magdeburger Dom.

Die sechzehneckige Kapelle im Dom.

Bei schönem Wetter lohnt es sich auch den Turm, der eine Kegelform hat, von außen über die 450 Meter lange Rampe zu begehen. Über die Öffnungszeiten und Eintrittspreise informiert diese Seite www.jahrtausendturm-magdeburg.de.

Der Jahrtausendturm im Elbauenpark.

Es lohnt sich, ein Tagesticket für den **Elbauenpark** zu erwerben. Damit stehen ihnen alle Attraktionen des Parks offen und auch der Eintritt in den Jahrtausendturm.

Der Elbauenpark ist eine Mischung aus Parkanlage, Zoologischer Garten und überdimensionalem Abenteuerspielplatz. Das ganze Angebot können Sie hier nachlesen www.elbauenpark.de.

Geht es im Elbauenpark zuweilen bei hohem Besucherandrang recht turbulent zu, so ist der **Rotehornpark** auf der Insel in der Elbe sehr viel beschaulicher und ruhiger. Es ist ein alter Landschaftspark, dessen Gestaltung bereits 1871 begann. Mit 200 Hektar Fläche ist er der größte Stadtpark in Magdeburg. Wer mit einem Hund unterwegs ist, wird diesen Park dem Elbauenpark vorziehen. Hier gibt es eigens für die Vierbeiner eingerichtete Wiesen, im Elbauenpark dürfen Hunde nicht hinein.

Der Raddampfer Württemberg.

Am Rande des Parkes liegt der Raddampfer Württemberg, ein Museumsschiff, das auch ein Restaurant beherbergt.

Von diesem Schiff ist es nicht weit zur Sternbrücke, die auf die andere Seite der Elbe führt. Entlang der Elbe führen ein Fuß- und ein Radweg zu den Sehenswürdigkeiten der Innenstadt. Es beginnt mit der **Hubbrücke**, einer stillgelegten Eisenbahnbrücke, die heute als Fußgängerübergang genutzt wird und führt weiter zur **Bastion Cleve**, einem mittelalterlichen Wehrturm der ehemaligen Festung Magdeburg.

Diese Anlage wird überragt vom Dom, der nur wenige Schritte entfernt ist. Für die Besichtigung der ersten gotischen

Das Hundertwasserhaus "Grüne Zitadelle" in Magdeburg.

Kathedrale wird auch ein wenig Zeit benötigt. Nicht nur, um sich in der Kirche umzusehen, sondern auch um den besten Blick über Magdeburg zu haben. Der Preis, der dafür gezahlt werden muss, ist der Verlust einiger Schweißperlen, die bei den 433 Stufen für die Turmbesteigung automatisch anfallen. Bevor es so weit ist, sind noch 5,00 € Eintritt zu zahlen.

Die sechzehneckige Kapelle im Dom beherbergt ein thronendes Herrscherpaar. Gewöhnlich werden die Skulpturen als Darstellung Kaiser Ottos und seiner Gemahlin gesehen. Die Forschung zweifelt daran.

Der Domplatz ist eine große Freifläche, auf der einst die Pfalz Ottos des Großen stand, die aber um 1200 durch ein Feuer vernichtet wurde. Am Rande des Platzes befindet sich das Landtagsgebäude und in einer Ecke des Platzes wird das Hundertwasserhaus **Grüne Zitadelle** sichtbar.

Nicht weit davon entfernt befindet sich das **Kloster Unser Lieben Frauen**. Es ist ein sehr bedeutendes romanisches Bauwerk, sogar das älteste der Stadt und wird heute als Kunstmuseum und für Konzertveranstaltungen genutzt. Über die Ausstellungen und die Eintrittspreise erfahren Sie alles Notwendige auf dieser Seite http://kunstmuseum-magdeburg.de.

Monument der Völkerfreundschaft.

Wer von dieser Anlage zur Elbe hinunter geht und den Weg am Fluss Richtung Stellplatz fortsetzt, der kommt an diesem Monument der Völkerfreundschaft vorbei, das 1974 geschaffen wurde. Im Hintergrund ist die Johanniskirche zu sehen, die sich unweit des Rathauses befindet. Dort ist der Alte Markt auf dem der vergoldete Otto der Große zu sehen ist.

Nach so viel Kultur, Geschichte, Kunst und Technik ist nun Baden, Surfen und Relaxen angesagt. Dazu haben wir zwei schöne Campingplätze für Sie ausgesucht.

(104) WOMO-Campingplatz: Barleber See

GPS: N52°13'09.1" E11°39'35.0"; Wiedersdorfer Str. 30, 39126 Magdeburg.
Max. WOMOs: 34, maximale Länge 12 m.
Ausstattung: Frischwasserversorgung, Abwasserentsorgung mit Bodeneinlass, Kassettenentleerung, Stromanschlüsse, Behälter für die Müllentsorgung, WLAN, Restaurant. Im Servicegebäude gibt es Duschen, WCs, Waschmaschinen und Trockner. Der Platz ist von Anfang April bis Anfang Oktober geöffnet.

Beschreibung: Große sonnige parzellierte Stellflächen. Bewuchs aus Bäumen, Hecken und Büschen an den Rändern. Badestrand, Liegewiese und Spielplatz, sehr ruhig. Die Innenstadt von Magdeburg ist 12 Kilometer entfernt.
Preise: Erwachsene Person 6,00 €, Kind 4,00 €, Hund 2,50 €, Wohnmobil inkl. Strom 11,00 €, Wasser, Abwasser 3,00 € pro Tag, Strandbad 2,00 € pro Tag und Person.
Zufahrt: In Magdeburg entlang der Industriehafenanlagen in Richtung A2 fahren, die A2 unterqueren und dem weiteren Verlauf der Straße bis zum Campingplatz folgen.
Reservierung/Kontakt: Tel.: 0391/503244
E-Mail: campingplatz@cvbs.de, Web: www.cvbs.de

Einen ruhigen und kostenlosen Übernachtungsplatz findet man am **Schiffshebewerk Rothensee** [**105:** N52°13'19.7" E11°40'15.5"]. Auf der Aussichtsplattform des Hebewerks lässt sich das Anheben oder senken der Schiffe von der Elbe in den Mittellandkanal beobachten. Zwischen 10 und 18 Metern geht es hinauf oder hinunter, das hängt vom Wasserstand der Elbe ab. Wem dieses Wasserbauwerk noch nicht reicht, der mag noch zu dem Wasserstraßenkreuz marschieren, dass sich in etwas mehr als zwei Kilometern Entfernung befindet. Hier überquert der Mittellandkanal mit einer Brücke von 918 Metern Länge die Elbe. Es ist die längste Kanalbrücke der Welt.

Schiffshebewerk Rothensee.

Badestrand am Jersleber See.

(106) WOMO-Campingplatz:
Erholungscenter Jersleber See

GPS: N52°14'18.4" E11°34'55.9"; Kanalstraße, 39326 Niedere Börde.
Max. WOMOs: >100, maximale Länge 12 m.
Ausstattung: Frischwasserversorgung, Abwasserentsorgung mit Bodeneinlass, Kassettenentleerung, Stromanschlüsse, Behälter für die Müllentsorgung, WLAN, Restaurant, Brötchenservice. Im Servicegebäude gibt es Duschen, WCs, Waschmaschinen und Trockner sowie Babywasch- und -wickelraum. Der Platz ist von Mitte April bis Mitte Oktober geöffnet.
Beschreibung: Große sonnige, teilweise auch schattige Rasenplätze mit unmittelbaren Zugang zum Naturbadesee mit sehr guter Wasserqualität und einem sehr schönen Sandbadestrand.

Preise: Erwachsene Person 6,50 €, Kind 4,50 €, Hund 3,50 €, Wohnmobil 7,00 €, Strom 0,50 pro kWh.
Zufahrt: Auf der B189 in Richtung Wolmirstedt/Colbitz fahren und nach der Überquerung des Mittellandkanals die erste Abfahrt nehmen, in die Ortsmitte von Jersleben fahren und dort links in die Kanalstraße abbiegen und der Straße bis zum See folgen.
Reservierung/Kontakt: Tel.: 039203/5654190
E-Mail: info@jerslebersee.de, Web: www.jerslebersee.de.

Hier beenden wir diese Tour, nicht ohne darauf hinzuweisen, dass Sie mit unserem Buch über die Lüneburger Heide und die Elbtalaue die Reise fortsetzen können. Einmal gen Westen durch die Altmark bis in die Heide und einmal über zwei Etappen entlang der Elbe bis nach Lauenburg. Dort können Sie umsteigen auf unser Buch über Schleswig-Holstein.

An dieser Stelle des Buches kehren wir zurück nach Quedlinburg und setzen von dort aus unsere Reise durch den Harz fort.

Goslar
Bad Harzburg
Halberstadt
Quedlinburg
Wernigerode
Blankenburg
Thale
Gernrode
Bad Suderode
Ilsenburg
Osterode
Herzberg
Bad Lauterberg
Braunlage
Clausthal-Zellerfeld
Bad Grund
Elbingerode
Rübeland
Hasselfelde
Benneckenstein
Schierke
Elend
Torfhaus
Altenau
Schulenberg
Sankt Andreasberg
Hahnenklee
Lautenthal
Bockswiese
Derenburg
Langenstein
Hüttenrode
Stiege
Allrode
Güntersberge
Harzgerode
Friedrichsbrunn
Zorge
Hohegeiß
Tanne
Sieber
Scharzfeld
Hattorf
Schwiegershausen
Oker
Harlingerode
Abbenrode
Stapelburg
Wasserleben
Veckenstedt
Heudeber
Langeln
Danstedt
Wegeleben
Weddersleben
Neinstedt
Darlingerode
Drei Annen Hohne
Trautenstein
Sophienhof
Siptenfelde
Breitenstein
Friedrichsbrunn
Langelsheim
Brocken 1141 m
Wurmberg 971 m
Nationalpark Harz
Naturpark Harz
Tour 1
Tour 2
Tour 6
Tour 8
Tour 12
Tour 13
Rappbodetalsperre
Okertalsperre
Granetalsperre
Innerstetalsperre
Sösetalsperre
Odertalsperre
Brockenbahn
Hexentanzplatz
Teufelsmauer
Harzköhlerei
Pullman City Harz
Hängeseilbrücke Titan RT
Baumannshöhle
Hermannshöhle
Schloss Blankenburg
Burg Regenstein
Sandsteinhöhlen
Höhlenwohnungen
Belvedere
Dom und Domschatz
Kaiserpfalz
Rammelsberg
Großer Burgberg
Baumwipfelpfad
Wildkatzengehege
Kräuterpark
Grube Samson
Hans-Kühnenburg
Einhornhöhle
Scharzfels
Schloss Herzberg
Steinkirche
Aqualand
Oberharzer Wasserwirtschaft
HöhlenErlebnisZentrum
WeltWald Harz
Liebesbankweg
Kloster
Kloster Michaelstein
Wildpark Christianental
Schloss
Schaubergwerk
Hohnsteinklippen
Ottofels
Ostdeutsches Fahrzeug- & Technikmuseum
Stabkirche Stiege
Eulenwelt-Falkenhof
Schloss
St. Cyriakus
Kummelberg 535 m
Wanderwege
BaudenSteig
5 km

TOUR 7 (ca. 160 km)

Thale – Elbingerode – Schierke – Braunlage – Torfhaus – Altenau – Schulenberg – Hahnenklee-Bockswiese – Clausthal-Zellerfeld – Bad Grund – Lautenthal

Stellplätze:	Thale, Rappbodetalsperre, Rübeland, Elend, Braunlage, Torfhaus, Altenau, Schulenberg, Hahnenklee-Bockswiese, Clausthal-Zellerfeld, Lautenthal.
Campingplätze:	Elbingerode, Schierke, Braunlage, Clausthal-Zellerfeld.
Ver-/Entsorgung:	Rappbodetalsperre, Rübeland, Altenau, Schulenberg, Hahnenklee-Bockswiese, Lautenthal.
Besichtigungen:	Thale (Hexentanzplatz), Hängeseilbrücke Titan RT an der Rappbodetalsperre, Rübeland (Höhlen), Torfhaus (Nationalpark-Besucherzentrum), Altenau (Kräuterpark), Clausthal-Zellerfeld (Oberharzer Bergwerksmuseum, Schacht Kaiser-Wilhelm II., Kulturdenkmal Oberharzer Wasserwirtschaft), Bad Grund (HöhlenErlebnis Zentrum, WeltWaldHarz).
Wandern:	Weddersleben (Teufelsmauer), Thale (Hexentanzplatz, Rosstrappe), Rübeland (Harzer-Hexen-Stieg), Elbingerode (Montangeschichtlicher Rundwanderweg durch das Bodfeld), Drei Annen Hohne mit der Brockenbahn auf den Brocken, Torfhaus (Wald-Wandel-Weg), Hahnenklee (Liebesbankweg, Auerhahnkaskade).
Baden/Wellness:	Thale (Bodetal Therme), Elbingerode (Naturbad), Elend (Freibad), Altenau (Kristalltherme "Heißer Brocken").

Diese Tour führt uns zu Hexen und Teufeln, die auf Tanzplätzen und in der Errichtung von Mauern ihr Unwesen treiben. Wir hängen uns an ein Seil, sausen damit über ein Tal und marschieren durch Höhlen, bevor wir zum Höhepunkt des Harzes kommen, den wir wahlweise mit der Bahn, zu Fuß oder mit dem Rad erreichen können. An einem großen Stausee genießen wir die Aussicht über den Harz und können auf dem einzigen Ausflugsschiff im Harz die Landschaft aus einer anderen Perspektive betrachten, bevor es in die historische Bergbaulandschaft geht, die mit einer Vielzahl von Teichen als Oberharzer Wasserwirtschaft bekannt geworden ist und seit einiger Zeit mit dem UNESCO-Kulturerbelabel Besucher anlockt. Am Westrand des Gebirges beenden wir diesen Abschnitt des Buches.

Der Königstein, Teil der Teufelsmauer bei Weddersleben.

Die Teufelsmauer, Grenze zwischen Gott und Teufel.

Beginnen wir mit der **Teufelsmauer**, die nirgendwo im Harz so prägnant und eindrucksvoll zu sehen ist wie zwischen **Weddersleben** und **Neinstedt**. Mit diesen Koordinaten [N51°45'25.8" E11°05'27.9"] finden Sie den kleinen Parkplatz, von dem ein Rundweg von ca. zwei Kilometern Länge um einen Teil der Teufelsmauer geht. Es ist ein kleiner Abschnitt des **Teufelsmauer-Stieges** der von Blankenburg im Westen bis nach Ballenstedt im Osten über eine Länge von 26 Kilometern führt. Die Höhenunterschiede sind nicht gewaltig, der Weg, der gelegentlich über Treppen führt, gut begehbar.

Teufelsmauer, die Sage

Über die Entstehung der Teufelsmauer gibt es viele Sagen. Die bekannteste geht so: Vor ewigen Zeiten, als Gott und Teufel die Erde unter sich aufteilten, vereinbarten sie, dass dem Teufel die Ländereien gehören sollten, die er in einer Nacht bis zum ersten Hahnenschrei mit einer Mauer eingrenzen konnte. In der vereinbarten Nacht, als der Teufel ans Werk ging, war nun aber eine ältere Frau unterwegs, die auf den Markt ging, um einen Hahn zu verkaufen. Sie stolperte in der Dunkelheit, der Hahn erschrak und begann zu krähen. Der Teufel hörte dies und ging davon aus, dass die ihm zur Verfügung stehende Zeit schon vorbei sei. Da er sein Ziel nicht erreicht sah, riss er aus lauter Wut Teile der Mauer wieder ein. Nur die heute noch sichtbaren Reste verblieben.

Teufelsmauer, die geologische Erklärung

Die Mauer wird von besonders harten Sandsteinen verschiedener Epochen der oberen Kreidezeit gebildet. Sie waren im Ausgangsstadium horizontal gelagert und wurden dann durch tektonische Verschiebungen vertikal gestellt. Das umgebene weichere Gestein wurde im Laufe der Jahrmillionen abgetragen, die harten Gesteinsformationen herauspräpariert.

Von der Teufelsmauer in Weddersleben fahren wir weiter nach Thale. Hier tritt die Bode aus dem Harz heraus. Die Naturlandschaft an diesem Ort ist von besonderem Reiz, die es sich zu erkunden lohnt, und alle Bibi Blocksberg-Fans können auf dem Hexentanzplatz nach den fliegenden Besen Ausschau halten. Wir schauen zunächst nach einem Stellplatz für das WOMO, da gibt es drei Möglichkeiten. Erstens an der Talstation der Seilbahn [**107:** N51°44'43.7" E11°01'42.1"], zweitens am Hexentanzplatz [**108:** N51°43'55.8" E11°01'34.3"] und drittens an der Bergstation der Seilbahn zur Rosstrappe [**109:** N51°44'26.5" E11°01'02.3"]. Alle drei haben keine Ver- und Entsorgungsstationen und keine Stromanschlüsse. Gebührenpflichtig ist nur der Hexentanzplatz, der mit einem starken Gefälle für eine Übernachtung am wenigsten geeignet erscheint. Bei dem Stellplatz an der Talstation der Bergbahn ist darauf zu achten, dass nur der hintere Teil des großen Parkplatzes gebührenfrei ist.

Stellplatz an der Talstation in Thale.

In unmittelbarer Nähe des Parkplatzes befindet sich das **DDR Museum**. Ein Museum für alle Nostalgiker und Geschichtsinteressiere. Ossis können hier in Erinnerungen schwelgen und an die Vergangenheit denken, Wes-

Stellplatz an der Bergstation Rosstrappe.

Der Teufel am Hexentanzplatz.

Der Stellplatz am Hexentanzplatz.

sis gewinnen Einblick in den häuslichen Alltag der ehemaligen DDR. Zusammengetragen sind hier im obersten Stock eines Möbelhauses Gebrauchsgegenstände, die von 1949 bis zur Wende reichen.

Weitere Informationen, Öffnungszeiten und Eintrittspreise finden Sie hier www.ddr-museum-thale.de.

Auch nicht weit vom Parkplatz entfernt ist das **Obscurum Thale**, das sich im Bahnhofsgebäude befindet. Hier erfahren Sie alles über Hexen, Hexenverfolgung, Vampire, Werwölfe und Geister. Das ist schon ein wenig gruselig. Öffnungszeiten und Eintrittspreise finden Sie hier www.obscurum-thale.de.

Von der Talstation in Thale führt eine Kabinenseilbahn hoch zum Hexentanzplatz und ein Sessellift zur Rosstrappe. Widmen wir uns zunächst dem **Hexentanzplatz**.

Der Platz ist eine Mischung aus Freizeitpark, Jahrmarkt und Festplatz mit Restaurants. Rund um den zentralen Platz sitzen auf Findlingen Bronzefiguren. Der Teufel und die Hexe sind leicht zu erkennen, die dritte Figur wirkt undefinierbar. Besucher können durch diese Gruppe hindurchgehen, Kinder turnen darauf herum. Bestimmte Körperteile der Figuren sind blank gegriffen, wie die überdimensionale Nase der Hexe zum Beispiel. Daneben gibt es ein Haus, in dem alles wie verhext auf dem Kopf steht. In den Shops finden sich Hexenpuppen in allen Variationen als Souvenirs und einiges andere mehr. Hinter dem Restaurant ist ein Aussichtspunkt, der tief in das Bodetal blicken lässt. Etwas abseits befindet sich ein Tierpark mit heimischen Tierarten, Streichelzoo, Spielplatz und einer guten Gastromomie. Dann gibt es auf diesem Areal noch eine rund 1000 Meter lange Bobbahn zu verzeichnen, in der man durch neun Kurven und über einige Geraden 55 Meter in die Tiefe rauschen kann. Geht man von der Bergstation der Kabinenbahn auf dem Hexensteig in Richtung Thale, kommt man am Harzeum vorbei, dass mit seinem speziellen Humor die Damenwelt nicht unbedingt glücklich macht. All dies ist zusammengefasst unter dem Dach der **Seilbahnen Thale Erlebniswelt**. Auf dieser Seite www.seilbahnen-thale.de finden Sie dazu die Preise und Kombinationsangebote für die einzelnen Attraktionen.

Die mystische Nacht der Nächte ist natürlich die **Walpurgisnacht**, die alljährlich am 30. April den Tanzplatz in einen Hexenkessel verwandelt, wenn kein Virus dazwischenkommt.

Vom Hexentanzplatz können Sie zur Rosstrappe mit dem WOMO fahren. Von Parkplatz zu Parkplatz sind das rund zehn Kilometer. Sie können aber auch zu Fuß gehen. Nur sollte es nicht ihre erste Wanderung sein und festes Schuhwerk brauchen Sie auch, denn die fünf Kilometer sind kein Spaziergang. Unten im Tal angekommen finden Sie mit dem **Gasthaus Königsruhe** eine willkommene Raststation, bevor es auf schmalen Pfad zur **Rosstrappe** hochgeht. 270 Höhenmeter geht es hinunter und 200 Höhenmeter hinauf, das ist nicht unanstrengend.

Der Aussichtspunkt Rosstrappe.

Das Bodetal vom Aussichtspunkt Rosstrappe.

Belohnt werden Sie mit einem weiteren schönen Blick in die Schlucht des Bodetals, die hier einen alpinen Eindruck vermittelt. Auf einem Schild am Geländer können Sie die Rosstrappen-Sage lesen und wissen dann, warum dieser Felsvorsprung so heißt und wie der Fluss zu seinem Namen kam. Abschließend sei noch bemerkt, dass es auch an der Rosstrappe eine Einkehrmöglichkeit gibt.

Wir fahren weiter und treffen auf den Stellplatz, den wir als Endpunkt der Tour 2 schon beschrieben haben. Der Einfachheit halber zeigen wir hier die Platzbeschreibung erneut.

(023) Offizieller WOMO-Gasthof-Stellplatz: Hotel und Reiterhof an der Talsperre

GPS: N51°44'04.2" E10°54'26.1"; Oberbecken 1, 06502 Thale.
Max. WOMOs: >20, maximale Länge 12 m.
Ausstattung: Frischwasserversorgung, Abwasserentsorgung mit Bodeneinlass, Kassettenentleerung, Stromanschlüsse, Behälter für die Müllentsorgung, WLAN, Brötchenservice. Im Servicegebäude gibt es Dusche, WC, Waschmaschine und einen Trockner. Der Platz ist ganzjährig geöffnet. Brötchen- und Frühstücksservice im Gasthof, Restaurant mit guter Küche.

Beschreibung: Unmarkierte ausreichend große Rasenplätze mit Grünstreifen in unmittelbarer Nähe der Talsperre, relativ ruhig. Die Staumauer mit der Hängebrücke ist ein Kilometer entfernt.
Preise: 18,00 € für ein Fahrzeug mit 2 Personen. Kind 2,50 €, Hund 2,00 €, Ver- und Entsorgung kostenlos, Strom 0,60 € pro kWh.
Zufahrt: B81 an der Kreuzung in Richtung Elbingerode.
Reservierung/Kontakt: Tel.: 039456/56950 oder 0172 3576111
E-Mail: info@hotel-talsperre.de, Web: www.campingstellplatz-talsperre.de.

Von diesem Stellplatz bis zur **Rappbodetalsperre** gehen Sie rund zehn Minuten, bis Sie die spektakuläre Hängeseilbrücke erreicht haben. Sie ist fast 460 Meter lang und wurde 2017 fertiggestellt. Nur von Drahtseilen gehalten geht es in luftiger Höhe an der Staumauer vorbei. Es ist schon ein gewisser Nervenkitzel damit verbunden auf einem 1,2 Meter breiten Gitterrost in etwa 100 Metern Höhe die Bode zu überqueren. Für 6,00 € Eintritt dürfen Sie diesen Weg nutzen, der je nach Windsituation auch ein wenig schwingt. Wenn Ihnen das als Nervenkitzel noch nicht ausreicht und Sie Ihren Adrenalinspiegel ordentlich auf Trab bringen wollen, dann haben Sie auf der anderen Seite des Bodeufers im Besucherzentrum die Möglichkeit in die **Megazipline** einzusteigen. Es ist Europas längste Doppelseilrutsche in der Sie am Seil hängend parallel mit Partner, Freund oder allein über 1000 Meter wieder zurück auf die andere Seite des Bodeufers sausen

Titan-RT, 458,5 Meter lange Drahtseilbrücke über dem Bodetal.

können. Wir müssen gestehen, dass wir auf dieses Erlebnis verzichtet haben. Aber Sie freuen sich vielleicht darauf, wenigstens für einen Moment frei wie ein Vogel über die Bode zu fliegen. Wenn Sie sich das vornehmen, dann sollten Sie vorher buchen. Alle notwendigen Informationen dazu finden Sie hier www.harzdrenalin.de.

Blick vom Aussichtspavillon Hoher Kleef auf Rübeland.

Uns ist fester Boden unter den Füßen lieber. Wir fahren weiter. **Rübeland** ist unser nächstes Ziel, das einen kleinen, privat geführten Stellplatz aufzuweisen hat, an dem Sie vorbeikommen, wenn Sie unserer Routenführung folgen. Sie finden ihn mit diesen Koordinaten [**110:** N51°45'16.6" E10°51'03.7"]. Von diesem Platz ist es nicht sehr weit bis zu dem Aussichtspavillon **Hoher Kleef**, von dem Sie einen wunderbaren Blick auf die Harzlandschaft und auf Rübeland haben. Der

Aussichtspunkt ist eine Station auf dem **Harzer-Hexen-Stieg**, einem 96 Kilometer langem Wanderweg, der über fünf Etappen von Osterode nach Thale führt und dabei auch den Brocken überquert.

Rübeland ist berühmt für seine Tropfsteinhöhlen. Mit der **Baumannshöhle** und der **Hermannshöhle** verfügt der Ort über zwei außergewöhnliche Schauhöhlen, die einen Besuch lohnen. Bisher berühmtester Besucher der Baumannshöhle war **Johann Wolfgang von Goethe**, der so fasziniert von diesen Tropfsteingebilden war, dass er die Höhle gleich mehrfach besuchte. Der größte Hohlraum in diesem Labyrinth trägt seinen Namen. Hier befindet sich auch eine Naturbühne. Die angeleuchteten Tropfsteinformationen bilden eine einzigartige Kulisse für Theaterstücke und Konzerte. Goethe hätte seine Freude daran gehabt.

Die im 19. Jahrhundert zufällig bei Straßenbauarbeiten entdeckte Hermannshöhle beeindruckt durch die großen Säle, die bis zu 50 Meter in die Höhe reichen. Der Olmensee ist eine Besonderheit dieses unterirdischen Labyrinths. Hier lebt der **Grottenolm**, ein Schwanzlurch, der bis zu 25 Zentimeter Länge erreichen kann. Dieses Tier gibt es in Deutschland nur in dieser Höhle zu sehen.

Wie diese Hohlformen entstehen, haben wir schon an anderer Stelle beschrieben, das müssen wir hier nicht wiederholen. Die Höhlen können Sie nur mit Gästeführern besuchen, die Ihnen in kurzweiliger Form alles über die Höhlen und deren Bewohner erzählen. Eintrittspreise, Öffnungszeiten und weitere Infos finden Sie hier www.harzer-hoehlen.de.

Tropfsteinformationen in der Baumannshöhle.

Unterirdisch geht es in **Elbingerode** im **Schaubergwerk Büchenberg** weiter. Wenn Sie den Parkplatz am Ende der Büchenbergstraße anfahren **[111:** N51°47'18.7" E10°49'03.0"], haben Sie noch einen 500 Meter langen Fußweg vor sich, der zum Eingang des Besucherstollens führt. Loren, Bohranlagen und andere ausgemusterte Gerätschaften des Bergbaues säumen den Weg.

Eingang des Schaubergwerks Büchenberg.

Nach einem herzlichen 'Glück Auf' und 8,00 € Eintritt fahren Sie in die Grube und bekommen gezeigt, wie die Bergleute Untertage noch bis 1970 Erze abgebaut haben. Sie sehen und hören, wie sie mit Überkopflader, Bohrhammer und Erzschrapper das Erz aus dem Berg schlugen und abtransportierten. Auch hier verweisen wir wieder zu den Öffnungszeiten und den Eintrittspreisen und weiteren Infos und Angeboten auf die website des Schaubergwerks www.schaubergwerk-elbingerode.de.

Wenn Sie auf dem großen, einsam gelegenen Parkplatz am Bergwerk nicht übernachten möchten oder einfach mehr Komfort benötigen, so fahren Sie zu diesem Campingplatz.

(112) WOMO-Campingplatz: Elbingerode (Harz) – Camping am Brocken

GPS: N51°46'32.9" E10°47'45.1"; Schützenring 6, 38875 Elbingerode (Harz).
Max. WOMOs: >20, maximale Länge 12 m.
Ausstattung: Frischwasserversorgung, Abwasserentsorgung mit Bodeneinlass, Kassettenentleerung, Stromanschlüsse, Behälter für die Müllentsorgung, WLAN, Brötchenservice, Spielplatz. Im Servicegebäude gibt es Duschen, WCs, Waschmaschinen und Trockner. Der Platz ist ganzjährig geöffnet.
Beschreibung: Ortsrand. Große, überwiegend schattenlose Rasenplätze. Die Stellflächen sind mit halbhohen Hecken voneinander getrennt. Ein Naturbadesee ist in der Nähe, die Stadtmitte ist ca. 1,5 km entfernt.

Preise: Erwachsene Person 6,00 €, Kind 3,50 €, Hund 2,00 €, Kurtaxe (nur Erwachsene) 2,50 €, Wohnmobil 8,00 € bis 12,00 € (je nach Größe der Stellfläche), Strom 0,60 pro kWh.
Zufahrt: In Elbingerode im ersten Kreisverkehr die erste Ausfahrt nehmen und die B244 ca. 400 Meter bis zur Bäckerei Hofmann & Sohn fahren, dort links abbiegen in die Bruchstraße und den Hinweisen zum Campingplatz folgen.
Reservierung/Kontakt: Tel.: 039454/42589 oder 01705933313
E-Mail: campingambrocken@gmx.de, Web: www.campingambrocken.de.

Der Name des Campingplatzes verrät es schon, wir nähern uns dem höchsten Berg des Harzes. Man kann den Brocken von vielen Seiten angehen. Von Wernigerode, Drei Annen Hohne und Schierke geht es mit der Bahn. Schnaufende Dampfrößer fahren hoch. Das ist schon ein besonderes Erlebnis. Zu den Fahrstrecken der Harzer Schmalspurbahnen verweisen wir auf die Seite 70 dieses Buches. Dort sind sie näher erläutert und mit einem Streckennetzplan versehen.

Brockenbahn an der Haltestelle in Schierke.

Von Ilsenburg, Bad Harzburg, Torfhaus und Braunlage geht es zu Fuß oder auch mit dem MTB auf den Brocken. Wir werden den Brocken näher betrachten, wenn wir in Torfhaus angekommen sind. Vorher gehen wir noch im Schnelldurchlauf einige weitere Stell- und Campingplätze auf dem Weg dorthin durch.

Beginnen wir in **Drei Annen-Hohne**. Der riesige Wanderparkplatz [**113:** N51°46'15.9" E10°43'52.0"] eignet sich gut für eine Übernachtung. Das Tagesticket kostet drei Euro. Von hier kann man sich mit der **Brockenbahn** auf den Gipfel fahren lassen und die 12 Kilometer wieder hinuntergehen. Bis zum **Ottofelsen** sind es von diesem Wanderparkplatz nur vier Kilometer. Der Felsen ist ein beliebtes Wanderziel, bietet die-

Wanderparkplatz Drei Annen-Hohne.

se 36 Meter hohe Formation doch beste Rundumsicht. Auf dem Weg dorthin kommen Sie an den **Hohnsteinklippen** vorbei. Sie sind genauso schön, doch hier führen keine Treppen auf die Spitzen der Felsformationen hinauf.

Beliebt ist der Campingplatz am Schierker Stern. Es zeigt sich, das es günstig ist, vorher zu buchen, als wir ihn besucht haben war er voll belegt.

(114) WOMO-Campingplatz: Elend – Harz Camping am Schierker Stern

GPS: N51°45'26.0" E10°41'01.4"; Am Stern 1, 38875 Elend.
Max. WOMOs: 40 auf dem Campinggelände, 6 vor der Schranke, maximale Länge 12 m.
Ausstattung: Frischwasserversorgung, Abwasserentsorgung mit Bodeneinlass, Kassettenentleerung, Stromanschlüsse, Behälter für die Müllentsorgung, WLAN, Brötchenservice. Im Servicegebäude gibt es Duschen, WCs, Waschmaschinen und Trockner. Der Platz ist ganzjährig geöffnet.

Beschreibung: Schattige geschotterte Stellflächen am Waldrand. Die Station der Brockenbahn ist 1 km, der Brocken-Coaster 1,5 km entfernt.
Preise: Erwachsene Person 5,00 €, Kind 3,50 €, Hund 2,50 €, Kurtaxe (nur Erwachsene) 2,50 €, Wohnmobil 8,50 €, Strom 3,50 pro Tag, Waschmaschine und Wäschetrockner jeweils 4,00 €. Stellplatz vor der Schranke 10,00 € inkl. aller Personen, einschließlich Ver- und Entsorgung, zuzüglich der Kosten für Stromverbrauch.
Zufahrt: An der Zufahrt zum Ort Schierke .
Reservierung/Kontakt: Tel.: 039455/58817
Web: www.harz-camping.com.

Von diesem Platz ist es nicht weit zum Schierker Bahnhof ein Haltepunkt der Brockenbahn. Unweit des Bahnhofs sind die Klippenformationen des Feuersteins zu sehen. Der **Große Feuerstein** ziert als stilisiertes Logo die Flaschen des "Schierker Feuersteins" einem Kräuterlikor dessen Werbetafeln im Harz überall zu sehen sind. Der Likör wurde in Schierke von einem Apotheker entwickelt und sollte die Kurgäste von ihren Magenbeschwerden befreien. Das war in den Zwanzigerjahren des letzten Jahrhunderts, als Schierke noch ein berühmter Kurort war und als St. Moritz des Nordens galt. Nach dem Zweiten Weltkrieg ging es mit dem "Kurort der Werktätigen" bergab. Zuletzt durften wegen der Grenznähe nur noch die "linientreuen" diesen Ort aufsuchen. Etliche Gebäude verfielen, einige davon wurden inzwischen abgerissen, um Platz zu machen für eine neue touristische Infrastruktur.

Zwei weitere Stellplätze befinden sich in **Elend**, einem beschaulichen Luftkurort an der Harzquerbahn.

Einen finden Sie hier **[115:** N51°44'46.2" E10°41'42.8", Am Waldbad 1A, 38875 Elend], den anderen am Denkmalsplatz **[116:** N51°44'38.8" E10°41'12.4"].

Stellplatz am Waldbad in Elend.

Stellplatz am Denkmalsplatz in Elend.

Von beiden Plätzen ist man zu Fuß in fünf Minuten am Bahnhof. Von hier fährt die Harzquerbahn über Drei Annen-Hohne nach Wernigerode. Sie benötigt dafür etwas mehr als 50 Minuten.

Wie in Drei Annen-Hohne auch gibt es in **Elend** in der Nähe des Bahnhofs bei Kukki's Imbiss Erbsensuppe aus der Gulaschkanone frisch auf den Teller oder in der Dose zum Mitnehmen. Das ist doch mal eine Alternative zu den sonst bekannten Schnellrestaurants.

Wir fahren weiter und hatten gehofft, auf dem großen Skiparkplatz am **Wurmberg** in **Braunlage** [N51°45'03.1" E10°37'50.7"] noch einen weiteren Stellplatz für die Nacht zu finden. Das Gelände ist groß genug, eine Übernachtung aber nicht gestattet. Sie dürfen den Parkplatz allerdings tagsüber nutzen, um zum Beispiel eine Wanderung rund um den Berg zu machen, die Aussicht zu genießen oder die Kinder in der **Berg-Erlebniswelt** im und auf dem Wasser spielen zu lassen. Die Weitsicht vom 32 Meter hohen Turm mit der verglasten Plattform ist natürlich am besten. Über 162 Stufen oder mit dem Lift geht es hinauf und wer mutig genug ist, saust über eine Rutsche wieder runter. Von oben erscheint der Brocken zum Greifen nah, eine Wanderung dorthin verlockend. Über den Kolonnenweg, dem Relikt der alten Grenzsicherungsanlagen, sind es rund neun Kilometer. Da Sie hier schon auf 971 Metern Höhe sind, ist der Anstieg auf den Brocken mit 1142 Metern nicht dramatisch. Natürlich können Sie den Weg auch mit dem Rad zurücklegen.

Statt den Parkplatz oben anzufahren, können Sie auch den gebührenpflichtigen Parkplatz [N51°43'53.9" E10°36'44.0"] an der Talstation der **Wurmbergseilbahn** nutzen und mit der Bahn hochfahren. Die Lage im Zentrum hat den Vorteil, dass Sie einen leichten Zugang zur gastronomischen Vielfalt des

Ortes bekommen. Übernachten dürfen Sie aber auch hier nicht. Da müssen Sie schon hierher fahren.

(117) WOMO-Campingplatz: Braunlage

GPS: N51°42'47.9" E10°35'50.9"; Am Campingplatz, 38700 Braunlage.
Max. WOMOs: >50, maximale Länge 12 m.
Ausstattung: Frischwasserversorgung, Abwasserentsorgung mit Bodeneinlass, Kassettenentleerung, Stromanschlüsse, Behälter für die Müllentsorgung, WLAN, Restaurant, Brötchenservice. Im Servicegebäude gibt es Duschen, WCs, Waschmaschinen und Trockner. Der Platz ist ganzjährig geöffnet.

Beschreibung: Sonnige, teilweise auch schattige Rasenplätze auf vier großen Terrassen verteilt. Die Innenstadt von Braunlage ist 2,5 km entfernt, bis zur Talstation der Wurmbergseilbahn sind es etwas mehr als 3 km.
Preise: Erwachsene Person 5,30 €, Kind 4,00 €, Hund 1,00 €, Kurtaxe (nur Erwachsene) 2,50 €, Wohnmobil 5,00 €, Strom 0,60 pro kWh, Umweltpauschale 1,50 €.
Zufahrt: In Braunlage auf der B27 in Richtung Bad Lauterberg fahren. 250 Meter nach der Unterquerung der B4/B242 links abbiegen.
Reservierung/Kontakt: Tel.: 05520/9996931
E-Mail: info@braunlage-camping.de, Web: https://camping-braunlage.de.

Auch auf dem Großparkplatz am **Torfhaus** dürfen Sie übernachten. Auf diesem asphaltierten Platz [**118:** N51°48'18.6" E10°32'08.0"] finden Sie ausreichend Raum.

Stellplatz am Torfhaus.

Neben diesem Parkplatz befindet sich das **Besucherzentrum** des Nationalparks, die in einer Ausstellung über das Wesen und die Zielsetzung des Nationalparks informiert und vielerlei Publikationen für den Besucher bereithält. Es gibt ein 'Erlebniskino' in dem unter anderem die Entwicklung zum neu entstehenden Urwald im Nationalpark gezeigt wird und im Kinderraum erzählt Boris Borkenkäfer von seinem Verhältnis zu den Menschen. Berichtet wird über den Wolf und über die Hochmoore des Harzes, wovon eines nur wenige Meter vom Besucherzentrum entfernt ist.

Waldschäden sieht man im Harz sehr viele. Dramatisch und erschreckend ist das Bild, wenn man die Straße von Braunlage zum Torfhaus hochfährt. Hier hatten und haben Millionen von Borkenkäfern ein Festgelage nach dem anderen.

Dieser Anblick lässt den Besucher vor Entsetzen erstarren und erschaudern. So ein toter Wald, furchtbar und grausam ist der Anblick. Aber eben auch nur auf den ersten Blick. Womit wir Menschen häufig ein Problem haben, ist der Faktor Zeit. Alles muss fix gehen und schnell erledigt werden. Der Wald gehört aufgeräumt! Die Natur reagiert da eben anders. Sie lässt sich Zeit. Für Veränderungen im Klimageschehen braucht es Jahrhunderte, für die großen Zyklen zwischen Warm- und Kaltzeiten gar Jahrtausende und mit diesen Verläufen ändert sich auch die Vegetation. Alles ganz normal und unabänderlich. Aus dem Harz wurde durch den Eingriff des Menschen schon vor Jahrhunderten ein Wirtschaftswald gemacht. Schnell wachsende Fichten wurden angepflanzt, die Buchenmischwälder mussten weichen. Holzkohle und Bauholz wurde für den Bergbau und die Verhüttung der Erze benötigt, der mit einem Raubbau an der Natur und Umgestaltung des Waldes einherging. Nun rächt es sich, eine Monokultur angepflanzt zu haben. Einige trockene Jahre und die flach wurzelnden Fichten verdorren. Kommt noch ein Sturm dazu, ist das Chaos perfekt. Den Rest erledigt der Borkenkäfer. Im **Nationalparkzentrum** finden Sie dazu eine Fülle an Informationen und auf dieser Seite www.torfhaus.info eine Reihe mit Publikationen im PDF-Format und gut gemachte Videos, die Sie sich auf dem Parkplatz am Torfhaus bequem auf Ihrem Tablet anschauen können. Die Verbindung ist hier ausgezeichnet, Sie stehen ja

Wegweisungen im Nationalpark.

Im Hochmoor zwischen Torfhaus und dem Brocken.

praktisch neben einem großen Funkmast. Ziel des Nationalparks ist es unter anderem einen neuen Urwald entstehen zu lassen.

Wie soll das funktionieren? Lassen wir die Nationalparkbetreiber doch selbst zu Wort kommen, zitieren wir aus der Beschreibung des WaldWandelWeges, den Sie in voller Länge auf der genannten website finden.

WaldWandelWeg

"Beim Anblick von Kahlflächen oder toten Bäumen stellen sich viele Gäste die Frage, wie wohl der Harzer Wald der Zukunft aussehen wird. Doch am Ende steht nicht ein toter Wald, sondern sprießendes Leben aus jungen Fichten, Ebereschen, Weiden und Birken.

Die aktuellen Waldbilder sind Ausdruck der natürlichen Dynamik, die sich in den Fichtenwäldern nicht nur des Nationalparks abspielt. Ist der beginnende Wandel zunächst erschreckend und ungewohnt, so zeigt sich bei näherem Hinsehen die unbändige Kraft der Natur.

Der WaldWandelWeg liegt auf einer relativ jungen Windwurffläche und auch der Borkenkäfer hat hier seine Spuren hinterlassen. Dadurch lässt sich auf ihm die dynamische Waldentwicklung unmittelbar und intensiv miterleben. Man sieht, welche Naturgewalten hier wirken und wie sich in den dadurch geschaffenen Strukturen in kurzer Zeit eine enorme Vielfalt und Lebenskraft entwickelt. Der stetige Wandel ist auf diesem Pfad Programm. Er ist vom Nationalpark-Besucherzentrum TorfHaus mit einer Wanderung von ca. 1,5 Kilometern leicht erreichbar.

Der Beginn des neuen Urwaldes.

In Ergänzung zum WaldWandelWeg wurde auf dem Quitschenberg direkt am Goetheweg von Torfhaus zum Brocken ein Infopunkt eingerichtet. Auch hier finden die Besucher ansprechend gestaltete Informationen rund um den Borkenkäfer und die Walddynamik im Nationalpark Harz und können die Natur auf dem Weg zum neuen Urwald beobachten."

Auf dem Weg zum Brocken, den Sie zu Fuß oder mit dem Rad vom Torfhaus erreichen können, lohnt es sich, den **WaldWandelWeg** zu gehen (er ist recht kurz) und sich das **Torfhausmoor** anzuschauen. Hier müssen Sie ihr Rad allerdings über einige Strecken schieben. Die Kombination dieser Strecken führt zu einer Gesamtlänge von rund zwölf Kilometern.

Der Brocken mit Hotel, Sendemast und Brockenhaus.

Mit dem e-bike kein Problem. Der Höhenunterschied ist fast 400 Meter. Der steilste Anstieg ist auf dem Kolonnenweg der ehemaligen Grenzsicherungsanlagen zu verzeichnen, ansonsten ist die Strecke sehr gut zu fahren, die Beschilderung ausgezeichnet. Wir sind gespannt, wie sich der Wald in dieser Region entwickeln wird und freuen uns schon darauf, für die nächste Auflage dieses Buches diese Region erneut aufzusuchen.

Im **Brockenhaus**, das ist das Gebäude rechts auf dem Foto, erfahren Sie alles über die Geologie des Harzes, bekommen die Geschichte der Brockenbahn erzählt, erfahren, welche Funktion der Brocken als Horchposten in den Westen während des Kalten Krieges hatte und vieles andere mehr. Von der Aussichtsterrasse haben Sie einen weiten Blick in das Umland. Eine höhere Position als hier können Sie im Harz nirgendwo einnehmen.

Und natürlich auch wichtig: Hier gibt es Kaffee, Kuchen und wenn Sie mögen auch etwas Herzhaftes.

Nach dem Gang über den Brockenrundweg, einem Besuch des Nordsterns, auf dem uns Carl Friedrich Gauß wiederbegegnet, der diesen Punkt für seine Landvermessung genutzt hat und einen Blick in den kleinen Botanischen Garten geht es wieder zurück. Mit dem Rad ist das jetzt ganz mühelos. Die Bremsen sollten allerdings gut funktionieren.

Unten angekommen geht es auf unserer Reise weiter nach **Altenau**, das wir nach rund neun Kilometern über eine abschüssige Landesstraße erreichen. Es ist ein heilklimatischer Kurort, dessen größte Attraktion neben der Therme der **KräuterPark** ist. Auf über 30.000 Quadratmeter sind hier im größten Kräutergarten Deutschlands Gewürz- und Heilkräuter aller Art zu sehen und zu riechen. Eine Übersicht bietet diese website www.kraeuterpark-altenau.de. Hier finden Sie auch einen Onlineshop, damit Sie sich die Kräuter und Gewürze aus dem Harz auch nach dem Abschluss Ihrer Reise immer wieder zuschicken lassen können.

Für die Übernachtung und als Ausgangsorte für die Heilklimatischen Wanderungen rund um Altenau stehen diese beiden Stellplätze zur Verfügung.

(119) Offizieller WOMO-Badeplatz: Altenau – Kristalltherme „Heißer Brocken"

GPS: N51°47'51.7" E10°26'35.3"; Karl-Reinecke-Weg 35, 38707 Altenau.
Max. WOMOs: 30, maximale Länge 8 m.
Ausstattung: Frischwasserversorgung, Abwasserentsorgung mit Bodeneinlass, Kassettenentleerung, Stromanschlüsse, Behälter für die Müllentsorgung, WLAN, ganzjährig geöffnet.

Beschreibung: Sonnige und schattige relativ stark geneigte Plätze auf Schotter und Pflastersteinen in unmittelbarer Nähe der Therme. Auffahrkeile notwendig. Bäcker 250 m entfernt.
Preise: 10,00 € für ein Fahrzeug mit 2 Personen. Kurtaxe 2,14 € pro Person. Anmeldung und Bezahlung erfolgt an der Kasse der Therme. Entsorgung kostenlos, über Münzautomaten gibt es Frischwasser für 0,50 € (40 Liter), Strom kostet 0,50 € pro kWh.
Zufahrt: In Altenau den Hinweisen zur Therme folgen.

(120) Offizieller WOMO-Stellplatz: Altenau – Alter Bahnhof

GPS: N51°48'04.9" E10°26'03.3"; Rothenberger Str. 52, 38707 Altenau.
Max. WOMOs: 25, maximale Länge auf einigen Plätzen mehr als 16 Meter. Mindestaufenthalt 2 Tage.
Ausstattung: Frischwasserversorgung, Abwasserentsorgung mit Bodeneinlass, Kassettenentleerung, Stromanschlüsse, WC, Behälter für die Müllentsorgung, Brötchenservice. Der Platz ist ganzjährig geöffnet.

Beschreibung: Halbschattige mit Schotter befestigte Stellflächen am Waldrand. 15 Plätze mit Stromversorgung, 10 ohne.
Preise: 12,50 € für ein Fahrzeug mit 2 Personen. Kurtaxe 2,14 € pro Person. Frischwasser 1,00 € (ca. 75 Liter), Strom 0,65 € pro kWh. Abwasserentsorgung und Entleerung der Bordtoilette ist kostenfrei.
Zufahrt: In Altenau im ersten Kreisverkehr die erste Ausfahrt wählen, auf der B498 in Richtung Goslar fahren und nach ca. 750 Metern nach links in die Rothenberger Str. abbiegen, dann dem Verlauf der Straße bis zum Alten Bahnhof folgen (ca. 1,5 km).
Reservierung/Kontakt: Tel.: 0160 7997899
E-Mail: info@alterbahnhofaltenau.com, Web: www.alterbahnhofaltenau.com.

Die Wanderwege verlaufen vielfach entlang des Grabensystems des UNESCO Weltkulturerbes "Oberharzer Wasserwirtschaft". Wanderkarten erhalten Sie bei der Touristinfo und auch auf dem Stellplatz am Alten Bahnhof wird man Ihnen gern Auskunft über die Touren geben. Auf www.outdooractive.com finden Sie 12 Wanderungen (Altenau 1-12) mit kurzen Beschreibungen und Karten zum download.

Von Altenau geht unsere Fahrt weiter nach Schulenberg. Die B498 führt an der Okertalsperre entlang und schließlich über sie hinweg.

(121) WOMO-Wanderparkplatz: Schulenberg – Panoramablick Okerstausee

GPS: N51°50'12.0" E10°26'07.1";
Wiesenbergstraße 14, 38707 Schulenberg im Oberharz.
Max. WOMOs: 10, maximale Länge 12 m.

Ausstattung: Tische und Bänke, Frischwasserversorgung, Abwasserentsorgung mit Bodeneinlass, Kassettenentleerung, Stromanschlüsse, Behälter für die Müllentsorgung, WC. Der Platz ist ganzjährig geöffnet.
Beschreibung: Große sonnige, geschotterte Stellflächen mit Panoramablick auf die Okertalsperre.
Preise: 6,00 € für ein Fahrzeug mit 2 Personen. Kurtaxe 2,14 € pro Person. Entsorgung kostenlos, über Münzautomaten gibt es Frischwasser für 0,50 € (40 Liter), Strom kostet 0,50 € pro kWh.
Zufahrt: Über die B498 in Richtung Goslar fahren, die Okertalsperre überqueren, danach gleich links abbiegen, einen Seitenarm der Talsperre überqueren (Bramkebrücke), danach rechts abbiegen, den Hang hinauffahren und der Straße bis zum Stellplatz folgen.

Die AquaMarin ist das einzige Fahrgastschiff auf dem Okerstausee.

Die **Okertalsperre** ist das einzige große Gewässer im Harz auf dem ein Ausflugsschiff verkehrt. Über die An- und Abfahrtszeiten und die Bordgastronomie gibt diese Seite www.okersee.de Auskunft.

Die Talsperre dient sowohl dem Hochwasserschutz als auch der Energieerzeugung und ist Segel- und Surfrevier für Wassersportler. Die Oberfläche des verzweigten Sees misst etwa zwei Quadratkilometer und ist damit der größte im Harz.

Der Okerstausee im Sommer 2020.

Um den Ostarm des Okerstausees verläuft ein 12,5 Kilometer langer Radweg, der auch gern von Inlineskatern genutzt wird, da er durchgehend asphaltiert ist. Wanderer können ihn natürlich auch nutzen und ihn mit einer Fahrt auf dem Ausflugsschiff kombinieren.

Von Schulenberg geht die Fahrt weiter nach **Clausthal-Zellerfeld**. Der Zusammenschluss der zwei ehemals selbstständigen Gemeinden (Zellerfeld im Norden, Clausthal im Süden) erfolgte bereits 1924. Der Ort ist das Zentrum der **Oberharzer Wasserwirtschaft**. Er ist umgeben von mittleren, kleinen und kleinsten Seen und Teichen.

Was hat es nun mit der Wasserwirtschaft auf sich? Wir fassen das einmal kurz zusammen.

Der Stadtweger Teich nördlich von Zellerfeld.

Oberharzer Wasserwirtschaft

Mehr als 100 Teiche sind mit einem Grabensystem von über 300 Kilometern Länge und einigen natürlichen Gewässerläufen miteinander verbunden. Ziel dieses Systems war, das Wasser für den Antrieb der Wasserräder im Oberharzer Bergbau zu nutzen. Vor mehr als 800 Jahren begannen die Zisterziensermönche aus dem Kloster Walkenried (siehe Seite 52) mit der Entwicklung dieses Systems, das die Bergleute im Laufe der folgenden Jahrhunderte verfeinerten und ausbauten. Vielfach wird diese Anlage auch als **Oberharzer Wasserregal** bezeichnet. Das hat aber nichts mit einem Möbelstück zu tun, sondern mit dem verleihen königlicher Hoheitsrechte, die im Mittelalter Regale genannt wurden. Die Anlagen der Oberharzer Wasserwirtschaft stehen unter Denkmalschutz und werden teilweise noch zur Trinkwassergewinnung genutzt. Sie gelten als das weltweit bedeutendste vorindustrielle Wasserwirtschaftssystem des Bergbaus und gehören seit August 2010 zum Welterbe der UNESCO.

22 **WasserWanderWege** wurden angelegt. Sie führen sowohl an noch genutzten als auch ungenutzten Gräben vorbei. Es geht entlang von Teichketten, alten Radstuben, Stollenmundlöcher und Vertiefungen. 300 Wappentafeln und 100 Informationstafeln informieren über das System und weisen durch das insgesamt 113 Kilometer lange Wegenetz. Es gibt kurze und lange Wanderwege. Der kürzeste ist 0,3, der längste 11,5 Kilometer lang. Auf dieser Seite www.oberharz.de finden Sie einige der Touren neben vielen anderen Wanderwegen beschrieben. Scrollen Sie auf der Startseite ganz nach unten und klicken dort unter 'Aktivitäten' auf 'Wandern im Harz'.

Eingang des Liebesbankweges.

Der **Liebesbankweg** in **Hahnenklee** gehört zwar nicht zu den WasserWanderWegen er führt aber trotzdem an sechs Teichen der Oberharzer Wasserwirtschaft vorbei. Dass der Weg ein anderes Thema hat, lässt sich leicht am Namen erkennen. Sie betreten den Weg durch das 'Tor der Liebe', das Sie links abgebildet sehen. Das Schöne, es befindet sich fast direkt neben der WOMO-Tür (siehe Stellplatzbeschreibung). Der Weg ist nur sieben Kilometer lang. 25 Bänke laden zu kleinen Pausen ein. Jede Bank ist einem bestimmten Hochzeitsdatum gewidmet. Nach

(122) WOMO-Wanderparkplatz: Hahnenklee – Parkplatz Bocksbergweg

GPS: N51°51'25.5" E10°20'36.0"; Am Bocksberg 7, 38644 Goslar.
Max. WOMOs: offiziell 10, der Parkplatz bietet aber sehr viel mehr Fahrzeugen Platz, maximale Länge 12 m.

Ausstattung: Tische und Bänke, Frischwasserversorgung, Abwasserentsorgung mit Bodeneinlass, Kassettenentleerung, ganzjährig geöffnet.
Beschreibung: Große sonnige, teilweise auch schattige gepflasterte Stellflächen am Rande eines PKW-Parkplatzes. Der Liebesbankweg beginnt an diesem Parkplatz.
Preise: Kostenlos, Frischwasser 2,00 € (ca. 60 Liter).
Zufahrt: Von der L517 am Nordrand von Clausthal-Zellerfeld auf die B241 in Richtung Goslar abbiegen. Nach 4,5 km nach Bockswiese abbiegen, den Ort durchfahren und danach rechts nach Hahnenklee abbiegen. Dort an der Feuerwehr und der Stabkirche vorbei zum Parkplatz fahren.

Sommerrodelbahn am Bocksberg.

wie vielen Jahren Ehe Silberhochzeit und Goldene Hochzeit gefeiert wird, ist ja allgemein bekannt. Aber wann feiert man Veilchenhochzeit? Wissen Sie es? Wenn nicht, auf der Wanderung werden Sie es erfahren. Liebesgedichte werden Sie auf diesem Wege auch lesen können, eine Liebesquelle entdecken und zum Schluss gemeinsam schaukeln. Ein Wanderweg mal ganz anders, als all die anderen im Harz.

Wenn Sie den Weg gegangen sind, dann haben Sie die Seilbahn am **Bocksberg** unterquert. Der Weg zur Talstation der Bocksbergbahn ist ebenfalls nicht weit vom Parkplatz entfernt. Wenn Sie mit der Kabinenseilbahn hochfahren, können Sie am Hang kurvenreich mit der Sommerrodelbahn wieder zur Hälfte hinuntersausen. Wenn Sie etwas wagemutiger sind und das entsprechende Rad dabei haben, dann fahren Sie mit dem Sessellift hoch und brettern mit dem Rad hinunter. Alternativ steht Ihnen auch ein etwas größeres Dreirad zur Verfügung, das Sie sich bei trockenem Wetter am Aussichtsturm leihen können. Für die auf "Action" stehenden jungen und jung gebliebenen Menschen sicherlich ein Heidenspaß. Das ganze Angebot rund um den Bocksberg können Sie hier nachlesen www.erlebnisbocksberg.de.

Wer es gemütlicher und ruhiger angehen möchte, der genießt die Aussicht vom Bocksbergturm oder einen Kaffee in der Bocksberghütte.

Im Kurpark von Hahnenklee.

Unten lockt ein Spaziergang im Kurpark, der rund um den Großen und den Kleinen Kranicher Teich angelegt wurde. Auch diese Teiche sind Teil der Oberharzer Wasserwirtschaft.

Bleibt zum Schluss noch ein Blick auf und in die **Stabkirche** zu werfen. Sie befindet sich in der Nähe des Kurparkes auf einer kleinen Anhöhe unweit des Stellplatzes.

Die Stabkirche in Hahnenklee.

Sie ist nach Stiege (siehe Seite 60) die zweite Kirche dieser Art, die wir im Harz angetroffen haben. Weitere gibt es auch unseres Wissens nicht. Die Kirche in Hahnenklee wurde in kurzer Zeit zwischen 1907 und 1908 aus Harzer Fichtenholz gebaut und war damit deutlich günstiger als der ursprünglich geplante neugotische Backsteinbau. Die aktuellen Öffnungszeiten der Kirche können Sie hier nachlesen www.stabkirche.de.

Von Hahnenklee geht es jetzt wieder zurück nach **Clausthal-Zellerfeld**, der Bergbau- und Universitätsstadt im Oberharz. Für den Besuch des **Oberharzer Bergwerksmuseums** ist der Stellplatz am Omnibusbahnhof in der Bahnhofstraße ideal [**123:** N51°48'48.7" E10°20'09.7"]. Das Museum ist nur 500 Meter entfernt und um zum **Ottiliae-Schacht**, einer Außenstelle des Museums zu gelangen, stehen Sie hier am Alten Bahnhof genau richtig. Hier startet die rekonstruierte historische Tagesförderbahn zu der Schachtanlage, die zu Beginn des letzten Jahrhunderts noch als eine der modernsten Bergbaubetriebe in Europa galt. Die Strecke ist etwas mehr als zwei Kilometer lang. Zu sehen sind an der Schachtanlage ein stählernes Fördergerüst und eine noch funktionstüchtige Förderanlage. Mit ihr wurden die Erze aus der Tiefe nach oben befördert, die zuvor auf unter Tage fahrenden Kähnen aus den bis zu sechs Kilometer entfernten Bergwerken herbeigeschafft wurden. Gefördert wurden vor allem Bleiglanz und Zinkblende. Bleiglanz ist die bergmännische Bezeichnung für Galenit, dem wichtigsten Erz zur Gewinnung von Blei. Zinkblende ist die bergmännische Bezeichnung für Sphalerit, einem cadmiumhaltigen Erz, das für die industrielle Zink- und Cadmiumgewinnung von höchster Bedeutung ist. Gesund kann also die Arbeit der Bergleute nicht gewesen sein.

Marktkirche in Clausthal.

Aber das erfahren Sie alles im Detail im Oberharzer Bergwerksmuseum. Zu welchen Zeiten Sie es besuchen können und was diese Einrichtung sonst noch im Angebot hat, das schauen Sie bitte hier nach www.oberharzerbergwerksmuseum.de.

(124) WOMO-Campingplatz: Clausthal-Zellerfeld – Prahljust

GPS: N51°47'05.0" E10°21'03.3";
An den Langen Brüchen 4, 38678 Clausthal-Zellerfeld.
Max. WOMOs: >20, maximale Länge 12 m.
Ausstattung: Frischwasserversorgung, Abwasserentsorgung mit Bodeneinlass, Kassettenentleerung, Stromanschlüsse, Behälter für die Müllentsorgung, WLAN, Brötchenservice, Gasflaschentausch. Im Servicegebäude gibt es Duschen, WCs, Waschmaschinen und Trockner. Darüber hinaus gibt es ein Wellness-Center mit Schwimmbad und Sauna, einen Badestrand, ein Restaurant mit Biergarten, einen Grillplatz und einen großen Kinderspielplatz. Die Campinganlage ist ganzjährig geöffnet.
Beschreibung: Große sonnige, teilweise auch schattige Rasenplätze mit Grünstreifen zwischen einem Waldgelände und einem See.
Preise: Erwachsene Person je nach Saison zwischen 7,10 € und 8,50 €, Kind 4,70 €, Hund 2,00 €, Kurtaxe (nur Erwachsene) 2,14 €, Wohnmobil 6,50 €, Strom 0,55 pro kWh, Sauna 6,00 €.
Zufahrt: Auf der B242 von Clausthal-Zellerfeld in Richtung Braunlage fahren, nach dem Ortsausgang rechts abbiegen.
Reservierung/Kontakt: Tel.: 05323/1300
E-Mail: camping@prahljust.de, Web: www.prahljust.de.

Die vielen Angebote im Ort verleiten zu einem längeren Aufenthalt. Dazu empfehlen wir Ihnen diesen Campingplatz.

Bergleute waren fromme Menschen. Wir kennen kein Bergwerk, in dem nicht an irgendeiner Stelle die **Heilige Barbara** als Schutzpatronin aufgestellt ist.

Für die Bergleute in Clausthal war auch die **Marktkirche zum Heiligen Geist** von besonderer Bedeutung. Sie hatte nicht nur die Funktion eines Gotteshauses sondern mit ihren Geläut auch die Funktion einer "Schichtglocke", mit denen die Bergleute eine Stunde vor Arbeitsbeginn geweckt wurden sowie über die An- und Ausfahrten in den Schächten informiert werden konnten. Und so ganz nebenbei ist es die größte Holzkirche Deutschlands. Sie bot Ende des 17. Jahrhunderts 2200 Sitzplätze für eine Gemeinde mit damals 6000 Einwohnern.

Wir fahren weiter. Das nächste Bergwerksmuseum ist nicht weit. Es befindet sich in **Bad Grund**. Den **Knesebeckschacht** schauen wir uns aber nicht näher an. Hier finden Sie alle notwendigen Informationen dazu www.knesebeckschacht.de. Es sei hier nur der Hinweis angebracht, mit dem WOMO nicht bis zum Museum vorzufahren. Es ist zu eng dort. Parken Sie besser an dieser Stelle [N51°48'27.5" E10°14'39.4"] an der Durchgangsstraße.

Das Bergbaumuseum Knesebeckschacht in Bad Grund.

Interessanter als die künstlich durch Bergbau geschaffenen Hohlformen erscheinen uns in Bad Grund die Iberger Tropfsteinhöhle zu sein, die als **HöhlenErlebnisZentrum** ein interessantes Angebot offeriert. Sie finden den Parkplatz dieser Anlage außerhalb von

In der Iberger Tropfsteinhöhle.

Bad Grund mit diesen Koordinaten [N51°49'02.2" E10°15'11.8"].

Es ist schon faszinierend, hier im Harz in einem einstigen Korallenriff abzutauchen. Die Entstehungsgeschichte als Verwitterungshöhle wollen wir an dieser Stelle gar nicht näher beschreiben. Das würde zu viel Raum einnehmen. Wir wollen nur sagen, es ist schon sehr außergewöhnlich, aber das bekommen Sie während einer Führung ausführlich erläutert. Über die Öffnungszeiten informiert diese Seite www.hoehlen-erlebnis-zentrum.de.

Hier finden Sie auch die Eintrittspreise und die weiteren Angebote rund um die Höhle.

Totempfahl im WeltWald in Bad Grund.

Der 65 Hektar große **WeltWald** in Bad Grund ist einer der größten Baumgärten Deutschlands. Es ist eine Mischung aus Arboretum und Forschungseinrichtung, um die Verträglichkeit ausländischer Baumarten in dieser Region zu prüfen. Einen Spaziergang durch diese 65 Hektar große Anlage können Sie von diesem [N51°49'11.4" E10°14'01.2"] oder diesem [N51°48'57.7" E10°13'43.9"] Parkplatz starten.

Die letzte Station auf dieser Tour durch den Harz ist **Lautenthal**. Die kleine Gemeinde an der Innerste bietet einen schönen ortsnahen Stellplatz, der sich gut als Standort für Radtouren und den Besuch des "Harzer Schnitzelkönigs" nutzen lässt www.harzer-schnitzelkoenig.de.

(125) Offizieller WOMO-Stellplatz: Lautenthal

GPS: N51°52'14.1" E10°17'11.7"; Kaspar-Bitter-Straße 7b, 38685 Langelsheim.
Max. WOMOs: 25, maximale Länge 12 m.
Ausstattung: Frischwasserversorgung, Abwasserentsorgung mit Bodeneinlass, Kassettenentleerung, Stromanschlüsse, Behälter für die Müllentsorgung, ganzjährig geöffnet.
Beschreibung: Große sonnige, geschotterte Stellflächen am Rande eines PKW-Parkplatzes, nachts sehr ruhig .
Preise: 10,50 € für ein Fahrzeug mit zwei Personen, Frischwasser 2,00 €, Strom 1,00 € für 6 Stunden. Abwasserentsorgung und Entleerung der Bordtoilette ist kostenfrei.
Zufahrt: An der L515 in der Ortsmitte von Lautenthal hinter der Touristinfo, nicht zu verfehlen.

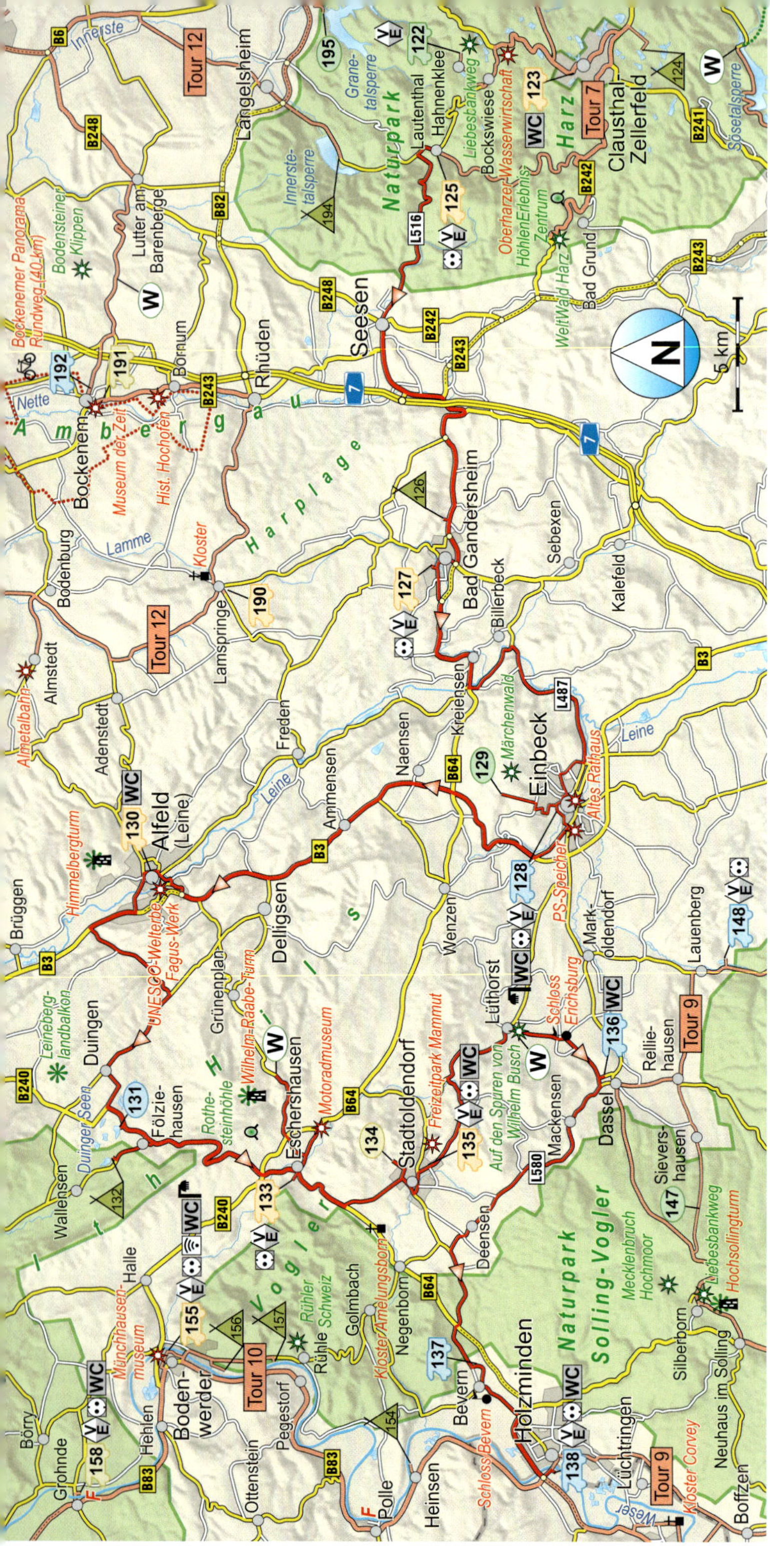
Tour 12
Innerste
Langelsheim
Bockenemer Panorama Rundweg (40 km)
Bodensteiner Klippen
Lutter am Barenberge
Innerste-talsperre
Grane-talsperre
Naturpark
Harz
Lautenthal
Hahnenklee
Liebesbankweg
Bockswiese
Oberharzer Wasserwirtschaft
Tour 7
Clausthal-Zellerfeld
Sösetalsperre
HöhlenErlebnis-Zentrum
WeltWald Harz
Bad Grund
Seesen
Rhüden
Bornum
Nette
Bockenem
Museum der Zeit
Hist. Hochofen
Ambergau
Harplage
Bad Gandersheim
Sebexen
Billerbeck
Kalefeld
Bodenburg
Lamme
Kloster
Lamspringe
Tour 12
Almstedt
Almetalbahn
Adenstedt
Freden
Leine
Ammensen
Naensen
Kreiensen
Märchenwald
Einbeck
Altes Rathaus
PS-Speicher
Alfeld (Leine)
Himmelbergturm
UNESCO-Welterbe Fagus-Werk
Brüggen
Delligsen
Wenzen
Mark-oldendorf
Lauenberg
Duingen
Leineberg-landbalken
Grünenplan
Wilhelm-Raabe-Turm
Hils
Eschershausen
Motorradmuseum
Lüthorst
Schloss Erichsburg
Tour 9
Relliehausen
Fölziehausen
Rothesteinhöhle
Duinger Seen
Stadtoldendorf
Freizeitpark Mammut
Auf den Spuren von Wilhelm Busch
Mackensen
Dassel
Wallensen
Ith
Vogler
Sievershausen
Halle
Münchhausen-museum
Bodenwerder
Tour 10
Rühler Schweiz
Rühle
Golmbach
Kloster Amelungsborn
Negenborn
Deensen
Naturpark Solling-Vogler
Mecklenbruch Hochmoor
Liebesbankweg
Hochsollingturm
Silberborn
Börry
Grohnde
Hehlen
Ottenstein
Pegestorf
Polle
Heinsen
Bevern
Schloss Bevern
Holzminden
Lüchtringen
Tour 9
Kloster Corvey
Neuhaus im Solling
Weser
Boffzen
5 km

TOUR 8 (ca. 165 km)

Bad Gandersheim – Einbeck – Alfeld – Wallensen – Eschershausen – Stadtoldendorf – Lüthorst – Dassel – Bevern – Holzminden

Stellplätze:	Bad Gandersheim, Einbeck, Alfeld, Eschershausen, Stadtoldendorf, Dassel, Bevern, Holzminden.
Campingplätze:	Bad Gandersheim, Wallensen.
Ver-/Entsorgung:	Bad Gandersheim, Einbeck, Alfeld, Eschershausen, Stadtoldendorf, Dassel, Bevern, Holzminden.
Besichtigungen:	Bad Gandersheim (Altstadt), Einbeck (Altstadt, PS-Museum), Alfeld (Altstadt, UNESCO-Welterbe Fagus-Werk), Stadtoldendorf, Bevern (Schloss), Holzminden (Altstadt).
Wandern:	Einbeck (Märchenwald), Eschershausen (Wilhelm-Raabe-Turm), Lüthorst (auf den Spuren von Wilhelm Busch)
Baden/Wellness:	Einbeck (Freibad), Duinger Seen, Wallensen (Badesee), Dassel (Freibad), Bevern (Freibad).

Mit dieser Reise verlassen wir den Harz und fahren durch Ith und Hils sowie den Vogler und dem Solling nach Holzminden an die Weser. Die genannten Höhenzüge sind Teil des Weserberglandes, das sich zwischen Hann. Münden und Porta Westfalica erstreckt. In den folgenden drei Touren werden wir dieses Gebiet erkunden, bevor es zurück in den Harz geht. Wenn Sie lieber im Harz bleiben möchten, dann wechseln Sie von Lautenthal auf die Tour 12 und steigen an der Innerstetalsperre in diese ein. Das sind nur vier Kilometer, auf Seite 295 geht es los.

Der Gandersheimer Dom.

Wir fahren nunmehr Richtung Einbeck und schauen uns auf dem Weg dorthin **Bad Gandersheim** an.

Es ist ein schöner Fachwerkort, dessen Innenstadt vom Stellplatz in wenigen Minuten zu Fuß erreicht ist. Rund um den Marktplatz stehen sie in ihrer ganzen Pracht, hier finden Sie auch Cafés und Restaurants, die zum Verweilen einladen.

(126) WOMO-Campingplatz: Kur-Campingpark Bad Gandersheim

GPS: N51°52'01.4" E10°02'59.3";
Braunschweiger Str. 12, 37581 Bad Gandersheim.
Max. WOMOs: >100, maximale Länge 12 m.
Ausstattung: Frischwasserversorgung, Abwasserentsorgung mit Bodeneinlass, Kassettenentleerung, Stromanschlüsse, Behälter für die Müllentsorgung, WLAN, Gasflaschentausch. Im Servicegebäude gibt es Duschen, WCs, Baby-Wickelraum, Solarium, Waschmaschinen und Trockner. Darüber hinaus befinden sich auf dem Gelände eine Gaststätte, ein Grill- und ein Spielplatz. Der Platz ist ganzjährig geöffnet.
Beschreibung: Große, zumeist schattenlose Stellflächen auf einem weitläufigen Rasengelände.
Preise: Erwachsene Person 4,60 €, Kind 2,90 €, Hund 1,00 €, Kurtaxe (nur Erwachsene) 1,00 €, Wohnmobil 9,80 €, Strom 0,60 pro kWh, Umweltabgabe 1,00 €. Angebot für ein WOMO (vor der Schranke) mit allen Personen und Dienstleistungen für eine Nacht 10,00 €.
Zufahrt: An der B64 am Ortseingang von Bad Gandersheim auf der rechten Seite.
Reservierung/Kontakt: Tel.: 05382/1595
E-Mail: info@camping-bad-gandersheim.de,
Web: www.camping-bad-gandersheim.de.

(127) Offizieller WOMO-Stellplatz: Bad Gandersheim – Rio Gande

GPS: N51°52'18.2" E10°01'15.6"; St.-Georg-Straße, 37581 Bad Gandersheim.
Max. WOMOs: 20, maximale Länge 12 m, max. Aufenthalt 3 Tage.
Ausstattung: Frischwasserversorgung, Abwasserentsorgung mit Bodeneinlass, Kassettenentleerung, Stromanschlüsse, Behälter für die Müllentsorgung, ganzjährig geöffnet.

Beschreibung: Schattenlose geschotterte Stellflächen, nur 500 Meter von der Stadtmitte entfernt, trotzdem ruhig.
Preise: 7,00 € für ein Fahrzeug, Frischwasser 1,00 € und Strom 0,50 € pro kWh. Abwasserentsorgung und Entleerung der Bordtoilette ist kostenfrei.
Zufahrt: Auf der B64 die Abfahrt Bad Gandersheim-Mitte wählen, in die Innenstadt fahren, am Marktplatz links abbiegen in den Steinweg. Dieser Straße bis zur Kirche an dem Flüsschen Gande folgen, danach rechts abbiegen.

Die **Stiftskirche St. Anastasius und St. Innocentius** am Rande des Marktplatzes nennt der Volksmund **Gandersheimer Dom**. Die über 1000 Jahre alte romanische Kirche bildet die Kulisse für die alljährlich von Mitte Juni bis Mitte August stattfindenden Gandersheimer Domfestspiele. Geboten wird ein breites Theater- und Musikprogramm, das häufig mit prominenten Künstlern aufwarten kann. Zwischen 50000 und 60000 Zuschauer kommen jedes Jahr hierher, um den Darbietungen zu folgen. Über das aktuelle Programm informiert diese Seite https://gandersheimer-domfestspiele.de.

Der Marktplatz in Bad Gandersheim.

Roswitha von Gandersheim ist die berühmteste Tochter der Stadt. Sie war eine der bedeutendsten Schriftstellerinnen des Mittelalters und lebte als Kanonisse im Stift Gandersheim. Ihre Herkunft liegt im Dunkeln, Geburts- und Sterbejahr ebenso. Vermutlich wurde sie um 935 geboren und starb vermutlich um 980. In Würdigung und Gedenken an diese Schriftstellerin vergibt die Stadt jährlich den **Roswitha-Literaturpreis**. Er geht ausschließlich an Frauen und ist mit 5500 Euro dotiert. Den **Roswitha-Ring** erhält die beste Schauspielerin der Domfestspiele nach Ende der Spielzeit durch ein Publikumsvoting. Einen Roswitha-Spaziergang durch die Stadt gibt es auch noch. Dazu können Sie sich einen Flyer von dieser Seite www.bad-gandersheim.de herunterladen oder als gedrucktes Exemplar in der Touristinfo holen. Diese befindet sich in der Nähe des Domes.

Die Kur- und Rehaeinrichtungen sowie das Solefreibad befinden sich im Norden von Bad Gandersheim, rund 1,5 Kilometer vom Stellplatz entfernt.

Von Bad Gandersheim geht es weiter nach **Einbeck**, das sind rund 20 Kilometer von Stellplatz zu Stellplatz. Einbeck gilt als Stadt der Brau- und Fachwerkkunst. Mit den Städten Duderstadt, Hann. Münden, Northeim und Osterode am Harz gehört sie zum **Fachwerk5Eck**, ein Zusammenschluss, der ein koordiniertes Handeln für den Tourismus, die Wirtschaft und die Entwicklung dieser besonderen Fachwerkstädte ermöglichen und fördern soll.

Um zum Stellplatz am Hallen- und Freibad (siehe nächste Seite) zu gelangen, muss man sich an der historischen Innenstadt vorbei durch die Außenbezirke der Stadt vorarbeiten. Hier finden Sie genug Möglichkeiten, bei einem Discounter kurz zu halten und die Bordvorräte aufzustocken.

(128) Offizieller WOMO-Badeplatz: Hallen- und Freibad Einbeck

GPS: N51°49'27.5" E9°51'48.3"; Am Schwimmbad 11, 37574 Einbeck.
Max. WOMOs: 30, maximale Länge 12 m.

Ausstattung: Frischwasserversorgung, Abwasserentsorgung mit Schlauch möglich, Kassettenentleerung, Stromanschlüsse, Behälter für die Müllentsorgung, ganzjährig geöffnet.
Beschreibung: Halbschattige bis schattige geschotterte Stellflächen, sehr ruhig. Bis in die Mitte der Altstadt sind es nur rund 1000 Meter.
Preise: 5,00 € für ein Fahrzeug mit 2 Personen, einer Person wird damit auch gleichzeitig der Eintritt in das Hallen- und Freibad gewährt. Die Bezahlung erfolgt an einem Ticketautomaten. Entsorgung 1,00 €, Frischwasser 1,00 €, Strom 0,50 € pro kWh.
Zufahrt: An der L487 am Ortseingang von Einbeck die Kreuzung mit der Otto-Hahn-Straße überqueren, der Grimsehlstraße durch das Gewerbegebiet folgen. Nach 1,3 Kilometern an einem Lidlmarkt rechts abbiegen in die Beverstraße und dem weiteren Verlauf wie auf dem Stadtplan verzeichnet zum Hallen- und Freibad folgen.

Wie Sie vom Stellplatz in die Innenstadt kommen, entnehmen Sie bitte dem Stadtplan. Hier sehen Sie in geballter Form dicht an dicht Fachwerkhäuser aus Gotik, Frührenaissance, Renaissance, Barock und Klassizismus. Besonders die Gotik und die Frührenaissance sind stark vertreten. Die Renaissance erkennen Sie an den Schnitzereien und Schriftbändern. In der Barockzeit wird der Schmuck geringer. Ein besonderes Gebäude ist das zwischen 1509 und 1593 im Stil der Renais-

Das historische Rathaus in Einbeck.

Einbeck

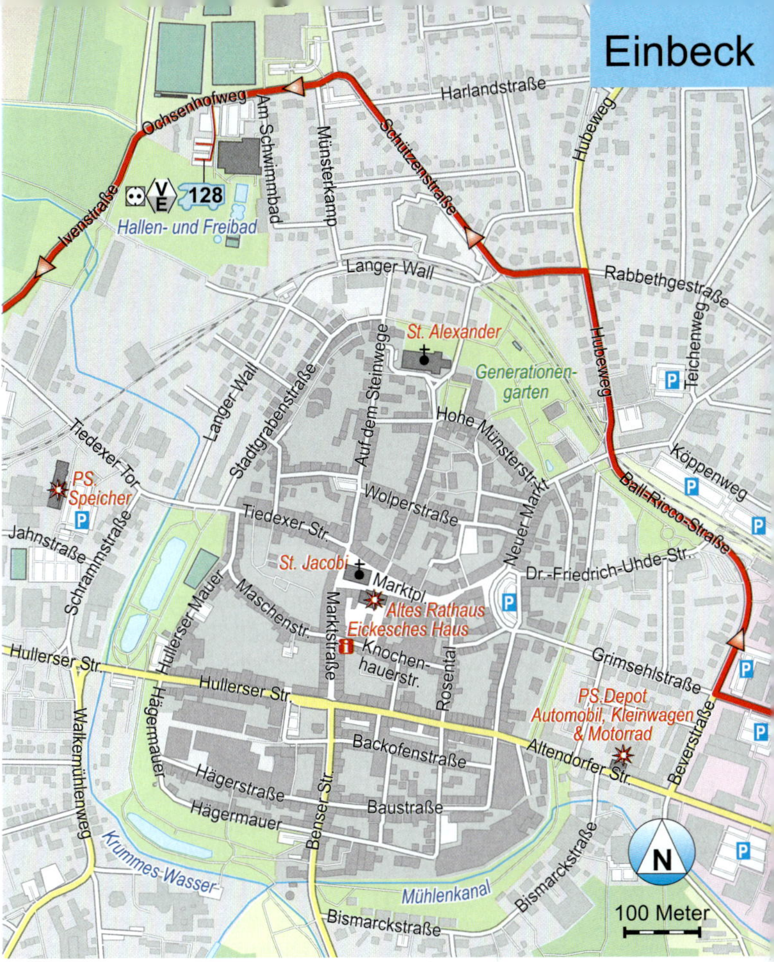

sance errichtete Rathaus, das mit seinen drei Spitzhelmen auffällt. Auffallend sind auch die vielen Fächerrosetten, die am Fuße der Holzständer angebracht sind. Schnitzkunst und Schriftbänder findet man an fast jedem Fachwerkhaus in Einbeck. Das **Eickesche Haus** in der Marktstraße, in der sich die Tourist-Information befindet, ist aber unter den vielen Fachwerkhäusern in seiner Fassadengestaltung besonders auffallend. Das Gebäude von 1612 zeigt Planetengottheiten der Sieben Freien Künste, der Tugenden, der Musen, der fünf Sinne, Christus und die vier Evangelisten.

Das Eickesche Haus.

Im Mittelalter führten Stadtbrände oft zu verheerenden Katastrophen. Die Holzhäuser brannten

Fachwerkensemble in der Tidexer Straße.

wie Zunder, ganze Stadtteile wurden dabei verwüstet. Davor blieb auch Einbeck nicht verschont. Nachdem der Schutt beiseite geräumt war, wurde wieder aufgebaut. In dieser Stadt wurden nach einem Großbrand im Jahr 1540 über 100 Gebäude in annähernd gleichem Stil mit schmuckreichen Fassaden neu erbaut. Es waren zu einem großen Teil bierbrauende Bürger, die dies vollbrachten. Erkennbar sind deren Häuser an den hohen Einfahrten, die mit Brauwagen und Sudpfanne durchfahren werden konnten. Die **Tiedexer Straße**, die vom Marktplatz in Richtung des **PS.Speichers** führt, ist ein gutes Beispiel für dieses zeitgleich errichtete, lückenlose Fachwerkensemble.

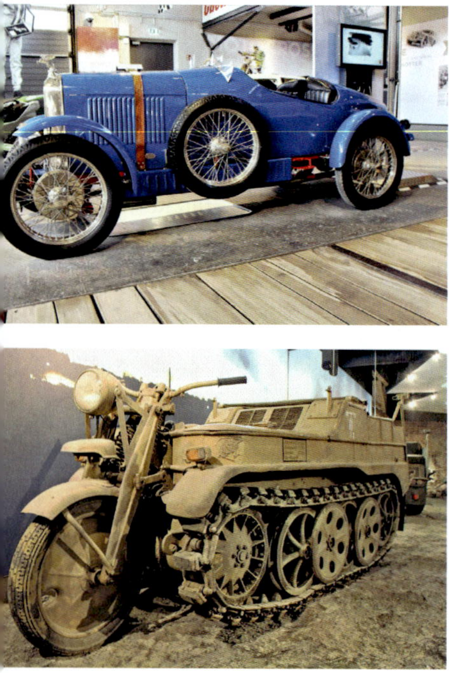

Fahrzeuge im PS.Speicher.

Und wenn wir nun schon auf dem Weg zum PS.Speicher sind, dann schauen wir auch gleich dort vorbei. Nur vorbeischauen? Das funktioniert nicht! Hier können Sie locker einen ganzen Tag verbringen, wenn Sie die überwältigenden Angebote dieses Hauses nutzen möchten. Über 2500 historische Fahrzeuge auf mehr als 22.000 Quadratmeter Ausstellungsfläche und das noch an verschiedenen Standorten, das schafft man nicht in einer oder zwei Stunden. Bringen Sie also Zeit mit, wenn Sie diese sehenswerten Ausstellungen sehen möchten.

Über alle Programm- und Ausstellungsangebote inklusive der Eintrittspreise und Öffnungszeiten informiert diese Seite www.ps-speicher.de.

Wanderparkplatz Hube.

Kehren wir zurück zur Natur. Auf dem Wanderparkplatz **"Hube"** im Norden der Stadt Einbeck finden Sie nicht nur einen wunderbar ruhigen Übernachtungsplatz, sondern auch vier bequem zu gehende Rundwanderwege im **Märchenwald** zwischen zwei und sechs Kilometern Länge, die mit Tiersymbolen gekennzeichnet sind. Eine große Übersichtskarte am Wanderparkplatz **[129:** N51°50'55.2" E9°52'24.2"]zeigt den Verlauf dieser Wanderwege im Staatsforst Einbeck. Um dorthin zu gelangen, folgen Sie den Hinweisschildern zum Hotel Hasenjäger. Wenn Sie es erreicht haben, dann fahren Sie daran vorbei und die Straße bis zum Ende hoch. Hier sind Sie rund vier Rad- oder Fußgängerkilometer vom Eickeschen Haus entfernt und rund 200 Meter höher.

Stellplatz in Alfeld (Leine).

Das nächste Ziel unserer Reise ist **Alfeld** an der Leine. Das Städtchen ist rund 30 Kilometer von Einbeck entfernt. Den Stellplatz in der Nähe der Alten Lateinschule in der Bornstraße erreichen Sie mit diesen Koordinaten **[130:** N51°59'09.7" E9°49'41.1"]. Er ist einfachster Natur, es gibt keine Ver- und Entsorgungseinrichtungen und auch keine Stromanschlüsse. Er befindet sich am Rande eines allgemeinen Parkplatzes, auf den zur Not ausgewichen werden kann, sollten beide ausgewiesenen WOMO-Stellplätze belegt sein. Alfeld ist ein schönes Städtchen mit vielen Fachwerkhäusern. Die heute fast 20.000 Einwohner zählende Stadt entstand an einer Kreuzung von Handelswegen. Die Leine war durch die Furt an dieser Stelle gut zu überqueren. Neben den vielen Fachwerkhäusern in der

Der Eingang der Alten Lateinschule.

Altstadt sind zwei Gebäude dieser Stadt besonders hervorzuheben.

Das ist zum einen die **Alte Lateinschule**, in der heute das Heimatmuseum untergebracht ist und das **Faguswerk**.

Beginnen wir mit der Lateinschule. Sie wurde 1610 erbaut und ist mit sehr vielen Bildern verziert. Diese sind eingefasst in Schnitztafeln und Figuren. Es ist ein frei stehendes Haus. Bilder finden sich an allen vier Außenwänden. Sie geben die Bildungsinhalte des Späthumanismus wieder. Über 100 allegorische, mythische und historische Figuren sind hier dargestellt, die Künste, Moral, Tugenden, Wissenschaften und Glaube repräsentieren sollen. Auf mittlerer Wandhöhe umläuft eine lateinische Inschrift das Gebäude.

Das Faguswerk.

In Dessau haben wir das Bauhaus kennengelernt (siehe Seite 132). Hier nun finden wir eine praktische Anwendung des Bauhausprinzips. Das Gebäude der Faguswerke trägt die Handschrift des Architekten und Bauhausgründers Walter Gropius.

Neben der Funktionalität als Industriegebäude sollten die Fabrikarbeiter im Vordergrund stehen. Weitsichtiges innovatives unternehmerisches Handeln sollte gekoppelt werden mit sozialen Fragestellungen. Gropius konnte hier seine Vision von der Zukunft der Arbeit und Architektur Gestalt geben.

Entstanden ist dabei ein lichtdurchflutetes Gebäude, das zu der Zeit der Entstehung weltweit eine Novität darstellte und dem man nicht ansieht, das es bereits mehr als 100 Jahre alt ist. Es wird immer noch als Industriegebäude genutzt, es ist kein Museum. Es ist ein lebendiges Industriedenkmal, in dem Schuhleisten produziert werden. Seit 2011 gehört es zum Welterbe der UNESCO. Während einer Führung durch das Werk bekommen Sie einen Einblick in die Architektur und die Produktionspalette des Unternehmens. Die Philosophie des Bauhaus-Gründers wird mit diesem lebenden Kulturdenkmal erst richtig deutlich. Über die Öffnungszeiten und Eintrittspreise informiert diese Seite www.fagus-werk.com.

Neben dem Besuch dieser beiden herausragenden Gebäude lohnt ein Gang durch die historische Altstadt mit dem Rathaus, einem Gebäude, das der Weserrenaissance zuzurechnen ist, dem Fillerturm der als einziger Wehrturm der mittelalterlichen Stadtbefestigung geblieben ist, sowie vielen Fachwerkhäusern. Außerhalb des Ortes lockt der 22 Meter hohe **Himmelbergturm** mit einer grandiosen Weitsicht. Zum Turm führt ein vier Kilometer langer Wanderweg. 220 Meter Höhenunterschied sind zu überwinden, wenn Sie vom Stellplatz starten.

Wir fahren weiter. Unser nächster Programmpunkt sind die **Duinger Seen**. Sie entstanden durch die Renaturierung von Braunkohlegruben. Bis in die sechziger Jahre wurde hier noch Kohle abgebaut. Vier Seen sind daraus entstanden, die heute zum wandern, radfahren und relaxen einladen. Der Ententeich und der Weinberger See sind Teil eines Naturschutzgebietes. Hier ist ein Sprung ins kühle Nass nicht möglich. Bruchsee und Humboldtsee bieten dagegen Bademöglichkeiten und Liegewiesen. Am Bruchsee gibt es einen Wanderparkplatz, den Sie mit diesen Koordinaten erreichen [**131:** N51°59'58.5" E9°39'42.2"], am Humboldtsee einen sehr gut ausgestatteten Campingplatz.

Parkplatz am Bruchsee.

Am Bruchsee.

(132) WOMO-Campingplatz: Salzhemmendorf-Wallensen – Humboldtsee

GPS: N52°00'13.8" E9°38'34.5"; Humboldtsee 1, 31020 Salzhemmendorf.
Max. WOMOs: >20, maximale Länge 12 m.
Ausstattung: Frischwasserversorgung, Abwasserentsorgung mit Bodeneinlass, Kassettenentleerung, Stromanschlüsse, Behälter für die Müllentsorgung, WLAN, Brötchenservice, Badesee, Spielplätze, Restaurant. Im Servicegebäude gibt es Duschen, WCs, Waschmaschinen und Trockner. Der Platz ist ganzjährig geöffnet.

Beschreibung: Große sonnige Rasenplätze zwischen Wald und See, sehr ruhig
Preise: Erwachsene Person 10,00 €, Kind 5,00 €, Familie (Eltern und ihre Kinder) 20,00 €, Hund 1,00 €, Wohnmobil 5,00 €, Strom 2,00 € pro Person und Tag.
Zufahrt: An der Straße zwischen Fölziehausen und Wallensen auf der rechten Seite.
Reservierung/Kontakt: Tel.: 05186/957140, E-Mail: info@campingpark-humboldtsee.de, Web: www.campingpark-humboldtsee.de.

Der Stellplatz in **Eschershausen** eignet sich sehr gut als ein stop-over für die Ver- und Entsorgung. Der Platz ist recht groß und die Ver- und Entsorgungsstation ist sehr gut erreichbar.

(133) Offizieller WOMO-Stellplatz: Eschershausen

GPS: N51°55'47.3" E9°37'43.5"; Angerweg 17, 37632 Eschershausen.
Max. WOMOs: 10, maximale Länge 12 m.

Ausstattung: Frischwasserversorgung, Abwasserentsorgung mit Bodeneinlass, Kassettenentleerung, Stromanschlüsse, keine Behälter für die Müllentsorgung, ganzjährig geöffnet.
Beschreibung: Schattige Plätze auf Betonpflastersteinen in der Innenstadt.
Preise: Kostenlos, Frischwasser 1,00 € und Strom 0,50 € pro kWh. Abwasserentsorgung und Entleerung der Bordtoilette ist kostenfrei.
Zufahrt: Im Kreisverkehr kurz vor Eschershausen die zweite Ausfahrt nehmen, der Straße folgen und in die Stadt hineinfahren. Dort an der ersten Ampelkreuzung rechts abbiegen und sogleich erneut rechts abbiegen und bis zum Stellplatz fahren.

Besondere Sehenswürdigkeiten hat der Ort nicht aufzuweisen. Eschershausen ist der Geburtsort des Dichter **Wilhelm Raabes** (* 1831; † 1910). In seinem Geburtshaus ist ein Museum eingerichtet, das sich dem Leben und den Werken dieses Vertreters des poetischen Realismus widmet, der für seine gesellschaftskritischen Erzählungen und Novellen bekannt ist. Er lebte fast 40 Jahre in Braunschweig und verbrachte auch einige Jahre in Wolfenbüttel.

In Eschershausen startet der **Wilhelm-Raabe-Weg**, ein Wanderweg, der über 60 Kilometer und drei Etappen über den Raabeturm, Bevern und Holzminden bis nach Fürstenberg führt.

Den **Wilhelm-Raabe-Turm** können Sie auch von dem Wanderparkplatz 'Roter Fuchs' auf einer kleinen Wanderung erreichen. Der 15 Meter hohen Aussichtsturm bietet einen wunderbaren Blick auf das Weser- und Leinebergland. Sie erreichen den Platz mit diesen Koordinaten [N51°56'34.8" E9°41'57.8"]. Auf der gegenüberliegenden Straßenseite befindet sich das Ausflugslokal 'Roter Fuchs', das klassische deutsche Küche und Kaffee und Kuchen im Angebot hat. Das bekommen Sie auch im Gutshof Wickensen, das Sie an der B64 in Richtung Einbeck mit diesen Koordinaten N51°55'05.1" E9°39'56.5" finden. Hier gibt es darüber hinaus noch ein Motorrad-Museum. Die Öffnungszeiten und das gesamte Angebot finden Sie hier www.gutshof-wickensen.de.

In Stadtoldendorf, dem nächsten Ort auf unserer Reise, haben wir die Wahl zwischen zwei Stellplätzen. Der eine befindet sich im Wald neben der Waldgaststätte Mittendorff's Park, das allerlei saftige Burger und leckeres aus der Pfanne serviert. Sie dürfen, wenn Sie zu Gast in diesem Restaurant waren, gern auf dem Parkplatz des Hauses übernachten. Diesen Platz [**134:** N51°53'26.0" E9°38'29.3"] finden Sie im Norden der Stadt. Verbinden lässt sich der Besuch dieser Gaststätte mit einer Wanderung. Neben dem Parkplatz finden Sie eine große Tafel mit einer Karte, auf der sechs größere und kleinere Wanderungen beschrieben und abgebildet sind. Sie sind zwischen 2,3 und 6,8 Kilometer lang.

Im Zentrum von Stadtoldendorf.

Die Waldgaststätte Mittendorff's Park.

Der zweite Stellplatz befindet sich am südöstlichen Rand der Stadt.

(135) Offizieller WOMO-Stellplatz: Stadtoldendorf – Mobilcamping unter der Homburg

GPS: N51°52'41.6" E9°38'06.1";
Linnenkämper Str. 30-44, 37627 Stadtoldendorf.
Max. WOMOs: 40, maximale Länge 12 m.
Ausstattung: Frischwasserversorgung, Abwasserentsorgung mit Bodeneinlass, Kassettenentleerung, Stromanschlüsse, Behälter für die Müllentsorgung. Im Servicegebäude gibt es Duschen und WCs, ganzjährig geöffnet.

Beschreibung: Große schattenlose geschotterte Plätze am Rande einer Wohnmobilwerkstatt und Concord-Vertretung. Griechisches Restaurant am Platz, Freibad auf der anderen Straßenseite, Mammut-Freizeitpark 1 km entfernt.
Preise: 7,00 € für ein Fahrzeug, Frischwasser 1,00 € und Strom 0,50 € pro kWh. Abwasserentsorgung und Entleerung der Bordtoilette ist kostenfrei.
Zufahrt: Am Ortsausgang von Stadtoldendorf auf der linken Seite hinter der Eisenbahnunterführung. Folgen Sie im Ort der guten Beschilderung zum Stellplatz, das ist am einfachsten.

Von diesem Platz ist es nicht weit in die Innenstadt. Mit dem kulturhistorischen Stadtrundgang verpassen Sie keine der Sehenswürdigkeiten des Ortes. Sie können ihn sich hier herunterladen https://rundgang.stadtoldendorf.de. Damit werden Sie zur historischen Stadtmauer, zum Försterbergturm, dem Wahrzeichen der Stadt und natürlich auch zum Marktplatz, den Sie zur Hälfte abgebildet auf der vorangegangenen Seite sehen, geführt. Der Rundgang auf der website der Stadt verfügt auch über eine Reihe historischer Aufnahmen der Orte und Plätze, so können Sie sehen, wie der Ort sich entwickelt hat und welche Veränderungen stattgefunden haben.

Der Försterbergturm.

Unweit des Stellplatzes befindet sich der **Freizeitpark Mammut**. Es ist ein Geländepark für Offroadfahrzeuge. Hier können Sie sich mit Ihrem SUV durch den Dreck wühlen. Für ein WOMO ist das nichts, deshalb wollen wir auch nicht näher darauf eingehen.

Lüthorst lädt uns ein, auf den Spuren von Wilhelm Busch zu wandeln. Den kleinen Rundgang können Sie von diesem Parkplatz [N51°50'38.2" E9°43'25.2"] an der Luthardstraße starten. Der Weg geht über 12 Stationen und ist mit Informationstafeln ausgestattet.

Von Lüthorst ist es nicht weit nach **Dassel**. Hier gibt es einen kleinen Stellplatz am Freibad, der für einen "Erfrischungsaufenthalt" gut geeignet ist. Wir halten uns allerdings nicht lange auf und fahren gleich nach Bevern weiter.

Wilhelm Busch Gedenkstein.

(136) Offizieller WOMO-Badeplatz: Dassel – Sollingbad

GPS: N51°48'25.4" E9°41'22.4"; An der Badeanstalt, 37586 Dassel.
Max. WOMOs: 5, maximale Länge 10 m.
Ausstattung: WC und Dusche sind im beheizten Freibad von ca. Mai bis September in Betrieb. Der Parkplatz ist ganzjährig geöffnet.
Beschreibung: Asphaltflächen auf einem gemischten Parkplatz am Rande des Freibades.
Preise: Kostenlos.
Zufahrt: Vor dem Ortseingang von Dassel links in den Ziegenanger abbiegen.

Die Landschaft zwischen Dassel und Bevern.

Schloss Bevern.

Stellplatz am Freibad in Bevern.

Die Landschaft des Weserberglandes fordert zu Wanderungen und Radtouren geradezu heraus. Ganz gleich ob Sie sich im Solling, im Vogler, Ith, Hils oder sonstwo befinden, das sehen wir auf unserem Weg nach Bevern zum wiederholten Mal sehr deutlich.

Das **Schloss** in Bevern ist ein besonders gelungenes Beispiel für die Weserrenaissance. Der Stellplatz an der Jahnstraße beim Freibad [**137:** N51°51'28.4" E9°30'30.1"] ist dagegen recht trist. Bis zum Schloss benötigen Sie von diesem Platz zu Fuß etwa 15 Minuten. Wenn Sie mit einem Kastenwagen unterwegs sind, dann können Sie auch direkt am Schloss parken.

Das Schloss lies **Statius von Münchhausen**, ein Vorfahr des berühmten Lügenbarons, in den Jahren 1603 – 1612 als regelmäßige Vier-Flügel-Anlage um einen quadratischen Innenhof errichten. Es wird heute als Kulturzentrum genutzt. In der Schlosskapelle wie im Innenhof finden Musikveranstaltungen und Theatervorstellungen sowohl für Kinder als auch für Erwachsene statt.

In der **"Erlebniswelt Renaissance – Geld regiert die Welt"** wird auf spannende Weise in einem klangvollen Hörspielerlebnis das Leben von Statius von Münchhausen erzählt. Als Adliger und einer der zentralen Köpfe der Weserrenaissance baute er als Grundbesitzer und cleverer Geldverleiher ein gewaltiges Vermögen auf. Doch irgendwann kippt die Situation.

Die verliehenen Summen werden immer größer, die Kreditnehmer unzuverlässiger, die Rückzahlungen stocken, er geht in einem spektakulären Konkurs Pleite. Nur seinen letzten Wohnsitz kann er noch retten und das ist Schloss Bevern. An 19 multimedialen Erlebnisstationen wird die ganze Geschichte von Statius höchstpersönlich erzählt. Dazu bekommen Sie einen Pocket PC und einen Kopfhörer und gehen damit von Themeninsel zu Themeninsel. Lassen Sie sich die Geschichte erzählen, es lohnt sich.

Im Innenhof des Schlosses Bevern.

Von Bevern geht es weiter nach **Holzminden**, der letzten Station auf dieser Tour. Hier fahren wir diesen wunderbaren Stellplatz an der Weser an.

(138) Offizieller WOMO-Badeplatz: Mobilcamping Holzminden

GPS: N51°49'38.8" E9°26'19.2"; Stahler Ufer 16, 37603 Holzminden.
Max. WOMOs: 150, maximale Länge 12 m.
Ausstattung: Frischwasserversorgung, Abwasserentsorgung mit Bodeneinlass, Kassettenentleerung, Stromanschlüsse, Behälter für die Müllentsorgung, WLAN, Brötchenservice, Gasflaschentausch, Waschmaschine, Trockner, Frei- und Hallenbad, ganzjährig geöffnet.

Beschreibung: Sehr große Anlage, die sich um das Frei- und Hallenbad und entlang der Weser schmiegt. Fast nur schattenlose Plätze auf Wiesengelände. Die Innenstadt ist zu Fuß in 10 Min. erreicht. Idealer Platz für Radtouren entlang der Weser.
Preise: 9,50 € für ein Fahrzeug mit 2 Personen. Anmeldung und Bezahlung erfolgt an der Rezeption. Entsorgung kostenlos, über Münzautomaten gibt es Frischwasser für 1,00 €, Strom für 0,60 € pro kWh.
Zufahrt: Auf der B64 die zweite Abfahrt in Richtung Holzminden-Mitte wählen und vor der Weserbrücke hinter der Mercedes-Benz-Vertretung rechts abbiegen.
Reservierung/Kontakt: Tel.: 05531/990965 oder 0175 5603075.
E-Mail: info@mobilcamping.de, Web: www.mobilcamping.de.

Das Reichspräsidentenhaus, .

Torhaus am Katzensprung.

Holzminden ist die Stadt der Düfte und Aromen. In der ehemaligen Ackerbürgerstadt war lange Zeit die Verarbeitung von Holz und Sollingsandstein einer der Haupterwerbszweige. Mit der Geruchs- und Geschmackstoff-Firma Haarmann & Reimer, die 1874 gegründet wurde und das künstliche Vanillinaroma erfand und im großen Maßstab produzierte, veränderte sich die Erwerbsstruktur. Später kam noch das Dragoco-Werk des Holzmindener Friseurmeisters Carl-Wilhelm Gerberding dazu, das sich mit der Herstellung von Parfüm- und Seifenkompositionen befasste.

Damit waren die Düfte und Aromen in der Stadt und sind es auch heute noch. Die beiden Firmen fusionierten 2003 zu einem inzwischen börsennotierten Unternehmen Symrise und beschäftigt weltweit rund 10000 Mitarbeiter. Warum erzählen wir das alles?

Weil Sie in Holzminden "an der Nase herumgeführt" werden, wenn Sie das mögen. Das geht so: 17 Duftstelen, die immer in der Nähe einer Sehenswürdigkeit stehen, lassen den Rundgang in der Stadt zu einem duften Erlebnis werden. Verlaufen kann man sich dabei nicht, eine blau-weiße Linie auf dem Boden weist den Weg. Auf dem Foto links können Sie die Linie erkennen und auf dieser Seite www.holzminden.de werden Sie einen

Der Marktplatz von Holzminden.

Stadtplan und eine Liste der Duftstelen mit ihren Gerüchen finden. Auf dem Marktplatz beginnt es mit 'Patchouli', am **Reichspräsidentenhaus** duftet es nach Zitrusfrüchten und im **Torhaus am Katzensprung** riecht es nach Weihrauch. In diesem Gebäude ist übrigens das **Museum für Industriegeschichte und Kunst** untergebracht, das auf der 1. Etage einen kleinen Einblick gibt in die industriegeschichtliche Entwicklung der Stadt. In der 2. Etage finden wechselnde Ausstellungen statt. Ein besonderer Bereich ist der Welt der Düfte und Parfums gewidmet.

Auf der genannten website finden Sie auch einen "hörbaren" Stadtführer mit 22 MP3-Dateien. Hier werden die jeweiligen Sehenswürdigkeiten erläutert. Sie korrespondieren weitgehend mit den Orten der Duftstelen. Wenn Sie beides nutzen, werden Sie zum perfekten Kenner der Stadt Holzminden.

Wer intensiver in diese Welt einsteigen möchte, der kann an einem Duftseminar im Museum mit einem erfahrenen Parfumeur Createur teilnehmen. Auf dieser Seite www.stadtmarketing-holzminden.de bekommen Sie nähere Informationen und können sich anmelden, auch für eine Stadtführung.

Wer gern mit dem Rad unterwegs ist, der wird sich über den Weserradweg freuen, den man von Holzminden in die eine oder andere Richtung bequem fahren kann. Bis zum Kloster Corvey sind es zum Beispiel nur zehn Kilometer.

Damit wollen wir diese Tour beenden. In der folgenden Tour geht es weiter die Weser hinauf, dann durch den Solling zurück nach Göttingen, dem Ausgangspunkt dieses Buches. Mit der Tour 10 die auf der Seite 232 beginnt, geht es von Holzminden die Weser hinab bis nach Minden und von dort in den darauf folgen Touren über Hildesheim in den Nordharz.

Northeim
Göttingen
Holzminden
Höxter
Beverungen
Dassel
Uslar
Moringen
Hardegsen
Nörten-Hardenberg
Bovenden
Katlenburg
Lindau
Dorste
Gillersheim
Ebergötzen
Waake
Reyers-hausen
Bellings-hausen
Lenglern
Harste
Gladebeck
Lödingsen
Adelebsen
Barterode
Güntersen
Volpriehausen
Fredelsloh
Lauenberg
Markoldendorf
Relliehausen
Mackensen
Sievershausen
Deensen
Neuhaus im Solling
Silberborn
Schönhagen
Fürstenberg
Boffzen
Lüchtringen
Bevern
Heinsen
Meinbrexen
Wehrden
Godelheim
Bosseborn
Ottbergen
Ovenhausen
Brakel
Lauenförde
Würgassen
Bad Karlshafen
Gieselwerder
Bodenfelde
Lippoldsberg
Oedelsheim
Weißehütte
Naturpark
Solling-Vogler
Nordrhein-Westfalen
Hessen
Leine
Weser
Schloss Hardenberg
Europäisches Brotmuseum
Erdbebenwarte
Töpferdorf
Wildpark
Harzblick
Sollingturm
Schmetterlingspark
Erlebniswald
Hochsollingturm
Liebesbankweg
Mecklenbruch Hochmoor
Kloster Corvey
Ziegenberg
Schloss Bevern
Schloss Erichsburg
Weser-Skywalk
Burg Krukenburg
Tour 1
Tour 8
Tour 10
B3
B27
B64
B80
B83
B239
B241
B247
B252
B446
B497
7
5 km
N
Band 81: Mit dem Wohnmobil nach Hessen Teil 1: Norden und Osten

TOUR 9 (ca. 175 km)

Höxter – Beverungen – Bad Karlshafen – Lippoldsberg – Uslar – Neuhaus am Solling – Dassel – Lauenberg – Hardegsen – Northeim – Nörten-Hardenberg – Göttingen

Stellplätze:	Höxter, Bad Karlshafen, Lippoldsberg, Uslar, Dassel, Lauenberg, Hardegsen, Northeim, Nörten-Hardenberg, Göttingen.
Campingplätze:	Beverungen.
Ver-/Entsorgung:	Höxter, Beverungen, Bad Karlshafen, Lippoldsberg, Uslar, Lauenberg, Hardegsen, Northeim, Nörten-Hardenberg, Göttingen.
Besichtigungen:	Höxter (Kloster Corvey), Bad Karlshafen (Burg Krukenburg, Weser Skywalk), Uslar (Schmetterlingspark), Neuhaus am Solling (Hochsollingturm, Wildpark), Hardegsen (Wildpark), Northeim (Altstadt), Nörten-Hardenberg (Schloss).
Wandern/Radtouren:	Mit dem Rad entlang der Weser. Durch den Hutewald und zum Sollingturm. Mecklenbruch Hochmoor.
Baden/Wellness:	Höxter (Freibad), Uslar (Freibad), Dassel (Freibad), Lauenberg (Badesee), Northeim (Großer Freizeitsee), Nörten-Hardenberg (Hallenbad).

Von Holzminden führt uns diese Reise rund 50 Kilometer die Weser aufwärts. Höhepunkte auf dieser Wegstrecke sind das Kloster Corvey in Höxter, das seit 2014 zum Welterbe der UNESCO zählt, sowie Bad Karlshafen, der Weser-Skywalk und natürlich der charmante Fachwerkort Northeim.

Ab Lippoldsberg durchqueren wir in einem großen Bogen den Naturpark Solling-Vogler und treffen in Northeim auf die Leine. Diesem Fluss folgen wir bis nach Göttingen und haben damit unseren Ausgangspunkt der ersten Tour wieder erreicht.

Der **Solling** ist ein bis zu 528 Meter hohes Mittelgebirge, das überwiegend aus Buntsandstein besteht. Es ist Teil des Weserberglandlandes und zeichnet sich in seiner Vegetation durch dichte Fichtenmisch- und Buchenwälder aus. Viele Wanderwege sind in dem Naturpark angelegt und verlaufen oftmals als Rund- oder Themenrouten mit nur geringen Steigungen durch diese ruhige Naturlandschaft. Mit dem Naturschutzgebiet Hochmoor Mecklenbruch bei Silberborn, den Aussichtstürmen Hochsollingturm auf dem Moosberg, dem

Karolingisches Westwerk.

Sollingturm auf dem Strutberg und dem Harzblick auf dem Großen Steinberg, dem Hutewald bei Schloss Nienover sowie dem Wildpark Neuhaus bietet er viele attraktive Wanderziele.

In Holzminden müssen sich die Wohnmobilisten mit den großen Fahrzeugen entscheiden, ob sie links oder rechts der Weser fahren wollen, denn in Höxter ist die Brücke über den Fluss für Fahrzeuge über 3,5 t und einer Breite von mehr als 2,1 Metern gesperrt. Dies wird bis mindestens 2023 auch so bleiben. Der Stellplatz an der Freizeitanlage in Godelheim befindet sich links der Weser, der am Flossplatz rechts der Weser. Die nächste Brücke ist in Beverungen.

Beginnen wir mit der ehemaligen **Benediktinerabtei Corvey**. Wer direkt in der Nähe der Anlage parken möchte, der findet mit diesen Koordinaten [N51°46'44.8" E9°24'24.5"] einen großen Parkplatz. Bis zur Klosterkirche und dem Schloss sind es dann zu Fuß nur noch wenige Meter.

Das Barockschloss Corvey.

Corvey gehörte zu den einflussreichsten Klöstern des Frankenreichs. Es hatte einen missionarischen Auftrag und eine große Bedeutung für die Christianisierung des Nordens und des Ostens. Es war im Mittelalter eines der bedeutendsten geistlichen, kulturellen und politischen Zentren in Europa. Das frühmittelalterliche Westwerk ist eines der wenigen in wesentlichen Teilen erhalten gebliebenen karolingischen Bauwerke und wurde 2014 zum UNESCO-Welterbe ernannt.

Nach der Säkularisierung des Klosters kam es in den Besitz des Herzoglichen Hauses Ratibor und Corvey, die die Geschicke des zum Schloss ausgebauten Klosters als Museum und Veranstaltungsort auch heute noch leiten. Neben der Kirche ist die **Fürstliche Bibliothek** mit rund 75.000 Bänden ein Besuchermagnet. Berühmtester Bibliothekar war der Germanist Hoffmann von Fallersleben. Die Führungszeiten, Eintrittspreise und sehr viel tiefergehende Informationen entnehmen Sie bitte dieser Seite www.schloss-corvey.de.

(139) Offizieller WOMO-Stellplatz: Höxter – Am Flossplatz

GPS: N51°46'26.4" E9°23'21.0"; Im Brückfeld, 37671 Höxter.
Max. WOMOs: 60, maximale Länge 12 m.

Ausstattung: Frischwasserversorgung, Abwasserentsorgung mit Bodeneinlass, Kassettenentleerung, Stromanschlüsse, Behälter für die Müllentsorgung, Brötchenservice von Ostern bis zu den Herbstferien, Gasflaschenlieferservice bis an das WOMO, ganzjährig geöffnet.
Beschreibung: Große schattenlose, teilweise mit Hecken parzellierte Plätze direkt an der Weser, sehr ruhig.
Preise: 9,00 € für ein Fahrzeug mit 2 Personen. Der Betrag ist am Parkautomaten nur mit Münzen zu zahlen.
Zufahrt: Von Holzminden oder Beverungen über die L550 in Richtung Höxter fahren und in Höxter vor der Weserbrücke rechts abbiegen.

Von diesem Stellplatz bis zum Barockschloss Corvey sind es zu Fuß oder mit dem Rad rund 2,5 Kilometer. Das historische Rathaus liegt dabei auf dem Weg. Hier befindet sich zum einen die Touristinformation, zum anderen ein spanisches Restaurant.

Historisches Rathaus in Höxter.

Blick von den Rabenklippen in das Tal der Weser.

Die Freizeitanlage in Godelheim bietet nicht nur schöne Bade- und Wassersportmöglichkeiten, sie ist auch ein idealer Ausgangsort für eine Wanderung auf dem **Ziegenberg**, einem der drei Hausberge der Stadt Höxter. Rodeneckturm, **Rabenklippen** und der **Bismarckturm** sind schöne Ziele auf diesem Berg mit seinem weitverzweigten Wanderwegenetz.

(140) Offizieller WOMO-Badeplatz: Freizeitanlage Höxter-Godelheim

GPS: N51°45'33.6" E9°22'33.3"; Godelheimer Str. 33, 37671 Höxter.
Max. WOMOs: 50, maximale Länge 10 m.
Ausstattung: Frischwasserversorgung, Abwasserentsorgung mit Bodeneinlass, Kassettenentleerung, Stromanschlüsse, Behälter für die Müllentsorgung, Brötchenservice von Ostern bis zu den Herbstferien, Gasflaschenlieferservice bis an das WOMO (ganzjährig), Restaurant am Seeufer. Der Platz ist ganzjährig geöffnet.

Beschreibung: Große halbschattige parzellierte Stelllflächen auf Wiesenuntergrund. Badestrand und Liegewiese sowie Restaurant in unmittelbarer Nähe.
Preise: 9,00 € für ein Fahrzeug mit 2 Personen. Der Betrag ist am Parkautomaten nur mit Münzen zu zahlen.
Zufahrt: Höxter auf der B64 in Richtung Beverungen durchfahren und weit hinter einem Kieswerk links abbiegen.

Flora und Fauna der Rabenklippen im Muschelkalkgebiet des Ziegenbergs stehen unter Naturschutz. Je nach Kondition, Lust und Laune lassen sich hier kurze und lange Wanderungen durchführen. Die Steigungen sind dabei teilweise beachtlich. Vom tiefsten bis zum höchsten Punkt sind es 290 Meter Höhenunterschied. Die Wege gehen hauptsächlich durch einen Buchenmischwald. Die Aussicht von den Rabenklippen hinunter in das Tal ist wunderbar. Von den Klippen bis zum Bismarckturm sind es etwas mehr als zwei Kilometer. Der im Jahr 1900 errichtete Turm ist ganzjährig begehbar, 39 Stufen führen hinauf.

Von der Freizeitanlage in Höxter setzen wir unsere Reise fort und fahren nach **Beverungen**. Hier überqueren wir die Weser, die hier die Landesgrenze zwischen Nordrhein-Westfalen und Niedersachsen bildet. Über Lauenförde geht es weiter zu diesem Campingplatz.

Der Bismarckturm auf dem Ziegenberg.

(141) WOMO-Campingplatz: Yachthafen Dreiländereck

GPS: N51°39'02.0" E9°22'48.0"; Würgasser Str. 990, 37697 Lauenförde.
Max. WOMOs: >50, maximale Länge 12 m.
Ausstattung: Frischwasserversorgung, Abwasserentsorgung mit Bodeneinlass, Kassettenentleerung, Stromanschlüsse, Behälter für die Müllentsorgung, WLAN, Brötchenservice. Im Servicegebäude gibt es Duschen, WCs, Waschmaschinen und Trockner. Der Platz ist ganzjährig geöffnet.
Beschreibung: Große sonnige, hauptsächlich Wiesen- und Schotterplätze an der Weser.

Preise: Wohnmobil 9,50 € inkl. Ver- und Entsorgung, Strom 2,20 pro Tag.
Zufahrt: Zwischen Lauenförde und Würgassen auf der rechten Seite. Nicht zu verfehlen.
Reservierung/Kontakt: Tel.: 05273/21836 oder 0172 84 86 890
E-Mail: wvoessing@t-online.de, Web: www.yachthafen-dreilaendereck.de.

Zahlreiche Stell- und Campingplätze sind hier im Dreiländereck zwischen Nordrhein-Westfalen, Niedersachsen und Hessen zu finden. Landschaftlich ist es hier sehr reizvoll. Die Weser bietet Bade- und Wassersportmöglichkeiten, der Weserradweg fordert zu einer Radtour heraus. Auf kurzer Distanz sind malerische Orte zu erreichen, in denen die Gastronomen um die Kundschaft buhlen, die entweder mit dem

Paddel- oder Motorboot, dem Fahrrad, zu Fuß, dem Auto, dem Motorrad oder eben mit dem Wohnmobil kommen. Kurz und salopp formuliert: In dieser Ecke ist mächtig was los.

(142) Offizieller WOMO-Gasthof-Stellplatz: Würgassen – "Alte Linde"

GPS: N51°38'42.1" E9°25'04.4";
Würrigser Str. 4, 37688 Beverungen-Würgassen.
Max. WOMOs: 16, maximale Länge 12 m.
Ausstattung: Frischwasserversorgung, Abwasserentsorgung mit Bodeneinlass, Kassettenentleerung, Stromanschlüsse, Behälter für die Müllentsorgung, Brötchenservice. Frühstücksservice im Gasthof, Biergarten, Restaurant mit traditioneller Küche.

Beschreibung: Große sonnige Wiesenflächen direkt an der Weser mit Liegewiese und Kinderspielplatz.
Preise: 10,00 € für ein Fahrzeug mit 2 Personen. Ver- und Entsorgung kostenlos, Strom 3,00 €.
Zufahrt: In Würgassen zunächst den Hinweisen zum Weser-Skywalk folgen.

"Erlesene Natur" nennen es die Damen und Herren von **Kulturland Kreis Höxter**, einer Organisation des Landkreises Höxter, die sich immer wieder etwas Neues einfallen lassen, um den Tourismus in dieser Region zu fördern. Auf den Wanderwegmarkierungen auf dem Ziegenberg haben wir diese Schriftzüge schon gesehen, auf dem **Weser-Skywalk** begegnen sie uns wieder. Er gehört neben den wunderbar ausgebauten Radwegen entlang des Flusses zu den Besuchermagneten dieser Region. Er lässt sich mit dem Rad gut erreichen, wenn man mit einem e-bike unterwegs ist. Wir haben es vom Gasthof "Alte Linde" probiert, das funktioniert ganz gut. Hier steht man praktischerweise direkt am Weser-Radweg. Bis nach Bad Karlshafen sind es nur topfebene drei Kilometer und von dort zum Skywalk etwas mehr als zwei Kilometer. Hier muss man allerdings entlang der hochführenden Straße schon ein wenig strampeln, schließlich sind über 120 Meter Höhenunterschied zu bewältigen. Danach geht es fast ohne zu treten wieder runter zum Gasthof. In der Summe sind das rund acht Kilometer.

Auf dem Weser-Radweg unterhalb des Skywalks..

Blick vom Skywalk auf die Weser in Richtung Würgassen.

Hannoversche Klippen heißen die Felsen, an denen der Skywalk montiert wurde. Über einen schmalen, naturbelassenen Weg geht es vom Parkplatz einige Meter hinunter zur Aussichtsplattform. Es ist eine Konstruktion aus verzinktem Stahl, die nicht sehr vielen Besuchern Platz bietet. Bei hohem Andrang ist ein wenig Geduld gefragt.

(143) Offizieller WOMO-Stellplatz: Bad Karlshafen

GPS: N51°38'39.0" E9°26'54.6"; Am Rechten Weserufer 2, 34385 Bad Karlshafen.
Max. WOMOs: 33, maximale Länge 12 m.
Ausstattung: Frischwasserversorgung, Abwasserentsorgung mit Bodeneinlass, Kassettenentleerung, Stromanschlüsse, Behälter für die Müllentsorgung, WLAN, Brötchenservice. Im Servicegebäude gibt es Duschen, WCs, Waschmaschinen und Trockner. Der Platz ist ganzjährig geöffnet.
Beschreibung: Große sonnige Wiesen- oder Asphaltflächen.
Preise: 15,00 € für ein Fahrzeug auf der Wiese, 13,00 € auf den Asphaltflächen. Die Einrichtungen des nebenan befindlichen Campingplatzes können kostenlos genutzt werden.
Zufahrt: In Bad Karlshafen vor der Weserbrücke rechts abfahren.

Der Kurort **Bad Karlshafen** ist die nördlichste Stadt Hessens. In der **Weser-Therme** ist das Wellnessangebot recht umfangreich. Sie können hier www.wesertherme.de mehr darüber erfahren.

Interessant ist die Geschichte der Stadt, die 1699 von **Landgraf Carl von Hessen-Kassel** als Exulantenstadt zur Ansiedlung von Hugenotten, also protestantischen Glaubensflüchtlingen aus Frankreich, gegründet wurde.

Der Landgraf-Carl-Kanal in Bad Karlshafen.

Auffallend ist der Grundriss der barocken Planstadt mit seinen rechtwinkelig zueinander verlaufenden Straßen. Im Zentrum befindet sich das Hafenbecken. Dieser Hafen sollte der Ausgangspunkt für den **Landgraf-Carl-Kanal** werden, einer Schifffahrtsstraße, die die Weser mit der Lahn verbinden sollte. Nur ein Teil dieses ehrgeizigen Projektes wurde tatsächlich realisiert. Bald nach dem Tode des Landgrafen wurden die Arbeiten an diesem Kanal eingestellt. Auf einer großen Schautafel am Hafengelände können Sie die Skizzen und die Beschreibung des Vorhabens nachlesen. Zurzeit ist die Stadt dabei, Becken, Kanäle und Straßen zu sanieren, um dem Barockhafen und der Barockstadt neuen Glanz zu verleihen.

Was gibt es sonst noch Interessantes zu sehen? Das **Deutsche Hugenotten-Museum**, das sich am Hafenplatz neben dem Hafenbecken befindet, widmet sich der Geschichte der Glaubensflüchtlinge in Frankreich und Deutschland. Auf dieser Seite www.hugenottenmuseum.de erfahren Sie mehr über das Museum, das in einer ehemaligen Zigarrenfabrik untergebracht ist.

Ruine Krukenburg in Helmarshausen.

Im Stadtteil **Helmarshausen** lohnt ein Besuch der **Ruine Krukenburg** und der ehemaligen **Benediktiner-Abtei**. Detaillierte Informationen über diesen Ortsteil finden Sie auf dieser Seite www.bad-karlshafen-tourismus.de.

Wir verlassen jetzt Bad Karlshafen und begeben uns auf den Weg in den

Solling. Vorher wollen wir noch darauf aufmerksam machen, dass wir uns am Schnittpunkt zweier Bücher des WOMO-Verlages befinden. Von dieser Stelle können Sie auch durch Nordhessen weiterreisen. Den Band Mit dem Wohnmobil nach Hessen: Teil 1: Hessisches Bergland u. Hessische Rhön ist, wie dieses Buch im WOMO-Verlag erschienen.

Von Bad Karlshafen ist es nicht weit bis nach **Lippoldsberg**. Von der B80 geht eine Fähre über die Weser und man ist direkt auf diesem Stellplatz am Landhotel "Zum Anker".

(144) Offizieller WOMO-Gasthof-Stellplatz: Lippoldsberg – Landhotel "Zum Anker"

GPS: N51°37'27.8" E9°33'08.2"; Weserstraße 14, 34399 Lippoldsberg.
Max. WOMOs: 50, maximale Länge 12 m.

Ausstattung: Frischwasserversorgung, Abwasserentsorgung mit Bodeneinlass, Kassettenentleerung, Stromanschlüsse, Behälter für die Müllentsorgung, Brötchenservice, Dusche und WC. Der Platz ist im Januar und Februar geschlossen. Brötchen- und Frühstücksservice im Gasthof, Restaurant mit traditioneller Küche.
Beschreibung: Große sonnige Rasenplätze in unmittelbarer Nähe der Weser, sehr ruhig. Restaurant mit Biergarten. Spezialitäten sind geräucherter Wildlachs, Saibling und Forelle sowie Wildschwein vom Holzkohlegrill.
Preise: 12,00 € für ein Fahrzeug mit 2 Personen (2,00 € Verzehrgutschein für das Restaurant). Entsorgung kostenlos. Frischwasser 1,00 €, Strom 0,50 € pro kWh.
Zufahrt: In Lippoldsberg hinter der Fähre auf der rechten Seite.

Die Fähre können Sie allerdings nur dann nutzen, wenn Ihr Fahrzeug einen kurzen Überhang hat. Alle anderen müssen weiterfahren bis nach Gieselwerder. Dort führt eine Brücke über die Weser. Das ist ein Umweg von rund acht Kilometern.

Romanische Basilika in Lippoldsberg.

In Lippoldsberg ist die stilechte romanische **Basilika** des ehemaligen Benediktinerinnen-Klosters von besonderem Interesse. Sie ist nur 500 Meter vom Stellplatz entfernt. Die dreischiffige Gewölbebasilika wurde aus dem Sandstein des Sollings im 12. Jahrhundert erbaut. Eine nähere Beschreibung ersparen wir uns hier. Ein gute und umfassende Erläuterung des Bauwerkes mit ihren Öffnungszeiten finden Sie hier www.klosterkirche.de.

Von Lippoldsberg fahren wir weiter nach **Uslar** am Fuße des Solllings. Herrschte unten an der Weser noch ein dichtes Gedränge auf den Stellplätzen, so finden wir hier viel Platz und stellen fest, das diese hübsche, rund 14.000 Einwohner zäh-

(145) Offizieller WOMO-Badeplatz: Reisemobilpark Uslarer Badeland

GPS: N51°40'02.4" E9°37'42.9"; Zur Schwarzen Erde, 37170 Uslar.
Max. WOMOs: 20, maximale Länge 10 m.

Ausstattung: Frischwasserversorgung, Abwasserentsorgung mit Bodeneinlass, Kassettenentleerung, Stromanschlüsse, Behälter für die Müllentsorgung, WLAN, Brötchenservice, ganzjährig geöffnet.
Beschreibung: Große ebene und sonnige Plätze auf Rasengittersteinen in unmittelbarer Nähe des Badelandes. Frei zugängliches Biotop mit Bach, Liegewiese, Picknick-Ecke und Bänken, ruhige Lage und ein guter Ausgangspunkt für Wanderungen und Radtouren. Schmetterlingspark schräg gegenüber. Die historische Ortsmitte ist 1 km entfernt. Die Ver- und Entsorgungsanlage befindet sich auf der Zufahrt zum Stellplatz auf der rechten Seite und kann bequem angefahren werden, ohne den Stellplatz nutzen zu müssen.
Preise: 6,00 € für ein Fahrzeug mit 2 Personen. Entsorgung kostenlos. Frischwasser 1,00 €, Strom 1,00 € für 6 Stunden.
Zufahrt: In Uslar nach dem Ortseingang links in die Wiesenstraße abbiegen, das Gewerbegebiet durchfahren, am zweiten Kreisverkehr die zweite Ausfahrt wählen und dem Hinweisschild " Reisemobilpark Uslarer Badeland" folgen.

(146) Offizieller WOMO-Stellplatz: Ferienfreizeit am Lindenhof

GPS: N51°40'18.6" E9°37'46.4"; Lindenhof 1, 37170 Uslar.
Max. WOMOs: 5, maximale Länge 8 m.
Ausstattung: Frischwasserversorgung, Abwasserentsorgung mit Bodeneinlass, Kassettenentleerung, Stromanschlüsse, Behälter für die Müllentsorgung, ganzjährig geöffnet.

Beschreibung: Eng beieinanderliegende Stellflächen auf einem ehemaligen Bauernhof neben einer Viehweide. Reitkurse möglich.
Preise: 5,00 € für ein Fahrzeug, Strom 0,50 € pro kWh. Frischwasser, Abwasserentsorgung und Entleerung der Bordtoilette sind kostenfrei.
Zufahrt: 500 Meter hinter dem Schmetterlingspark, der leicht durch die Beschilderung zu finden ist.

lende Stadt längst nicht so stark von Besuchern frequentiert wird, wie zum Beispiel Bad Karlshafen oder andere Städte an der Weser.

Auch Uslar hatte einst ein Schloss im Stile der Weserrenaissance. Es brannte aber bereits im frühen 17. Jahrhundert ab und wurde nicht wieder aufgebaut. Nur Reste der Anlage sind noch am Schlossgarten zu sehen. Wahrzeichen des Ortes mit den prächtigen Fachwerkfassaden in der Innenstadt ist das im 15. Jahrhundert erbaute Rathaus, das auf der Spitze des Giebels einen Uhrenturm trägt. Vor dem Rathaus steht eingangs der Lange Straße der **Spenneweih-Brunnen**, der an einen über 600 Jahren alten Brauch der Stadt erinnert, der auch heute noch gepflegt wird. Hier ist leider nicht der Platz, die ganze Geschichte dieses Brauchtums auszubreiten. Auf dieser Seite www.uslar.de werden Sie unter der Rubrik 'Freizeit und Kultur' fündig werden und können lesen, was es damit auf sich hat.

Rathaus und Spenneweih-Brunnen.

Die Lange Straße in Uslar mit dem Denkmal des 'Redner Bode'.

Wenn Sie in dem einen oder anderen Lokal in dieser Region zu Gast waren, dann werden Sie vielleicht ein Bier der Marke **Bergbräu** getrunken haben. Diese kleine Privatbrauerei hat ihren Sitz in Uslar in der Rosenstraße. Sie müssen nicht dorthin fahren, um ihren Biervorrat aufzufüllen, Sie finden es auch bei den Discountern in dieser Region.

Hinweisen möchten wir noch auf den **Alaris-Schmetterlingspark**, der in der Saison von April bis Oktober täglich zwischen 10:00 und 17:00 Uhr geöffnet hat. Hier lassen sich hunderte Schmetterlinge in allen Stadien der Entwicklung vom Ei über Raupe und Puppe bis zum bunten Falter beobachten.

Naturschwimmbad am Erlebniswald.

Das Ausstellungshaus am Wildpark Neuhaus.

Wer die B497 von Uslar in Richtung Holzminden fährt, kommt automatisch an dem **Erlebniswald** vorbei. Den Parkplatz dazu finden Sie mit diesen Koordinaten [N51°42'24.0" E9°33'29.7"]. Es ist ein Naturlehrpfad mit ökodidaktischem Inhalt, der Kindern und Erwachsenen das Ökosystem Wald in all seinen Facetten auf spielerische Weise näher bringen soll. Dazu gibt es Naturspielplätze, ein Naturschwimmbad und für die Übernachtung Baumhotels, Baumzelte und einen kleinen Campingplatz.

Sieben Kilometer weiter befindet sich der **Wildpark Neuhaus**, in dem sich die heimische Tierwelt in Gehegen beobachten lässt. Rothirsche, Wildkatzen, Waschbären, Luchse und Wölfe sind hier zu sehen. Über die Öffnungszeiten und Eintrittspreise informiert diese Seite www.naturpark-solling-vogler.de.

Kein Eintritt ist fällig bei einem Besuch des Hochmoores **Mecklenbruch**, das wiederum nur wenige Kilometer vom Wildpark entfernt ist. Bevor Sie in dieses renaturierte Hochmoor fahren, werfen Sie noch einen Blick auf und vom **Hochsollingturm**. Es lohnt sich die 178 Stufen des 33 Meter hohen Turmes hochzusteigen. Hier liegt Ihnen die waldreiche

Blick vom Hochsollingturm nach Norden. Im Hintergrund ist der Deister mit dem Fernmeldeturm Barsinghausen erkennbar.

Landschaft des Solling zu Füßen und Sie haben eine sehr gute Fernsicht über das Weserbergland.

Das **Hochmoor Mecklenbruch** ist an den Rändern seiner über 60 Hektar großen Kernfläche mit Birkenbruchwäldern bewachsen und zeigt in der Mitte eine niedrige Moorvegetation. Durch den feuchten Teil des Moores führen Bohlenwege. Parken können Sie hier [N51°46'14.6" E9°33'05.8"]. Der Betreiber des danebenliegenden Campingplatzes wollte in diesem Buch nicht berücksichtigt werden, wenn Sie sich fragen sollten, warum eine Beschreibung des Platzes hier nicht erscheint. Das respektieren wir.

Der Hochsollingturm.

Den weiteren Weg können Sie mit einem kleinen Umweg nach Dassel fortsetzen, wenn Ihnen der Stellplatz am dortigen Freibad gefallen hat, den wir in der vorangegangenen Tour besucht haben. Wenn Sie gern ungestört und allein im Wald übernachten, dann können wir Ihnen diesen Platz empfehlen, den Sie mit diesen

Waldparkplatz vor Sievershausen.

Koordinaten finden [**147:** N51°46'11.7" E9°36'06.5"]. Wenn Sie mit Hunden unterwegs sind, ist das ein idealer Platz für einen ausgedehnten Waldspaziergang mit den Vierbeinern.

In **Lauenberg** einem Ortsteil von Dassel wurde ein bestehendes Freibad in einen Badesee umgestaltet.

(148) Offizieller WOMO-Badeplatz: Badesee Lauenberg
GPS: N51°45'27.4" E9°45'53.6"; Sollingstraße 83, 37586 Dassel.
Max. WOMOs: 8, maximale Länge 8 m.
Ausstattung: Frischwasserversorgung, Abwasserentsorgung mit Bodeneinlass, Kassettenentleerung, Stromanschlüsse, Behälter für die Müllentsorgung, Bistro am Badesee, ganzjährig geöffnet.

Beschreibung: Große sonnige, teilweise auch schattige von Bäumen umgebene Schotterrasenplätze in unmittelbarer Nähe des Badesees.
Preise: 8,50 € inkl. Entsorgung, außerhalb der Saisonzeiten des Badesees (Okt.-Apr.) kostenlos, Wasser 1,00 €, Strom 1,00 € .
Zufahrt: Auf der L547 zwischen Lauenberg und Fredelsloh, kurz hinter Lauenberg zum Badesee links abbiegen.

Direkt daneben hat man diesen Stellplatz angelegt. Eine ruhige Anlage, die nicht nur zum Baden, sondern auch zu langen Spaziergängen durch die umliegenden Felder und Wälder einlädt. Es ist einer der Plätze, wo sich nicht viel Wohnmobilisten tummeln.

Die Klosterkirche in Fredelsloh.

Der nächste Ort auf unserer Reise ist das Töpferdorf **Fredelsloh**. Einen klassischen Stellplatz gibt es hier nicht, nicht einmal einen großen Parkplatz. Die kleine Fläche unterhalb der Klosterkirche [N51°44'07.8" E9°47'26.8"] erscheint uns am besten geeignet, das WOMO abzustellen, um zum **KERAMIK.UM** zu gelangen. Es ist ein Ausstellungs- und Aktionshaus, in dem das Töpferhandwerk dieser Gemeinde präsentiert wird.

Die reichen Tonvorkommen der Gemeinde bildeten die Grundlage für die Entwicklung des Töpferhandwerks, die im Mittelalter ihre Blütezeit hatte, als die Waren aus diesem Ort über die Hanse eine weite Verbreitung fanden. Heute finden im KERAMIK.UM eine Vielzahl von Veranstaltungen rund um dieses alte Handwerk statt. Das ganze Programm, die Öffnungszeiten und weitere Informationen finden Sie auf dieser Seite www.keramik-um.de.

Wären wir in Sachsen-Anhalt, wäre die Klosterkirche aus dem 12. Jahrhundert sicher eine Station auf der Straße der Romanik. Wir sind aber in Niedersachsen, dort reicht diese Straße nicht hin. Dennoch, für die Freunde der romanischen Baukunst ist diese Kirche sicher einen Besuch wert. Weitere Informationen dazu finden Sie hier www.klosterkirche-fredelsloh.de.

Und weiter geht die Fahrt. Als nächsten Ort haben wir **Hardegsen** auf dem Programm, eine Kleinstadt mit etwas mehr als 7000 Einwohner. Verblüffend, dass so ein kleiner Ort so einen komfortablen Stellplatz aufzuweisen hat.

(149) Offizieller WOMO-Stellplatz: Hardegsen – Wohnmobilhafen

GPS: N51°39'03.2" E 9°49'21.9"; Alte Uslarer Str., 37181 Hardegsen.
Max. WOMOs: 15, maximale Länge 11 m.

Ausstattung: Frischwasserversorgung, Abwasserentsorgung mit Bodeneinlass, Kassettenentleerung, Stromanschlüsse, Behälter für die Müllentsorgung, WLAN, Brötchenservice. Im Servicegebäude gibt es Duschen und WCs. Der Platz ist ganzjährig geöffnet.
Beschreibung: Große schattige Rasenplätze von Bäumen und Büschen umgeben. Zum Kurpark sind es zu Fuß 200 Meter, zur Burg und Innenstadt 400 und zum Wildpark 800 Meter.
Preise: 12,00 € für ein Fahrzeug mit zwei Personen, Frischwasser 1,00 € und Strom 1,00 € für 8 Stunden. Abwasserentsorgung und Entleerung der Bordtoilette ist kostenfrei. Am Toilettenhaus sind Briefumschläge und Anmeldeformulare hinterlegt.
Zufahrt: Am Wildpark in Hardegsen vorbeifahren. Nachdem der Kurpark erreicht ist auf der rechten Seite in den Drei-Eichen-Weg einbiegen, dann links halten.

Vom Stellplatz zum Kurpark ist es nicht weit. Ein kleiner Spaziergang durch die Anlage lässt sich mit einem Besuch der Burg Hardeg verbinden, die in erster Linie für Veranstaltungen genutzt wird. Die Burgschenke lockt mit preiswerten Leckereien, wie Sie auf dieser Seite www.burg-schenke-hardegsen.de sehen können. Da kann man die Nutzung der Bordküche doch mal wieder ausfallen lassen.

Im Kurpark von Hardegsen.

Im Wildpark der Stadt sind vor allem heimische Tiere vertreten. Hier lassen sich Rot- und Damwild, Ziegen, Esel und andere Tiere in aller Ruhe beobachten. Mehr als 100 Viecher sind in dem Gelände auf zwei Höhenlagen anzutreffen. Für Kinder gibt es ein Streichelgehege. Hier können die Kleinen mit Esel und Ziegen auf Tuchfühlung gehen und die Tiere mit den bereitliegenden Bürsten bei der Körperpflege unterstützen.

So langsam nähern wir uns dem Ende dieser Route. Von Hardegsen dem Tor zum Solling, fahren wir nun weiter nach **Northeim**. Die Stadt liegt an der Rhume, die wenige Kilometer vom Stadtgebiet entfernt in die Leine fließt. Die Quelle dieses Flusses hatten wir zu Beginn dieses Buches in der ersten Tour besucht. Auf der Seite 32 können Sie das noch einmal nachlesen.

Für den Besuch der Stadt empfehlen sich diese beiden Stellplätze. [**150:** N51°42'37.2" E10°00'06.7", Am Mühlenanger 1, 37154 Northeim]; [**151:** N51°42'27.9" E10°00'25.7", In der Fluth, 37154 Northeim]. Es gibt noch einen weiteren an der **Northeimer Seenplatte**, nahe der Autobahn, den wir hier auch kurz vorstellen wollen.

(152) Offizieller WOMO-Badeplatz: Northeim – Großer Freizeitsee

GPS: N51°43'45.0" E9°57'46.3"; Am Nordhafen, 37154 Northeim.
Max. WOMOs: 10, maximale Länge 12 m.
Ausstattung: Frischwasserversorgung, Abwasserentsorgung mit Bodeneinlass, Kassettenentleerung, Stromanschlüsse, Behälter für die Müllentsorgung, Restaurant, ganzjährig geöffnet.

Beschreibung: Weitgehend schattenlose ebene Plätze in Seeufernähe mit Liegewiese und Bademöglichkeit. Die Autobahn ist deutlich hörbar.
Preise: 6,00 € für ein Fahrzeug. Entsorgung ist kostenlos, Frischwasser 1,00 €, Strom 1,00 € für 2 kWh.
Zufahrt: In Northeim auf der B3 zunächst Richtung Autobahn fahren, dann nach Erreichen des Industriegebietes den Hinweisschildern "See" folgen.

Was macht nun Northeim so interessant? Die Stadt zählt mit Einbeck, Osterode, Duderstadt und Hann. Münden zum so-

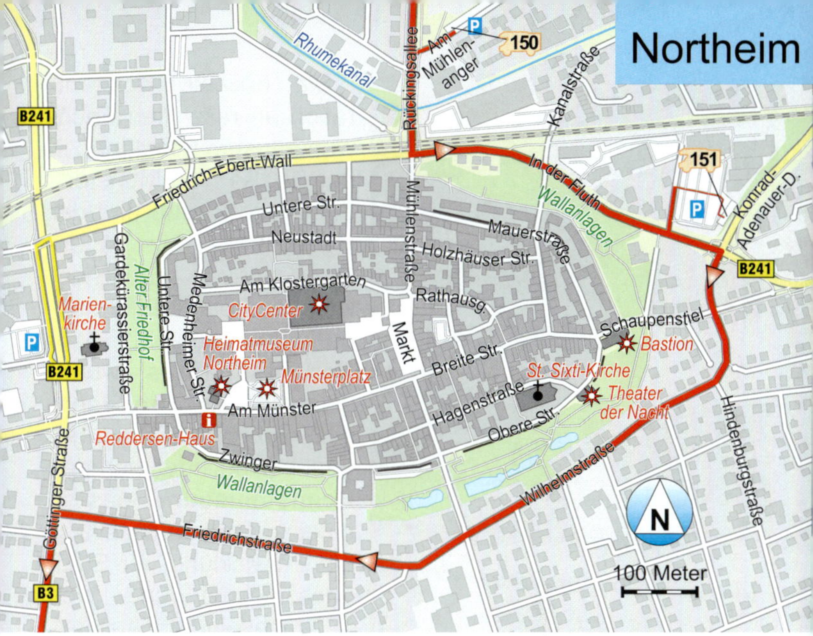

genannten "Fachwerk-Fünfeck", zu dem sich die fünf Städte zur gemeinsamen touristischen Vermarktung ihrer jeweils außergewöhnlichen Fachwerk-Gebäude-Ensembles zusammengeschlossen haben. Diese Städte bieten im Vergleich zu den kriegszerstörten Orten einen ausgezeichneten Erhaltungszustand der Altstädte in Fachwerkbauweise. Sie haben einen hohen dokumentarischen Wert und reichen in der Architektur von der Gotik des 13. Jahrhunderts bis hin zum Jugendstil um 1900 mit jeweils unterschiedlichen Einflüssen. Bis auf Hann. Münden, dass außerhalb unseres Reisegebietes liegt, haben wir nunmehr alle Orte des "Fachwerk-Fünfecks" aufgesucht.

Häuserzeile in der Straße Am Münster.

Das Reddersen-Haus in Northeim.

Bürgerhäuser am Markt.

Die höchste Konzentration an reizvollen Fachwerkhäusern findet man in der Straße "Am Münster", der Breite Straße und der Hagenstraße. Im ältesten Gebäude der Stadt ist die Tourist-Information untergebracht. Das **Reddersen-Haus** wurde wahrscheinlich im Jahre 1420 errichtet. Genau gegenüber befindet sich das **Heimatmuseum**, das in einer Dauerausstellung die Entwicklung der Stadt nachzeichnet und sich in wechselnden Ausstellungen unterschiedlichen Themen widmet.

Am Markt finden sich einige aus Stein gebaute Bürgerhäuser, die nach dem großen Stadtbrand im Jahr 1832 errichtet wurden.

Wie ein Fremdkörper wirkt das **CityCenter** in der historischen Altstadt. Ein modernes neuzeitliches Shoppingcenter, das in den sechziger Jahren gebaut wurde. In Architektur und Anlage entspricht es dem damaligen Zeitgeist.

Große Teile der **Stadtmauern** sind noch vorhanden, wie man auf einem Bummel durch die Wallanlagen sehen kann. Sie sind im Bereich des Alten Friedhofs am besten erhalten.

Ein interessantes Gebäude mit interessanten Vorstellungen ist das **Theater der Nacht**. Es ist ein Figurentheater, das Stücke für die großen und die kleinen Zuschauer präsentiert. Auf dieser Seite www.theater-der-nacht.de erfahren Sie mehr. In unmittelbarer Nähe des Theaters befindet sich die gotische **Sixti-Kirche**. Auch Sie ist einen Besuch wert. Über die Geschichte der Kirche und deren Sehenswürdigkeiten erfahren Sie mehr auf dieser Seite www.sixti-northeim.de. Hier finden Sie auch die Öffnungszeiten.

Damit beenden wir unseren Besuch in Northeim und fahren nach **Nörten-Hardenberg** weiter, wo wie diesen Stellplatz am Hallenbad vorfinden.

(153) Offizieller WOMO-Badeplatz: Nörten-Hardenberg – Hallenbad

GPS: N51°38'01.7" E9°56'24.3"; An der Bünte 4, 37176 Nörten-Hardenberg.
Max. WOMOs: 7, maximale Länge 12 m.
Ausstattung: Frischwasserversorgung, Stromanschlüsse, Behälter für die Müllentsorgung, WLAN, ganzjährig geöffnet.

Beschreibung: Enge, sonnige gepflasterte Plätze neben Hallenbad. Beliebter Übernachtungsort für Durchreisende auf der A7. In der Nacht stehen hier sehr oft mehr als 7 Fahrzeuge, die dann allerdings ohne eine Stromversorgung auskommen müssen.
Preise: 5,00 €, die während der Öffnungszeiten am Kassenautomat im Hallenbad zu zahlen sind. Frischwasser 1,00 €, Strom für 8 Stunden ebenfalls 1,00 €.
Zufahrt: In Nörten-Hardenberg bei der ersten Gelegenheit links in die Stadt abbiegen, danach die zweite Straße links abbiegen und deren Verlauf bis zum Stellplatz folgen.

Sehenswert ist in Nörten-Hardenberg vor allem die hoch über dem Tal des Beverbaches gelegene **Burgruine Hardenberg**, eine Doppelburg, deren Ursprung auf das 11. Jahrhundert zurückgeht. Am Fuße der Ruine befindet sich der "Keilerladen". Die Spirituosen mit dem "Keilerkopf" auf dem Etikett haben einen hohen Bekanntheitsgrad erworben. Hier ist der Stammsitz des Spirituosenherstellers. Der Schlosspark neben der Burgruine ist für Besucher zugänglich, das Schloss selbst jedoch nicht. Die Kornbrennerei ist nach wie vor im Familienbesitz des **Fürstenhauses Hardenberg**. Die Burgruine können Sie nur im Rahmen einer Führung besichtigen. Details dazu finden Sie hier https://der-hardenberg.com. Hier können Sie sich auch zu einem Rundgang durch die alte Hardenberg Kornbrennerei anmelden.

Die Burgruine Hardenberg.

Wenn Sie von Hardenberg weiterfahren nach Göttingen, dann kommen Sie zum Ausgangspunkt der Tour 1 zurück. Wir machen jetzt mit der Tour 10 weiter, die entlang der Weser von Holzminden nach Minden in Westfalen führt.

Minden
Wasserstraßenkreuz
B482
Dom
169
Fort C
168
Kaiser-Wilhelm-Denkmal
Porta Westfalica
Mittellandkanal
Hespe
Wiedensahl
170
174
Stadthagen
Tropicana
Schloss
171
Bückeburg
B65
Tour 11
Obernkirchen
2
Weser
172
Bad Eilsen
Bückeberg
Dinosaurierspuren
173
166
167
Varenholz
Kloster Möllenbeck
B238
Langenholz-hausen
Möllen-beck
Rinteln
B83
Schaumburg
Naturpark
Westendorf
Burg Schaumburg
Silixen
Kranken-hagen
Laßbruch
Großenwieden
165
Hessisch Oldendorf
Schillat-Höhle
Süntel
Almeria
Fischbeck
Nordrhein-Westfalen
Weserbergland
162
Hameln
Leisthaus
B217
Groß Berkel
Klütturm
163
B66
Aerzen
B1
Klein Berkel
164
Barntrup
Grießem
Spelunken-turm
Schloss Hämel-schenburg
161
Schellenturm
Emmern
Emmerthal
Bisperode
Schloss
159
Bad Pyrmont
Amelgatzen
Bismarckturm
Börry
Grohnde
160
WC
158
N
Hehlen
Münchhausen-museum
Boden-werder
5 km
Ottenstein
Halle
155
156
Polle
B240
157
Pegestorf
Rühle
Rühler Schweiz
Vogler
154
Heinsen
133
Golmbach
B239
Kloster Amelungsborn
Eschers-hausen
Oven-hausen
138
137
Schloss Bevern
Negenborn
Tour 8
B64
Bevern
134
Tour 9
Holzminden
Deensen
Stadtoldendorf

TOUR 10 (ca. 165 km)

Heinsen – Bodenwerder – Grohnde – Emmerthal – Bad Pyrmont – Hameln – Hessisch Oldendorf – Rinteln – Schaumburg – Möllenbeck – Porta Westfalica – Minden

Stellplätze:	Bodenwerder, Grohnde, Bad Pyrmont, Hameln, Hessisch Oldendorf, Rinteln, Porta Westfalica, Minden.
Campingplätze:	Heinsen, Bodenwerder, Bad Pyrmont, Hameln, Rinteln.
Ver-/Entsorgung:	Bodenwerder, Grohnde, Bad Pyrmont, Hameln, Hessisch Oldendorf, Rinteln, Minden.
Besichtigungen:	Bodenwerder (Altstadt, Münchhausen-Museum), Emmerthal (Hämelschenburg), Bad Pyrmont (Altstadt, Therme, Kuranlagen, Türme), Hameln (Altstadt), Hessisch Oldendorf (Münchhausenhof, Schillat-Höhle), Rinteln (Altstadt), Möllenbeck (Kloster), Porta Westfalica (Kaiser-Wilhelm-Denkmal), Minden (Altstadt, Dom, Wasserstraßenkreuz, Preußen-Museum).
Wandern:	Bad Pyrmont (Türme).
Baden/Wellness:	Bad Pyrmont (Therme), Rinteln (Weserstrand, Doktorsee), Minden (Weserstrand).

Diese Tour führt uns der Weser entlang nach Minden. Es ist eine märchenhafte Landschaft, die wir hier durchfahren. Wir werden unter anderem dem Baron von Münchhausen begegnen und dem Rattenfänger von Hameln. Beide Orte sind bekannte und sehr beliebte Stationen auf der **Deutschen Märchenstraße**, die von Hanau bis nach Buxtehude führt. Wir schauen uns auch die schönen Schlösser und Profanbauten der Weserrenaissance an, die auf dieser Strecke liegen und besuchen mit der Burg Schaumburg eine Anlage, die namensgebend für das Geschlecht der Grafen von Schauenburg und das Schaumburger Land war. In Porta Westfalica besuchen wir das Kaiser-Wilhelm-Denkmal, bevor wir weiterfahren und in Minden diese Reise beenden.

Die **Straße der Weserrenaissance** beginnt in Hann.Münden und endet in Bremen. Sie verläuft teilweise parallel zur Deutschen Märchenstraße. Wir gehen auf beide Straßen nicht gesondert ein, weil wir beide nicht zur Gänze durchfahren. Wir widmen uns den wesentlichen Sehenswürdigkeiten dieser Region ganz unabhängig davon, an welcher Straße sie liegen.

Wir beginnen mit einem Campingplatz am Westufer der Weser. Er ist ein idealer Platz für Wasserwanderer und Radler. Mit der kleinen Personenfähre lässt sich die Weser auch mit dem Fahrrad überqueren. Bis nach Bodenwerder sind es auf dem Weser-Radweg 20 Kilometer, bis zum Kloster Corvey ebenfalls.

(154) WOMO-Campingplatz: Weserbergland Camping – Heinsen

GPS: N51°53'06.1" E9°26'33.3"; Weserstraße 66, 37649 Heinsen.
Max. WOMOs: >20, maximale Länge 12 m.
Ausstattung: Frischwasserversorgung, Abwasserentsorgung mit Bodeneinlass, Kassettenentleerung, Stromanschlüsse, Behälter für die Müllentsorgung, WLAN, Brötchenservice, Swimmingpool, Kinderspielplatz, Boule-Bahn. Im Servicegebäude gibt es Duschen, WCs, Waschmaschinen und Trockner. Der Platz ist vom 1. April bis zum 31. Okt. geöffnet.
Beschreibung: Weitläufige schattenlose Wiesenflächen direkt an der Weser.
Preise: Je nach Saison zwischen 23,50 € und 26,00 € für ein WOMO mit 2 Erwachsenen inkl. Strom, Ver- und Entsorgung. Kind 3,50 €, jede weitere Person ab 14 Jahre 5,50 €, Hund 2,50 €, Dusche 1,00 €.
Zufahrt: In Heinsen der Beschilderung zum Campingplatz folgen.
Reservierung/Kontakt: Tel.: 05535/8733, E-Mail: info@weserbergland-camping.com, Web: www.weserbergland-camping.com.

In **Bodenwerder**, dem nächsten Ort auf dieser Etappe, fahren wir diesen Stellplatz an.

(155) Offizieller WOMO-Stellplatz: Bodenwerder

GPS: N51°58'49.8" E9°31'05.7"; Am Mühlentor, 37619 Bodenwerder.
Max. WOMOs: 60, maximale Länge 12 m, max. Aufenthalt 14 Stunden.
Ausstattung: Frischwasserversorgung, Abwasserentsorgung mit Bodeneinlass, Kassettenentleerung, Stromanschlüsse, Behälter für die Müllentsorgung, WLAN, WC und Duschgelegenheit. Der Platz ist ganzjährig geöffnet.
Beschreibung: Große sonnige, teilweise auch schattige Stellflächen auf Rasengittersteinen und Schotterrasen mit Grünstreifen aus Büschen und Bäumen. Sehr nah an der Innenstadt, trotzdem ruhig.

Preise: 9,00 € für ein Fahrzeug, Frischwasser 1,00 € (ca. 100 Liter), Strom 0,50 € pro kWh. Abwasserentsorgung und Entleerung der Bordtoilette ist kostenfrei. Einen Parkschein gibt es am Kiosk am Rande des Platzes zwischen 08:30 und 18:00 Uhr.
Zufahrt: In Bodenwerder auf der B83 in Höhe des Betonsteinwerkes nach links in die Hamelner Straße abbiegen und deren Verlauf bis zum Ende folgen.

Das kleine Städtchen ist der Geburtsort und langjährige Wohnsitz des „Lügenbarons“ Hieronymus Carl Friedrich Freiherr von Münchhausen (* 1720; † 1797). Seit 2013 trägt Bodenwerder den amtlichen Namenszusatz **"Münchhausenstadt"**. Dem Lügenbaron können Sie in dieser Stadt nicht entkommen. Auf Schritt und Tritt begegnen Sie ihm in irgendeiner Form. In

Münchhausenbrunnen in der Münchhausenstraße.

der Münchhausenstraße, der Münchhausen-Apotheke, dem Münchhausenbrunnen, das Museum sowieso, alles scheint mit dem Namen des Lügenbarons verbunden.

Hieronymus Carl Friedrich Freiherr von Münchhausen

Er war ein begnadeter Geschichtenerzähler, er wusste die Gesellschaft zu unterhalten, ein Prahlhans, der seiner blaublütigen Verwandtschaft und deren Gäste bei so mancher Festlichkeit einen Bären aufband und pointenreich phantasievoll für Schenkelklopfer und Gelächter sorgte. Er war ein gern gesehener Salonlöwe.

Diesen Hieronymus von Münchhausen hat es tatsächlich gegeben. Er lernte bei seiner adligen Verwandtschaft in Bevern, Braunschweig und Wolfenbüttel die höfischen Gepflogenheiten kennen und begleitete als Page den Herzog Anton Ulrich von Braunschweig-Wolfenbüttel nach Russland, wo er im Militär diente. Er begleitete seinen Herrn offensichtlich auch in den Russisch-Österreichischen Türkenkrieg (1736–1739), in dem ihm wohl bei einer Schlacht die Idee mit dem Ritt auf der Kanonenkugel kam.

Mehrere Lebensstationen ließen sich hier noch aufführen, wir wollen das aber abkürzen und kurzum nur festhalten, das er eigentlich ein unbescholtener Adliger war, der phantasiereich Geschichten erzählen konnte und mit seiner Jakobine in Bodenwerder ein glückliches Leben führte. Mehrere Lebensstationen ließen sich hier noch aufführen, wir wollen das aber abkürzen und kurzum nur festhalten, das er eigentlich ein unbescholtener Adliger war, der phantasiereich Geschichten erzählen konnte und mit seiner Jakobine in Bodenwerder ein glückliches Leben führte.

Münchhausen Skulptur "halbes Pferd".

Seine Geschichten schrieb jemand anders auf, ein gewisser Rudolf Erich Raspe, der Münchhausen kennengelernt hatte, aber wegen Geldsorgen das Land verließ und nach England floh. Er schrieb die Geschichten auf, schmückte sie weiter phantasievoll übersteigert aus und publizierte sie als die Geschichten des „Lügenbarons“ in England. Dort wurden sie schnell bekannt und wurden gern gelesen. In einer deutschen Übersetzung fanden die "Lügengeschichten" auch in den deutschen Fürsten- und Herzogtümer eine rasche Verbreitung. Der Ruf des Hieronymus Carl Friedrich Freiherr von Münchhausen wurde damit ruiniert. Er ist nun der "Lügenbaron", den alle Welt verspottet. In mindestens 60 Sprachen wurden seine Geschichten übersetzt, die er selbst nie geschrieben hat und von dessen Erlösen er keinen Heller gesehen hat. In dem kleinen Museum erfahren Sie noch mehr über die Geschichte und wenn Sie eine gute Dokumentation dazu sehen wollen, dann besorgen Sie sich den Film 'Münchhausen - Die Geschichte einer Lüge'. Ein Doku-Drama, in der Ben Becker als Münchhausen die Hauptrolle spielt.

Ohne Lügengeschichten geht es weiter. Für einen längeren Aufenthalt in Bodenwerder bieten sich diese beiden Campingplätze an, die südlich der Stadt auf der rechten Seite der Weser zu finden sind.

(156) WOMO-Campingplatz: Bodenwerder – Himmelspforte

GPS: N51°57'33.0" E9°30'19.1"; Ziegeleiweg 1, 37619 Bodenwerder.
Max. WOMOs: >20, maximale Länge 12 m.
Ausstattung: Frischwasserversorgung, Abwasserentsorgung mit Bodeneinlass, Kassettenentleerung, Stromanschlüsse, Behälter für die Müllentsorgung, WLAN, Brötchenservice, Shop, Biergarten. Im Servicegebäude gibt es Duschen, WCs, Waschmaschinen und Trockner. Der Platz ist ganzjährig geöffnet.

Beschreibung: Zumeist schattenlose Rasenflächen, weitgehend unparzelliert, direkt am Ufer der Weser, 1,5 km von Bodenwerder entfernt.
Preise: Erwachsene Person 6,00 €, Kind 4,00 €, Wohnmobil 6,00 €, Strom 0,50 pro kWh.
Zufahrt: Von Bodenwerder in Richtung Rühle fahren und vor dem Rigipswerk rechts abbiegen.
Reservierung/Kontakt: Tel.: 05533/4938, E-Mail: info@camping-weserbergland.de, Web: www.camping-weserbergland.de.

(157) WOMO-Campingplatz: Bodenwerder – Rühler Schweiz

GPS: N51°56'34.5" E9°30'35.8"; Im Großen Tal, 37619 Bodenwerder-Rühle.
Max. WOMOs: >20, maximale Länge 12 m.
Ausstattung: Frischwasserversorgung, Abwasserentsorgung mit Bodeneinlass, Kassettenentleerung, Stromanschlüsse, Behälter für die Müllentsorgung, WLAN, kleines Restaurant, Brötchenservice. Im Servicegebäude gibt es Duschen, WCs, Waschmaschinen und Trockner. Darüber hinaus gibt es ein solarbeheiztes Freibad, einen Fahrradverleih, eine Boot-Slipanlage, eine Kanu-Verleih-Station, Felder für Volleyball, Basketball und Fußball. Der Platz ist ganzjährig geöffnet.

Beschreibung: Sehr große, zumeist schattenlose Rasenflächen direkt am Ufer der Weser, 4,5 km von Bodenwerder entfernt.
Preise: Erwachsene Person 6,50 €, Kind (3-14 Jahre) 3,00 €, Jugendlicher (15-17 Jahre) 4,00 €, Hund 2,00 €, Wohnmobil 8,50 €, Strom 0,60 pro kWh, Waschmaschine und Trockner jeweils 3,00 €, Dusche 0,50 €.

Zufahrt: Von Bodenwerder in Richtung Rühle fahren und kurz vor dem Ort rechts abbiegen.
Reservierung/Kontakt: Tel.: 05533/2486 oder 2827
E-Mail: info@brader-ruehler-schweiz.de, Web: https://brader-ruehler-schweiz.de.

Die **Rühler Schweiz** ist eine reizvolle Wanderlandschaft, die besonders im Frühjahr während der Kirschblüte aufgesucht wird. Der Kirsche scheint es hier auf den sonnenexponierten Hanglagen besonders gut zu gehen. Im Örtchen Rühle findet alljährlich am vorletzten Wochenende im April das Kirschblütenfest mit der Wahl einer Kirschblütenkönigin und vielen Informationsveranstaltungen zum Obstbau statt.

Für den sportlich orientierten Radler und MTB-Fahrer haben die Rühler Schweiz und der Vogler einiges zu bieten. Es muss ja nicht immer der Weser-Radweg sein, der natürlich sehr viel bequemer zu fahren ist und den man von Bodenwerder auch mit einer **Schifffahrt** kombinieren kann. Die Weser hinauf geht es bis Bad Karlshafen und den Fluss hinunter bis nach Bremen. Hungern muss man auf dem Schiff nicht, denn es gibt eine Gastronomie an Bord, wie Sie auf dieser Seite www.flotte-weser.de sehen können, auf der Sie auch alle anderen notwendigen Informationen wie Abfahrtszeiten, Anlegestellen und Preise erfahren.

Um den Stellplatz am Grohnder Fährhaus auf der rechten Seite der Weser zu erreichen, ist es wichtig, die Fährzeiten zu kennen, wenn man nach Grohnde über die B83 fährt.

Betriebszeiten Grohnder Fähre:

Dienstag - Freitag	9.00 - 18.00 Uhr, montags ist Ruhetag
Samstag und Sonntag	10.00 - 18.00 Uhr
Mittagspause	12.00 - 13.00 Uhr

In der mitteleuropäischen Winterzeit abends nur bis 17.00 Uhr und Sonn- und feiertags kein Fährbetrieb.
Dezember, Januar und Februar kein Fährbetrieb.
Fährpreise:
Personen über 10 Jahren: 0,80 €, Kinder ab 4 Jahren: 0,50 €, Radfahrer: 1,50 €, Motorrad: 2,00 €, Pkw inkl. Fahrer: 3,00 €, Anhänger: 2,00 €, Wohnwagen: 2,50 €, Wohnmobile bis 3,5t: 4,00 €, Wohnmobile 3,5-7,5t: 5,50 €.

(158) Offizieller WOMO-Gasthof-Stellplatz: Grohnder Fährhaus

GPS: N52°01'05.7" E9°25'34.2"; Grohnder Fähre 1, 31860 Emmerthal.
Max. WOMOs: 80, maximale Länge 12 m.

Ausstattung: Frischwasserversorgung, Abwasserentsorgung mit Bodeneinlass, Kassettenentleerung, Stromanschlüsse, Behälter für die Müllentsorgung, WLAN, WC, Waschmaschine, Wäschetrockner, Restaurant mit Biergarten, Slipanlage, Spielplätze. Der Platz ist vom 1. März bis 31. Oktober geöffnet.
Beschreibung: Große sonnige, teilweise auch schattige Rasen- und Schotterplätze mit Hecken parzelliert. Einige Plätze bieten einen freien Blick auf die Weser.
Preise: 20,00 € für ein Fahrzeug inkl. Frischwasser und Entsorgung, Strom 0,50 € pro kWh.
Zufahrt: In Grohnde mit der Fähre auf die andere Seite der Weser übersetzen, dann gleich rechts abbiegen.

Vom Grohnder Fährhaus sind es nur acht Kilometer mit dem Rad oder zu Fuß zum **Schloss Hämelschenburg**, einem Hauptwerk der Weserrenaissance, das übrigens auch als Kulisse in dem Film 'Münchhausen - Die Geschichte einer Lüge' zu sehen ist. Der Parkplatz am Schloss ist nur für Fahrzeuge geeignet, die eine Länge von 6,5 Metern nicht überschreiten.

Das Wasserschloss, das sich im Privatbesitz befindet, ist mit seiner Architektur, seinen Gartenanlagen, der Wassermühle, den Wirtschaftsgebäuden, seinen wertvollen Mö-

Schloss Hämelschenburg, ein Meisterwerk der Weserrenaissance.

beln und Inventar, seinen Kunstsammlungen sowie der Kirche ein Hauptwerk der Weserrenaissance.

Das Schloss kann nur im Rahmen einer Führung besichtigt werden, in der die einzigartige Bau- und Kunstgeschichte ausführlich erläutert und die wechselvolle Geschichte der Adelsfamilie dargestellt wird.

Über die Führungszeiten und Eintrittspreise gibt diese Seite www.schloss-haemelschenburg.de Auskunft.

Der angegliederte Landschaftspark ist zu jeder Zeit frei zugänglich.

Das Portal des Westturms mit den Wappen der Schlosserbauer.

Nach dem Besuch dieses malerischen Schlosses geht es weiter nach **Bad Pyrmont** auf diesen Campingplatz.

(159) WOMO-Campingplatz: Bad Pyrmont – Campingpark Schellental

GPS: N51°59'44.9" E9°16'37.9"; Am Schellenhof 1-3, 31812 Bad Pyrmont.
Max. WOMOs: 20, maximale Länge 12 m.
Ausstattung: Frischwasserversorgung, Abwasserentsorgung mit Bodeneinlass, Kassettenentleerung, Stromanschlüsse, Behälter für die Müllentsorgung, WLAN, Brötchenservice, Gasflaschentausch, Kinderspielplatz, Restaurant, Sonnenterrasse mit Biergarten. Im Servicegebäude gibt es Duschen, WCs, Waschmaschinen und Trockner. Der Platz ist ganzjährig geöffnet.

Beschreibung: Weitläufige und sehr gepflegte Anlage in idyllischer Lage mit großen Wiesen und weiter Aussicht sowie kleinen, von Bäumen und Sträuchern umgebenen Nischen. Bis zur Innenstadt von Bad Pyrmont sind es etwas mehr als 2 km.
Preise: Erwachsene Person 5,00 €, Kind 2,50 €, Hund 2,50 €, Wohnmobil 20,0 € inkl. Strom, Ver- und Entsorgung. Von Nov. bis März 22,00 € pro Fahrzeug mit 2 Personen inkl. aller Leistungen. In der Hauptsaison zahlen WOMOs auf der Durchreise mit 2 Personen (Ankunft ab 17:00 Uhr, Abreise am anderen Tag bis 11:00 Uhr) 20,00 €.
Zufahrt: In Bad Pyrmont der Beschilderung zum Campingplatz folgen.
Reservierung/Kontakt: Tel.: 05281/8772
E-Mail: camping@schellental.de, Web: www.camping.schellental.de.

Neben dem sehr schön gelegenen Campingplatz ist der Reisemobilhafen in den Emmerauen eine gute Wahl.

(160) Offizieller WOMO-Stellplatz:
Bad Pyrmont – Reisemobilhafen in den Emmerauen

GPS: N51°58'45.8" E9°15'12.6";
Hauptmann-Boelke-Weg, 31812 Bad Pyrmont.
Max. WOMOs: 65, maximale Länge 12 m.
Ausstattung: Frischwasserversorgung, Abwasserentsorgung mit Bodeneinlass, Kassettenentleerung, Stromanschlüsse, Behälter für die Müllentsorgung, WLAN, Brötchenservice, WC, Gasflaschen- und Getränkeservice. Der Platz ist ganzjährig geöffnet.

Beschreibung: Große (8x5 Meter bis 12x6 Meter) sonnige, teilweise auch schattige Rasen- oder Schotterplätze mit Grünstreifen. Sehr ruhig, trotzdem innenstadtnah. Das historische Stadtzentrum mit Kurpark, Wandelhalle und historischer Hauptallee ist nur 400 Meter entfernt. Die Ver- und Entsorgungsanlage befindet sich außerhalb des Platzes und ist damit auch für Durchreisende gut anzufahren.
Preise: 11,00 € für ein Fahrzeug, Frischwasser 0,10 € für 10 Liter, Strom 0,60 € pro kWh. Abwasserentsorgung und Entleerung der Bordtoilette ist kostenfrei. In der Stellplatzgebühr ist enthalten: 1 x täglich unbegrenzter Eintritt ins nahe gelegene Freizeitbad Pyrmonter Welle, 1 x täglich 1,5 Stunden Aufenthalt in der Hufeland Therme inkl. Saunalandschaft, 1 x täglich Besuch des Museums, Nutzung der Stadtbusse und 1 x 2 Stunden E-Bike Verleih. Kurtaxe 1. Person 3,40 €; jede weitere Person 2,50 €. Anmeldung und Bezahlung erfolgt in der Touristinfo (200 Meter entfernt).
Zufahrt: Bad Pyrmont auf der Südstraße (L426) in Richtung Grohnde/Emmerthal durchfahren und hinter der Mercedes-Benz Niederlassung rechts abbiegen.

Stellplatz an der Hufeland-Therme.

Möglich, aber unserer Meinung nach nicht empfehlenswert, ist ein Aufenthalt auf diesem Stellplatz an der **Hufeland-Therme** am Forstweg [**161:** N51°59'27.5" E9°15'28.2"]. Den einzigen Vorteil den dieser Platz bietet, ist die Nähe zur Therme. Die lässt sich auch bequem mit dem kostenlosen Bus von den Emmerauen erreichen.

Bad Pyrmont ist ein traditionsreiches und zugleich sehr modernes Staatsbad, das sich mit seinen zahlreichen Quellen vom Heilbad zu einer Wellnessoase entwickelt hat. Schon Rö-

Die Hauptallee in Bad Pyrmont, ein Kunstwerk aus Stein, Wasser und Stahl.

mer und Germanen wussten um die Heilkraft der Pyrmonter Quellen, wie nach dem Fund einer provinzialrömischen kunstvoll verzierten Schöpfkelle, die vermutlich aus dem späten zweiten Jahrhundert stammt, belegt ist. Die Germanen wiederum warfen bronzene Gewandnadeln als Opfergabe an ihre Quellgötter in den Brodelbrunnen.

Der Hyllige Born mit Wandelhalle.

Im 16. Jahrhundert kamen bereits Badegäste aus ganz Europa hierher, die von dem sogenannten 'Wundergeläuf' gehört hatten. Lahme sollten wieder gehen, Blinde wieder sehen und Taube wieder hören können. Abertausende folgten diesem Lockruf und suchten Heilung an diesen wundertätigen Quellen.

Glanz und Glamour zog 1681 in diesem Kurort ein, als gleich 34 gekrönte Häupter Europas ihren Sommer hier verbrachten. Bad Pyrmont mutierte damit zum bevorzugten Modebad und war über Jahrzehnte ein Treffpunkt für den Hochadel.

Im Jahr 1914 wurde aus Pyrmont Bad Pyrmont und 1947 wurde es zum Niedersächsischen Staatsbad ernannt.

Der Hyllige Born im Brunnentempel.

Insgesamt stehen neben dem **Hyllige Born,** der ältesten Quelle unter dem Tempel an der Wandelhalle sieben Heilquellen für Bäder und die Trinkkuren zur Verfügung. Drei dieser Quellen sind auf dem Brunnenplatz zu sehen, über der ältesten Quelle wurde ein Tempel errichtet.

In der Wandelhalle können Sie davon kosten.

Nun reichen Trinkkuren und einfache Heilbäder für den heutigen Kurgast nicht mehr aus. Das Angebot ist insgesamt sehr umfassend, was wir hier nur stichwortartig wiedergeben können. Die **Hufeland-Therme:** Solebad mit Innen- und Außenbecken, Strömungskanal, Massagedüsen, Saunen, Dampfbad, künstliches Schneeparadies, Meersalzgrotte und einiges mehr. **Kurpark:** Barockes Alleensystem, Palmengarten mit 500 Palmen und anderen exotischen Pflanzen, essbarer Wildpflanzenpark, Themengärten, Kunst und Baumpfaden.

Das ganze umfangreiche Angebot des Kurortes finden Sie hier www.badpyrmont.de.

Wem das noch nicht reicht, der wandert am Stadtrand von Bad Pyrmont zum **Spelunkenturm**, von dort zum S**chellenturm**, dann zum **Bismarckturm** und kehrt von dort zum Stellplatz zurück. Das ist eine Tageswanderung von 14 Kilometern Länge, die ein wenig rauf und runter geht und mehrere Einkehrmöglichkeiten bietet.

Zum guten Schluss sei noch auf das **Schloss** hingewiesen, das mit seinem darin untergebrachten Museum natürlich auch noch einen Besuch wert ist. Die Öffnungszeiten, die Geschichte des Schlosses, Hinweise auf die Ausstellungen, Eintrittspreise und weitere Informationen finden Sie auf dieser Seite www.museumpyrmont.de.

In diesem Ort eine ganze Woche zu verbringen ist sicher kein Problem. Leider haben wir als Autoren nicht die Zeit dafür und ziehen deshalb weiter in die Rattenfängerstadt **Hameln**. Wir umfahren den Pyrmonter Berg, haben bald die B1 erreicht und sind in rund 25 Kilometern schon wieder an der

Weser. Zunächst geht es zu dem Campingplatz am Westufer der Weser, dann zum offiziellen Stellplatz und dann zu einem weiteren Campingplatz am Ostufer der Weser. Um die Orientierung für die Zufahrten und die wichtigsten Sehenswürdigkeiten zu erleichtern, haben wir wieder einen Stadtplan eingefügt. Die Stellplatzbeschreibungen finden Sie auf den folgenden zwei Seiten.

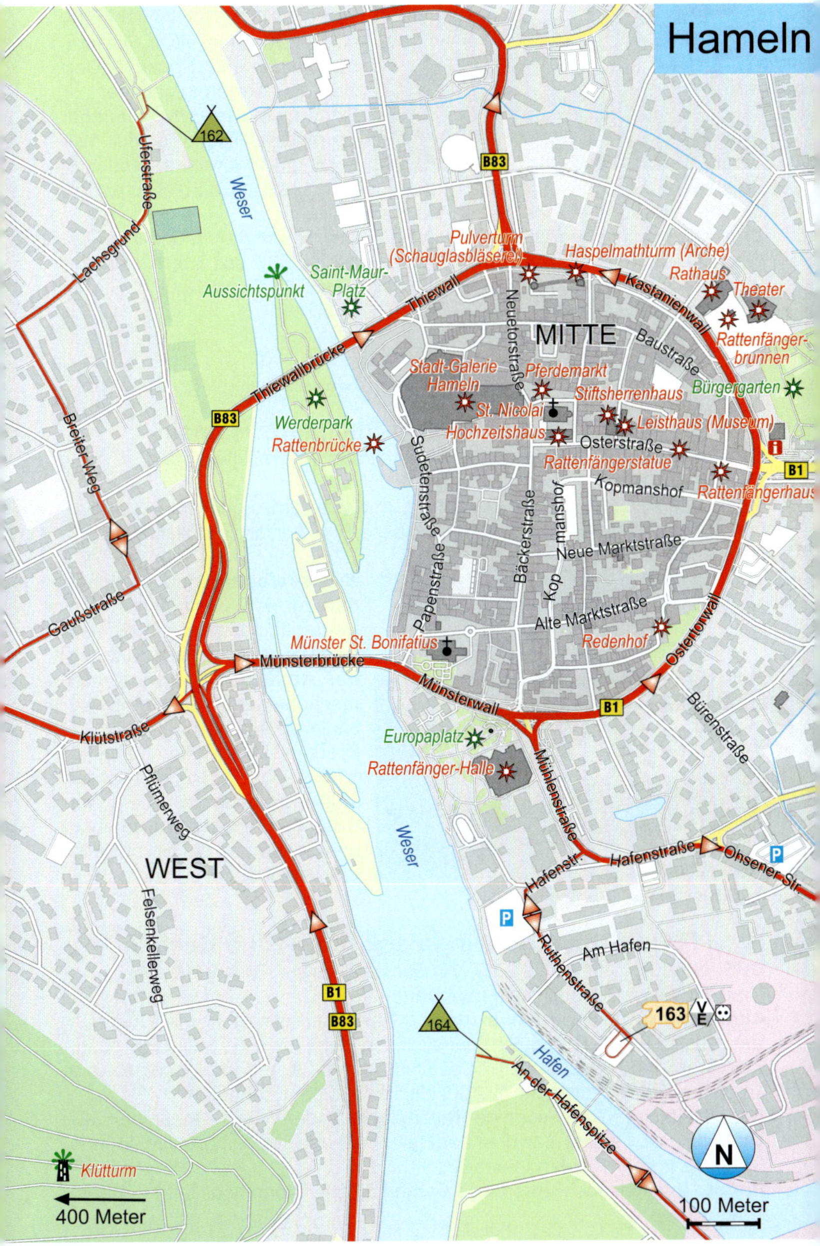

(162) WOMO-Campingplatz: Hameln

GPS: N52°06'32.8" E9°20'51.0"; Uferstraße, 31787 Hameln.
Max. WOMOs: 83, maximale Länge 12 m.

Ausstattung: Frischwasserversorgung, Abwasserentsorgung mit Bodeneinlass, Kassettenentleerung, Stromanschlüsse, Behälter für die Müllentsorgung, WLAN, Brötchenservice, Kinderspielplatz. Im Servicegebäude gibt es Duschen, WCs, Waschmaschinen und Trockner. Der Platz ist ganzjährig geöffnet.
Beschreibung: Überwiegend sonnige Stellflächen an der Weser. Exquisite und sehr gepflegte Sanitäreinrichtungen, dergleichen ist sehr selten zu sehen. 8 Stellflächen für Wohnmobile vor der Schranke für Kurzzeitgäste.
Preise: Erwachsene Person je nach Saison zwischen 8,00 € und 11,00 €, Kind zwischen 4,00 € und 7,00 €, Hund zwischen 2,50 € und 3,50 €, Kurtaxe (nur Erwachsene) 2,00 €, Wohnmobil zwischen 9,00 € und 12,00 €, Strom 4,00 pro Tag.
Zufahrt: Siehe Stadtplan.
Reservierung/Kontakt: Tel.: 05151/67489
E-Mail: info@campingplatz-hameln.de, Web: www.campingplatz-hameln.de.

(163) Offizieller WOMO-Stellplatz: Hameln

GPS: N52°05'45.7" E9°21'29.2"; Ruthenstraße 14, 31785 Hameln.
Max. WOMOs: 25, maximale Länge 12 m.
Ausstattung: Frischwasserversorgung, Abwasserentsorgung mit Bodeneinlass, Kassettenentleerung, Stromanschlüsse, Behälter für die Müllentsorgung, ganzjährig geöffnet.

Beschreibung: Eng beieinanderliegende Stellflächen auf Betonpflastersteinen teilweise leicht geneigt, die eine Nutzung der Auffahrkeile erforderlich machen. 12 Minuten Fußweg bis in die Altstadt.
Preise: 3,00 € für drei Stunden, 8,00 € pro Tag, Frischwasser 1,00 € und Strom 1,00 € für 8 Stunden. Abwasserentsorgung und Entleerung der Bordtoilette ist kostenfrei.
Zufahrt: Siehe Stadtplan.

(164) WOMO-Campingplatz: Kanu Klub Hameln

GPS: N52°05'43.9" E9°21'23.9"; An der Hafenspitze, 31789 Hameln.
Max. WOMOs: 20, maximale Länge 8 m.
Ausstattung: Frischwasserversorgung, Abwasserentsorgung mit Bodeneinlass, Kassettenentleerung, Stromanschlüsse, Behälter für die Müllentsorgung, WLAN. Im Servicegebäude gibt es Duschen, WCs, Waschmaschinen und Trockner. Der Platz ist vom 1. April bis 15. Oktober geöffnet.
Beschreibung: Große sonnige Rasenplätze an der Weser. Über eine Fußgängerbrücke gelangt man über das Hafenbecken am bereits beschriebenen Stellplatz vorbei in die Innenstadt.
Preise: Erwachsene Person 4,50 €, Kind 3,50 €, Wohnmobil 5,00 €, Strom 1,50 pro Tag.

Zufahrt: Über die Münsterbrücke in die Stadtmitte fahren, an der Rattenfängerhalle in die Mühlenstraße abbiegen. Dem Verlauf der Straße folgen und hinter dem hohen Gebäude der Stadtwerke rechts in die Ohsener Straße abbiegen. Nach 450 Metern geht es hinter einem Industriekomplex rechts ab in die Kuhbrückenstraße. Nach weiteren 400 Metern erneut rechts abbiegen und dieser Straße bis zum Ende folgen. Die Zufahrt zum Kanu-Club Hameln e.V. ist darüber hinaus ausgeschildert. Die Zufahrt ist nur teilweise im Stadtplan abgebildet, die Umfahrung des Hafenbeckens ist abgeschnitten.

Reservierung/Kontakt: Tel.: 05151/408131
E-Mail: info@kanu-club-hameln.de, Web: www.kanu-club-hameln.de.

Trifft man in Bodenwerder an jeder zweiten Ecke auf Baron Münchhausen, so ist es in Hameln der **Rattenfänger**.

Die Geschichte des Flötenspielers in dem bunten Gewand ist vielfach und variantenreich erzählt worden. Mystisch, geheimnisvoll, faszinierend und tragisch zugleich erscheint die Story. Schon viele Edelfedern haben sich daran gemacht, sie zu Papier zu bringen. Allen voran die beiden Sprachwissenschaftler Jacob und Wilhelm Grimm, die diese Erzählung in ihre Märchensammlung aufnahmen. Ihre Fassung ist wohl auch die bekannteste, die man als Kind schon hört, wenn Oma oder Opa am Abend noch eine Gute-Nacht-Geschichte aus Grimms Märchen vorliest. Es gibt aber auch eine Fassung des Dichterfürsten Johann Wolfgang von Goethe und auch Bert Brecht hat den Rattenfänger in Strophen verpackt. Die wahre Bedeutung und den Hintergrund der Sage hat noch niemand herausgefunden. Es bleibt bei Vermutungen. Darin unterscheidet sich dieses Märchen von den Geschichten des "Lügenbarons".

Die Rattenfängerstatue in Hameln.

In der Osterstraße von Hameln.

Dass die Sage so geheimnisumwittert ist, macht sie ja auch interessant und die Stadt nutzt diesen Flötenspieler als Werbeträger sehr gern. Jährlich kommen die Gäste aus nah und fern nur wegen des Rattenfängers. Da Grimms Märchen in rund 170 Sprachen übersetzt wurde und die Gesamtauflage der Bücher die Milliardengrenze überschritten haben dürfte, ist der Bekanntheitsgrad dieser Stadt mit ihrem Rattenfänger natürlich enorm. Und so kommen die Gäste, um das **Rattenfänger-Freilichtspiel** zu sehen, dem **Rattenfänger-Musical RATS** zu lauschen, den **Rattenfänger-Literaturpreis** entgegenzunehmen oder sich einfach von einem als Rattenfänger verkleideten Stadtführer den Ort zeigen zu lassen.

Das ganze Programm und viele weitere Informationen finden Sie hier www.hameln.de.

Die Stadt hat noch einiges mehr zu bieten als nur den Rattenfänger. Hier sehen Sie die Architektur der Weserrenaissance in schönster Form. Machen wir doch einen kleinen Stadtspaziergang. Die wichtigsten Stationen finden Sie auf dem Stadtplan verzeichnet.

Von der ehemaligen Befestigungsanlage der Stadt ist so gut wie nichts mehr zu sehen. Dort, wo einst die Bastionen des Festungsringes standen, verlaufen heute die breiten Straßen des Kastanien- und Ostertorwalls. Im Stadtplan ist die Ringstruktur sehr gut sichtbar.

Die Flaniermeile der Stadt ist die Osterstraße. Sie beginnt im Osten und gleich zu Beginn fällt das **Rattenfängerhaus** auf. Das 1602/03 errichtete Gebäude zeigt alle Stilelemente der Weserrenaissance. Nicht weit davon entfernt ist die **Rattenfängerstatue** zu sehen. Wenige Meter weiter fallen das Stiftsherren-, das Leist- und das Rikehaus auf. Besonders hervorzuheben ist das **Leisthaus**, das mit der reich gestalteten und dekorierten Fassade ein außergewöhnlich gutes Beispiel für die Architektur der späten Weserrenaissance darstellt. In diesem Haus ist heute das Städtische Museum untergebracht, das in einer Dauerausstellung die Geschichte der Stadt zeigt. Schwerpunkt ist jedoch die Rattenfängersage, die mit zahlreichen Bearbeitungen in Kunst und Kultur und einem mechanischen Rattenfängertheater präsentiert wird. Die Öffnungszeiten und Eintrittspreise finden Sie auf dieser Seite https://museumhameln.de.

Das Leisthaus in der Osterstraße.

Fassade des Stiftsherrenhauses in Hameln.

Das **Stiftsherrenhaus** zeigt fein geschnitzten ornamentalen und figürlichen Schmuck, antike Planetengötter und zahlreiche biblische Bildmotive sind zu sehen. Es ist das einzige Fachwerkhaus der Renaissance in Hameln, das in dieser Weise gestaltet ist.

Wir gehen weiter und gelangen auf den Markt. Hier befand sich bis 1945 das Rathaus der Stadt, das in den letzten Kriegstagen zerstört wurde. Das **Hochzeitshaus** ist das letzte im Stil der Weserrenaissance erbaute Gebäude in Hameln, es wurde zwischen 1610 und 1617 errichtet. Achten Sie auf das Glockenspiel am Giebel des Gebäudes, wo Sie um 13:05 Uhr, 15:35 Uhr und 17:35 Uhr das Figuren- und Glockenspiel mit der Rattenfängersage sehen können. Die Bronzetüren unterhalb der Glocken öffnen sich, ein Podest wird hervorgeschoben und der Rattenfänger spaziert mit seiner Flöte samt Gefolge heraus.

Neben dem Hochzeitshaus befindet sich die Marktkirche St. Nicolai, das zweitälteste Gotteshaus der Stadt. Ihr gegenüber steht das **Dempterhaus**, ein weiteres Gebäude, das ganz im Stil der Weserrenaissance errichtet wurde. Heute befindet sich in dem ehemaligen Kaufmannshaus ein Brillenstudio.

Bevor wir nun in die Stadt-Galerie gehen, machen wir noch einen keinen Schlenker zum Haspel- und Pulverturm. Zwischen ihnen steht eine rekonstruierte Stadtmauer. Hier bekommt man einen kleinen Eindruck von der ehemaligen Stadtbefestigung, in der 22 Türme eingelassen waren. Im Pulverturm befindet sich eine **Schauglasbläserei**, hier können Sie sich daran versuchen, eigene Glaskunstwerke zu schaffen. Gar nicht so einfach und ganz schön warm. Wenn Sie es probieren wollen, schauen Sie hier www.glasblaeserei-hameln.de.

Kehren wir über die Neuetorstraße zurück auf den Pferdemarkt und durchschreiten wir die an dieser Stelle gut in die Architektur des Platzes eingefügte Fassade der **Stadt-Galerie**. Rund 100 Geschäfte in mehreren Etagen bieten alles an, was in einer modernen "Shoppingmall" erwartet werden kann. Wer dieses Einkaufscenter der Länge nach durchquert, kommt an einer modernen Fassade am Ufer der Weser wieder heraus. Hier geht es über die **Rattenbrücke** auf die Weserinsel mit Parkanlage, Aussichtspunkt und schönem Biergarten. Über die Brücke geht es wieder zurück und entlang der Weser haben wir nun nur noch die **Münsterkirche St. Bonifatius** auf dem Programm. Sie geht auf ein Kirchengebäude aus dem Jahr 802 oder 812 zurück und wurde in den darauf folgenden Jahrhunderten mehrfach umgebaut, wie an der Mischung aus romanischem und gotischem Gebäudeteil schnell erkennbar wird. Die gesamte Geschichte der Kirche können Sie hier www.muenster-hameln.de nachlesen. Hier erfahren Sie auch, wann Führungen stattfinden und wie Sie auf den Turm hinaufkommen.

Apropos Turm und Aussicht. Vom **Klütturm** auf der linken Seite der Weser haben Sie nicht nur eine Aussicht auf die

Stadt, sondern auch gleich auf große Teile des Weserberglandes. Vom Stellplatz sind es zu Fuß etwas mehr als zwei, mit dem Rad fast vier Kilometer. Kulinarisch können Sie sich hier im Forsthaus Finkenborn in der Nähe des Klütturmes verwöhnen lassen https://forsthaus-finkenborn.eatbu.com.

Damit wollen wir unseren Besuch in Hameln beenden und fahren weiter nach **Hessisch Oldendorf**. Der Stellplatz [**165:** N52°10'01.5" E9°15'06.8", Weserstraße 13, 31840 Hessisch Oldendorf] ist schnell gefunden. Der Stellplatz ist kostenlos, an der Ver- und Entsorgungsstation, die sich im PKW-Bereich des Parkplatzes befindet, gibt es für 1,00 € Frischwasser und für 1,00 € lassen sich auch die notwendigen Entsorgungen erledigen.

Der Stellplatz in Hessisch Oldendorf.

Die Summe der Sehenswürdigkeiten in Hessisch Oldendorf ist überschaubar. Der Münchhausenhof befindet sich unweit des Stellplatzes und ist schnell erreicht. Dieses Gebäude, das sich einst die Freiherren von Münchhausen im 16. Jahrhundert im Stile der Weserrenaissance erbauen ließen, gehört heute zu einem bäuerlichen Betrieb. Hier bröckelt der Putz von den Wänden. Das Gebäude hat schon bessere Tage gesehen. Rund acht Kilometer vom Stellplatz entfernt befindet sich nördlich von Hessisch Oldendorf die **Schillat-Höhle**, eine Tropfsteinhöhle, die erst 1992 bei Sprengarbeiten im nahen Steinbruch entdeckt und dann zu einer Schauhöhle ausgebaut wurde. Über die Öffnungszeiten und Eintrittspreise informiert diese Seite www.schillathoehle.de. Den Parkplatz der Höhle erreichen Sie mit diesen Koordinaten [N52°12'24.7" E9°17'11.9"].

Münchhausenhof in Hessisch Oldendorf.

Unser nächstes Ziel ist Rinteln. Bevor wir uns aber diesem Ort widmen, machen wir noch einen kleinen Schlenker zur **Burg Schaumburg**, die auf dem Nesselberg thront und schon von Weitem sichtbar ist. Sie war die Stammburg der Grafen zu Holstein-Schaumburg, nach ihr ist das Schaumburger Land benannt. Heute ist sie im Besitz des Fürsten zu Schaumburg-Lippe. Der Burghof und die Außenanlagen sind frei zugänglich, auf den 30 Meter hohen **Georgsturm** kommt man jedoch nur im Rahmen einer Führung, die in den Monaten von Mai bis Oktober nur jeden ersten Sonntag im Monat um 14:00 Uhr stattfinden.

Das Untere Tor der Schaumburg.

Vor der Burganlage befindet sich das Hotel-Restaurant Schaumburger Ritter. Hier ist auch ein Parkplatz, den Sie mit diesen Koordinaten erreichen können [N52°12'06.9" E9°12'08.0"]. Von der Burg führt ein Wanderweg hoch zur **Paschenburg**. Hier gibt es ein weiteres gepflegtes Restaurant mit Aussichtsterrasse. Der Weg dorthin ist rund 1,5 Kilometer lang mit rund 110 Metern Höhenunterschied. Die Speisekarte und die Öffnungszeiten finden Sie hier www.restaurant-paschenburg.de.

Und nun nach **Rinteln**, der ehemaligen Universitätsstadt an der Weser. Bei der Wahl des Stellplatzes können wir uns entscheiden zwischen einem stadtnahen, von dem sich die vielen Lokale und die sehenswerte Innenstadt bequem zu Fuß erreichen lassen oder dem großen Campingplatz mit vielen Freizeitangeboten, der rund zwei Kilometer von der Stadtmitte entfernt ist.

(166) Offizieller WOMO-Stellplatz: Rinteln

GPS: N52°11'31.9" E9°04'41.9"; Dankerser Str., 31737 Rinteln.
Max. WOMOs: 40, maximale Länge 12 m, max. Aufenthalt 5 Tage.

Ausstattung: Frischwasserversorgung, Abwasserentsorgung mit Bodeneinlass, Kassettenentleerung, Stromanschlüsse, Behälter für die Müllentsorgung, WLAN, Brötchenservice. Der Platz ist ganzjährig geöffnet.
Beschreibung: Große schattenlose Stellflächen auf Schotterrasen am Ufer der Weser. Zwei schöne Biergärten in unmittelbarer Nähe, die Innenstadt ist 800 Meter entfernt.
Preise: 10,00 € für ein Fahrzeug, Frischwasser 1,00 € (ca. 100 Liter), Strom 1,00 € für 2 kWh. Abwasserentsorgung und Entleerung der Bordtoilette 0,50 €.
Zufahrt: In Westendorf von der B83 nach Rinteln abbiegen. Dort angekommen die B238 unterqueren, der Straße bis zum Ende folgen, dann links abbiegen und kurz danach gleich wieder rechts, noch einige Meter weiterfahren und der Stellplatz ist auf der linken Seite der Straße zu sehen.

(167) WOMO-Campingplatz: DoktorSee

GPS: N52°11'11.6" E9°03'36.0"; Am Doktorsee 8, 31737 Rinteln.
Max. WOMOs: >20, maximale Länge 12 m.
Ausstattung: Frischwasserversorgung, Abwasserentsorgung mit Bodeneinlass, Kassettenentleerung, Stromanschlüsse, Behälter für die Müllentsorgung, WLAN, Restaurant, Brötchenservice. In den 10 Servicegebäuden gibt es Duschen, WCs, Waschmaschinen und Trockner. Der Platz ist ganzjährig geöffnet.

Beschreibung: Große sonnige und halbschattige Plätze auf einem Platz, der von Dauercampern dominiert wird. Es locken 800 m Badestrand, ein Badeparadies mit einer 80 m langen Großwasserrutsche, eine Saunalandschaft auf dem See, sechs Kinderspielplätze, Animationsprogramme, zwei Gasthäuser und einiges andere mehr.

Preise: Erwachsene Person je nach Saison und Größe des Stellplatzes zwischen 7,40 € und 15,80 €, Kind (3-10 J.) zwischen 2,00 € und 3,80 €, Jugendliche (11-15 J.) zwischen 5,50 € und 9,20 €, Hund zwischen 1,60 € und 2,50 €, Wohnmobil zwischen 4,70 € und 8,60 €, Strom 2,90 € pro Tag.
Zufahrt: In Rinteln die Weser überqueren und dem Hauptstraßenverlauf in Richtung B238 folgen. Die Straße führt an dem Doktorsee vorbei. Mit nicht zu übersehenden Hinweisschildern macht darüber hinaus der Campingplatz auf dem Weg dorthin auf sich aufmerksam.
Reservierung/Kontakt: Tel.: 05751/964860
E-Mail: info@doktorsee.de, Web: www.doktorsee.de.

Die strengen geometrischen Muster in den Straßenführungen im Städtebau der Renaissance sind auch in Rinteln deutlich sichtbar. Drei parallel verlaufende Straßen fallen auf, die mit einigen Querstraßen untereinander verbunden sind. Mittendrin der Marktplatz mit der Kirche und dem Kirchplatz dahinter. Umgeben war die Stadt von einem Festungswall, der während der Barockzeit noch einmal mit Bastionen verstärkt und ausgebaut wurde. Sie wurden jedoch auf Befehl Napoleons 1807 geschliffen. Der Verlauf der ehemaligen Festungsmauern ist heute noch an den Straßen in Rinteln erkennbar, die einen "wall" im Namen haben. Als Handelsstützpunkt an der Weser erlebte die Stadt Licht und Schatten. Fisch, Butter und Käse wurden aus dem Norden importiert, Kohle und Sandstein exportiert. Die schönen Renaissance-Gebäude am

Badestrand an der Weser in Rinteln.

Marktplatz zeugen von dem Reichtum der Kaufleute, den sie mit dem Handel erworben hatten, der zumeist über die Weser abgewickelt wurde. Rund um den Marktplatz konzentrieren sich die Cafés und Restaurants. In der Weserstraße, die zu diesem Platz führt, gibt es zahlreiche kleine Läden und Boutiquen.

Marktplatz mit ehemaligem Rathaus und Nikolaikirche in Rinteln.

Am Ende der Altstadt ist die **Eulenburg** zu sehen. Sie beherbergt das **Universitäts- und Stadtmuseum**. Hier erfahren Sie alles über die Hexenverfolgungen im Wesergebiet, Ur- und Frühgeschichte des Kreises Schaumburg, Geschichte von Stadt und Festung Rinteln, Geschichte der Schaumburgischen Universität von 1621-1810 und eine Präsentation des Landschaftsraumes Weser. Über die Öffnungszeiten und

Eintrittspreise informiert diese Seite http://eulenburg-museum.de.

Wir gehen zurück über die Weser und werfen noch einen Blick auf die Kirche St. Sturmius, die oberhalb des alten Hafenbeckens steht. Hier ist auch noch ein rekonstruierter Turm der Stadtbefestigung zu sehen.

St. Sturmius, davor der wiedererrichtete Stadtturm.

Sehr beliebt ist der Bodega Beach Club, eine Strandbar direkt an der Weser, die mit coolen Drinks, leckeren Snacks, einigen Palmen, Sandstrand mit Liegestühlen und Sonnenschirmen einen Hauch von Karibik an die Weser bringt.

Nur wenige Meter weiter ist das Weserdorf, ein großer Biergarten, der klassische Schnitzelgerichte, Burger und Pizza im Angebot hat. Passend dazu werden unterschiedliche Biersorten serviert. Es gibt auch Longdrinks und Cocktails. Natürlich ist auch alles alkoholfrei zu haben. Das besonders schöne an diesem Biergarten ist die Nähe des Stellplatzes, der in Sichtweite liegt. Wer nicht sehr früh zu Bett geht, wird sich von der Lautstärke dieser beiden Einrichtungen in unmittelbarer Nähe sicher nicht beeinträchtigt fühlen.

Kloster Möllenbeck.

Das **Kloster Möllenbeck** ist ein klassisches Etappenziel auf einer Radtour entlang der Weser. Einen richtig guten Parkplatz für das Wohnmobil können wir hier nicht nennen. Auch wenn es zu den besterhaltenen spätmittelalterlichen Klosteranlagen in Deutschland zählt, werden Führungen nur von April bis Oktober an jedem zweiten Sonntag um 11:15 Uhr angeboten. Die meisten Besucher be-

Kaiser-Wilhelm-Denkmal in Porta Westfalica.

gnügen sich damit, im Schatten hoher Bäume den leckeren Kuchen des daneben stehenden Hotels zu genießen.

Ob mit dem Rad oder mit dem WOMO, wie auch immer Sie unser nächstes Ziel ansteuern, es ist schon ein besonderes Denkmal, das wir jetzt an der Kaiserstraße in Porta Westfalica besuchen. Auf dem Parkplatz sind für Wohnmobile zwei Plätze reserviert. Sie erreichen diese exakt mit diesen Koordinaten [**168:** N52°14'49.5" E8°53'57.2"]. Für 5,00 € dürfen Sie hier 24 Stunden stehen.

Die Kaiser-Wilhem-Statue.

Es gibt einige Denkmäler in Deutschland, die den ersten Kaiser des 1871 gegründeten Deutschen Reiches huldigen. Kein anderes ist so groß und steht an so exponierter Stelle wie dieses hier auf dem Wittekindsberg, wo das Weserbergland endet und die Norddeutsche Tiefebene beginnt. Das Nationalgefühl sollte mit diesem Denkmal gestärkt werden. Aus heutiger Sicht mag das fragwürdig klingen, aber Deutschland stand nach 1871 vor einer ganz neuen Epoche. Aus den vielen Fürsten- und Herzogtümern war erstmals ein Staat entstanden. Das gab es vorher auf deutschem Boden nicht. Aber wir wollen hier nicht in eine Geschichtsstunde abdriften. In dem frei zugänglichen Besucherzentrum, das sich unter der Aussichtsterrasse befindet, erfahren Sie mehr. Nicht nur zum alten "Willem", sonder auch über die Geologie und die Geschichte dieses Raumes. In jedem Fall ein lohnenswertes Reiseziel.

Das ist auch die letzte Station dieser Reise, die einen sehr großen Stellplatz an der Weser aufzuweisen hat, den wir anfahren, um die Stadt anzuschauen.

(169) Offizieller WOMO-Stellplatz: Minden – Kanzlers Weide

GPS: N52°17'13.1" E8°55'29.5"; Uferstraße, 32423 Minden.
Max. WOMOs: 70, maximale Länge 12 m.
Ausstattung: Frischwasserversorgung, Abwasserentsorgung mit Bodeneinlass, Kassettenentleerung, Stromanschlüsse, Behälter für die Müllentsorgung, WLAN, WC, ganzjährig geöffnet.

Beschreibung: Große sonnige Stellflächen auf Rasengittersteinen direkt an der Weser mit Strand, Beach-Volleyball-Anlage und Disc-Golf-Parcours. WLAN funktioniert nur gut in der Nähe der Sani-Station an der Einfahrt des Platzes neben dem Kiosk. Über eine Fußgängerbrücke ist die Innenstadt (Marktplatz) nach 700 Metern erreicht.
Preise: 5,00 € für ein Fahrzeug, Frischwasser 1,00 € (ca. 100 Liter) und Strom 0,50 € pro kWh. Abwasserentsorgung und Entleerung der Bordtoilette ist kostenfrei.
Zufahrt: In Minden hineinfahren und der Wegweisung zur Kanzlers Weide folgen.

Die Schiffmühle in Minden.

Der Marktplatz in Minden.

Wer vom Stellplatz über die Brücke in die Innenstadt geht, dem fällt dieses Wasserrad in der Weser auf, das Sie auf der vorangegangenen Seite sehen können. Es ist eine rekonstruierte schwimmende Mühle aus dem 18. Jahrhundert, wie sie an der Weser und anderen großen Flüssen vom Mittelalter bis in die Neuzeit vielfach in Betrieb waren. Sie hatten den Vorteil, dauerhaft in Betrieb sein zu können, solange der Fluss genug Wasser führte. Die **Wassermühle** ist in den Sommermonaten frei zugänglich. Direkt daneben befindet sich ein schöner Biergarten.

Alte Brücke des Wasserstraßenkreuzes in Minden.

Die Innenstadt bietet kein geschlossenes "Altstadtambiente" einheitlichen Stils, wie wir es in vielen anderen Städten dieser Region vorfinden. Sehr viel historische Bausubstanz ging in den Jahren des Zweiten Weltkrieges durch Bombenangriffe verloren. Hauptziel der Angriffe war das **Wasserstraßenkreuz** im Norden der Stadt. Hier überquert der Mittellandkanal die Weser. Es ist mit der Schachtschleuse nicht nur eine wichtige Infrastruktureinrichtung für die Schifffahrt, sondern auch gleichzeitig eine der wesentlichen Sehenswürdigkeiten der Stadt. Der Schiffsverkehr verläuft seit 1998 über eine neue, breiter angelegte Brücke, die parallel zur alten verläuft. Im Informationszentrum an der Schleuse finden Sie viele Informationen über die Brücke und über das Wasserstraßennetz in Deutschland.

Öffnungszeiten: 1. April bis 31. Oktober: Informationszentrum und Schachtschleuse täglich von 9:00 bis 17:00 Uhr, an Sonn- und Feiertagen bis 18:00 Uhr. Eintrittspreise: Erwachsene: 2,00 €, Kinder: 1,00 €.

Auch der **Dom** in der Innenstadt blieb von den Bombenangriffen nicht verschont. So ist das Gebäudes mit dem schildmauerartigen romanischen Eingang und dem gotischen Langhaus im Wesentlichen eine Rekonstruktion die in den 50er-Jahren erfolgte.

Der Dom in Minden.

Preußen und Minden haben eine besondere Beziehung zueinander. Nach dem Westfälischen Frieden von 1648 wurde Minden preußische Festungs- und Garnisonsstadt. Mit einer großen Festungsanlage wurde die Stadt gegen das damalige Königreich Hannover abgesichert. Nach der Gründung des Deutschen Reiches 1871 verlor die Festung ihre Bedeutung, sie wurde weitgehend abgerissen. Das Fort C in der Nähe des Stellplatzes ist ein Relikt dieser Anlage. Im **Preußen-Museum** in der ehemaligen Defensionskaserne finden Sie mehr über die preußische Garnisonsstadt Minden www.lwl-preussenmuseum.de.

Damit wollen wir unseren Besuch in Minden beenden und machen uns in der nächsten Tour wieder in Richtung Harz auf den Weg. Wenn Sie weiter die Weser hinab fahren möchten, dann empfehlen wir Ihnen unser Buch über die Lüneburger Heide, dort fahren wir an entlang des Flusses weiter, bis wir in die Heide abbiegen. Es ist der Band 63, den Sie hier beziehen können www.womo.de.

Mühlentour (54 km)
Wiedensahl
Peters-hagen
Lande
Bierde
Band 63: Mit dem Wohnmobil durch die Lüneburger Heide und die Elbtalaue
Frille
Mühlen-Infozentrum
Wasserstraßenkreuz
Mittellandkanal
Weser
Dom
Minden
Fort C
Schloss
Bückeburg
Bad Eilsen
Obernkirchen
Porta Westfalica
Stadthagen
Tropicana
Bad Nenndorf
Kurpark Süntelbuchenallee
Rodenberg
Lauenau
Barsing-hausen
Feggendorfer Stollen
Kloster-stollen
Deisterkreisel 76 km
Egestorf
Gehrden
Wennigsen
Wennigser Wasserräder
Nordmannsturm
Annaturm
Bredenbeck
Bennigsen
Völksen
Springe
Jagdschloss Springe
Wisentgehege
Saupark
Kleiner Deister
Deister
Calenberger Land
Bückeberg
Dinosaurierspuren
Naturpark Süntel
Eimbeckhausen
Kurpark
Bad Münder
Hachmühlen
Schaumburg
Burg Schaumburg
Schillat-Höhle
Westendorf
Großenwieden
Hessisch Oldendorf
Rinteln
Kloster Möllenbeck
Möllenbeck
Varenholz
Krankenhagen
Langenholz-hausen
Silixen
Laßbruch
Almeria
Weserbergland
Fischbeck
Tour 10
Hameln
Leisthaus
Klütturm
Klein Berkel
Bisperode
Naturwald Saubrink/Oberberg
Coppenbrügge
Hemmendorf
Oldendorf
Ith-Sole-Therme
Salzhemmendorf
Rasti-Land
Eime
Banteln
Gronau (Leine)
Mehle
Elze
Eldagsen
Nordstemmen
Burgstemmen
Schloss Marienburg
Schulenburg
Gestorf
Jeinsen
Hüpede
Pattensen
Weetzen
Hiddestorf
Ronnenberg
Arnum
Koldingen
Koldinger Seen
Hemmingen
HANNOVER
Maschsee
Laatzen
Rethen
Sarstedt
Sarstedter Seenplatte
Leine
Innerste
Harsum
Sehnde
Hildesheim
St. Michaelis
Dom
Hildesheimer Wald
Diekholzen
Sibbesse
5 km
N
B61
B482
B65
B238
B83
B442
B217
B1
B3
B6
B494
B240
2
7
162
163
164
165
166
167
169
170
171
172
173
174
175
176
177
178
179
180
181
182
183
184
185
186
187
188
WC

TOUR 11 (ca. 180 km)

Bückeburg – Bad Eilsen – Stadthagen – Bad Nenndorf – Rodenberg – Barsinghausen – Bad Münder am Deister – Springe – Coppenbrügge – Salzhemmendorf – Gronau (Leine) – Nordstemmen – Hildesheim

Stellplätze:	Bückeburg, Bad Eilsen, Stadthagen, Bad Nenndorf, Rodenberg, Barsinghausen, Bad Münder am Deister, Springe, Coppenbrügge, Salzhemmendorf, Gronau (Leine), Nordstemmen, Hildesheim.
Campingplätze:	Coppenbrügge.
Ver-/Entsorgung:	Bückeburg, Bad Eilsen, Stadthagen, Bad Nenndorf, Rodenberg, Barsinghausen, Coppenbrügge, Salzhemmendorf.
Besichtigungen:	Bückeburg (Schloss, Hubschraubermuseum), Bad Eilsen (Kurpark), Bad Nenndorf (Kurpark, Süntelbuchenallee), Barsinghausen (Klosterstollen), Bad Münder am Deister (Kurpark, Altstadt), Springe (Altstadt, Saupark, Jagdschloss, Wisentgehege), Salzhemmendorf (Freizeitpark Rasti-Land), Nordstemmen (Schloss Marienburg), Hildesheim. (Dom, St. Michaelis, historischer Marktplatz, Fachwerkviertel).
Wandern:	Im Deister (Nordmannsturm, Annaturm) und zu den Wennigser Wasserrädern, Coppenbrügge (Ith-Hils-Weg).
Baden/Wellness:	Stadthagen (Tropicana), Bad Nenndorf (Therme), Coppenbrügge (Freibad), Salzhemmendorf (Therme), Gronau (Freibad), Nordstemmen (Freibad).

Diese Tour ist sehr abwechslungsreich. Wir haben Schlösser, Hubschrauber, Thermen, Dinosaurierspuren, in die Breite wachsende Bäume, Steinkohlenbergbau, verspielte Wasserräder, Radtouren, Aussichtstürme, Schwarzkittel, Wisente, Sikawild, Rentiere, einen Freizeitpark für die Kleinen und zum guten Schluss wieder einmal UNESCO-Welterbestätten.

Das alles wird garniert mit schönen Landschaften, tiefen Wäldern, ruhigen Stellplätzen und etlichen Freibädern. Mehr Abwechslung geht kaum. Naturräumlich durchfahren wir die Bückeberge, den Deister, den Kleinen Deister und überqueren schließlich die Leine und verlassen damit das Weserbergland. Die Städte, die wir dabei durchqueren oder besuchen, sind überwiegend Klein- und Mittelstädte. Nur Hildesheim mit etwas mehr als 100.000 Einwohnern fällt da aus dem Rahmen.

Mit **Bückeburg** haben wir gleich ein außergewöhnliches Schloss auf dem Programm. Bevor wir uns jedoch diesem eindrucksvollen Gebäude der Weserrenaissance widmen, schauen wir uns nach den Stellplätzen um, die dieser Ort bietet. Zwei stehen zur Wahl, einer auf dem Neumarktplatz und einer am Schlosspark.

(170) Offizieller WOMO-Stellplatz: Bückeburg – Neumarktplatz

GPS: N52°15'50.1" E9°03'03.1"; Unterwallweg 6, 31675 Bückeburg.
Max. WOMOs: 20, maximale Länge 12 m, max. Aufenthalt 7 Tage.
Ausstattung: Frischwasserversorgung, Abwasserentsorgung ohne Bodeneinlass, Kassettenentleerung, Behälter für die Müllentsorgung, ganzjährig geöffnet.

Beschreibung: Ebene geschotterte schattenlose Fläche neben einem Omnibusparkplatz, relativ ruhig. Fußweg zum Schloss 800 Meter.
Preise: Kostenlos, Frischwasser 1,00 €. Abwasserentsorgung und Entleerung der Bordtoilette ist kostenfrei.
Zufahrt: In Bückeburg den Hinweisen zum Neumarktplatz folgen.

(171) Offizieller WOMO-Stellplatz: Bückeburg – Schlosspark

GPS: N52°15'29.4" E9°02'46.8"; Reitweg, 31675 Bückeburg.
Max. WOMOs: 20, maximale Länge 12 m, max. Aufenthalt 7 Tage.

Ausstattung: Frischwasserversorgung, Abwasserentsorgung mit Bodeneinlass, Kassettenentleerung, Stromanschlüsse, Behälter für die Müllentsorgung, ganzjährig geöffnet.
Beschreibung: Ebene geschotterte Fläche in unmittelbarer Nähe des Schlosses, sehr ruhig und innenstadtnah. Schattig durch hohe alte Bäume.
Preise: 7,00 € für ein Fahrzeug, Frischwasser 1,00 € und Strom 1,00 für 12 Stunden. Abwasserentsorgung und Entleerung der Bordtoilette ist kostenfrei.
Zufahrt: In Bückeburg den Hinweisen zum Schloss folgen.

Der Stellplatz am Schlosspark ist schnell belegt. Wenn Sie sichergehen wollen, einen Platz zu bekommen, ohne eine Ehrenrunde zu drehen, dann parken Sie gleich auf dem Neumarktplatz. Die Innenstadt ist von diesem Platz zu Fuß schnell erreicht. Bis zum **Hubschraubermuseum** am Sablé-Platz sind es nur etwas mehr als 500 Meter.

Ein moderner Glaskasten, zwei im Rechten Winkel zueinanderstehende Fachwerkhäuser des ehemaligen Münchhausen Burgmannshofes sowie ein weiteres Gebäude bieten Platz für 50 Fluggeräte. Die meisten sind einrotorige, aber es gibt auch einige zweirotorige zu bestaunen. Die größte Maschine ist die Vertol V-43 (H-21C), ein Transporthubschrauber, der unter anderem im Vietnamkrieg eingesetzt wurde und wegen seiner Form von den US-Soldaten den Spitznamen „Flying Banana“ bekam. Hinzu kommen verschiedene weitere Ausstellungsstücke, Modelle und ein Flugsimulator, in dem Sie Ihre Flugkünste ausprobieren können. 10,00 € kostet der Spaß. 10 Minuten haben Sie Zeit, hochzufliegen und heil wieder herunterzukommen. Es ist ein professioneller, mit Microsoft FSX modernisierter Hubschraubersimulator, der von der Bundeswehr bis 2012 für die Auswahl von zukünftigen Hubschrauberpiloten eingesetzt wurde.

Hubschraubermuseum in Bückeburg.

Weitere Informationen, Öffnungszeiten und Eintrittspreise entnehmen Sie bitte dieser Seite www.hubschraubermuseum.de.

Der Marktplatz ist nur wenige Schritte vom Museum entfernt. Hier steht das imposante Rathaus im Stil der Weserrenaissance. Es sieht so aus, als wäre es im 16. Jahrhundert gebaut worden, stimmt aber nicht. Es wurde 1905 in diesem Stil errichtet, um als Architekturensemble mit dem Marktplatz, dem

Eingangsportal des Schlosses.

Gebäude der fürstlichen Hofkammer, des Ballhauses sowie dem repräsentativen Schlossportal zu harmonieren.

Die Ursprünge des Schlosses beruhen auf einer Befestigungsanlage die im frühen 14. Jahrhundert gebaut wurde. Sie diente der Überwachung des Hellwegs, der mittelalterlichen Wegverbindung zwischen Rhein und Elbe. Im Laufe der Jahrhunderte wurde diese Anlage stetig ausgebaut und erweitert. Im frühen 16. Jahrhundert kam das Grabensystem dazu im späten 16. Jahrhundert wurde aus der mittelalterlichen Burganlage eine glänzende Renaissance-Residenz. Es entstand eine Vierflügelanlage, von der nur noch der Nord- und Westflügel sowie ein Treppenturm erhalten sind, die die typischen Stilelemente der Weserrenaissance tragen.

Der Ost- und der Südflügel wurden 1732 durch ein Feuer vernichtet. Innerhalb weniger Stunden waren die Gebäude samt wertvoller Innenausstattung verbrannt. Sie wurden im Stil des Frühbarock neu errichtet, dass in seiner Formensprache sehr viel schlichter ist als die verspielte Ornamentik der Weserrenaissance. Die letzten großen Bau- und Modernisierungsmaßnahmen fanden Ende des 19. Jahrhunderts statt. Die Wandmalereien der Kapelle und der Goldene Saal wurden wieder hergestellt und eine Warmluftheizung eingebaut. Hinzu kam eine große Küche sowie die beiden halbkreisförmig angeordneten Kavaliershäuser. In einem wohnt die fürstliche Familie, im anderen ist das Niedersächsische Landesarchiv untergebracht.

Umgeben ist das Schloss vom Schlosspark und einer Gräfte, der westfälischen Bezeichnung für einen Wassergraben. Am Rande des Schlossgartens befindet sich die größte privaten Fürstengruft der Welt mit einer Goldmosaikkuppel, die europaweit einzigartig ist. Das **Mausoleum** ließ Fürst Adolf zwischen 1911 und 1916 errichten. Bislang wurden 18 Familienmitglieder des Hauses Schaumburg-Lippe in der Gruft beigesetzt.

Das Schloss kann nur im Rahmen einer Führung besichtigt werden. Dazu gibt es sehr unterschiedliche Angebote. Es fängt an mit einer kleinen "klassischen" Variante, in der die wichtigsten Räumlichkeiten wie Schlosskapelle, Innenhof, Festsaal und anderes mehr gezeigt werden, die etwa 50 Minuten dauert. Sie können aber auch hinter die Kulissen des Schlosses schauen. Dann werden Ihnen in zwei Stunden Räumlichkeiten gezeigt, die dem normalen Besucher nicht zugänglich sind. Es gibt noch weitere Varianten am besten Sie schauen hier www.schloss-bueckeburg.de nach. Dann haben Sie auch gleich die Zeiten, die Eintrittspreise und können sehr viele Informationen über das Anwesen lesen.

Neben dem Schloss lohnt es sich, einen Blick in die **Fürstliche Hofreitschule** zu werfen. Im Marstallmuseum können Sie verschiedene Sättel ausprobieren und mehr als 1000 kulturhistorische Exponate der Pferdewelt betrachten. Spannender ist es aber, die Hohe Schule der barocken Reitkunst zu erleben. Zu bestimmten Zeiten können Sie bei der Ausbil-

Die Kavaliershäuser des Schlosses in Bückeburg.

dungsarbeit von Ross und Reitern dabei sein. Die Zeiten und Eintrittspreise dazu finden Sie hier www.hofreitschule.de.

Zum Abschluss unseres Besuches sei noch auf die **Stadtkirche** in der Lange Straße hingewiesen. Sie ist ein Meisterwerk der Weserrenaissance.

Öffnungszeiten vom 15. April bis 14. Oktober: Dienstags bis samstags von 10:30 bis 12:00 Uhr und dienstags bis sonntags von 14:30 bis 16:30 Uhr.

Von Bückeburg fahren wir nach Bad Eilsen weiter. Hier finden wir am Rande des Kurparkes diesen Stellplatz vor.

(172) Offizieller WOMO-Stellplatz: Bad Eilsen – Remisengelände

GPS: N52°14'20.6" E9°06'09.6"; Bahnhofstraße, 31707 Bad Eilsen.
Max. WOMOs: 7, maximale Länge 12 m, max. Aufenthalt 5 Tage.
Ausstattung: Frischwasserversorgung, Abwasserentsorgung mit Bodeneinlass, Kassettenentleerung, 4 Stromanschlüsse, Behälter für die Müllentsorgung, ganzjährig geöffnet.
Beschreibung: Große geschotterte ebene Stellplätze neben dem Kurpark.
Preise: Kostenlos, Kurtaxe ist in der Touristinfo (Bückeburger Str. 2, 400 Meter vom Stellplatz) zu entrichten 1. Person 2,20 €, 2. Person 1,60 €. Frischwasser 1,00 € und Strom 0,50 € pro kWh. Abwasserentsorgung und Entleerung der Bordtoilette ist kostenfrei.

Zufahrt: In Bad Eilsen auf der B83 vor der Shell-Tankstelle links in die Bückeburger Straße abbiegen. Dem Verlauf ca. 1 km folgen, dann rechts abbiegen in die Bahnhofstraße, nach 250 Metern ist der Stellplatz erreicht.

Bad Eilsen ist ein kleines Städtchen mit rund 2500 Einwohnern. Der Kurort lebt in erster Linie von seinen Kur- und Rehaeinrichtungen. Nachdem man im 18. Jahrhundert auf die Heilkraft der hiesigen Quellen aufmerksam wurde, begann der Kurbetrieb mit Schwefelwasser- und Schlammbädern zu Beginn des 19. Jahrhunderts. In der Folgezeit entstanden Kurmittelhaus, Wandelhalle, Hotels, der große Kurpark und andere Einrichtungen, die dem Kurbetrieb dienen. Alles recht übersichtlich und bescheiden. Zwar ließen sich auch die Fürsten des Hauses Schaumburg-Lippe hier einige Häuser bauen, aber ein Treffpunkt des Hochadels wie Bad Pyrmont wurde Bad Eilsen nicht. Eine mondäne Kurstadt ist sie nicht geworden, nicht einmal ein Wellnessbad gibt es hier. Dafür kann man umso besser entspannen und die Seele im Kurpark baumeln lassen. Durch die Alleen mit uraltem Baumbestand wandeln, den Wasserspielen der Brunnen zusehen oder lauschen und die Nase im Rosarium an die eine oder andere Rosenblüte halten.

Im Kurpark von Bad Eilsen.

Nach einem Spaziergang durch den Kurpark fahren wir weiter und begeben uns im Wald der Bückeberge auf Spurensuche. **Dinosaurierspuren** gibt es hier zu sehen. Dazu fahren wir zu diesem in der Nacht sehr ruhigen Parkplatz [**173:** N52°15'27.4" E9°11'42.1"] und marschieren von dem Platz rund zwei Kilometer über Waldwege an den Rand eines Steinbruchs. Der Weg dorthin ist gut ausgeschildert.

Stellen Sie sich eine flache, schlammige Lagune in einer tropischen Landschaft vor, durch die eine Gruppe von Dinosauriern auf Futtersuche gemächlichen Schrittes den Standort wechselt. Das ist der Bückeberg vor rund 140 Millionen Jahren. Die Dinos hinterlassen Fußabdrücke im weichen Morast, diese werden durch feinen Flugsand zugeweht. Mehrere Sedimentschichten überlagern diese Spuren, der Schlamm wird verfestigt und in Millionen von Jahren zu hartem Gestein. Als man begann, den Sandstein im Bückeberg abzubauen, kamen diese Spuren wieder zum Vorschein, als die Gesteinsplatten auseinandergebrochen wurden. Die Felsplatte, die Sie auf diesem Foto sehen, ist übersäht mit Fußabdrücken, die die Saurier hinterlassen haben. An dieser Stelle finden Sie nur die Fußspuren und einige Hinweistafeln. Rekonstruktionen von Dinosauriern wie im Dinopark in Münchehagen gibt es hier nicht. Den Park besuchen wir übrigens in unserem Buch über die Lüneburger Heide. Beeindruckend, was und wie die Forschung diese Spuren zu interpre-

Bohlenweg durch die Saurierspuren.

Dinosaurierfährten am Steinbruch Oberkirchen.

tieren weiß. Nach Abschluss der Spurensuche geht es zum WOMO zurück und wir wenden uns gleich dem nächsten Ziel zu. In Stadthagen fahren wir diesen Stellplatz an.

(174) Offizieller WOMO-Badeplatz: Tropicana Stadthagen

GPS: N52°19'19.9" E9°11'11.8"; Jahnstraße 2, 31655 Stadthagen.
Max. WOMOs: 10, maximale Länge 12 m.
Ausstattung: Frischwasserversorgung, Abwasserentsorgung mit Bodeneinlass, Kassettenentleerung, Stromanschlüsse, Behälter für die Müllentsorgung, WLAN im Freizeitbad, Dusche und WC im Freizeitbad bis 22:00 Uhr zugänglich, ganzjährig geöffnet.

Beschreibung: Relativ eng beieinanderliegende Stellflächen von einer Grünanlage umgeben. Die Ver- und Entsorgungsstation befindet sich vor dem Bad. Die Mitte der Altstadt ist ca. 1,5 km entfernt.
Preise: Kostenlos, Entsorgung kostenlos, Frischwasser 1,00 € (ca. 100 Liter), Strom 1,00 € für 2 kWh.
Zufahrt: In Stadthagen auf der B65 nicht auf die Umgehungsstraße fahren, sondern sie unterqueren und der Jahnstraße ca. 1,5 km bis zur Einfahrt zum Erlebnisbad Tropicana folgen.

Das **Tropicana** hat mit Riesenrutsche, Strömungskanal, Thermalsolebecken mit Gradierwerken, Kosmetik- und Wellnessbereich sowie den Themensaunen ein sehr umfangreiches Angebot für die Badegäste. Öffnungszeiten und Eintrittspreise finden Sie hier www.tropicana-stadthagen.de.

Die Altstadt ist von einem Wall umgeben, der den Verlauf der ehemaligen Stadtbefestigung markiert. Im Südosten der Stadt befindet sich das Schloss, das im 16. Jahrhundert erbaut wurde. Es ist das älteste Baudenkmal der Weserrenaissance in Niedersachsen. Es ist für normale Besucher nicht zugänglich, hier residiert heute das Finanzamt. Der südlich des Gebäudekomplexes angelegte Schlosspark ist dagegen zu jeder Zeit zugänglich, er wurde im 18. Jahrhundert im Barockstil umgestaltet. Die strenge geometrische Grundstruktur ist auch heute noch erhalten.

Auf dem Marktplatz in Stadthagen.

Eine besondere Bedeutung erlebte Stadthagen als Residenzstadt im 16. und 17. Jahrhundert. Die Fürsten von Schaumburg errichteten die Residenz und bauten die Stadt aus. Viele der prachtvollen Häuser rund um den Marktplatz stammen aus dieser Zeit.

Mit der Verlegung der fürstlichen Residenz nach Bückeburg zu Beginn des 17. Jahrhunderts verlor die Stadt an Bedeutung.

Kunstvoll verziert und mit Inschriften versehen. Fachwerkfassade eines Gebäudes am Marktplatz in Stadthagen.

Der Marktplatz zeigt kein einheitlich geschlossenes Gebäudeensemble der Weserrenaissance, hier stehen auch Häuser aus anderen Stilepochen. Bei den alten Gebäuden sind die mit vielen Inschriften versehenen kunstvollen Fassaden an einigen Fachwerkhäusern besonders auffallend. Die Häuser aus Sandstein zeigen die klassische verspielte Ornamentik der Weserrenaissance.

Neben diesen alten, sehr sehenswerten Gebäuden ist die **Martinikirche**, die am Rande des Marktplatzes mit ihrem Turm schnell auffällt, von besonderer Bedeutung. Hier befindet sich in einem Nebengebäude die Grablege des Fürsten Ernst von Holstein-Schaumburg. Der Sarkophag mit Bronzeplastik in dem siebeneckigen Mausoleum aus Oberkirchener Sandstein ist ein außergewöhnliches Kunstwerk.

Über die Öffnungszeiten informiert diese Seite http://stadthagen-renaissance.de. Hier finden Sie auch weitere Informationen zur Weserrenaissance in Stadthagen.

Unser nächstes Ziel ist **Bad Nenndorf**. Von Stellplatz zu Stellplatz sind das genau 16 Kilometer. Hier stehen wir neben dem Hallenbad, das mit einem Sport- und einem Kinderplanschbecken wenig spektakuläre Bademöglichkeiten bietet. Da ist die Bade- und Saunalandschaft der **Landgrafentherme** mit ihren Innen- und 33 Grad warmen Außenbecken, mit Whirlpools und Sprudelliegen, Saunalandschaft mit zahlreichen Aufguss-Zeremonien, Wellnessbereich mit Türkischem Hamam, Rhassoul, Massagen sowie einer illuminierten Meersalzgrotte schon interessanter.

Öffnungszeiten und Eintrittspreise finden Sie auf dieser Seite www.staatsbadnenndorf.de/landgrafentherme.

(175) Offizieller WOMO-Badeplatz: Bad Nenndorf

GPS: N52°20'35.6" E9°22'36.0"; Bahnhofstraße 77, 31542 Bad Nenndorf.
Max. WOMOs: 10, maximale Länge 12 m.

Ausstattung: Frischwasserversorgung, Abwasserentsorgung mit Bodeneinlass, Kassettenentleerung, 8 Stromanschlüsse, Behälter für die Müllentsorgung, ganzjährig geöffnet.
Beschreibung: Schattenlose geschotterte Plätze neben dem Hallenbad am nördlichen Rand der Stadt. Die Landgrafentherme mit Thermalsolebad & Saunalandschaft ist 800 Meter vom Stellplatz entfernt. Für den Stromanschluss benötigen Sie unter Umständen ein langes Kabel. Es gibt nur eine Stromsäule auf dem Platz.
Preise: Kostenlos, Entsorgung kostenlos, Frischwasser 2,00 € (ca. 45 Liter), Strom 1,00 € für 6 Stunden.
Zufahrt: Von der B65 an der Kreuzung "Drei Steine" (links befindet sich eine Autowerkstatt) links abbiegen in die Rodenberger Allee, die in die Bahnhofstraße übergeht. Nach rund 2 km ist das Sportzentrum Bad Nenndorf erreicht. Der Stellplatz befindet sich auf der linken Seite der Bahnhofstraße.

Die Badenden, Brunnen in Bad Nenndorf.

Die heilende und wohltuende Wirkung des Bades beruht auf einer starken Thermal-Schwefel-Sole-Quelle, die aus 300 Metern Tiefe kommt. Es gibt nur wenige Quellen in Europa, die eine stärkere Sole und einen höheren Schwefelgehalt haben. Seit dem 16. Jahrhundert

Die Süntelbuchenallee im Kurpark Bad Nenndorf.

sind die Quellen bekannt, Mitte des 19. Jahrhunderts wurde Bad Nenndorf Königlich Preußisches Staatsbad. Neben der für alle Besucher der Stadt zugänglichen Therme gibt es zwei Reha-Kliniken.

Dass ein Kurort einen Kurpark hat, ist nichts Außergewöhnliches. Auch hier gibt es mit rund 34 Hektar Fläche eine recht große Anlage mit historischen Gebäuden und einem alten Baumbestand. Außergewöhnlich ist dagegen die **Süntelbuchenallee**. Auf dem Süntel, einem Höhenzug südlich von Bad Nenndorf, kommen diese Bäume als Variation der Rotbuche vor. Daher erhielt sie ihren Namen. Die Bäume wachsen eher in die Breite als in die Höhe. Sie werden nur selten größer als 15 Meter. Warum sie so wachsen, konnte bislang nicht geklärt werden. Mit ihrem knorrigen, in die Breite gehenden Geäst wirkt die Allee bizarr, verwunschen und märchenhaft. Äste, die den Boden erreichen, treiben neue Wurzeln, sodass sich eine ganz besondere Baumlandschaft entwickeln kann. Auf Einflüsse durch den Menschen reagiert die Süntelbuche empfindlich. Deshalb sollte man nicht darauf herumklettern, so verlockend das auch sein mag. Auch sollte man auf dem abgesteckten Weg bleiben, damit das Wurzelwerk der Pflanzen keinen Schaden nimmt. Die Bäume mögen es auch nicht, wenn Hunde an ihren Stämmen das Beinchen heben, deshalb dürfen Sie mit ihrem Hund nicht durch die rund 500 Meter lange Allee mit ihren 100 Buchen gehen.

Der große Hundespaziergang muss noch einen Moment warten, wir kommen aber noch dazu, versprochen.

Zunächst geht es zum WOMO zurück und dann gleich weiter zum nächsten Stellplatz nach **Rodenberg,** fünf Kilometer südlich von Bad Nenndorf. Wir halten uns auf diesem gepflegten Platz am Rande eines Gewerbegebietes nicht lange auf. Man kann ihn sicher gut als Standort für eine Radtour auf dem Deisterkreisel nutzen, der nah am Stellplatz vorbeiführt.

(176) Offizieller WOMO-Stellplatz: Rodenberg – Wohnmobilstellplatz am Deister

GPS: N52°18'25.5" E9°22'03.6"; Gottlieb-Daimler-Str. 11, 31552 Rodenberg.
Max. WOMOs: 8, maximale Länge 12 m.

Ausstattung: Frischwasserversorgung, Abwasserentsorgung mit Bodeneinlass, Kassettenentleerung, Stromanschlüsse, Behälter für die Müllentsorgung, WLAN, Brötchenservice, eingezäunter Hundeauslauf, Bücherschrank, Gasflaschentausch, ganzjährig geöffnet.
Beschreibung: Große saubere Anlage, schattenlose geschotterte Stellflächen am Ortsrand. Die Entsorgung ist sehr gut anzufahren.
Preise: 8,00 € für ein Fahrzeug, Frischwasser 1,00 € und Strom 0,50 € pro kWh. Abwasserentsorgung und Entleerung der Bordtoilette ist kostenfrei. Die Platzgebühr wird am Abend kassiert.
Zufahrt: Die B442 in Richtung Bad Münder/Autobahn fahren und im Gewerbegebiet rechts abbiegen in die Straße "Im Seefeld" und wenige Meter später links abbiegen in die Gottlieb-Daimler-Straße.

Biergarten im Brauhaus Felsenkeller.

Fünf Kilometer weiter gibt es das **Brauhaus Felsenkeller** in dem kleinen Ort **Lauenau**. Das Brauhaus stellt zehn Parkplätze für Wohnmobile kostenlos zur Verfügung. Hier gibt es deftiges auf dem Teller und dazu frisch gezapftes Bier aus der Hausbrauerei, das man sich im Biergarten oder in der Gaststube zu Gemüte führen kann. Sie erreichen den Gasthof mit dieser Adresse Feggendorfer Straße 10, 31867 Lauenau und diesen Koordinaten **[177:** N52°16'44.8" E9°22'07.9"]. Wenn Sie schon einmal einen Blick auf die Speisekarte werden wollen, dann können Sie das hier tun www.ruppbraeu.de.

Nach einer ordentlichen Mahlzeit sorgen wir jetzt wieder für Bewegung, der Platz, den wir jetzt anfahren, wird auch denen gefallen, die mit einem Hund unterwegs sind. Wir fahren zum **Nienstedter Pass**. Das sind die passenden Koordinaten dazu **[178:** N52°15'50.0" E9°28'20.4"]. Wir befinden uns hier auf einem Wanderparkplatz auf dem Deister. Es ist ein beliebter Bikertreff. Die Herzen derer, die mit ihren PSstarken Maschinen die kurvenreiche Strecke rauf und runter düsen, hüpfen hier vor Freude. Nur sonn- und feiertags nicht mehr, da herrscht für die Kradfahrer ein Fahrverbot. Wenn Sie nicht an einem Sonntag hier stehen, werden Sie sie hören und auf dem Weg dorthin vielleicht auch einmal vor Schreck zusammenzucken, wenn Sie aus dem Windschatten des WOMOs heraus blitzschnell von einer Maschine überholt werden.

Der Annaturm auf dem Deister.

Der Wanderparkplatz am Nienstedter Pass.

Als Wanderziele stehen zwei Aussichtstürme zur Wahl. Der **Nordmannsturm** in nordwestlicher Richtung (mit Gastronomiebetrieb) ist 1,5 Kilometer entfernt. Um zum **Annaturm** zu gelangen, sind etwas mehr als drei Kilometer zu gehen. Er befindet sich im Südosten des Wanderparkplatzes und ist über den Kammweg bequem zu erreichen. Der Weg führt kontinuierlich bergauf. Etwas mehr als 100 Höhenmeter sind auf dieser Strecke zu überwinden, ein steiler Anstieg ist nicht dabei. Der Turm steht auf dem höchsten Punkt des Deisters auf 405 Metern über NN. Er ist 28 Meter hoch. Seine Aussichtsplattform ist täglich (außer montags) zwischen 10:00 und 17:00 Uhr über 117 Stufen zu erklimmen. Der Blick reicht weit über das Calenberger Land, bei gutem Wetter und klarer Sicht auch bis zum Brocken. In der Waldgaststätte am Fuße des Turms gibt es einfache Gerichte, kühle Getränke und leckeren Kuchen. Vom Kammweg lassen sich auch die **Wasserräder** in Wennigsen erreichen, die am Nordhang des Deisters zu finden sind. Vom Annaturm sind das rund zwei Kilometer mit einem Höhenunterschied von rund 200 Metern. Hier geht es also kontinuierlich bergab. Wer es bequemer mag: Die Wasserräder lassen sich auch von einem Wanderparkplatz in Wennigsen erreichen, dazu kommen wir noch.

Jetzt geht es erst mal zurück zum WOMO und wir fahren weiter nach **Barsinghausen**. Hier befindet sich der Stellplatz direkt neben dem zu einem **Besucherbergwerk** ausgebauten **Klosterstollen**.

(179) Offizieller WOMO-Stellplatz: Barsinghausen – Klosterstollen

GPS: N52°17'55.1" E9°28'10.7"; Knappschaftstr. 5, 30890 Barsinghausen.
Max. WOMOs: 40, maximale Länge 12 m, max. Aufenthalt 3 Tage.

Ausstattung: Frischwasserversorgung, Abwasserentsorgung mit Bodeneinlass, Kassettenentleerung, 6 Stromanschlüsse, Behälter für die Müllentsorgung, ganzjährig geöffnet.
Beschreibung: Schattenlose geschotterte Stellflächen neben dem Zechengelände des Klosterstollens. Bäcker und Netto-Filiale in unmittelbarer Nähe.
Preise: 6,50 € für ein Fahrzeug, Frischwasser 1,00 € und Strom 0,50 € pro kWh. Abwasserentsorgung und Entleerung der Bordtoilette ist kostenfrei.
Zufahrt: Von Egestorf nach Barsinghausen fahren und in der Stadt der Beschilderung zum Zechenpark folgen.

Nun heißt es wieder Glück Auf! Kein Silber, kein Erz, sondern Steinkohle wurde in diesem Bergwerk bis 1956 abgebaut. Über Jahrhunderte hinweg wurde hier am Deister Kohle gefördert. Es gab zahlreiche Stollen, deren Mundlöcher heute

Das Zechengelände in Barsinghausen.

noch im Deister zu sehen sind. Einfahren kann man allerdings nur im Klosterstollen und das auch nur im Rahmen einer Führung, die Sie hier www.klosterstollen.de buchen können. Die ganze Veranstaltung dauert etwa zwei Stunden. Im Stollen ist es das ganze Jahr über neun Grad kühl, es empfiehlt sich also, eine Jacke oder einen Pullover dabei zu haben. Festes Schuhwerk ist ebenso vonnöten.

Nach einer Einweisung und einigen Erklärungen zum Bergbau geht es mit Schutzhelm und Bergmannslampe ausgestattet los. Dass man in ein Bergwerk einfährt, egal ob man geht oder nicht, hatten wir schon einige Male bei den verschiedenen Besucherbergwerken auf dieser Reise gehört. Hier trifft es im wahrsten Sinne des Wortes zu. Mit der Grubenbahn geht es etwas mehr als 1,3 Kilometer rumpelnd in den Stollen, bis der Kohleflöz erreicht ist. Die Vorbereitung einer Sprengung wird gezeigt, Wurfschaufellader, Bohrmaschinen und die Gewinnung der Kohle werden eingehend präsentiert. Man darf auch einmal dem Presslufthammer lauschen und den Förderwagen für die Kohle in Aktion sehen.

Der Stellplatz am Klosterstollen eignet sich auch gut für eine Radtour auf dem Deisterkreisel, der ebenso von anderen Orten mit Stellplätzen gestartet werden kann. Schauen Sie dazu einmal auf die Tourenkarte zu Beginn dieses Kapitels.

Der Deisterkreisel

Er verbindet auf 76 Kilometern Kultur mit Natur. Die Gesamtstrecke des Radweges ist offiziell in vier Abschnitte unterteilt. Abschnitt 1 geht von Bad Nenndorf nach Wennigsen, Abschnitt 2 weiter bis nach Völksen, Abschnitt 3 bis nach Bad Münder und Abschnitt 4 zurück nach Bad Nenndorf. Wo Sie einsteigen, bleibt Ihnen überlassen. Die Tour ist an einem Tag gut zu fahren und man besucht dabei die Orte erneut oder überhaupt, die wir ohnehin auf unserer Route verzeichnet haben. Die Beschilderung ist durchgehend einheitlich mit der stilisierten Routenkarte als Logo unter den Fahrtrichtungsschildern für Radfahrer markiert, wie Sie auf dem Foto erkennen können. Eine detaillierte Beschreibung der Route finden Sie hier www.reiseland-niedersachsen.de. Dort müssen Sie aber noch ein wenig wühlen, bis Sie zu der Beschreibung mit gpx-download vorgedrungen sind. Einfacher ist es, nur "Deisterkreisel" in ihre Suchmaschine einzugeben, da werden Sie schneller fündig.

In **Wennigsen** gibt es einen weiteren ruhigen Wanderparkplatz, den Sie mit diesen Koordinaten [**180:** N52°16'11.4" E9°32'07.0"] finden. Wenn Sie mit den Kindern oder den

Wasserräder am Deister.

Enkelkindern unterwegs sind, dann können Sie eine kleine, nicht anstrengende Wanderung von zwei Kilometern Länge zu den Wasserrädern unternehmen.

Eine vielköpfige "Bastlergemeinschaft" stellt alljährlich Wasserräder an einem Bach am Hang des Deisters auf. Es sind die unterschiedlichsten Modelle, kleine und große. Manche haben einen regionalen Bezug, andere erinnern an ein Märchen. Allen gemeinsam ist, dass die Kraft des Wassers die Räder antreibt und in den Modellen irgendwelche Funktionen in Gang setzt. Hier klappert also die Mühle am rauschenden Bach. Wie das gemacht wird, können Sie hier sehen www.die-wasserraeder.de.

Das nächste Ziel unserer Reise ist **Bad Münder am Deister**, eine kleine Kurstadt mit rund 17.000 Einwohner. Der Stellplatz des Ortes ist kostenlos und recht bescheiden. Er befindet sich direkt neben dem Rohmelbad, einem Mineralfreibad. [**181:** N52°11'35.5" E9°28'17.4"; Lindenallee 9, 31848 Bad Münder am Deister]. Es gibt offiziell fünf kostenlose Stellplätze auf Asphalt (leicht abschüssig), daneben stehen einige Freiflächen zur Verfügung, auf denen auch geparkt werden kann. Es gibt keine Ver- und Entsorgungseinrichtungen und auch keine Stromanschlüsse. Den Kurpark hat man zu Fuß in zehn Minuten erreicht, bis zur Innenstadt benötigt man zwei Minuten mehr. Der **Kurpark** liegt leicht erhöht über der Stadt. Neben einem See gibt es hier ein kleines Gradierwerk. Es wurde 1999 errichtet und erinnert an die Tradition Bad Münders als Salzsiederstadt. Heute hat das Gradierwerk nur noch eine therapeutische

Stellplatz in Bad Münder am Deister.

Funktion. Die salzhaltigen Aerosole helfen bei Atemwegserkrankungen. An die Salzgewinnung erinnert auch der **Söltjerbrunnen** an der Marktstraße vor dem Rathaus. Ein Salzarbeiter kratzt das auskristallisierte Salz aus der Siedepfanne zusammen, um es zu trocknen. Die zweite Figur zeigt einen Salzträger, der das fertige Salz in einer Kiepe zu den Kunden trägt. Die Salzgewinnung in diesem Ort existierte schon im Mittelalter und wurde erst 1925 eingestellt. Heute dienen die vier Heilquellen (Sole, Schwefel, Bitterwasser und Eisen) nur noch der Gesundheitsförderung. Sie bilden die Grundlage für Trink- und Badekuren in den Kliniken und Kurbetrieben des Ortes.

Söltjerbrunnen und Rathaus in Bad Münder am Deister.

In der Innenstadt von Bad Münder.

Viele Fachwerkhäuser sind in der Altstadt mit ihren schmalen Gassen zu sehen, bilden jedoch kein geschlossenes Ensemble wie in Einbeck oder Northeim. Auffallend sind die vielen Einkehrmöglichkeiten in diesem Ort. Für einen historischen Stadtrundgang, der zu den wesentlichen Sehenswürdigkeiten des Ortes führt, gibt es den Flyer "Auf den Spuren des Söltjers" in der Touristinformation gegenüber des Gradierwerkes.

Stellplatz in Springe.

Auch der Stellplatz des nächsten Ortes, den wir besuchen, ist schlicht, einfach und kostenlos. Bis nach **Springe** sind es rund acht Kilometer. Sie erreichen den Platz mit diesen Koordinaten [**182:** N52°12'27.6" E9°33'25.4"; Burgstraße 19, 31832 Springe].

Haus Peters, giebelständiges niederdeutsches Hallenhaus mit Utlucht im Stil der Weserrenaissance. Davor steht der Marienbrunnen.

Seiteneingang des Peterhauses.

Bis zum Marktplatz sind es nur 300 Meter. Er ist mit den anschließenden Straßen Zum Obertor und Zum Niedertor das Herz der Stadt mit vielen Straßencafés, Restaurants und allerlei Läden. Am Marktplatz stehen eine ganze Reihe schöner alter Fachwerkhäuser, die eine prächtige Kulisse bilden für die Dienstagsnachmittags und freitags vormittags stattfindenden Wochenmärkte.

Springe verdankt seinen Namen der "Hallerspringe" der Quelle des Flüsschens Haller, das hier am Fuße der Deisterpforte entspringt. Die Brunnenanlage am Niedertor erinnert daran. Schöner anzuschauen ist allerdings der Marienbrunnen, ein Jugendstilbrunnen, den ein Ehrenbürger der Stadt im Jahre 1903 spendete. Das Kiepenmariechen auf der Spitze der Anlage erinnert daran, dass im Mittelalter nur soviel Holz im Deister gesammelt werden durfte, wie man in einer Kiepe nach Hause tragen konnte.

Die verkehrsgünstige Lage an der Deisterpforte zwischen den wirtschaftlichen Schwerpunkten Hannover und Hameln begünstigten die Entwicklung Springes als

Handelsort. Beschleunigt wurde die Bedeutung des Ortes, als die Chaussee zwischen diesen beiden Städten im 18. Jahrhundert gepflastert wurde. Der Bau der Eisenbahn brachte einen zusätzlichen Entwicklungsschub.

Schwarzstorch im Wisentgehege.

Jagdschloss, Saupark und Wisentgehege sind unsere nächsten drei Themen.

Wenn Sie der Straße von Springe nach Hildesheim folgen, passieren Sie das **Jagdschloss Springe**. König Ernst August I. von Hannover ließ dieses Schloss in den Jahren von 1838 bis 1842 erbauen. Es sollte der Unterbringung adeliger Gäste bei Hofjagden dienen. Um die vornehmen Gäste zu beeindrucken, wurden die Innenräume aufwendig künstlerisch gestaltet. Eine einfache Jagdhütte ist diese Anlage nicht. Hier fanden bis 1866 hannoversche, danach preußische Hofjagden statt. Kaiser Wilhelm II. ließ alle zwei Jahre königliche Treibjagden in diesem Gebiet durchführen. In dem Jagdschloss ist heute ein Museum für Natur, Jagd und Kultur untergebracht und die Räumlichkeiten werden für Konzertveranstaltungen und Ausstellungen genutzt. Mehr darüber erfahren Sie hier www.jagdschloss-springe.de.

Das Jagdschloss Springe.

Hinter dem Jagdschloss befindet sich der **Saupark Springe**, der als Jagdrevier diente. Damit das Wild nicht ausbüxt, wurde er mit einer 16,3 Kilometer langen, zwei Meter hohen und 60 Zentimeter dicken Steinmauer umgeben. Die adlige Gesellschaft hatte hier also immer "Jagdglück", wenn sie sich nicht allzu dumm anstellte. Heute dient der Saupark als Wildgehege und ist frei zugänglich. Rund 50 Kilometer Wanderwege stehen hier zur Verfügung, die Sie auch mit Ihrem Hund begehen dürfen. Das geht im **Wisentgehege**, das wir jetzt aufsuchen, nicht. Hier müssen die vierbeinigen Begleiter draußen bleiben, was bei der Vielzahl der Freigehege verständlich ist. Diese Freigehege gibt es nur bei den Wildarten, von denen für den Besucher keine Gefahr ausgeht, wie zum

Sikawild im Wisentgehege.

Beispiel bei dem Sikawild, das die Besucher aufmerksam beobachtet. Kreuzen sie den Weg und Sie kommen ihnen zu nah, suchen sie schnell das Weite.

Das Wisentgehege, nach dem der Wildpark benannt ist, ist recht groß. Die großen Tiere haben sich bei unserem Besuch weit zurückgezogen. Das ist etwas, womit Sie hier immer Rechnen müssen, in einer naturnahen Anlage mit großen Flächen präsentieren sich die Tiere nicht immer fotogen vor die Kamera oder wollen Kontakt mit den Besuchern aufnehmen. Aber spannend bleibt es trotzdem, dafür sorgt schon das Programm mit Fütterungen, Tierpräsentationen und Flugvorführungen.

Rentierlager im Wisentgehege.

Wenn Ihnen die Reise nach Lappland zu weit ist, wie wäre es dann mit einer Teilnahme am **Rentierprojekt?** Eine Nacht im Zelt zwischen den Rentieren schlafen, das wäre doch mal etwas Außergewöhnliches. Das können Sie hier im skandinavischen Rentierlager mit Lagerfeuerromantik haben.

Das ganze Programm mit Öffnungszeiten, Eintrittspreisen und vielen weiteren Informationen entnehmen Sie bitte dieser Seite www.wisentgehege-springe.de.

Wir ziehen ohne am Lagerfeuer gesessen zu haben, weiter in den Flecken **Coppenbrügge**. Flecken? Hört sich komisch an, ist aber die offizielle Bezeichnung des Ortes und hat nichts mit Schmutz zu tun. Flecken ist die norddeutsche Bezeichnung einer sogenannten Minderstadt, die mehr Rechte besaß als ein Dorf, zum Beispiel das Marktrecht, aber weniger Rechte als eine Stadt. Ein Zwischending also. In Niedersachsen gibt es noch 50 Orte, die den "Flecken" offiziell dem Ortsnamen vorangestellt haben.

Wir finden hier einen Stellplatz und einen Campingplatz vor, die sehr dicht beieinanderliegen.

(183) Offizieller WOMO-Badeplatz: Coppenbrügge – Frei- und Hallenbad

GPS: N52°06'58.3" E9°32'13.3"; Felsenkeller 4, 31863 Coppenbrügge.
Max. WOMOs: 11, maximale Länge 12 m.

Ausstattung: Frischwasserversorgung, Abwasserentsorgung mit Bodeneinlass, Kassettenentleerung nicht möglich, keine Müllentsorgung, ganzjährig geöffnet.

Beschreibung: Schattenlose geschotterte unparzellierte Stellplätze am Wiesenrand neben dem Freibad. Die Entsorgungsanlage befindet sich hinter dem Freibad.

Preise: 3,50 € für ein Fahrzeug mit 2 Personen. Anmeldung und Bezahlung erfolgt an der Rezeption des Campingplatzes. Entsorgung kostenlos, über Münzautomaten gibt es Frischwasser für 1,00 €.

Zufahrt: In Coppenbrügge den Hinweisen zum Campingplatz/Ithkopf Park folgen.

(184) WOMO-Campingplatz: Coppenbrügge – Rattenfängerplatz am Ith

GPS: N52°06'54.8" E9°32'05.1"; Felsenkeller 9A, 31863 Coppenbrügge.
Max. WOMOs: >20, maximale Länge 12 m.

Ausstattung: Frischwasserversorgung, Abwasserentsorgung mit Bodeneinlass, Kassettenentleerung, Stromanschlüsse, Behälter für die Müllentsorgung, WLAN, Brötchenservice. Im Servicegebäude gibt es Duschen, WCs, Waschmaschinen und Trockner. Der Platz ist ganzjährig geöffnet.

Beschreibung: Relativ kleines Areal, weitgehend schattenlos. Ebene Rasenplätze, Hallenbad und Freibad auf der einen Seite des Platzes, Restaurant mit Biergarten auf der anderen Seite.

Preise: Erwachsene Person 5,50 €, Kind 6-14 Jahre 2,00 €, Jugendlicher 15 - 17 Jahre 2,50 €, Hund 1,00 €, Wohnmobil 6,50 €, Strom 0,50 pro kWh, WLAN 1,50 €, Müll 1,00 €.

Zufahrt: In Coppenbrügge den Hinweisen zum Campingplatz/Ithkopf Park folgen.

Reservierung/Kontakt: Tel.: 05156/780234
E-Mail: ccweserbergland@t-online.de, Web: https://rattenfaengerplatz.de.

Burgruine aus dem 13. Jahrhundert in Coppenbrügge.

Die Burgruine aus dem 13. Jahrhundert, umgeben von einem Wassergraben und einem idyllischen Park, ist die Hauptattraktion des Ortes. Hier gibt es ein Café und ein Museum, das über die Geschichte der Burg und des Fleckens informiert.

Die Stellplätze sind ideale Ausgangsorte für Wanderungen auf dem **Ith-Hils-Weg**. Hier www.ith-hils-weg.de gibt es dazu ausführliche Beschreibungen und den gpx-track zum download für Ihr Smartphone oder Wandernavi.

Eine Wanderung auf dem genannten Weg können Sie auch von dem nächsten Ort auf unserer Reise starten und haben dazu noch die Möglichkeit, nach der Wanderung in der Therme wohltuend in einer Schwefelsole zu baden. Es ist eine schöne, ruhige Therme mit mehreren Innen- und Außenbecken. Preise und Öffnungszeiten finden Sie hier www.ther.me.

(185) Offizieller WOMO-Badeplatz: Salzhemmendorf – Ith-Sole-Therme

GPS: N52°04'14.9" E9°35'09.4"; In der Saale-Aue, 31020 Salzhemmendorf.
Max. WOMOs: 19, maximale Länge 12 m.

Ausstattung: Frischwasserversorgung, Abwasserentsorgung mit Bodeneinlass, Kassettenentleerung, Stromanschlüsse, Behälter für die Müllentsorgung, geöffnet von Anfang April bis Ende Oktober.
Beschreibung: Große schattenlose Stellflächen auf Schatterrasen begrenzt von Hecken und einem kleinen Wald.
Preise: 7,50 € für ein Fahrzeug mit 2 Personen. Anmeldung und Bezahlung erfolgt an der Kasse der Therme. Entsorgung kostenlos, über Münzautomaten gibt es Frischwasser für 1,00 €, Strom für 0,50 € pro kWh.
Zufahrt: An der Straße von Hemmendorf in Richtung Salzhemmendorf auf der linken Seite.

Sieben Kilometer von der Therme entfernt befindet sich das **Rasti-Land**. Es ist ein Familienfreizeitpark mit allerlei Attraktionen. Was es alles gibt, das schauen Sie am besten hier www.rasti-land.de nach. Dort finden Sie auch gleich die Öffnungszeiten und Eintrittspreise. Sie finden den Park mit diesen Koordinatenangaben oder Adresse [N52°05'46.1" E9°39'49.7"; Quanthofer Str. 9, 31020 Salzhemmendorf]. Die Parkflächen sind groß genug, um ein 'normales' WOMO abzustellen.

Doch bevor Sie die Reise von der Ith-Sole Therne Richtung Hildesheim fortsetzen, sollten Sie alle Ver- und Entsorgungsmaßnahmen durchgeführt haben. Auf dem weiteren Verlauf unserer Route gibt es keine Gelegenheit mehr, das zu tun. Wie zum Beispiel in **Gronau**, das hier [**186:** N52°04'57.4" E9°46'13.9"; Kuhmasch 2, 31028 Gronau (Leine)] eine schöne Parkmöglichkeit zwischen Freibad und Fußballplatz hat, aber keinerlei Ver- und Entsorgungsmöglichkeiten bietet.

Das Rathaus mit dem Marktplatz in Gronau (Leine).

Besondere Sehenswürdigkeiten hat das Städtchen nicht aufzubieten, es ist einfach ein kleines ruhiges Fachwerkstädtchen, von dem Paddeltouren auf der Leine gestartet werden können. Entweder geführt oder in Eigenregie.

Hier erfahren Sie mehr dazu http://www.paddeltouren.de/gronauer_kahnfahrt.html.

Auf der Leine und in diesem Ort ist es sehr ruhig. Das nächste Reiseziel ist dagegen ein Besuchermagnet. Es ist so eine Art Neuschwanstein, nur in Niedersachsen. Wir reden vom Schloss Marienburg, das bei Nordstemmen majestätisch über der Leine thront. Einen Parkplatz finden Sie am Freibad [**187:** N52°10'02.2" E9°46'49.6"; Am Freibad 4, 31171 Nordstemmen]. Von hier sind es zu Fuß oder mit dem Rad rund 2,5 Kilometer. Es gibt auch in der Nähe des Schlosses einige Parkplätze, doch sind diese schnell belegt und für Wohnmobile nur sehr begrenzt geeignet.

Blick mit dem Teleobjektiv auf Schloss Marienburg.

Schloss Marienburg zählt zu den bedeutendsten neugotischen Baudenkmälern in Deutschland. Es ist ein Geschenk des Welfenkönigs Georg V. an seine Frau Marie. Erbaut wurde das Schloss zwischen 1858 und 1867. Genutzt hat sie es kaum, denn als es fertiggestellt war, annektierte Preußen 1866 das Königreich Hannover. Der Welfenkönig floh nach Österreich ins Exil, wenig später folgte ihm seine Gattin. Danach war das Schloss unbewohnt, was sich erst nach dem Ende des Zweiten Weltkrieges änderte, als Erbprinz Ernst August III. mit Frau und Kindern einzog, nachdem sie Schloss Blankenburg im Harz verlassen hatten. Seit 1965 wird das Schloss nicht mehr von der königlichen Familie genutzt. Einen großen Teil der Kunstschätze der Marienburg ließen die

Im Innenhof von Schloss Marienburg.

Welfen 2005 versteigern, etwa 20.000 Objekte, die ein hübsches Sümmchen eingebracht haben.

Heute wird das Schloss als Museum und Restaurant genutzt sowie für Privatfeiern und Veranstaltungen vermietet.

Beeindruckend sind die Räumlichkeiten, die Sie besichtigen können. Es lohnt auch ein Aufstieg auf den Turm. Nach 160 Stufen haben Sie die Aussichtsplattform erreicht und können Ihren Blick über das Leinetal und das Calenberger Land schweifen lassen.

Die Bibliothek der Königin.

Öffnungszeiten, Eintrittspreise, virtuellen Rundgang, Speisekarte und noch einiges mehr finden Sie auf dieser Seite www.schloss-marienburg.de.

Wir machen uns nunmehr auf den Weg, das letzte Ziel dieser Tour anzufahren. Einen großen, innenstadtnahen Stellplatz hat **Hildesheim** nicht aufzuweisen. Dichtgedrängt stehen die Mobile rund zwei Kilometer von der Innenstadt entfernt auf diesem Platz am Hohnsensee [**188:** N52°08'20.0" E9°57'14.4"; Hohnsen 28, 31134 Hildesheim]. Eine Ver- und Entsorgungsanlage hat der Platz nicht aufzuweisen, Stromanschlüsse auch nicht, nur eine Toilettenanlage ist in der Nähe. Sollten Sie dringend entsorgen müssen, die nächstliegende Entsorgungsstation befindet sich

Stellplatz am Hohnsensee in Hildesheim.

Der Hildesheimer Dom.

Godehardschrein im Hildesheimer Dom.

Gnadenbild der Gottesmutter.

in Detfurth. Sie finden die Informationen dazu auf der Seite 290.

Der Weg in die Innenstadt führt durch das Tal der Innerste. Wir wollen mit dem Dom beginnen, dorthin benötigen wir zu Fuß rund 20 Minuten, mit dem Rad schafft man das in fünf Minuten.

Der **Hildesheimer Dom** wurde im 11. Jahrhundert errichtet und ist eine der ältesten Bischofskirchen in Deutschland. Im Laufe der Jahrhunderte wurde sie mehrfach umgebaut, sodass in diesem Kirchengebäude vorromanische, romanische und auch gotische Stilelemente zu sehen sind.

In den letzten Wochen des Zweiten Weltkrieges wurde die Kirche durch einen Bombenangriff nahezu vollständig zerstört. Die wertvollsten Kunstwerke, die heute unter anderem im Dommuseum zu bewundern sind, waren rechtzeitig in Sicherheit gebracht worden und überstanden den Krieg unbeschädigt.

Von 1950 bis 1960 dauerte der Neuaufbau der Kirche, der äußerlich dem zerstörten Original weitgehend gleichkommt.

Der Dom und der Domschatz wurden zusammen mit St. Michaelis 1985 in die Liste des Welterbes der UNESCO aufgenommen.

Die Öffnungszeiten des Domes, des Dommuseums sowie einen vertiefenden Überblick, was es alles in diesem Gebäudekomplex zu sehen gibt, können Sie hier www.dom-hildesheim.de nachlesen.

Gehen wir nun zum **Historischen Marktplatz**, der leicht zu finden ist, wenn man einfach auf den in den Gehsteigen eingelassenen Granitplatten folgt, auf denen alle paar Meter "Welterbeband" steht. So wurde ein rund 1,2 Kilometer langer Rundweg markiert, der zu den wesentlichen Sehenswürdigkeiten der Stadt führt. Ab und zu gibt es auf diesem Weg auch noch einige Stelen, die weitere Informationen liefern.

Auf dem Weg zum Marktplatz kommt man an der **Sankt-Andreas-Kirche** vorbei, die den höchsten Kirchturm Niedersachsens hat. Über 364 Stufen geht es hinauf. Klar, dass man von diesem fast 115 Meter hohen Turm eine tolle Fernsicht hat. Wieder unten angekommen, ist es nicht mehr weit bis zum Markt und wir können aus einer Anzahl von Restaurants eines auswählen, draußen sitzen und uns an den außergewöhnlichen Fachwerkfassaden erfreuen. Nur wenig davon ist im Originalzustand. Die meis-

Fassade des Wedekindhauses.

Fassade des Knochenhaueramtshauses.

Die ehemalige Benediktinerabteikirche St. Michael.

ten Gebäude an diesem Platz erlitten dasselbe Schicksal wie der Dom und wurden relativ spät, erst in den Achtzigerjahren zumeist originalgetreu rekonstruiert, wieder aufgebaut.

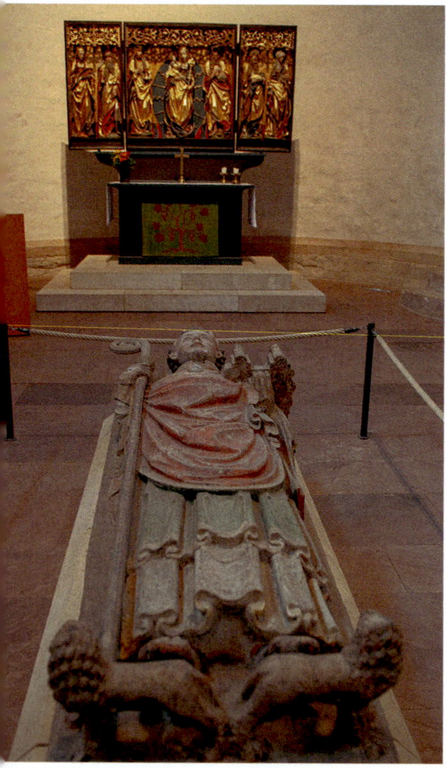

Die Grabplatte aus dem 14. Jahrhundert zeigt einen jugendlichen Bischof Bernward, wie er seine Kirche im Arm hält. Im Hintergrund ist der Marienaltar zu sehen.

Im **Knochenhaueramtshaus** befindet sich in den oberen Etagen das Stadtmuseum, neben dem **Wedekindhaus** bietet die Touristinfo der Stadt ihre Informationen an und hier kann man auch Führungen buchen und sich die Stadt im Detail zeigen lassen.

Gehen wir nun zur ehemaligen **Benediktinerabteikirche St. Michael** die zu Beginn des 11. Jahrhunderts unter Bischof Bernward begonnen und unter der Leitung von Bischof Godehard fertiggestellt wurde.

Das Gebäude gilt mit seinen klaren, geometrischen Formen und seiner strengen Symmetrie als ein Meisterwerk kirchlicher Baukunst. Die Architektur dieser Kirche war wegweisend für weitere architektonische Entwicklungen von Kirchengebäuden im Mittelalter.

Prunkstück im Inneren des lichtdurchfluteten Kirchenschiffes ist das einzigartige Deckengemälde aus dem 13. Jahrhundert, das im Zweiten Weltkrieg vorsorglich demontiert und in Sicherheit gebracht worden war. Eine kluge Entscheidung, denn auch diese Kirche blieb von den Bombenangriffen nicht verschont und wurde weitgehend zerstört. Nach dem Wiederaufbau der Kirche wurde auch das Deckengemälde wieder angebracht, das aus 1300 Eichenbohlen besteht. Es gehört neben den Holzdecken von Zillis (Schweiz) und Dädesjö (Schweden) zu den einzigen monumentalen Tafelgemälden des hohen Mittelalters, die noch erhalten sind. Das Deckengemälde zeigt den Stammbaum Jesu, der hier in acht Hauptfeldern aufgeteilt ist. Darüber hinaus sind die Engelschorschranken und Kapitelle, der Kreuzgang und die Krypta mit dem Grab Bischof Bernwards sehenswert. Einen Panoramaspaziergang durch die Kirche können Sie unternehmen, wenn Sie diese Seite https://michaelis-hildesheim.wir-e.de/meinort-im-welterbe aufrufen. Dort finden Sie auch zahlreiche Videos, sowohl religiöse als auch Beiträge, die sich mit der Architektur und der Geschichte dieses UNESCO-Welterbes beschäftigen.

Das Langhaus der Kirche St. Michael mit dem monumentalen Deckengemälde.

Wir kehren nun zum WOMO zurück, allerdings nicht ohne noch einen Gang durch das "Fachwerkviertel" der Stadt zu unternehmen, es liegt sowieso auf unserem Weg. Hier im Südosten der Stadt blieben einige Häuser vom Bombenhagel der letzten Kriegstage verschont. Darunter befindet sich auch das **Waffenschmiedehaus**, es ist das älteste Fachwerkhaus der Stadt und wurde 1548 erbaut. In dem Haus befindet sich das **Neisser Heimatmuseum**, das vielen Exponaten aus der oberschlesischen Neisseregion aufwarten kann. Unweit davon ist der **Kehrwiederturm** zu sehen, der letzte erhaltene Turm der ehemaligen Hildesheimer Stadtbefestigung.

Hildesheim
St. Michaelis
Dom
Tour 14
Tour 13
Tour 8
Tour 7
5 km
N
Salzgitter-Bad
Salzgitter
Höhenzug
Goslar
Bad Harzburg
Wernigerode
Blankenburg
Osterwieck
Altstadt
Bockenem
Ambergau
Harplage
Sauberge
Hainberg
Bodensteiner Klippen
Bockenemer Panorama Rundweg (40 km)
Familienpark Sottrum
Schloss Derneburg
Museum der Zeit
Hist. Hochöfen
Almetalbahn
Kloster
Kaiserpfalz
Rammelsberg
Großer Burgberg
Baumwipfelpfad
Wildkatzengehege
Okertalsperre
Kräuterpark
Liebesbankweg
Oberharzer Wasserwirtschaft
HöhlenErlebnis-Zentrum
WeltWald Harz
Innerstetalsperre
Granetalsperre
Naturpark Harz
Nationalpark Harz
Brocken 1141 m
Brockenbahn
Wanderwege
Wurmberg 971 m
Ottofels
Hohnsteinklippen
Wildpark Christianental
Schloss
Kloster Michaelstein
Burg Regenstein
Schloss Blankenburg
Schaubergwerk
Baumannshöhle
Hermannshöhle
Hängeseilbrücke Titan RT
Harzköhlerei
Pullman City Harz
Rappbodetalsperre
Wasserschloss Westerburg
Kloster Huysburg
Huy
Seesen
Lamspringe
Bad Salzdetfurth
Bad Gandersheim
Clausthal-Zellerfeld
Bad Grund
Langelsheim
Lutter am Barenberge
Rhüden
Bornum
Ilsenburg
Darlingerode
Schierke
Elend
Hasselfelde
Elbingerode
Rübeland
Hüttenrode
Torfhaus
Altenau
Schulenberg
Hahnenklee
Lautenthal
Bockswiese
Vienenburg
Schladen
Hornburg
Liebenburg
Gebhardshagen
Derenburg
Langenstein
Veckenstedt
Wasserleben
Zilly
Dardesheim
Rohrsheim
Dedeleben
Vogelsdorf
Eilenstedt
Dingelstedt
Röderhof
Aspenstedt
Athenstedt
Danstedt
Langeln
Heudeber
Deersheim
Hessen
Berßel
Abbenrode
Stapelburg
Harlingerode
Oker
Börßum
Hedeper
Werlaburgdorf
Nettlingen
Ottbergen
Derneburg
Holle
Sottrum
Heinde
Wesseln
Detfurth
Sibbesse
Almstedt
Bodenburg
Adenstedt
Freden
Ammensen
Naensen
Kreiensen
Drei Annen Hohne
Innerste
Nette
Lamme
Oker

TOUR 12 (ca. 190 km)

Bad Salzdetfurth – Lamspringe – Bockenem – Salzgitter-Bad – Goslar – Bad Harzburg – Osterwieck – Ilsenburg – Darlingerode – Wernigerode – Blankenburg

Stellplätze:	Bad Salzdetfurth, Lamspringe, Bockenem, Salzgitter-Bad, Goslar, Bad Harzburg, Ilsenburg, Darlingerode, Wernigerode, Blankenburg.
Campingplätze:	Innerstetalsperre.
Ver-/Entsorgung:	Bad Salzdetfurth, Bad Harzburg, Ilsenburg, Darlingerode, Wernigerode, Blankenburg.
Besichtigungen:	Almetalbahn, Lamspringe (Kloster), Bockenem (Uhrenmuseum), Goslar (Altstadt, Kaiserpfalz, Rammelsberg), Bad Harzburg (Großer Burgberg, Baumwipfelpfad, BaumSchwebeBahn), Osterwieck (Altstadt), Wernigerode (Altstadt, Schloss, Wildpark Christinental), Blankenburg (Kloster Michaelstein, Burg Regenstein, Altstadt, Schloss).
Wandern:	Rund um die Innerstetalsperre und Granetalsperre, zu den Sandsteinhöhlen bei der Burg Regenstein, Teufelsmauer bei Blankenburg.
Baden/Wellness:	Bad Salzdetfurth (Therme), Bockenem (Freibad), Salzgitter-Bad (Therme), Bad Harzburg (Therme).

Sehr abwechslungsreich gestaltet sich diese Tour, die in Hildesheim beginnt und in Blankenburg im Nordharz endet. Wir haben einige Thermen auf dem Programm und einige Wanderungen, die uns durch Wälder um Stauseen führen. Wir schauen uns an, wie Kirchturmuhren gebaut wurden und tauchen an anderen Orten tief in die Geschichte ein. In Goslar haben wir mit den UNESCO-Welterbestätten ein umfangreiches Besuchsprogramm. In Bad Harzburg gehen wir nicht nur durch die Baumwipfel, sondern rauschen auch durch sie auf einer Schwebebahn hindurch. Mit Osterwieck besuchen wir ein verträumtes Fachwerkstädtchen, mit Wernigerode ein touristisches Highlight, das mit vielen Fachwerkhäusern und einem sehr großen Schloss glänzt. Dort haben wir auch die Möglichkeit, eine Fahrt mit den Harzer Schmalspurbahnen zu machen. Wir können bis nach Nordhausen fahren oder uns unter Dampf auf den Brocken bringen lassen. In Michaelstein schauen wir schließlich noch einmal ein Kloster an, genießen leckere Fischgerichte und werfen anschließend einen Blick auf eine faszinierende Burgruine, bevor die Fahrt auf dem Stellplatz in Blankenburg neben einem Barockgarten endet.

Von Hildesheim nach **Bad Salzdetfurth** sind es rund elf Kilometer. Die Stadt mit rund 13.000 Einwohnern bietet diesen Stellplatz im Ortsteil Detfurth am Sole-Frei- und Hallenbad an.

(189) Offizieller WOMO-Badeplatz: Bad Salzdetfurth – Sole-, Frei- und Hallenbad

GPS: N52°04'19.0" E10°01'06.2"; Solebadstraße, 31162 Bad Salzdetfurth.
Max. WOMOs: 10, maximale Länge 10 m.

Ausstattung: Frischwasserversorgung, Abwasserentsorgung, Kassettenentleerung, Stromanschlüsse, Behälter für die Müllentsorgung, ganzjährig geöffnet.
Beschreibung: Eng beieinanderliegende schattenlose Stellflächen auf Asphalt nur wenige Meter vom Solebad entfernt. Das Zentrum des Ortes ist ca. 1 km, der Friedrich-Kabus-Turm etwas mehr als 2 km entfernt.
Preise: 5,00 € für ein Fahrzeug mit 2 Personen. Entsorgung kostenlos, über Münzautomaten gibt es 50 Liter Frischwasser für 1,00 €, 6 Stunden Strom für 1,00 €.
Zufahrt: Am Ortseinang von Detfurth auf der linken Seite, nicht zu verfehlen.

Die Salzgewinnung war über Jahrhunderte das wirtschaftliche Rückgrat der Stadt. Die beiden **Gradierwerke** im **Kurpark** erinnern daran. Die geförderte Sole wurde hier bis zu neun Mal über die Dornenwände geleitet. Durch die Verdunstung erhöhte sich die Konzentration des Salzes und konnte dann durch die Salzsieder weiter verarbeitet werden. Wie an anderen Orten auch schon vielfach gesehen, kam die Sole in riesige Pfannen und wurde gekocht, bis das Wasser ver-

Die Altstadt von Bad Salzdetfurth wird von der Lamme durchflossen.

dampft war und das Salz übrig blieb. Heute dienen die Gradierwerke nur noch therapeutischen Zwecken. Sie können also mal wieder "Seeluft" schnuppern, ohne an die See fahren zu müssen. Mit dem **Wasser- und Salz-Pfad** wurden im Kurpark und in der malerischen Fachwerk-Altstadt von Bad Salzdetfurth acht Tafeln aufgestellt, die sich mit dem Thema des "weißen Goldes" befassen. In der Touristinfo bekommen Sie dazu auch eine Infobroschüre, sie befindet sich im Eingangsbereich des Solebades. In der Therme gibt es neben dem 32 Grad warmen Solewasser zahlreiche Wellnesseinrichtungen. Rund um die Stadt sind eine ganze Reihe Themen-, Rad- und Wanderwege angelegt worden, die Sie auf einer App versammelt und beschrieben finden. Suchen Sie in Ihrem App-Store nach "Bad Salzdetfurth Guide" und installieren Sie diese, wenn Sie mögen. Sie ist kostenlos.

Über das gesamte Angebot der Stadt informiert diese Seite www.bad-salzdetfurth.de.

Freunde historischer Eisenbahnen werden sich den Besuch der **Almetalbahn** nicht entgehen lassen. Am Bahnhof in Segeste lassen sich einige alte Loks und Waggons neben dem Lokschuppen und dem alten Bahnhofsgebäude betrachten, auch wenn gerade kein Veranstaltungsbetrieb herrscht. Auf dieser Seite www.almetalbahn-online.de gewinnen Sie einen ersten Eindruck und erfahren auch, wann die nächsten Fahrten stattfinden. Mit diesen Koordinaten [N52°02'10.8" E9°57'03.1"] finden Sie hin.

Der Bahnhof Segeste.

In **Lamspringe** gibt es einen kleinen bescheidenen Stellplatz für drei Wohnmobile in der Straße 'Am Bahnhof', den Sie mit diesen Koordinaten [**190:** N51°57'13.2" E10°00'22.9"] finden.

Die Hauptsehenswürdigkeit liegt genau am anderen Ende des Ortes in 1,5 Kilometern Entfernung.

Schon 847 soll hier an der Quelle der Lamme ein Kloster gegründet worden sein. Im Mittelalter hatte das Kloster eine hohe

Klosterkirche in Lamspringe.

Abteigebäude des Klosters.

Bedeutung für die Region, war eine Zeit lang das reichste Kloster im Bistum Hildesheim. Es zog zahlreiche Menschen an, die sich hier am Kloster als Handwerker, Bauern, Tagelöhner oder Knechte niederließen und damit die Entwicklung der Siedlung Lamspringe förderten. Doch es ging nicht nur aufwärts. Es erfolgte ein Absturz in der Entwicklung des Klosters, der erst durch die Ansiedlung von Benediktinern, die 1643 aus England kamen, eine Wendung nahm.

Hätte Heinrich VIII., König von England, die Auflösung aller Klöster in England nicht verfügt, wären sie vermutlich nicht gekommen. So nahmen sie sich des Klosters an, ließen in den Jahren 1670 - 1691 die **Klosterkirche St. Hadrian und Dionysius** im barocken Stil errichten, wie wir sie heute vorfinden.

Öffnungszeiten: Mai bis Mitte Oktober montags bis freitags 11:00 bis 12:00 Uhr und zusätzlich donnerstags 14:30 bis 15:30 Uhr, sonntags von 15:00 bis 17:00 Uhr.

Im Abteigebäude sind die Erdteilhalle, der historische Abtsaal sowie das Refektorium und das Zwölfmonatszimmer zu besichtigen, das mit barocken Szenen ausgemalt ist. Hier gibt es für den Besuch keine geregelten Öffnungszeiten. Wer sich das näher anschauen möchte, der muss über diese Seite www.lamspringe.de einen Termin vereinbaren.

Ganz ohne Termin und ohne Öffnungszeiten ist der große Klostergarten zu besichtigen. Er diente früher als Obst- und Gemüsegarten und wurde in einen Park umgewandelt. Hier ist auch die **Lammequelle** zu finden.

Wir fahren weiter. Von Lamspringe geht es durch landwirtschaftlich genutzte Flächen leicht hinauf auf die **Harplage**. Nachdem wir den Wald erreicht haben, geht es kontinuierlich wieder hinunter. Bald ist die Tallandschaft des **Ambergaus** erreicht, durch dessen Mitte von Süd nach Nord die **Nette** fließt. Wir passieren Rhüden und Bornum und schauen uns den Stellplatz [**191:** N52°00'08.3" E10°07'59.6"] am Wirtshaus Sauer in **Bockenem** an. Er befindet sich direkt neben einem

Autohof. Zum Tanken und Essen sicher gut geeignet und für Durchreisende auf der A7 eine Übernachtsmöglichkeit. Der zweite Stellplatz in diesem Ort befindet sich am Freibad neben einem Sportplatz [**192:** N52°00'29.3" E10°08'08.6"]. Hier ist man von sehr viel grün umgeben und wenn nicht gerade gekickt wird, ist es auch sehr ruhig.

Bockenem ist ein hübsches Fachwerkstädtchen, dessen Fachwerkhäuser fast durchweg aus dem 19. Jahrhundert stammen.

Das Museum der Zeit in Bockenem. Im Hintergrund die Pankratiuskirche.

Haben Sie sich auch schon einmal gefragt, wer denn die großen Uhren in den Kirch- und Rathaustürmen hergestellt hat. In Bockenem finden Sie im **Museum der Zeit** am Marktplatz darauf eine Antwort. Mehr als 12.000 Turmuhren wurden in Bockenem in den Jahren von 1847 bis 1953 gebaut. 60 dieser Meisterwerke können Sie im Detail in diesem Museum ansehen. Hier erfahren Sie auch, warum auf den Zifferblättern der Kirchturmuhren anstelle der römischen Ziffer IV eine IIII geschrieben steht. Ist Ihnen noch gar nicht aufgefallen? Achten Sie mal darauf. Es ist ein interessantes Museum, das sich zu besuchen lohnt. Eintritt wird nicht verlangt, um eine Spende für den Erhalt des Museums wird aber gebeten. Mehr über das Museum und über die

Uhrwerk im Museum der Zeit.

Der Stellplatz am Freibad in Bockenem.

Geschichte des Turmuhrenbaus in Bockenem erfahren Sie auf dieser Seite www.turmuhrenmuseum-bockenem.de. Dort finden Sie auch die Öffnungszeiten.

Wer gern mit dem Rad unterwegs ist, dem empfehlen wir den **Bockenemer Panorama-Rundweg**. Dieser rund 40 Kilometer lange Radweg führt durch den Ambergau zu interessanten kulturhistorischen Punkten. Eine Routenbeschreibung bekommen Sie im Museum oder per download, wenn Sie den Namen des Rundweges vollständig in Ihre Suchmaschine eingeben. Der Weg führt unter anderem an dem historischen Hochofen in Bornum vorbei.

In der Innenstadt von Salzgitter-Bad.

Wir verlassen den Ambergau, fahren durch den Hainberg, passieren den Wanderparkplatz an den Bodensteiner Klippen, dann Lutter am Barenberge und erreichen bald Salzgitter-Bad.

Stellplatz am Thermalsolbad.

Salzgitter ist eine flächenhaft sehr große Stadt, die aus vielen Orts- und Stadtteilen besteht. Ganz im Süden liegt **Salzgitter-Bad**, der namengebende Stadtteil für dieses doch recht große Gebilde. Die Stadt entwickelte sich um eine Solequelle, Haupterwerbszweig war die Gewinnung von Salz. In der zweiten Hälfte des 19. Jahrhunderts wurde damit begonnen, die Sole auch für den Kurbetrieb zu nutzen. Warum aus Bad Salzgitter Salzgitter-Bad wurde, ist eine lange Geschichte, die wollen wir nicht ausbreiten. Uns interessiert der Stellplatz am **Thermalsolbad**, der hier zu finden ist **[193:** N52°02'14.0" E10°23'01.4"; Parkallee, 38259 Salzgitter]. Er befindet sich in Sichtweite der Therme, die mit einem Solewel-

Der Innerstestausee mit Überlaufturm.

lenbad und einem Sauna-Land auf sich aufmerksam macht. Das Wasser stammt aus 200 Metern Tiefe, wird direkt von der Quelle ins Thermalsolbad gefördert, dort aufbereitet und den Badegästen in Innen- und Außenbecken zur Verfügung gestellt. Das ganze Angebot und die Öffnungszeiten sowie Eintrittspreise finden Sie hier www.thermalsolbad.de.

Die Innenstadt, die fast zwei Kilometer von der Therme entfernt ist, fällt nicht durch außergewöhnliche Bauwerke oder Sehenswürdigkeiten auf, hat aber viele Einkehrmöglichkeiten.

Weiter geht die Fahrt und mit dem nächsten Ziel sind wir auch wieder im Harz. Hier fahren wir den Campingplatz an der Innerstetalsperre an.

(194) WOMO-Campingplatz: Innerstetalsperre

GPS: N51°54'29.8" E10°16'55.6"; Innerstetalsperre 2, 38685 Langelsheim.
Max. WOMOs: >20, maximale Länge 10 m.
Ausstattung: Frischwasserversorgung, Abwasserentsorgung mit Bodeneinlass, Kassettenentleerung, Stromanschlüsse, Behälter für die Müllentsorgung, Brötchenservice. Im Servicegebäude gibt es Duschen und WCs. Der Platz ist nicht ganzjährig geöffnet.
Beschreibung: Kleiner Campingplatz mit sonnigen, teilweise auch schattigen Rasenplätze direkt am Seeufer.
Preise: Fahrzeug mit 2 Personen inkl. Strom 13,00 €, jede weitere Person 3.00 €.
Zufahrt: An der L515 zwischen Langelsheim und Lautenthal direkt am Stausee.
Reservierung/Kontakt: Tel.: 05326/9299354; Web: www.wsvi.net.

Obwohl der Stausee der Trinkwassergewinnung dient, kann das Gewässer auch für sportliche Aktivitäten und als Badesee genutzt werden. Der Wanderweg um den See ist etwas mehr als sieben Kilometer lang. Er führt über den 35 Meter hohen und 750 Meter langen Erddamm, der die Staumauer bildet. Weil es so schön war, wiederholen wir eine Wanderung an der **Granetalsperre**, nur ist der Weg diesmal doppelt so

Der Granestausee ist der drittgrößte Stausee des Harzes.

Der Stellplatz an der Granetalsperre.

lang. Diese Talsperre wurde in den Jahren von 1966 bis 1969 gebaut. Der Stausee dient in erster Linie der Trinkwasserversorgung. Da das Einzugsgebiet des Sees relativ klein ist, wird bei Bedarf Wasser aus dem Okerstausee über Rohrleitungen zugeführt. An diesem See herrscht Badeverbot und er darf auch nicht für den Wassersport genutzt werden. So bleibt nur Wandern oder Radfahren. Sie erreichen den See mit diesen Koordinaten [**195:** N51°54'48.1" E10°22'39.0"; Zur Granetalsperre, 38685 Langelsheim].

Nach den Stauseen und den Wanderungen wenden wir uns nun anderen Themen zu. In Goslar wartet die Kaiserpfalz und eine schöne Altstadt sowie das Besucherbergwerk Rammelsberg auf unseren Besuch. Zwei Stellplätze bieten sich für den Besuch an. Der eine befindet sich im Westen der Stadt, der andere im Osten, wie Sie auf dem Stadtplan sehen können. Beide Plätze haben weder Ver- noch Entsorgungseinrichtungen und auch keine Stromanschlüsse. [Parkplatz Füllekuhle, **196:** N51°54'39.0" E10°25'02.9"; Bertha-von-Suttner-Straße 1, 38640 Goslar]. Dieser Platz bietet schattige Stellflächen und ist im Ver-

Der Stellplatz Füllekuhle in Goslar.

gleich zu dem im Osten relativ eng. [Schützenplatz, **197:** N51°54'29.1" E10°26'23.5"; Schützenallee, 38640 Goslar].

Auf diesem Platz finden Sie keinen Schatten und kein Baum stört den Satellitenempfang. Die Nähe zur Innenstadt ist bei beiden Plätzen in etwa gleich. Auf dem Stadtplan finden Sie beide verzeichnet.

Der Schützenplatz in Goslar.

Wir haben uns für den Schützenplatz entschieden, er ist sehr groß und auch etwas ruhiger als der Parkplatz an der Füllekuhle. Von diesem Platz starten wir unseren Innenstadtbesuch. Wir machen das mit den Rädern, denn hier kommen einige Kilometer zusammen. Zunächst geht es durch die Wallanlagen zum **Zwinger**. Er ist ein steinerner Zeuge der ehemaligen Befestigungsanlage Goslars. Ein mächtiger Turm mit 26 Metern im Durchmesser und einer Höhe von 20 Metern. Heute ist hier unter anderem ein Museum untergebracht, das mittelalterliche Rüstungen und Waffen zeigt. Das gesamte Angebot dieses Hauses für Kinder und Familien finden Sie hier inklusive der Öffnungszeiten und Eintrittspreise https://zwinger.de.

Vom Zwinger ist es nicht weit bis zur Kaiserpfalz. Bevor wir jedoch dorthin radeln, werfen wir noch einen Blick in die

Die Kaiserpfalz in Goslar.

Domvorhalle. Diese Vorhalle ist der einzige Gebäudeteil, der von der ehemaligen großen Stiftskirche St. Simon und Judas übrig geblieben ist. Sie war Bestandteil des Bezirks der Kaiserpfalz und wurde zwischen 1819 und 1822 wegen ihres schlechten Zustandes abgebrochen. Auf dem Parkplatz hinter der Domvorhalle ist der Grundriss dieser Kirche im Pflaster markiert. Durch eine Glasscheibe in der Vorhalle kann eine Kopie des mit bronzenen Lehnen versehenen Thrones der ersten deutschen Kaiser betrachtet werden.

Die **Kaiserpfalz** ist das bedeutendste Gebäude in Goslar. Sie wurde zwischen 1040 und 1050 erbaut. Über 150 Jahre lang war die Goslarer Pfalz Schauplatz glanzvoller Reichstage. Doch bald nachdem das Reisekönigtum des Mittelalters sein Ende fand, verfiel die Pfalz relativ schnell. Erst nach der Reichsgründung im Jahre 1871 wurde auf Veranlassung von Kaiser Wilhelm I. die Kaiserpfalz in Goslar restauriert und zu einem Nationaldenkmal erhoben. Seit 1992 gehört sie zusammen mit der Goslarer Altstadt und dem Bergwerk Rammelsberg zum Weltkulturerbe der UNESCO.

Kaiser Barbarossa und Kaiser Wilhelm I. stehen als Reiterstandbilder vor der Kaiserpfalz. Im Gebäude ist die "aula regia", der fast 800 Quadratmeter große Reichssaal besonders beeindruckend. Die Geschichte des „Heiligen Römischen Reiches“ wird hier in Wandbildern dargestellt.

Öffnungszeiten: Täglich von 10:00 bis 17:00 Uhr, Eintritt Erwachsene 7,50 €, Kinder/Jugendliche 4,50 €.

Weiter geht es zur **Frankenberger Kirche**, der Kirche der Bergleute. Die romanische Basilika wurde im 12. Jahrhundert gebaut und steht am südwestlichen Ende auf dem höchsten Punkt der Altstadt. Der Innenraum der Kirche ist überwiegend barock ausgestaltet.

Öffnungszeiten April bis Oktober: Täglich von 9:00 bis 18:00 Uhr.

Es gibt rund 1500 Fachwerkhäuser in Goslar. Sie stammen aus unterschiedlichen Epochen. Wenn Sie durch die Franckenberger Straße und dann über die Marktstraße zum Marktplatz gehen oder über die Bergstraße ist eigentlich gleich. In der Bergstraße kommen Sie am **Siemenshaus** vorbei, ein imposantes Fachwerkhaus der Industriellenfamilie.

Romantikhotel in Goslar.

Rund um den Marktplatz gibt es zahlreiche sehenswerte Gebäude. Das Rathaus mit dem Huldigungssaal muss man gesehen haben. Zahlreiche Restaurants und Cafés bieten auf dem Marktplatz ihre Dienste an. Schön ist es, hier eine Pause zu machen und das gesamte Ensemble auf sich wirken zu lassen, bevor es die 233 Stufen auf den Nordturm der Marktkirche hinauf geht, um sich Goslar von oben anzuschauen. Am Marktplatz befindet sich die Touristinformation der Stadt. Hier

Kaiserworth und Marktbrunnen in Goslar.

Das Breite Tor im Nordosten von Goslar.

gibt es nicht nur viele Broschüren über Goslar und den Rammelsberg, hier können Sie auch Stadtführungen buchen und sich die Stadt zeigen lassen. Neben "klassischen" Führungen können Sie auch den Henker der Stadt buchen, der Sie etwas gruselig durch das Mittelalter führt. Für Freunde der virtuellen Realität hat die Stadt auch etwas anzubieten. Das **VISTORY 8D-Kino** führt Sie in das mittelalterliche Goslar. Das Kino finden Sie im Hohen Weg unweit des Marktplatzes. Hier können Sie schon einmal schauen, was Sie erwartet www.vistory.de.

Unvirtuell, ganz real setzen wir unseren Weg fort und gehen über die Breite Straße zum **Breiten Tor** und verlassen die historische Altstadt. Flankiert wird das Tor von dem **Rieslingsturm** und dem **Werderhof**, eine ehemalige Kaserne der Wachsoldaten. Neben dem Rieslingsturm stand einst ein weiterer Turm. Beide waren mit einem Torhaus verbunden und

Das Besucherbergwerk Rammelsberg.

bildeten das äußere Tor der Stadtbefestigung. Es wurde im 19. Jahrhundert abgerissen, es stand den Modernisierungsmaßnahmen der Stadt im Weg.

Auf mehr als 1000 Jahre Bergbaugeschichte kann der **Rammelsberg** drei Kilometer südlich der Altstadt zurückblicken. Einen Parkplatz können Sie hier [N51°53'19.2" E10°25'10.8"] finden, wenn Sie Glück haben und nicht mit einem großen Wohnmobil unterwegs sind. Die Zahl der Plätze ist begrenzt. Mit mehr als 100.000 Besuchern pro Jahr gehört dieses Besucherbergwerk zu den sehr großen Museen. Bis 1988 war es noch in Betrieb, wurden Silber, Blei und Kupfer gefördert. Da die Lagerstätten erschöpft waren, wurde es aufgegeben. Sehr schnell nach der Schließung wurde es zu einem Museum umgestaltet und 1992 schon Welterbe. Gezeigt werden die großen Wasserräder, erklärt wird dabei auch die Harzer Wasserwirtschaft und gezeigt werden auch die Abbaumethoden, mit denen die Erze bis zuletzt aus dem Berg geschlagen wurden. Auf dieser Seite www.rammelsberg.de gewinnen Sie einen ersten Eindruck und können sich über die Öffnungszeiten und die Eintrittspreise informieren.

Von dem Besuch tief im Berg geht es nun in luftige Höhen. Dazu müssen wir aber zunächst noch einige Kilometer fahren. **Bad Harzburg** ist unser nächstes Ziel. Der Kurort zählt etwas mehr als 20.000 Einwohner und hat eine ganze Reihe attraktiver Freizeiteinrichtungen, die auch gern von Wohnmobilisten besucht werden.

(198) Offizieller WOMO-Badeplatz: Sole-Therme Bad Harzburg

GPS: N51°52'07.0" E10°33'29.3"; Nordhäuser Str. 10, 38667 Bad Harzburg.
Max. WOMOs: 60, maximale Länge 10 m.

Ausstattung: Frischwasserversorgung, Abwasserentsorgung mit Bodeneinlass, Kassettenentleerung, Stromanschlüsse, Behälter für die Müllentsorgung, WLAN, Brötchenservice, ganzjährig geöffnet.
Beschreibung: Eng beieinanderliegende geschotterte Stellflächen im Tal der Radau unterhalb der Bundesstraße. Die Therme ist nur wenige Meter entfernt, ebenso die Talstation der Burgberg-Seilbahn. Auch der Eingang des Baumwipfelpfades ist nah. Das Wildgehege ist rund 3 km entfernt.
Preise: 13,50 € für ein Fahrzeug mit 2 Personen. Kurtaxe 2,50 € pro Person. Entsorgung kostenlos, über Münzautomaten gibt es Frischwasser für 1,00 €, Strom für 0,50 € pro kWh.
Zufahrt: Auf der B4 in Richtung Braunlage fahren und auf die Einfahrt zum Stellplatz auf der rechten Seite achten, die wenige Meter hinter der Aral-Tankstelle erreicht wird.

Der Baumwipfelpfad in Bad Harzburg.

Die neueste Attraktion in Bad Harzburg: BaumSchwebeBahn vom Burgberg zum Baumwipfelpfad.

Neben der Therme, die mehrere Becken im Innen- und Außenbereich hat sowie mit einer großen Sauna-Erlebniswelt aufwarten kann, steht für den Wanderer ein umfangreiches Wegenetz zur Verfügung. Das **Luchsgehege** in der Nähe der Rabenklippen und das **Wildkatzengehege** in der Nähe des Marienteiches sind lohnenswerte Ziele. Auch die künstlich angelegten **Radaufälle** gehören zu den lohnenswerten Wanderzielen.

Spektakulär wird es aber erst, wenn man den rund 1.000 Meter langen **Baumwipfelpfad** mit seinen 18 Plattformen und vielen Wissensstationen geht.

Wer es noch spannender haben möchte, der fährt mit der Seilbahn hoch auf den **Burgberg**, genießt von dort oben die wunderbare Aussicht in das Harzvorland und auf Bad Harzburg und wagt sich dann wie diese junge Dame in die **BaumSchwebeBahn**, die unweit der Bergstation ihren Anfang nimmt und in der man oder frau 1000 Metern frei schwebend zum Baumwipfelpfad hinuntergleiten kann.

Auf dieser Seite www.baumwipfelpfad-harz.de bekommen Sie weitere Informationen und können sich über die Öffnungszeiten und Eintrittspreise informieren.

Wer von Bad Harzburg weiter in den Harz hinauf möchte, der wechselt an dieser Stelle auf die Tour 7. Auf der Seite 181 geht es dort mit dem Torfhaus weiter.

Wir fahren jetzt in das Harzvorland nach **Osterwieck**. Der Ort ist bislang noch wenig beachtet. Vollkommen zu Unrecht, wie wir meinen, denn das Fachwerkstädtchen kann sich sehen lassen. Es ist allerdings touristisch noch wenig erschlossen, wenn man dies mit Wernigerode oder Quedlinburg vergleicht, um bei den Städten in Sachsen-Anhalt zu bleiben. Also, viele Cafés und Restaurants werden Sie hier in der Innenstadt nicht finden, dafür aber viele malerische Fachwerkhäuser, die zu einem großen Teil aus dem 17. Jahrhundert stammen. 376 unter Denkmalschutz stehende Fachwerkhäuser zählt die Stadt. Einen offiziellen Stellplatz hat der Ort nicht, aber hier am Sportplatz N51°58'10.1" E10°42'17.0" in der Rudolf-Breitscheid-Allee 16 können Sie Ihr Fahrzeug für den Besuch der Stadt abstellen. Bis zum Marktplatz sind es von hier zu Fuß nur 600 Meter.

Fachwerk in Osterwieck.

Im Zentrum von Osterwieck.

Die nächsten beiden Stellplätze behandeln wir in dieser Tour nur als Etappenplätze auf dem Weg nach Wernigerode. Von beiden Plätzen lassen sich der Brocken und die Felsklippen im Hochharz gut per Rad oder einer Wanderung erreichen. Es sind dieselben Ziele, die wir vom Torfhaus, Schierke und Drei Annen Hohne schon beschrieben haben und hier nicht wiederholen wollen. Von diesen beiden Plätzen nähern Sie sich diesen Zielen nur aus einer anderen Richtung.

(199) WOMO-Wanderparkplatz: Ilsenburg/Ilsental

GPS: N51°51'16.6" E10°40'11.7"; Ilsetal 6, 38871 Ilsenburg (Harz).
Max. WOMOs: 60, maximale Länge 12 m.

Ausstattung: Frischwasserversorgung, Abwasserentsorgung mit Bodeneinlass, Kassettenentleerung, Stromanschlüsse, Behälter für die Müllentsorgung, WCs, ganzjährig geöffnet.
Beschreibung: Überwiegend schattenlose geschotterte Stellflächen. Weitläufiges Gelände kurz vor dem Ende einer Sackgasse.
Preise: 14,00 € für ein Fahrzeug, Frischwasser 1,00 € (100 Liter), Strom 0,50 € pro kWh. Abwasserentsorgung und Entleerung der Bordtoilette ist kostenfrei.
Zufahrt: In Ilsenburg kurz vor dem Ortsende rechts abbiegen zum Kloster/ Schloss. Die Schloßstr. bis zum Ende durchfahren, die Ilse überqueren, dann links abbiegen und dieser Straße etwa 1 km bis zum Stellplatz folgen.

(200) Offizieller WOMO-Stellplatz: Darlingerode – Wohnmobilpark Harzblick

GPS: N51°51'10.3" E10°44'12.1"; Hinter den Gärten 15, 38871 Darlingerode.
Max. WOMOs: 30, maximale Länge 12 m.

Ausstattung: Frischwasserversorgung, Abwasserentsorgung mit Bodeneinlass, Kassettenentleerung, Stromanschlüsse, Behälter für die Müllentsorgung, WLAN, Gasflaschentausch. Der Platz ist ganzjährig geöffnet.
Beschreibung: Privat geführte Anlage. Überwiegend schattenlose, geschotterte Plätze. Ruhige Lage. Bäcker, Fleischer, Gaststätten und Supermarkt in unmittelbarer Nähe.
Preise: 10,00 € für ein Fahrzeug, Frischwasser auch in Kleinmengen (z.B. 40 Liter 0,50 €), Strom 0,50 € pro kWh. Abwasserentsorgung und Entleerung der Bordtoilette ist kostenfrei.
Zufahrt: In der Ortsmitte von Darlingerode vor dem Netto-Markt links abbiegen in die Straße " An der Thingstätte", dann halb rechts abbiegen in die Straße " Hinter den Gärten".
Reservierung/Kontakt: Tel.: 0163 3275 222
E-Mail: info@wohnmobil-harz.de, Web: www.wohnmobil-harz.de.

Wernigerode ist einer der Besuchermagneten im Harz. Während man in Osterwieck kaum einen anderen Touristen auf der Straße trifft, herrscht hier in Wernigerode ein dichtes Gedränge in den Hauptgassen des Ortes. In der Breiten Straße, die vom Parkplatz Anger/Schloss zum Marktplatz führt und in der Westernstraße sowie Marktstraße ist dies so. Sie finden die Straßen auf dem kleinen Stadtplan verzeichnet, dazu müssen Sie nur kurz umblättern. Zwei Stellplätze bietet die Stadt an. Hier sind sie beschrieben und auch diese finden

(201) Offizieller WOMO-Stellplatz: Wernigerode – "Am Katzenteich"

GPS: N51°50'20.3" E10°46'52.4"; Am Katzenteich 12, 38855 Wernigerode.
Max. WOMOs: >20, maximale Länge 10 m.

Ausstattung: Frischwasserversorgung, Abwasserentsorgung mit Bodeneinlass, Kassettenentleerung, Stromanschlüsse, keine Müllentsorgung, ganzjährig geöffnet.
Beschreibung: Überwiegend schattenlose, eng beieinanderliegende Stellflächen in Zentrumsnähe. Bahnhof der Brockenbahn und die Altstadt sind jeweils rund 800 Meter entfernt. Bis zum Schloss sind es ca. 2,5 km.
Preise: 5,00 € für ein Fahrzeug, Frischwasser 1,00 € und Strom 0,50 € pro kWh. Abwasserentsorgung und Entleerung der Bordtoilette ist kostenfrei.
Zufahrt: Siehe Stadtplan.

(202) Offizieller WOMO-Stellplatz: Wernigerode – "Anger/Schloss"

GPS: N51°50'17.3" E10°47'44.2"; Halberstädter Str. 24, 38855 Wernigerode.
Max. WOMOs: >20, maximale Länge 10 m.

Ausstattung: Frischwasserversorgung, Abwasserentsorgung ohne Bodeneinlass, Kassettenentleerung, keine Müllentsorgung, ganzjährig geöffnet.
Beschreibung: Überwiegend halbschattige, eng beieinanderliegende Stellflächen in Zentrumsnähe. Einige Plätze mit leichter Neigung. Verkehrsgeräusche auch in der Nacht deutlich vernehmbar. Das Zentrum der Altstadt ist etwa 1 km, der Bahnhof der Brockenbahn ca. 1,5 km entfernt. Bis zum Schloss sind es ebenfalls rund 1,5 km.
Preise: 5,00 € für ein Fahrzeug, Abwasserentsorgung, Entleerung der Bordtoilette und die Versorgung mit Frischwasser kosten zusammen 2,00 €.
Zufahrt: Siehe Stadtplan.

Sie auf dem Stadtplan verzeichnet. Welchen Sie wählen, ist nicht so entscheidend. Wie Sie auf den Fotos sehen, sind diese gut belegt. Wir waren nun insgesamt dreimal vor Ort und haben die Plätze stets gut gefüllt vorgefunden. Die Versorgungsstation "Am Katzenteich" ist geschickter anzufahren wie die am anderen Platz und man hat dort eine Stromversorgung, das sind die Vorteile dieses Ortes.

Wer auf dem Platz am Anger/Schloss steht, kann dort gleich in die "Bimmelbahn" hüpfen und sich die Stadt zeigen lassen oder zum Schloss hochfahren. Start- und Endpunkt dieser Rundfahrten ist am Kiosk des Parkplatzes. Schick und aussichtsreich ist auch eine Fahrt mit dem **Riesenrad**, das hier

Schloss Wernigerode.

neben dem Platz steht. 36 Gondeln hängen in diesem Rad, die an der höchsten Position 48 Meter über dem Erdboden schweben. Es dreht sich täglich von 11:00 bis 20:00, freitags und samstags auch bis 22:00 Uhr.

Blick in die Westernstraße.

Das Schloss geht auf eine mittelalterliche Burg zurück, die im Laufe der Jahrhunderte mehrfach umgestaltet wurde. Ihr heutiges Aussehen verdankt es den großen Umbaumaßnahmen, die zwischen 1862 und 1885 stattgefunden haben. Bauherr war **Graf Otto zu Stolberg-Wernigerode**, der in seiner politischen Karriereleiter bis zum Stellvertreter Bismarcks als Vizekanzler des Deutschen Reiches aufstieg. Das ist ja schon etwas. In dieser Zeit stand die Einigung des Deutschen Reiches im Mittelpunkt und mit ihr ein neues Bewusstsein. Man war stolz auf das historische Kulturgut. Die Neo-Renaissance wurde in der Architektur zum deutschen Nationalstil, später nannten Historiker diese Epoche auch "Gründerzeit".

Das Rathaus mit dem Marktplatz und dem Wohltäterbrunnen.

Alle notwendigen Details für Ihren Besuch des Schlosses erfahren Sie hier www.schloss-wernigerode.de.

Ein Bummel durch die Altstadt ist für sich genommen schon reizvoll. Alles Wissenswerte über die Stadt können wir hier nicht aufführen, dafür reicht der Platz nicht. Deshalb macht es Sinn, sich bei der Touristinformation detaillierte Information zu besorgen oder an einer Führung durch die Stadt teilzunehmen. Die Touristinfo finden Sie im Rathaus am Marktplatz.

Wernigerode ist einer der Endbahnhöfe der Harzer Schmalspurbahn. Von hier aus können Sie mit dem Dampfross ihre Reise über Drei Annen Hohne auf den Brocken starten. Fahrpläne und Preise finden Sie hier www.hsb-wr.de. Auf der Seite 70 haben wir uns schon mit den Harzer Schmalspurbahnen beschäftigt. Dort finden Sie einige Infos zu den Bahnen und einen Streckennetzplan.

Eingangstor Kloster Michaelstein.

Forellen im Teiche der Klosteranlagen.

Der **Wildpark Christianental** ist etwa ein Kilometer vom Schloss entfernt. Ihn mit dem WOMO anzufahren, ist nicht empfehlenswert, der Parkraum ist doch sehr begrenzt. Wer es dennoch wagen will, wird ihn mit diesen Koordinaten finden [N51°49'29.7" E10°48'24.4"]. Wir empfehlen den Wildpark mit einem Spaziergang vom Schloss durch den Wald zu verbinden. Im Wildpark sind heimische und harztypische Tierarten zu sehen, Rot- und Damwild gehören dazu und für die Kleinen gibt es einen Streichelzoo.

Bevor es wieder zurückgeht, kann man sich in dem Biergarten des Waldgasthauses etwas gutes harztypisches gönnen. Öffnungszeiten, Eintrittspreise und Speisekarte finden Sie hier www.christianental-wernigerode.de.

Wir verlassen Wernigerode und fahren weiter zum **Kloster Michaelstein**, dessen Parkplatz wir mit diesen Koordinaten oder Adressangaben erreichen [**203:** N51°48'28.2" E10°54'46.5"; Michaelstein 3, 38889 Blankenburg (Harz)].

Die Zisterzienser sind dafür bekannt, in den entlegensten Winkeln Klöster angelegt zu haben. So ist es auch dieses Kloster eine Gründung dieses Ordens. Sie waren hier wie an anderen Orten erfolgreich in der Fischzucht, schließlich wollten Sie in der Fastenzeit nicht nur trockenes Brot essen und waren einem leckeren Fischgericht nicht abgeneigt. Das Kloster war ein wirtschaftlich durchaus erfolgreiches Unternehmen, wie Sie bei einem Rundgang durch die Anlagen feststellen werden. Heute wird das Kloster in vielfältiger Weise für Veranstaltungen genutzt. Öffnungszeiten, Eintrittspreise und Veranstaltungshinweise finden Sie hier www.kloster-michaelstein.de.

Was wurde aus den Fischteichen? Nun, die werden heute in professioneller Weise durch ein Schwarzwälder Familienunternehmen genutzt. An die Fischteiche können Sie herantreten und verblüffenderweise kommen die Forellen in Erwartung einer Futtergabe auch sogleich herangeschwommen. Tja, und dann gibt es da einen Futterautomaten, aus dem Sie für 50 Cent Fischfutter bekommen können. Probieren Sie es einfach einmal aus und werfen eine Handvoll in das Wasser.

Im Restaurant "Zum Klosterfischer", das sich direkt neben den Fischteichen befindet, können Sie aus einer Vielzahl von Fischgerichten wählen. Auf dieser Seite www.klosterfischer.de können Sie einen Blick auf die Speisekarte werfen.

Weiter geht die Fahrt. Als nächsten Programmpunkt rufen wir die **Burg Regenstein** auf. An dieser Stelle [**204:** N51°48'45.3" E10°57'12.1"] gibt es einen schönen ruhigen Wanderparkplatz, von dem man sowohl eine Wanderung zu der Burg wie auch zu den Sandsteinhöhlen starten kann, die sich unterhalb und etwas entfernt vom Burggelände befinden. Auch wenn es nur noch Ruinen sind, so ist es doch beeindruckend zu sehen, wie Höhlen in den Fels geschlagen wurden, um damit einen integralen, kaum einnehmbaren Festungsbereich zu schaffen.

Burg Regenstein während eines Mittelaltermarktes.

Über die Öffnungszeiten der Burg und über die Veranstaltungen auf dem Gelände informiert diese Seite www.blankenburg.de/tourismus.

Fahren wir nun zu dem letzten Ort auf dieser Etappe. Hier in der Nähe des Schlosses findet sich dieser Stellplatz.

(205) Offizieller WOMO-Stellplatz: Blankenburg – Schnappelberg

GPS: N51°47'19.9" E10°57'38.6"; Schnappelberg 2, 38889 Blankenburg (Harz).
Max. WOMOs: 10, maximale Länge 8 m.

Ausstattung: Frischwasserversorgung, Abwasserentsorgung, Kassettenentleerung, Stromanschlüsse, Behälter für die Müllentsorgung, WC, ganzjährig geöffnet.
Beschreibung: Zwei räumlich voneinander getrennte Stellplatzflächen. Eine befindet sich hinter einem Kiosk, die andere oberhalb des Kiosks. Beide sind nicht besonders geräumig, die obere ist zum rangieren etwas einfacher, dafür ist es dort lauter als auf der unteren Stellfläche. Zentrale Lage. Innenstadt und Schloss sind jeweils rund 600 Meter entfernt, das Kleine Schloss ist in Sichtweite und die Felsen der Teufelsmauer sind auch nur 500 Meter entfernt.
Preise: 11,00 € für ein Fahrzeug, Frischwasser 1,00 € und Strom 0,50 € pro kWh. Abwasserentsorgung und Entleerung der Bordtoilette ist kostenfrei.
Zufahrt: Siehe Stadtplan.

Das kleine Schloss in Blankenburg.

Großes und Kleines Schloss, Barockgärten, Großmutter- und Großvaterfelsen als Teil der Teufelsmauer und dazu noch einige nette Restaurants in der Altstadt, in Blankenburg liegt alles dicht beieinander und all das lässt sich vom Stellplatz bequem zu Fuß erreichen.

Von dem ursprünglich an dieser Stelle stehenden "Gartenhäuschen", das der Fürst von Blankenburg Ludwig Rudolf von Braunschweig-Wolfenbüttel für seine Ehefrau Christine Luise erbauen ließ, ist nichts mehr zu sehen. Es wurde in den Folgejahren zu einem richtigen Schloss mit massiven Sandsteinquadern ausgebaut. Heute ist hier unter anderem die Touristinfo der Stadt untergebracht. Dahinter befindet sich der Barockgarten, der in den Fasanengarten und den Schlossgarten übergeht und sich bis zum **Großen Schloss** hinaufzieht. Die Familie des Herzogs Ernst August von Braunschweig bewohnte das Schloss bis zur Enteignung im Jahre 1945. Sie zogen um in das Schloss Marienburg bei Hildesheim. Dass sie auch dort nicht lange bleiben konnten, können Sie auf Seite 282 nachlesen. In der Folgezeit verfiel die Schlossanlage in Blankenburg mehr und mehr, konnte aber durch den beherzten Einsatz der Bürger Blankenburgs gerettet werden. Heute sind einige Räume wieder für die Öffentlichkeit zugänglich. Mehr darüber erfahren Sie auf dieser Seite www.blankenburg.de.

Im Barockgarten von Blankenburg.

Königslutter
Kaiserdom
Naturpark
Elm-Lappwald
Elm
Barmke
Süpplingenburg
Süpplingen
Helmstedt
Tour 14
Mariental
Lappwald
Beendorf
Bad Helmstedt
Morsleben
Alleringersleben
Marienborn
Wefensleben
Lappwaldsee
Gedenkstätte Deutsche Teilung
Büddenstedt
Elfenpfad Langleben
Tetzelstein
Kneitlingen
Räbke
Warberg
Schöppenstedt
Eulenspiegelmuseum
Eulenspiegelradweg 69 km
Dahlum
Schloss Schöningen
Schöningen
Forschungsmuseum
Grenzdenkmal
Barneberg
Hötensleben
Eilsleben
Badeleben
Warle
Niedersachsen
Watenstedt
Söllingen
Jerxheim
Winnigstedt
Hamersleben
Dedeleben
Aderstedt
Rohrsheim
Hessen
Wasserschloss Westerburg
Vogelsdorf
Schlanstedt
Sachsen-Anhalt
5 km
N
Eilenstedt
Dardesheim
Deersheim
Altstadt
Osterwieck
Dingelstedt
Röderhof
Huy
Kloster Huysburg
Schwanebeck
Berßel
Zilly
Athenstedt
Aspenstedt
Groß Quenstedt
Wasserleben
Langeln
Danstedt
Veckenstedt
Heudeber
Dom und Domschatz
Wegeleben
Halberstadt
Derenburg
Belvedere
Höhlenwohnungen
Langenstein
Darlingerode
Schloss
Tour 12
Wernigerode
Wildpark Christianental
Sandsteinhöhlen
Burg Regenstein
Kloster Michaelstein
Ottofels
Blankenburg
Teufelsmauer
Quedlinburg
Schaubergwerk
Drei Annen Hohne
Elbingerode
Schloss Blankenburg
Wedderslesben
Hüttenrode
Baumannshöhle
Thale
Neinstedt
Rübeland
Hermannshöhle
Hängeseilbrücke Titan RT
Hexentanzplatz
Gernrode
Bad Suderode
Rappbodetalsperre
Tour 7
Harzköhlerei
Naturpark Harz
Tanne
Pullman City Harz

TOUR 13 (ca. 150 km)

Halberstadt – Dingelstedt – Huy – Schöppenstedt – Schöningen – Hötensleben – Helmstedt

Stellplätze:	Halberstadt, Dingelstedt, Huy, Schöppenstedt, Schöningen, Hötensleben, Helmstedt.
Campingplätze:	Halberstadt.
Ver-/Entsorgung:	Halberstadt, Schöningen, Helmstedt.
Besichtigungen:	Halberstadt (Dom und Domschatz), Dingelstedt (Kloster Huysburg), Huy (Wasserschloss Westerburg), Schöppenstedt (Eulenspiegelmuseum), Schöningen (Schloss,Forschungsmuseum), Hötensleben (Grenzdenkmal), Helmstedt (Altstadt, Gedenkstätte Deutsche Teilung).
Wandern:	Im Huy und im Elm
Baden/Wellness:	Halberstadt (Badesee am Campingplatz), Schöningen (Freibad), Büddenstedt (Freibad).

Diese Tour führt uns wieder aus den Harz heraus. Wir durchfahren das nördliche Harzvorland und haben dabei als erstes Halberstadt mit seinem Dom und dem Domschatz auf dem Programm. Ein stilles Kloster erwartet uns im Huy und wenige Kilometer weiter lassen wir uns von einem malerischen Wasserschloss verzaubern. In Schöppenstedt schauen wir im Eulenspiegelmuseum vorbei und schauen nach, welche Späße er hier getrieben hat. Im Elm wartet mit ruhigen Wandergebieten auf uns und in Schöningen schauen wir uns ein hypermodernes Museum an, das neben einer Braunkohlegrube steht. Wenige Meter davon entfernt können wir an der ehemaligen deutsch-deutschen Grenzen Wachtürme und Todesstreifen besichtigen. Die deutsche Teilung ist auch das Thema der Gedenkstätte an der einstmaligen Grenzübergangsstelle Helmstedt/Marienborn. Zum Schluss besuchen wir die ehemalige Universitätsstadt Helmstedt.

Die ehemalige Domprobstei wird heute von der Hochschule Harz genutzt.

Beginnen wir also in **Halberstadt**, das über die B81 von Blankenburg schnell erreicht werden kann. In der Nähe des Domplatzes gibt es fünf kostenlose Stellplät-

Stellplatz in der Nähe des Domplatzes.

Stellplatz neben den Halberstadtwerken.

ze mit Stromanschlüssen [**206:** N51°53'48.0" E11°02'45.9"; Düsterngraben, 38820 Halberstadt]. Weitere fünf Stellplätze gibt es für 4,00 Euro Parkgebühr pro Tag bei der Halberstadtwerke GmbH auf dem Walter-Krienitz-Platz [**207:** N51°54'03.1" E11°03'22.8"; Wehrstedter Str. 48, 38820 Halberstadt]. Dieser Stellplatz ist rund ein Kilometer vom Domplatz entfernt.

Außerhalb der Stadt bietet sich der Campingplatz am See für einen längeren Aufenthalt an. Er ist etwas mehr als drei Kilometer von der Innenstadt entfernt.

(208) WOMO-Campingplatz: Halberstadt – Camping am See

GPS: N51°54'33.6" E11°05'07.2"; Warmholzberg 70, 38820 Halberstadt.
Max. WOMOs: 50, maximale Länge 12 m.
Ausstattung: Frischwasserversorgung, Abwasserentsorgung mit Bodeneinlass, Kassettenentleerung, Stromanschlüsse, Behälter für die Müllentsorgung, Minishop. Im Servicegebäude gibt es Duschen, WCs, Waschmaschinen und Trockner. Der Platz ist ganzjährig geöffnet. Im Camping-Bereich sind Hunde das ganze Jahr an der Leine gestattet, am See vom 1. Mai bis 31. September jedoch nicht.
Beschreibung: Große weitgehend schattenlose Rasenstellflächen. Breiter Rasenstrand, flach abfallender See auch für Nichtschwimmer geeignet, Sport- und Spielplatz, FKK-Bereich.
Preise: Erwachsene Person je nach Saison zwischen 6,00 € und 9,00 €, Kind (4-15 Jahre) zwischen 4,00 € und 7,00 €, Hund zwischen 2,00 € und 2,50 €, Wohnmobil zwischen 6,50 € und 10,00 €, Strom 0,60 pro kWh.
Zufahrt: Auf der B81 Richtung Magdeburg fahren, am Ortsausgang beim VW-Händler links abbiegen, danach gleich rechts abbiegen und der Straße bis zum Campingplatz folgen.
Reservierung/Kontakt: Tel.: 03941/609308 oder 0176 84042782
E-Mail: info@camping-am-see.de, Web: www.camping-am-see.de.

Halberstadt galt vor dem Zweiten Weltkrieg als "Rothenburg des Nordens". Mit über siebenhundert Fachwerkhäusern und prachtvollen Gebäuden aus der Gründerzeit war die damals 50.000 Einwohner zählende Stadt ein Ort mit einem sehr lebendigen kulturellen Leben. Mehrere Bombenangriffe, insbesondere der vom 8. April 1945 trafen die Stadt schwer,

Malerisches Fachwerk im Westen der Altstadt.

mehr als 80 Prozent der historisch gewachsenen Bausubstanz wurden im Bombenhagel vernichtet, zwischen 2500 und 3000 Menschen verloren dabei ihr Leben, 25000 wurden obdachlos.

In den Straßen "Im Rosenwinkel" und "Voigtei" im Westen der Altstadt bekommen Sie einen Eindruck, wie die Bebauung der Stadt vor der Zerstörung ausgesehen hat.

Den Mittelpunkt der Altstadt bildet der lang gestreckte **Domplatz**. Er ist leicht erhöht und existiert schon seit mehr als 1000 Jahren. Er diente unter anderem auch eine Zeit lang als Exerzierplatz. An einem Ende dieser großen Freifläche steht die romanische **Liebfrauenkirche**. Zu dieser kommt man, wenn man von dem Stellplatz am Düsterngraben die Treppen hochgeht. Diese Basilika ist die einzige erhaltene viertürmige Kirche aus der Zeit der Romanik in Mittel- und Norddeutschland und eine Station auf der Straße der Romanik.

Der Dom in Halberstadt.

Hochgotik im Dom zu Halberstadt.

Am anderen Ende des Domplatzes steht der **Dom St. Stephanus und Sixtus**. Es ist eine lang gestreckte, dreischiffige, hoch- bis spätgotische Basilika mit einem kreuzförmigen Grundriss, die zwischen 1236 und 1496 nach dem Vorbild französischer Kathedralen erbaut wurde. Es ist ein gotisches Kirchengebäude, wie es in dieser Exzellenz nur selten anzutreffen ist.

Im Inneren des Gebäudekomplexes befindet sich eine sehr umfangreiche Sammlung an gewirkten Bildteppichen, byzantinischen Textil- und Goldschmiedewerken, Handschriften aus dem Früh- bis Spätmittelalter, viele liturgische Gegenstände und etliches mehr. Eine bunte Vielfalt an Kirchenschätzen, die so nur selten zu finden ist. Einen Überblick verschafft diese Seite www.dom-schatz-halberstadt.de. Darin finden Sie auch die Öffnungszeiten und Eintrittspreise.

Um weitere Sehenswürdigkeiten der Stadt anzuschauen, empfehlen wir die verschiedenen Flyer, die Sie auf dieser Seite www.halberstadt.de unter "Tourismus/Planen/Broschüren" finden, herunterzuladen und sich ein eigenes Programm zusammenzustellen.

Um zu den Höhlenwohnungen in **Langenstein** südlich von Halberstadt zu gelangen, empfehlen wir das Fahrrad zu nehmen. Sie werden in dem Ort nur schwer mit dem Wohnmobil einen Parkplatz finden. Mit dem Rad sind es nur neun Kilometer und Sie können auf dem Weg dorthin noch im **Jagdschloss Spiegelsberge** vorbeischauen und vom **Belvedere** einen Blick in das Umland genießen.

Wir fahren nun weiter zum **Kloster Huysburg**, das sich auf dem Huy, einem etwa zwanzig Kilometer langen bewaldeten Höhenrücken nördlich von Halberstadt befindet. Auf dem Wanderparkplatz außerhalb des Klosters, den Sie mit diesen Koordinaten [**209:** N51°57'32.8" E11°00'02.7"] erreichen, finden Sie eine Wandertafel, auf der fünf Wanderrouten verzeichnet und beschrieben sind. Drei dieser Routen sind Rundwege zwischen 11,2 und 13,1 Kilometern Länge. Zwei der Routen sind geologisch orientierte Wanderwege, eine widmet sich dem Wasser und führt zu verschiedenen Quellen, eine andere verbindet Warten und Aussichtspunkte miteinander.

Die Klosteranlage ist eine Station auf der Straße der Romanik. Sie wurde in den Jahren zwischen 1080 und 1084 als Benediktinerabtei gegründet, 1804 durch die Säkularisation aufgelöst, 1972 zu neuem Leben erweckt und ist seit 2004 mit der Abtei St. Matthias in Trier zu einer Gemeinschaft an zwei Standorten zusammengeschlossen. Sie wird von einer Mönchsgemeinschaft aus acht Brüdern bewohnt. Über die Geschichte des Klosters erfahren Sie mehr auf dieser Seite https://huysburg.de. Über diese Seite können Sie sich auch für den Besuch der Kirche und des Klosters anmelden.

Kloster Huysburg.

Mit dem **Wasserschloss Westerburg** [**210:** N52°00'54.0" E 10°51'57.7"] fahren wir einen sehr romantischen Ort an, der zu einem gemütlichen Restaurantbesuch einlädt.

Innenhof des Wasserschlosses Westerburg.

Restaurantgäste, die mit dem Wohnmobil anreisen, wird die Übernachtung auf dem Parkplatz vor dem Schloss gestattet. Auf dieser Seite können Sie schon mal einen Blick auf die Speisekarte werfen und sich umfassend über die Anlage informieren.

Der nächste Programmpunkt unserer Reise ist **Schöppenstedt**. Hier wollen wir das **Till Eulenspiegel-Museum** besuchen. Der Stellplatz [**211:** N52°08'51.0" E10°46'38.6"; Am Schützenplatz 2, 38170 Schöppenstedt] ist einfachster Natur. Es handelt sich um eine Asphaltfläche zwischen einer Schule und Sportanlagen, an der ein WOMO-Schild in den Boden gerammt wurde, fertig. Für den Besuch des Museums, das nur 300 Meter entfernt ist, aber vollkommen ausreichend. Parkgebühren fallen nicht an.

Schöppenstedt als Buch.

Neben dem Museum wurde "Schöppenstedt als Buch" aufgelegt. Nicht in gedruckter Form, wie das, was Sie gerade in den Händen halten, sondern als Kunstform mit vielen Informationstafeln in und um Schöppenstedt, auf der ein großer Teil der 96 Eulenspiegelgeschichten erzählt werden, der hier in dieser Region in Kneitlingen am Elm um 1300 geboren wurde. Die ganze Geschichte um Till Eulenspiegel können Sie in dem Museum studieren. Auf dieser Seite www.eulenspiegel-museum.de bekommen Sie einen ersten Eindruck und können sich über die Öffnungszeiten und Eintrittspreise informieren.

Das Till Eulenspiegel-Museum in Schöppenstedt.

Der Sage nach soll der Dominikaner und Ablassprediger Johann Tetzel, der von 1465 bis 1519 lebte, im **Elm** beraubt und erschlagen worden sein. Der **Tetzelstein** und ein Denkmal in der Nähe des gleichnamigen Ausflugslokals erinnert daran.Der Wanderparkplatz [**212:** N52°11'44.2" E10°47'25.0"], liegt unweit dieses Lokals und bietet ausreichend Raum und Ruhe nach einer Wanderung durch den Wald vorbei an den geschnitzten Tafeln hier zu nächtigen.

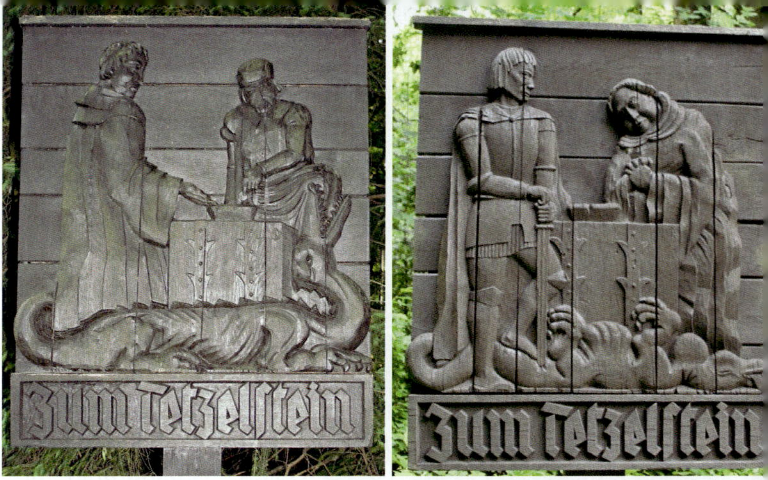

Der Ablasshandel, Schnitzkunst in der Nähe des Tetzelsteins.

Vom Elm geht es nun über 16 Kilometer hinunter nach **Schöningen** unserem nächsten Reiseziel. Die Stadt mit etwas mehr als 11000 Einwohnern hat zwei offizielle Stellplätze aufzuweisen, einen in der Stadtmitte an der Weinberghalle im Salinenweg, den Sie mit diesen Koordinaten erreichen [**213:** N52°08'11.5" E10°57'57.2"] und einen am Badezentrum Negenborn.

Stellplatz Schöningen Stadtmitte.

(214) Offizieller WOMO-Badeplatz: Schöningen – Badezentrum Negenborn

GPS: N52°07'59.6" E10°57'33.6"; Negenborntrift 25, 38364 Schöningen.
Max. WOMOs: 8, maximale Länge 12 m.
Ausstattung: Frischwasserversorgung, Abwasserentsorgung mit Bodeneinlass, Kassettenentleerung, Stromanschlüsse, Behälter für die Müllentsorgung, ganzjährig geöffnet.
Beschreibung: Ausreichend große halbschattige Rasenflächen neben dem Badezentrum am Rande des PKW-Parkplatzes. Nachts sehr ruhig. Das Zentrum ist 1 km entfernt.

Preise: Kostenlos. Entsorgung kostenlos, über Münzautomaten gibt es Frischwasser für 1,00 €, Strom kostet 1,00 € für 6 Stunden.
Zufahrt: In Schöningen zunächst auf die B244 in Richtung Wernigerode abbiegen, dann den Hinweisen zum Badezentrum folgen.

Der kostenlose Stellplatz in der Stadtmitte verfügt über keinerlei Ver- und Entsorgungseinrichtungen.

In der Innenstadt von Schöningen.

Größter Arbeitgeber der Stadt war bis vor wenigen Jahren die Helmstedter Revier GmbH, die hier im Helmstedter Braunkohlerevier bis 2016 den Tagebau südlich von Schöningen betrieb.

Die Altstadt ist überschaubar. Rund um den Marktplatz stehen einige Fachwerkhäuser in den Cafés, Restaurants und einige Läden ihre Dienste anbieten. Dicht daneben die Kirche St. Vincenz, vor der die Wassermaid auf einem Brunnen seit langer Zeit Wasser herbeischleppt und nicht weit weg davon ist das Heimatmuseum, das erklärt warum sie das tut. Auch das Schloss ist nicht weit entfernt. Es wird heute hauptsächlich für kulturelle Veranstaltungen genutzt und beherbergt ein Restaurant.

Die neueste Attraktion befindet sich außerhalb von Schöningen auf dem Weg nach Hötensleben auf der linken Seite. Es ist das **Forschungsmuseum Schöningen**, ein hypermodernes Museum, bei dem man bei entsprechender Sonnen-

Das Forschungsmuseum Schöningen.

Aufgegebener Tagebau in Schöningen am Beginn der Rekultivierung.

einstrahlung zweimal hinschauen muss, um die Spiegelungen der Außenhaut vom Himmel abzugrenzen. Es steht genau neben dem Baggerloch, das Sie auf dem obigen Foto sehen. Warum in aller Welt wird in dieser Ecke so weit abseits so ein modernes Museum gebaut? Ist das etwas ähnliches wie in Nebra? Hat man hier auch etwas Besonderes gefunden?

Man hat! Mit den **Schöninger Speeren**, die ein Alter von etwa 300.000 Jahren haben, hat man auch hier außergewöhnliche Funde vorzuweisen. Es sind die bisher ältesten erhaltenen Jagdwaffen der Menschheit, die je gefunden wurden. Hier in diesem Museum können Sie diese Speere neben einer Vielzahl anderer Artefakte bewundern, die in den Jahren zwischen 1994 und 1998 ausgegraben wurden. Für die Archäologen sind diese Funde von besonderer Bedeutung, da sie neue Erkenntnisse über unsere Vorfahren in Bezug auf Kommunikationsvermögen, technologische Fertigkeiten und Jagdstrategien vermitteln. In dem Ausgrabungsbereich neben der Braunkohlegrube hat man noch einen weiteren Sensationsfund vorzuweisen. Diesmal handelt es sich um das fast vollständig erhaltene Skelett einer **europäischen Waldelefantendame**, die hier vor rund 300.000 Jahren gelebt hat und vermutlich eines natürlichen Todes gestorben ist. Sie hat eine Schulterhöhe von 3,2 Metern und ein geschätztes Gewicht von ca. 6,8 Tonnen gehabt. Die Stoßzähne hatten eine Länge von 2,3 Metern.

Im Umfeld des Schöninger Sees lebten etwa 20 Großsäugetierarten, darunter auch Löwen, Bären und Nashörner. Man kann sich die Landschaft vorstellen, wie sie in der Serengeti heute noch anzutreffen ist. Man darf gespannt sein, welche Funde hier am Rande des Baggerloches weiterhin gemacht werden. Für die Wissenschaftler ist es angenehm zu wissen,

Kolonnenweg, Mauer und Stachdraht, Grenzdenkmal Hötensleben.

dass sie in aller Ruhe weitergraben können, vor einer herannahenden Baggerschaufel müssen sie ihre Grabungsfelder nicht mehr retten.

Es gibt also genug Gründe, dieses außergewöhnliche Museum zu besuchen. Die Öffnungszeiten, Eintrittspreise sowie alle Erlebnisangebote finden Sie hier https://forschungsmuseum-schoeningen.de.

Zum Abschluss: Ein Modell des Waldelefanten können Sie am **Elmhaus**, am Singplatzweg in Schöningen in fünf Kilometern Entfernung bewundern. Das Elmhaus ist ein Ausflugslokal und Veranstaltungsort, das Angebot des Hauses können Sie hier abrufen https://elmhaus.de.

Wir fahren weiter nach **Hötensleben**, das nur zwei Kilometer vom Museum entfernt liegt. An der Grenze zu Sachsen-Anhalt sehen wir dieses Schild.

Das gleiche Schild finden Sie an allen größeren Straßen, die heute die ehemalige innerdeutsche Grenze überqueren. Nur Datum und Uhrzeit variieren ein wenig, je nachdem, wann an diesem Ort der Schlagbaum weggeräumt wurde. Gleich daneben sind die alten Grenzsicherungsanlagen zu sehen, wie sie hier über Jahrzehnte bestanden. Hier können Sie parken [**215:** N52°07'19.3" E11°00'47.3"] und hier können Sie heute einen geruhsamen Spaziergang machen. Vor etwas mehr als 30 Jahren wäre das lebensgefährlich gewesen, wenn Sie überhaupt die Möglichkeit gehabt hätten, hierher zu kommen.

Neben dem Grenzdenkmal in Hötensleben, gibt es in Marienborn an der ehemaligen Grenzkontrollstelle Helmstedt/Marienborn mit der **Gedenkstätte zur Deutschen Teilung** einen weiteren Erinnerungsort der deutschen und europäischen Zeitgeschichte.

Das ist unser nächstes Ziel, wir schauen uns aber auf dem Weg dorthin noch kurz den Stellplatz in **Büdenstedt** am Hallenbad an [**216:** N52°10'32.7" E11°01'05.1"]. Hier kann man in Ruhe übernachten und das Hallenbad nutzen. Der Platz hat aber keinen besonderen Charme.

Grenzübergangsstelle Helmstedt/Marienborn.

Wir fahren weiter und orientieren uns vor Helmstadt an den Schildern, die auf die Autobahn nach Berlin hinweisen und begeben uns dann in Richtung Magdeburg/Berlin. Schnell haben wir die ehemalige Grenzkontrollstelle erreicht. Er war der größte Grenzübergang der DDR an der innerdeutschen Grenze. Wir haben diesen Übergang auf dem Weg nach Berlin in den siebziger und Achtzigerjahren mehrfach genutzt, kennen die Anlage also noch in ihrer ursprünglichen Funktion. Die Anfahrt zu dieser Grenzkontrollstelle war früher immer mit einem flauen Gefühl in der Magengegend verbunden. Das stellt sich auch heute noch bei einem Besuch ein, obwohl die Grenzöffnung schon mehr als 30 Jahre zurückliegt und kein Grenzpolizist zu sehen ist, der einen kritischen Blick auf die Ausweispapiere wirft, einen missmutig dabei ansieht und dazu auffordert, den Kofferraum zu öffnen.

Um zu dieser Gedenkstätte zu gelangen, ist es notwendig, auf die Autobahn in Richtung Berlin zu fahren. Auf diese Stätte wird mit großen Hinweistafeln hingewiesen, Sie können diesen Ort eigentlich nicht verfehlen, trotzdem geben wir Ihnen hier noch die Koordinaten [N52°12'53.9" E11°04'47.0"].

Der Besuch der Anlage ist kostenfrei, die Öffnungszeiten entnehmen Sie bitte dieser Seite https://gedenkstaette-marienborn.sachsen-anhalt.de.

Um auf unserer Tour weiterzufahren, geht es nach dem Besuch der Gedenkstätte auf der Autobahn in Richtung Berlin weiter die nächste Abfahrt gleich hinunter und dann über die B1 nach Helmstedt.

Zwei Stellplätze stehen zur Verfügung, wir stellen Sie hier kurz vor.

(217) Offizieller WOMO-Stellplatz: Helmstedt – Schützenhaus

GPS: N52°14'06.3" E11°00'41.3"; Maschweg 994, 38350 Helmstedt.
Max. WOMOs: 20, maximale Länge 12 m, max. Aufenthalt 5 Tage.

Ausstattung: Frischwasserversorgung, Abwasserentsorgung mit Schlauch möglich, Kassettenentleerung, Stromanschlüsse, Behälter für die Müllentsorgung. Der Platz ist ganzjährig geöffnet.
Beschreibung: Großer schattenloser sandiger Platz neben dem Fußballstadion, einem LKW-Parkplatz und dem Schützenhaus (mit Gaststättenbetrieb). Guter Etappenplatz für Durchreisende auf der A2. Nicht besonders leise in der Nacht. Das Zentrum ist ca. 1 km vom Stellplatz entfernt.
Preise: Kostenlos, Frischwasser 1,00 € und Strom 1,00 € für 4 Stunden. Abwasserentsorgung und Entleerung der Bordtoilette ist kostenfrei.
Zufahrt: In Helmstedt Richtung Autobahn fahren und dann der Beschilderung zum Stadion folgen.

Stellplatz in Bad Helmstedt.

In Bad Helmstedt gibt es diesen ruhigen und kostenlosen Übernachtungsplatz [**218:** N52°14'13.4" E11°03'45.0"; Brunnenweg, 38350 Helmstedt]. Er ist ideal für den Hundespaziergang oder ausgedehnte Spaziergänge durch den Lappwald.

Helmstedt, die einstige Universitäts- und Hansestadt liegt am Rande des Naturparks Elm-Lappwald und zählt etwas mehr als 20.000 Einwohner. Um die historische Altstadt und das ehemalige Universitätsgelände mit all ihren Gebäuden zu erfassen, empfehlen wir Ihnen, sich den Flyer von der Tourismusseite der Stadt herunterzuladen. Diesen finden Sie hier www.stadt-helmstedt.de in der Abteilung Tourismus und Kultur/Broschüren. Hier werden in zwölf Stationen die sehenswertesten Gebäude in der Altstadt beschrieben. Es lohnt sich, mit diesen Informationen im Gepäck, die Altstadt mit ihren über 400 Professoren-

und Fachwerkhäusern aus dem 16. und 17. Jahrhundert sowie den Gebäuden, die bis in die Romanik zurückreichen, zu besuchen. In gedruckter Form bekommen Sie den Flyer und weitere Informationen über die Stadt auch in der Touristinfo in der Kramstraße in der Nähe des Marktplatzes.

Darben müssen Sie bei dem Altstadtbummel nicht. Auch im gastronomischen Angebot ist man in der Altstadt breit aufgestellt. Von einer gut-bürgerlichen deutschen Küche im Ratskeller angefangen, reicht die Palette bis zur einfachsten Dönerbude.

Neugotisches Rathaus mit einem Brunnen aus hiesigem Knollenquarzit.

Der **Lappwaldsee** im Süden der Stadt befindet sich noch im Stadium der Flutung. Hier wird eine neue Freizeit- und Badelandschaft entstehen, wie wir sie schon von anderen ehemaligen Braunkohlegruben kennen. Vermutlich wird es hier auch einen neuen Wohnmobilstellplatz geben.

Das Hoflager ließ Herzog Julius 1567 errichten. Es besticht durch die reich geschnitzte Fassade mit den Sinnbildern der freien Künste, die an der Universität gelehrt wurden.

Hämelerwald
Stederdorf
Vöhrum
Peine
Sehnde
Schwicheldt
5 km
Mittellandkanal
Wendeburg
222
Groß Schwülper
Heiligendorf
Querenhorst
Grasleben
Mariental
Lappwald
221
WC
BRAUNSCHWEIG
Dom
Schloss
Groß Ilsede
Groß Bülten
Hohenhameln
Algermissen
Vechelde
Stichkanal Salzgitter
220
Cremlingen
Königslutter
Kaiserdom
219
Barmke
Süpplingenburg
217
Süpplingen
Helmstedt
Naturpark
Elm-Lappwald
Elfenpfad Langleben
Lappwaldsee
Sickte
Groß Lafferde
Harsum
Hohen-
eggelsen
Lengede
Thiede
Salzdahlum
Tetzelstein
Räbke
216
Kneitlingen
212
Warberg
Büddenstedt
Hildesheim
Bettrum
224
Salzgitter
Lebenstedt
Wolfenbüttel
223
Eulenspiegel-
radweg 69 km
Schöppen-
stedt
211
Nettlingen
Wendessen
St. Michaelis
Dom
Ottbergen
Wakepark
Watenstedt
Schloss
Asse
Groß Denkte
Bismarck-
denkmal
Eulenspiegel-
museum
Dahlum
Schloss Schöningen
Schöningen
213
188
WC
Wittmar
Kissenbrück
Remlingen
Warle
214
Forschungs-
museum
Heinde
Gebhardshagen
Tour 13
Tour 12
Derneburg
Schloss Derneburg
Semmenstedt
Söllingen
Wesseln
Sottrum
Holle
Innerste
Oker
Watenstedt
Jerxheim
189
Familienpark
Sottrum
225
Börßum
Hedeper
Winnigstedt
Roklum
Bad Salz-
detfurth
Detfurth
Werlaburgdorf
Salzgitter-Bad

TOUR 14 (ca. 150 km)

Königslutter – Braunschweig – Wolfenbüttel – Salzgitter-Lebenstedt – Derenburg – Holle – Hildesheim

Stellplätze:	Königslutter, Braunschweig, Wolfenbüttel, Salzgitter-Lebenstedt, Holle-Sottrum, Hildesheim.
Campingplätze:	Keine.
Ver-/Entsorgung:	Königslutter, Braunschweig, Wolfenbüttel, Salzgitter-Lebenstedt, Sottrum.
Besichtigungen:	Königslutter (Kaiserdom), Braunschweig (Altstadt, Schloss Dankwarderode, Dom), Wolfenbüttel (Altstadt), Sottrum (Familienpark).
Wandern:	Radtour auf dem Eulenspiegelradweg.
Baden/Wellness:	Braunschweig (Freizeitbad Wasserwelt), Salzgitter-Lebenstedt (Salzgittersee, Wakepark).

Mit der letzten Tour in diesem Buch verlassen wir den Elm-Lappwald. Wir fahren gen Westen an die Innerste, die im Harz zu einem großen See aufgestaut ist und uns auf den letzten Metern unsere Reise in Richtung Hildesheim noch einmal begleiten wird, bevor wir auf die A7 abbiegen und die Heimreise antreten. Vorher haben wir aber mit Braunschweig und Wolfenbüttel zwei hochkarätige kultur- und kunsthistorische Orte auf dem Programm, die mit ihren Kirchen, Schlössern und Denkmälern eine außerordentliche Qualität aufweisen. Auch paddeln wir noch auf der Oker, radeln durch die Asse und baden in Freizeitbädern und Seen. Los gehts.

(219) Offizieller WOMO-Stellplatz: Königslutter am Elm

GPS: N52°14'59.8" E10°49'13.8"; Amtsgarten, 38154 Königslutter am Elm.
Max. WOMOs: 5, maximale Länge 7,50 m, max. Aufenthalt 5 Tage.

Ausstattung: Frischwasserversorgung, Abwasserentsorgung mit Schlauch möglich, Kassettenentleerung, Stromanschlüsse, keine Behälter für die Müllentsorgung, ganzjährig geöffnet.
Beschreibung: Halbschattige eng beieinanderliegende Stellflächen neben einem Edeka-Markt in zentraler Lage. Nicht ruhig. Entfernung bis zum Marktplatz 300 Meter, bis zum Kaiserdom 900 Meter.
Preise: Kostenlos. Abwasserentsorgung und Entleerung der Bordtoilette 1,00 €, Frischwasser 1,00 €, Strom 0,50 € pro kWh.
Zufahrt: In einer Seitenstraße an der B1 in Richtung Stadtmitte.

Marktplatz in Königslutter am Elm.

Vom Stellplatz bis zum Marktplatz sind es nur wenige Meter. Es ist ein ruhiger Ort, ein großer Besucherandrang herrscht hier nicht. Vom Marktplatz führt ein akustischer Stadtspaziergang über neun Stationen zur Hauptsehenswürdigkeit der rund 15.000 Einwohner zählenden Stadt. Mit Ihrem Smartphone können Sie an den jeweiligen Stationen Informationen zu den Objekten abrufen, per QR-Scan oder Rufnummer. Die **Stiftskirche St. Peter und Paul**, die allgemein nur **Kaiserdom** genannt wird, ist ein beeindruckendes romanisches Bauwerk, das Lothar von Süpplingenburg, der in der ersten Hälfte des 12. Jahrhunderts deutscher Kaiser war, erbauen ließ. Er stiftete sie im Jahre 1135 als Klosterkirche des von ihm gleichzeitig gegründeten Benediktinerklosters.

Die Apsis des Kaiserdoms in Königslutter.

Ein italienischer Baumeister gab der Anlage mit seiner künstlerischen Ausgestaltung einen besonderen architektonischen Pfiff. Vom Kreuzgang sind der Nord- und der Südflügel noch erhalten. Die Säulen sind jede für sich individuell gestaltet. Das eigenwillige Löwenportal an der Nordseite findet man so auch kein zweites Mal in einer Romanischen Kirche in Deutschland.

Ende des 19. Jahrhunderts wurde die Innengestaltung des Domes im Sinne einer 'schöpferischen' Denkmalpflege einer Neuausmalung unterzogen. Sie wirkt recht farbenfroh und bunt. Biblische Szenen und Geschichten werden dargestellt. In der Mitte des Kirchenschiffs ist die Kaiserliche Grablege zu sehen.

Kreuzgang neben dem Kaiserdom.

Die ganze Geschichte über den Dom und das Leben des Kaisers Lothar III, finden Sie hier www.koenigslutter-kaiserdom.de umfangreich dargelegt. Auf dieser Seite können Sie auch die Öffnungszeiten und Eintrittspreise erfahren.

Der Innenraum der dreischiffigen Basilika.

Wir verabschieden uns von diesem monumentalen Bauwerk und fahren nach **Braunschweig** weiter. Dort wird es nicht weniger interessant, die Summe der Bauwerke, die es dort zu betrachten gibt, ist sehr hoch, was einen mehrtägigen Aufenthalt sinnvoll erscheinen lässt. Deshalb schauen wir zunächst nach den Stellplätzen, die den Besuchern zur Verfügung stehen.

(220) Offizieller WOMO-Stellplatz: Braunschweig – Bürgerpark

GPS: N52°14'58.8" E10°31'09.9"; Theodor-Heuss-Str., 38122 Braunschweig.
Max. WOMOs: 16, maximale Länge 10 m, max. Aufenthalt 2 Tage.
Ausstattung: Frischwasserversorgung, Abwasserentsorgung mit Bodeneinlass, Kassettenentleerung, Stromanschlüsse, Behälter für die Müllentsorgung, ganzjährig geöffnet.

Beschreibung: Eng beieinanderliegende Stellflächen auf Feinsplit. 2 km bis zur Innenstadt (Dom). Okercabana, Grill-Restaurant mit Strand und Bootsverleih 400 Meter entfernt.
Preise: 5,00 € für ein Fahrzeug, Frischwasser 1,00 € und Strom 1,00 € für 8 Stunden. Abwasserentsorgung und Entleerung der Bordtoilette ist kostenfrei. Der Parkschein kann am Kassenautomaten mit Bargeld oder EC-Karte bezogen werden.
Zufahrt: Von der A39 auf die A391 fahren und dort die erste Abfahrt (BS-Gartenstadt) nehmen und Richtung Messegelände fahren. Gegenüber der Öffentlichen Versicherung (gut erkennbar an dem runden. sechsstöckigem Gebäude) zum Stellplatz rechts abbiegen (siehe Stadtplan).

(221) Offizieller WOMO-Badeplatz: Braunschweig – Freizeitbad Wasserwelt

GPS: N52°17'06.1" E10°30'59.4"; Hamburger Str. 65, 38114 Braunschweig.
Max. WOMOs: 17, maximale Länge 10 m.
Ausstattung: Frischwasserversorgung, Abwasserentsorgung mit Bodeneinlass, Kassettenentleerung, Stromanschlüsse, Behälter für die Müllentsorgung, WLAN, ganzjährig geöffnet.

Beschreibung: Schattenlose Stellflächen auf Pflastersteinen zwischen dem Freizeitbad und dem Schützenplatz hinter einer ARAL-Tankstelle.
Preise: 12,00 € für ein Fahrzeug mit 2 Personen inkl. Strom, Entsorgung und Frischwasser. Anmeldung und Bezahlung erfolgt an der Kasse des Freizeitbades. 10% Rabatt auf Tageskarten in der Wasserwelt, 20% Rabatt auf Tageskarten im angegliederten Fitnessstudio "Workout".
Zufahrt: Auf der A391 bis zum Kreuz Ölper fahren, dort auf die A392 in Richtung Nordstadt fahren, am Autobahnende links abbiegen und nach rund 500 Metern hinter der ARAL-Tankstelle erneut links abbiegen.

(222) Offizieller WOMO-Stellplatz: Braunschweiger Motorboot Club

GPS: N52°18'43.4" E10°27'08.4";
Celler Heerstraße 333, 38112 Braunschweig.
Max. WOMOs: 20, maximale Länge 12 m.
Ausstattung: Frischwasserversorgung, Abwasserentsorgung mit Bodeneinlass, Kassettenentleerung, Stromanschlüsse, Behälter für die Müllentsorgung, WLAN. Im Servicegebäude gibt es Duschen, WCs, Waschmaschinen und

Braunschweig

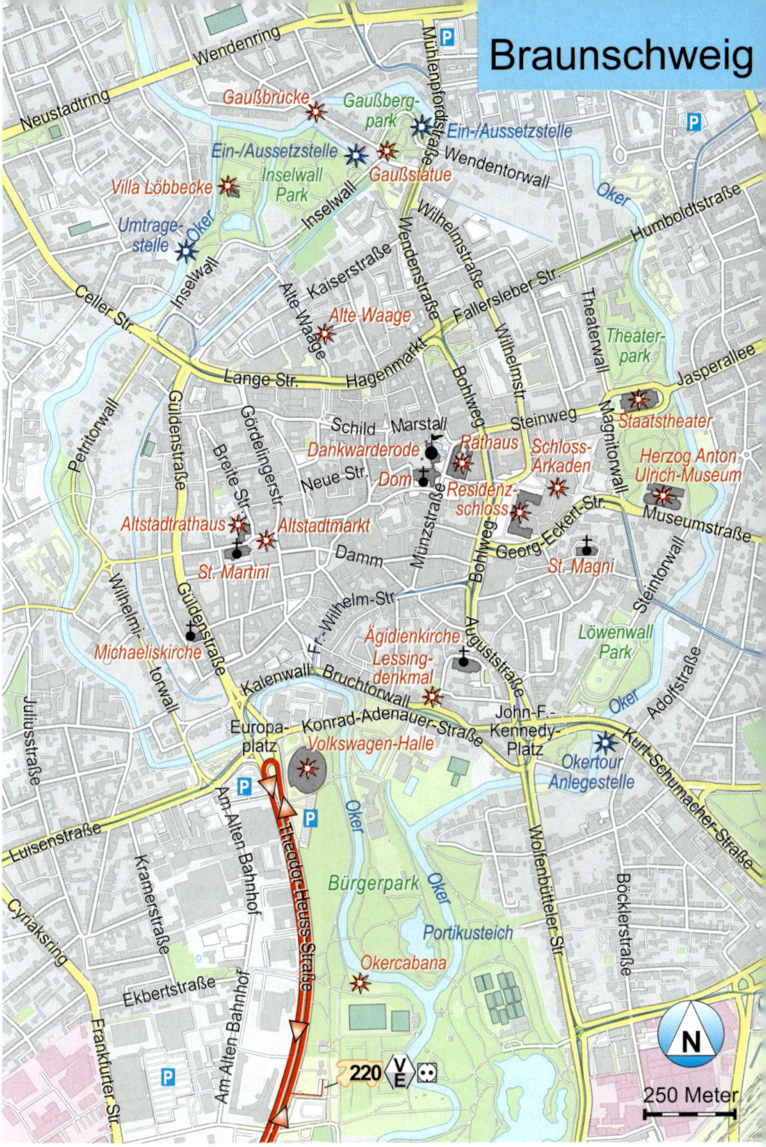

Trockner. Der Platz ist ganzjährig geöffnet.

Beschreibung: Große sonnige, eng beieinanderliegende geschotterte Stellflächen an einem Yachthafen am Mittellandkanal, sehr ruhig. Die Innenstadt von Braunschweig ist 8 km entfernt.

Preise: 15,00 € für ein Fahrzeug mit 2 Personen inkl. aller Leistungen.

Zufahrt: Die B214 in Richtung Autobahn/Celle fahren und nach der Brücke über den Mittellandkanal links abbiegen. Die Einfahrt ist schmal und kann schnell übersehen werden. Nach 100 Metern ein Stahltor durchfahren.

Für eine Besichtigung der Stadt ist der Stellplatz am Bürgerpark am besten geeignet. Wer gern ins Wasser springt, ist an der Wasserwelt gut aufgehoben. Hier sorgen Strömungskanal mit Bodenbrodler, Schwallduschen, großzügige Whirlpools, eine 88 Meter lange Reifenrutsche und die 50 Meter lange Turborutsche für Badespaß.

Paddeln auf der Oker.

Bootsverleih an der Okercabana.

Auf dem Stadtplan ist der Verlauf der ehemaligen Befestigungsanlagen sehr schön erkennbar. Ursprünglich floss die **Oker** in einer breiten Aue durch das heutige Stadtgebiet Braunschweigs. Mitte des 12. Jahrhunderts begann man damit den Fluss aufzuteilen und in zwei Armen um das Siedlungsgebiet zu führen. Der kurvige Verlauf dieser Flussarme spiegelt die Lage der **Bastionen** wieder, mit der die Stadt abgesichert wurde. 17 dieser Bollwerke gab es mit Wallanlagen, Kurtinen, Ravelins und Glacis. Bis Mitte des 18. Jahrhunderts dauerte der Ausbau. Bereits zu Beginn des 19. Jahrhunderts wurde alles wieder abgerissen, geschleift, wie es in der Fachsprache heißt. Die frei gewordenen Flächen wurden bebaut oder in Parkanlagen umgewandelt. Auch das ist im Stadtplan gut ablesbar, wie an den Grünflächen und an den Straßennamen erkennbar ist. Der Verlauf der beiden Okerarme wurde weitgehend beibehalten. Die Oker rund um Braunschweig ist heute ein Freizeitgewässer, das gern zum Paddeln genutzt wird.

Es ist nicht weiter tragisch, wenn Sie Ihr Paddelboot nicht dabei haben. An der **Okercabana**, nur wenige Meter vom Stellplatz am Bürgerpark können Sie sich eines dieser kleinen Schiffchen leihen. Zwei bis drei Stunden werden benötigt, um die Innenstadt einmal zu umrunden. Allerdings muss man auf dieser Strecke die Boote an zwei Stellen umtragen, im Norden ist damit sogar ein Spaziergang durch den Gaußpark verbunden. Sie finden die Stellen im Stadtplan mit einem blauen Stern markiert. Wenn Sie sich nicht trauen, das allein

Das Residenzschloss in Braunschweig.

zu bewerkstelligen, so können Sie sich auch einer Gruppe anschließen oder gar eine geführte Tour buchen. Hier erfahren Sie mehr darüber www.okertour.de. Diesen Anbieter finden Sie auch auf dem Stadtplan verzeichnet. Vom Stellplatz dorthin sind es rund 1,5 Kilometer.

Machen wir nun einen Spaziergang durch die Stadt Heinrich des Löwen. Entlang der Oker geht es durch den Bürgerpark vorbei an der Volkswagen-Halle, dann zum Lessingdenkmal und weiter an der Ägidienkirche vorbei zum **Residenzschloss**.

Reiterstandbild des Herzogs Carl Wilhelm Ferdinand.

Das Schloss wurde während des Zweiten Weltkrieges stark zerstört und 1960 vollkommen abgetragen. Zwischen 2005 und 2007 erfolgte die Rekonstruktion der Hauptfassade mit mehr als 600 geretteten Bauteilen anhand alter Pläne und Fotos in ursprünglicher Größe und Form. Der ehemalige Innenhof des Schlosses ist schon ein Teil der Schlossarkaden, einer Shoppingmall, die sich in einem großen Neubau im hinteren Bereich des Schlosses fortsetzt. Wenn Sie durch den Portikus des Schlosses gehen, haben Sie Zugang zu 150 Geschäften aller Couleur, die auf rund 30.000 Quadratmetern ihre Waren und Dienstleistungen anbieten. Hier bekommen Sie einen Überblick, welche Geschäfte Sie in den Arkaden antreffen www.schloss-arkaden.de.

Im Nordflügel des Schlosses ist ein Museum untergebracht, das sich der Geschichte der Braunschweiger Herzöge und deren Familien widmet. Einige der repräsentativen Räume wurden rekonstruiert und mit Originalmöbeln und Kunstgegenständen ausgestattet. Besonders beeindruckend ist der Thronsaal mit dem Thron der Braunschweiger Welfen. Mehr Informationen, Öffnungszeiten und Eintrittspreise finden Sie hier www.schlossmuseum-braunschweig.de.

Auf dem Portikus des Schlosses steht Europas größte Quadriga. Das Kunstwerk aus Siliziumbronze ist mehr als 9 Meter hoch, 7,5 Meter breit und 9,5 Meter lang. Wagenlenkerin ist die Stadtgöttin Brunonia. Die Quadriga-Plattform ist für Besucher geöffnet. Von oben hat man einen schönen Blick auf die Braunschweiger Innenstadt.

Öffnungszeiten: April bis September montags bis sonntags von 10:00 bis 20:00 Uhr, Oktober bis März montags bis sonntags von 10:00 bis 16:30 Uhr.

Vor dem Schloss stehen zwei **Reiterstandbilder**. Sie stellen Karl Wilhelm Ferdinand von Braunschweig (1735-1806), Herzog von Braunschweig-Wolfenbüttel und seinem Sohn Friedrich Wilhelm (1771-1815), Herzog zu Braunschweig und Lüneburg dar.

Der Turm des neugotischen Rathauses.

Vom Schloss ist es nicht weit zur **Burg Dankwarderode**, das mit dem **Dom St. Blasii** und dem **neugotischen Rathaus** ein geschichtsträchtiges Gebäudeensemble bildet.

Hat man von der Plattform der Quadriga schon eine schöne Aussicht, so wird diese von dem Aussichtsbalkon des 61 Meter hohen Turmes des neugotischen Rathauses noch getoppt. Die 161 Stufen können Sie während der allgemeinen Öffnungszeiten des Rathauses erklimmen. Das Gebäude entstand in den Jahren zwischen 1894 und 1900. Der Turm erinnert an die berühmten und mittlerweile zum UNESCO-Welterbe

Burg Dankwarderode mit dem Burglöwen.

zählenden flämischen Belforts (Belfriede, Stadttürme), die als Vorlagen für den Bau des Rathausturmes genommen wurden.

Dom St. Blasii.

Das Zentrum der welfischen Macht bildete die Burg Dankwarderode. Sie ist untrennbar mit **Heinrich dem Löwen** verbunden, der diese Anlage 1175 nach dem Vorbild der Kaiserpfalzen erbauen ließ. Vor der Burg steht der Löwe auf einem Sockel. Wie Heinrich zu seinem Beinamen kam, ranken sich allerlei Sagen. Der echte Löwe, den Heinrich als Zeichen seiner Macht 1166 in Bronze gießen und vor der Burg aufstellen ließ, ist dieser Löwe aber nicht. Es ist eine Kopie, wenn Sie den echten Löwen sehen wollen, dann müssen Sie in die Mittelalterabteilung des **Herzog Anton Ulrich Museums** gehen, das in der Burg untergebracht ist. Hier steht der einst vergoldete Kraftprotz vor Wind und Wetter geschützt. Über das Museum inklusive der Öffnungszeiten und Eintrittspreise erfahren Sie mehr auf dieser Seite https://3landesmuseen-braunschweig.de.

Altstadtmarkt mit Altstadtrathaus, Martinikirche und Marienbrunnen.

Der Dom, der in der Vierung und der Apsis mit Secco-Malereien glänzt, wurde ebenso wie die Burg von Heinrich dem Löwen errichtet. Hier fand er auch mit seiner Gemahlin Mathilde seine letzte Ruhestätte.

Gehen wir weiter in den Westen zum **Altstadtmarkt**. Der Platz wurde im 12. Jahrhundert angelegt, war Hauptmarkt, Jahrmarkt, Hinrichtungsstätte, kurz der Platz, auf dem ein Spektakulum jedweder Art stattfinden konnte.

Filigrane Gotik am Altstadtmarkt.

Das gotische **Altstadtrathaus** ist eines der ältesten erhaltenen Rathäuser in Deutschland. Der älteste Teil des Gebäudes stammt aus dem 13. Jahrhundert. Zwei übereinander liegende Arkadengänge stehen in einem rechten Winkel zueinander. An den Pfeilern stehen Figuren, die ottonische und welfische Kaiser, Könige und Herzöge mit ihren Gemahlinnen darstellen.

Der Bau der Martinikirche wurde im 12. Jahrhundert begonnen. In ihrem Ursprung war sie romanisch angelegt, was in den Fenstern des Turmes deutlich sichtbar ist. Das Kirchenschiff wurde dann dem neuen Zeitgeist folgend gotisch angelegt. Sie gehört heute zur evangelisch-lutherischen Kirchengemeinde St. Martini.

Neben der Kirche ist mit dem **Alten Zoll- und Landwehrhaus** noch ein Fachwerkhaus zu sehen, das dem Typ des Braunschweiger Fachwerks entspricht. Es stand ursprünglich in Rüningen und wurde nach dem Zweiten Weltkrieg hier wieder aufgebaut, um an die vielen Fachwerkhäuser dieses Typs zu erinnern, die einst hier in Braunschweig gestanden haben.

Heinrich der Löwe und Gemahlin Mathilde am Altstadtrathaus in Braunschweig.

Die Summe der Plätze, Kirchen und Rathäuser in Braunschweig hat etwas mit der Stadtentwicklung zu tun. Im Mittelalter bestand die Stadt aus fünf eigenständigen Teilstädten mit eigenen Rechtsbereichen, Rathäusern und Pfarrkirchen. Im Zentrum dieses Gebildes befand sich die Burg Dankwarderode. Die eigenständigen Bereiche wurden "Weichbilde" genannt, was aus dem mittelhochdeutschen stammt und in einer kurzen Form mit Weich = Wohnstätte und bilde = Recht übersetzt werden kann.

Altes Zoll- und Landwehrhaus am Altstadtmarkt in Braunschweig.

Neben diesen Plätzen lohnt noch ein Gang in das **Magniviertel** rund um die **Magnikirche**, mit seinen schmalen Gassen, Fachwerkhäusern und dem bunten Happy RIZZI House. In diesem Viertel ist auch die Kunstabteilung des **Herzog Anton Ulrich Museum** zu finden. Wenn Sie dann noch das **Michaelisviertel** rund um die Michaeliskirche und das **Ägidienviertel** rund um die Ägidienkirche durchstreifen, dann haben Sie sich für den Abend einen Cocktail am Strand der Okercabana redlich verdient.

Damit beenden wir unseren Besuch in Braunschweig und fahren nach Wolfenbüttel weiter.

Um zu diesem Stellplatz zu gelangen, müssen wir die Stadt in Richtung Schladen durchfahren.

(223) Offizieller WOMO-Badeplatz: Wolfenbüttel – Stadtbad Okeraue

GPS: N52°09'20.5" E10°32'32.7"; Lange Str. 21, 38300 Wolfenbüttel.
Max. WOMOs: 44, maximale Länge 12 m, max. Aufenthalt 3 Tage.

Ausstattung: Frischwasserversorgung, Abwasserentsorgung mit Bodeneinlass, Kassettenentleerung, Stromanschlüsse, Behälter für die Müllentsorgung, ganzjährig geöffnet.
Beschreibung: Große sonnige, teilweise auch schattige Rasenplätze mit Grünstreifen zwischen der Oker und dem Stadtbad. Sehr ruhig und innenstadtnah, bis zum Kornmarkt sind es nur 900 Meter.
Preise: 12,00 € für ein Fahrzeug mit 2 Personen inkl. aller Leistungen. Anmeldung und Bezahlung erfolgt an der Kasse des Stadtbades. .
Zufahrt: Die Innenstadt über die Breite Herzogstraße und Lange Straße durchfahren und kurz hinter dem Lessingtheater links abbiegen (siehe Stadtplan). Nach Ankunft Ticket ziehen und Schranke durchfahren.

Wie in Braunschweig wurde auch in Wolfenbüttel die Oker durch eine Teilung in Gräben in die mittelalterliche Stadtbefestigung einbezogen. Die Bögen des Flusses lassen erahnen, wo einst die Bastionen gestanden haben. Im Bürger Museum, das wir bei unserem kleinen Stadtrundgang aufsuchen, finden wir diese Vermutung bestätigt. Aber der Reihe nach. Vom Stellplatz geht es zu Fuß am **Lessingtheater** vorbei auf

Fachwerkhaus am Holzmarkt.

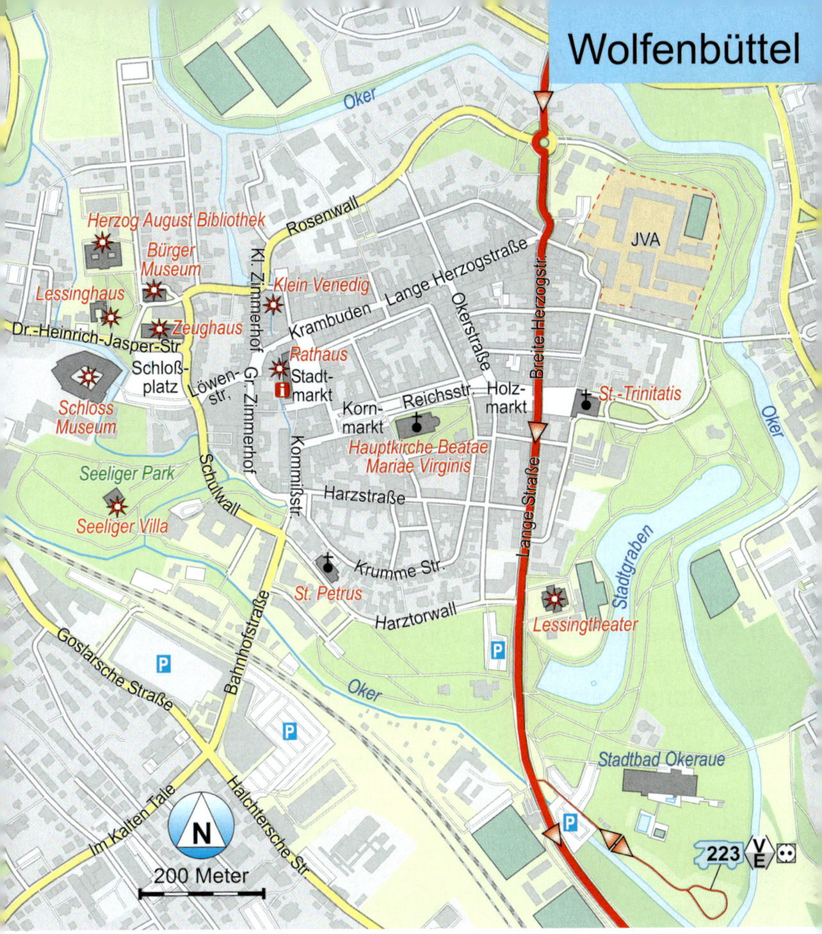

den **Holzmarkt**. Hier sehen wir auf der einen Seite die im 18. Jahrhundert errichtete **Trinitatiskirche** mit einer schlossähnlichen Barockfassade, die links und rechts des Marktes von Fachwerkhäusern flankiert wird. Über die Reichsstraße geht es zum Kornmarkt. Dabei passieren wir die **Hauptkirche Beatae Mariae Virginis**, die Stilelemente der Gotik, der Renaissance und des Barocks zeigt. Die Reichsstraße glänzt mit ihren Fachwerkhäusern, die fast alle Ende des 16. Jahrhunderts errichtet wurden. Mit Fachwerk geht es auch auf dem Kornmarkt, dem Stadtmarkt und den Krambuden weiter. Schön, dass es genug Gelegenheiten gibt, diese ganze Pracht bei einer Tasse Kaffee auf einem dieser Plätze

St. Trinitatis am Holzmarkt.

Blick von den Krambuden in den kleinen Zimmerhof.

auf sich wirken zu lassen. Die Fläche des **Stadtmarktes** ist relativ groß. Es ist der zentrale Platz für die Markttage, die mittwochs und samstags von 7:00 bis 14:00 Uhr stattfinden. Hier finden auch die Weihnachtsmärkte und andere Festveranstaltungen statt. Natürlich ist auch dieser Platz umgeben von Fachwerkhäusern. Hier fällt besonders das Rathaus auf, das einst eine Weinschänke war, dann vom Rat der Stadt aufgekauft und zu einem Rathaus umgebaut und erweitert wurde. In diesem Gebäude finden Sie auch die **Touristinformation**, die Sie gern mit sehr viel mehr Informationen über die Stadt versorgt, als wir das auf diesen wenigen Seiten darzustellen vermögen.

Im Kleinen Zimmerhof.

Vor dem Rathaus steht das **Herzog-August-Denkmal**, das ihn nicht wie sonst üblich bei den großen Herrschern vergangener Epochen hoch zu Ross in Siegerpose zeigt, sondern als jemanden, der in einfacher Kleidung gewandet sich um sein Pferd sorgt. Gezeigt werden soll damit, dass Herzog August als Friedensfürst gilt und nicht als Krieger. Das Denkmal wurde nicht zu seinen Lebzeiten aufgestellt, auch nicht kurz nach seinem Tod im Jahre 1666 sondern erst 1904. Er gilt als einer der klügsten und gelehrtesten Fürsten seiner Zeit. Er sammelte Bücher, Handschriften und Kunstgegenstände und schuf damit den Grundstock für die **Herzog August Bibliothek**, die heute mit ihrer Sammlung alter Schriften und Dokumente aus den vergangenen Jahrhunderten für Wissenschaftler aus aller Welt ein gern besuchter Ort ist. Auch für interessierte Besucher und Buchliebhaber öffnet die Bibliothek ihre Pforten. Näheres dazu erfahren Sie hier www.hab.de. Wertvollstes Ausstellungsstück ist das "Evangeliar Heinrich des Löwen" aus dem 12. Jahrhundert. Die Handschrift umfasst 226 Blätter mit 50 ganzseitigen Miniaturen, 17 Kanontafeln, vier Bilder der Evangelisten, neun Zierseiten und 20 Bilddarstellungen. Das Buch wurde 1983 für 32,5 Millionen D-Mark im Londoner Auktionshaus Sotheby's ersteigert.

Wir setzen unseren Weg fort. Der Große und Kleine Zimmerhof sowie die Krambuden bieten ein äußerst abwechslungsreiches Bild in dieser Fachwerklandschaft. Kleine Häuser wechseln sich ab mit großen, mal sind sie schmal, mal breit, mal gibt es vorkragende Elemente, mal nicht. Es ist ein kunterbuntes Ensemble, das sich hier dem Betrachter bietet. Wendet man sich am Ende des Kleinen Zimmerhofes nach links, gerät schnell das **Bürger Museum** in den Blick, das

Das Eingangsportal des Schlosses in Wolfenbüttel.

sich der Stadtgeschichte widmet. Über die Ausstellungsinhalte und Öffnungszeiten informiert diese Seite www.museumwolfenbuettel.de. Gleich daneben befindet sich die bereits erwähnte Herzog August Bibliothek und das **Lessinghaus**, das Gotthold Ephraim Lessing ab 1777 bis zu seinem Tode 1781 als Wohnhaus diente.

Krönender Abschluss unseres kleinen Rundgangs ist der Besuch des **Schlosses**, das heute als Gymnasium, als Bundesakademie für kulturelle Bildung und als Museum genutzt wird. Wie die Welfen in diesem Haus gelebt haben, lässt sich in den museal umgebauten Prunkräumen erahnen. Über die Ausstellungsinhalte, Öffnungszeiten und Eintrittspreise informiert diese Seite www.schlosswolfenbuettel.de.

Das war jetzt nur eine kurze Beschreibung der wichtigsten Sehenswürdigkeiten Wolfenbüttels. Stöbern Sie auf dieser Seite www.wolfenbuettel.de in den Tourismusseiten. Dort werden Sie einige PDFs zum download finden, die Ihnen umfassendere Informationen zu der Lessingstadt liefern.

Für die Radtour auf dem Eulenspiegelradweg, die jetzt folgt, benötigen Sie in etwa einen ganzen Tag, wenn Sie es gemütlich angehen lassen.

Eulenspiegelradweg

Es ist einer der Radwege, bei denen zumindest wir froh sind, ein e-bike dabei zu haben, denn auf diesem 69 Kilometer langen Rundweg geht es schon ganz schön rauf und runter. Die Route hat die Form einer liegenden 8, das heißt, der Rundweg ist auch zu halbieren und kann in einer kleinen Runde von Wolfenbüttel aus gefahren werden und in einer kleinen östlichen Runde wäre Schöppenstedt ein guter Start- und Zielpunkt. Auf der Tourenkarte am Anfang dieses Kapitels finden Sie den Radweg mit einer rot gepunkteten Linie verzeichnet.

Eulenspiegels Kopf weist den Weg.

Ruine der Asseburg.

Von Wolfenbüttel nach Groß Denkte ist der Weg anstrengungsfrei zu fahren. Hinter dem genannten Ort geht es dann aber flott in die Höhe. Auf dem Höhenzug der Asse finden sich mit der Burgruine, dem Bismarckturm und der Liebesallee gleich drei reizvolle Ziele. Der Bau des **Bismarckturms** geht auf die Initiative der Studentenschaft der Herzoglich Technischen Hochschule Carola-Wilhelmina in Braunschweig zurück. Gebaut wurde der Typ "Götterdämmerung", der in dieser oder ähnlicher Form auch an vielen anderen Stellen in Deutschland zu finden ist. Der Turm kann in den Sommermonaten bestiegen werden. Die Ruine der **Asseburg** wird mit einer Hinweistafel erläutert. Über die **Liebesallee**, ein Weg der mit Schneitel-Hainbuchen bestückt ist, geht es wieder hinunter. Wie es zu dieser Allee kam, finden Sie auch vor Ort ausführlich beschrieben. Der weitere Weg führt an der Schachtanlage Asse vorbei, der durch die Lagerung von schwach-radioaktiven Abfällen ins Gerede gekommen ist und nach rund 21 Kilometern ist Schöppenstedt erreicht. Hier steht das Eulenspiegel-Museum auf dem Programm, wenn es nicht schon bei der letzten Tour besucht wurde. Weiter geht es in einer großen Schleife nach Kneitlingen, wo Till Eulenspiegel geboren wurde und von dort kontinuierlich zum Ausgangspunkt in Wolfenbüttel zurück.

Bismarckturm auf der Asse.

Nach dieser Radtour geht es zu einem Badesee weiter, den wir in 18 Kilometern Entfernung in Salzgitter finden.

(224) Offizieller WOMO-Badeplatz: Salzgittersee

GPS: N52°09'08.1" E10°18'46.7"; Zum Salzgittersee 46, 38226 Salzgitter.
Max. WOMOs: 20, maximale Länge 12 m.
Ausstattung: Frischwasserversorgung, Abwasserentsorgung mit Bodeneinlass, Kassettenentleerung, Stromanschlüsse, Behälter für die Müllentsorgung, ganzjährig geöffnet.
Beschreibung: Große sonnige, teilweise auch schattige, eng beieinanderliegende Stellflächen auf Asphalt. Grünstreifen und Bäume lockern den Platz auf. Gute Spazierwege rund um den See. Auf der gegenüberliegenden Seite des Sees befindet sich eine Wakeboardanlage.

Preise: 5,00 € für ein Fahrzeug mit 2 Personen. Anmeldung und Bezahlung erfolgt an der Kasse des Stadtbades. Entsorgung kostenlos, über Münzautomaten gibt es Frischwasser für 1,00 €, Strom für 0,50 € pro kWh.
Zufahrt: In Salzgitter-Lebenstedt hineinfahren und der Beschilderung zum See folgen.

Bis zum Badestrand am Salzgittersee sind es 400 Meter. Der Badestrand ist insgesamt mehr als einen Kilometer lang. Der Rundweg um den See ist fast sechs Kilometer lang. Es gibt auf diesem Weg in den Sommermonaten mehrere Einkehrmöglichkeiten. Wer mit dem Hund unterwegs ist, findet auf der Insel in dem See einen Strand für den vierbeinigen Begleiter. Wassersportler finden im Wakepark am Westufer des Sees ein großes Angebot an Schanzen unterschiedlichster Formen. Für alle anderen ein schönes Schauspiel den Könnern und den Anfängern auf der Anlage zuzuschauen.

Auf dem Rundweg am Salzgittersee.

Wir nähern uns dem Ende dieser Tour und dem Ende dieses Buches. Vom Salzgittersee geht die Fahrt weiter nach Holle. Hier besuchen wir als Erstes das **Schloss Derneburg**, [N52°05'40.2" E10°08'01.1"] das nach einer wechselvollen Geschichte 1975 von dem Künstler Georg Baselitz gekauft wurde, der hier bis 2006 lebte und arbeitete. Er verkaufte das Schloss an den US-amerikanischen Finanzinvestor und Kunstsammler Andrew J. Hall, der es heute für Kunstausstellungen nutzt. Auf dieser Seite www.hallartfoundation.org finden Sie weitere Informationen darüber.

Schloss Derneburg in Holle.

Rund um das Schloss Derneburg gibt es den **Laves-Kulturpfad**. Er geht zurück auf die Gestaltung eines englischen Landschaftsgartens, der zu Beginn des 19. Jahrhunderts vom damaligen Eigentümer angelegt wurde. Ein Pyramidenmausoleum und ein griechischer Tempel sind in dieser Parkanlage versteckt und locken Spaziergänger vorzugsweise an den Wochenenden an. Dann ist auch das Café im Glashaus gut gefüllt. Weitere Informationen zum Café und dem Kulturpfad finden Sie auf dieser Seite www.derneburg.de.

Kommen wir zur letzten Station auf unserer Reise und besuchen den **Familienpark Sottrum**.

Der Eingangsbereich des Familienparks in Sottrum.

(225) Offizieller WOMO-Stellplatz:
Holle – Familienpark Sottrum

GPS: N52°04'23.2" E10°08'24.8"; Ziegeleistraße 28, 31188 Holle/OT Sottrum.
Max. WOMOs: >10, maximale Länge 10 m.
Ausstattung: Frischwasserversorgung, Abwasserentsorgung ohne Bodeneinlass, Kassettenentleerung, Stromanschlüsse, Behälter für die Müllentsorgung, ganzjährig geöffnet.
Beschreibung: Ebenes Gelände neben dem Freizeitpark, Hunde nicht gestattet. Eine telefonische Voranmeldung ist erforderlich. Tel. 05062/8860.
Preise: 20,00 € pro Erwachsenen, 18,00 € pro Kind, Strom 2,00 €, Abwasserentsorgung und Entleerung der Bordtoilette ist kostenfrei.
Zufahrt: In Holle der Beschilderung zum Freizeitpark folgen.

Wenn irgendetwas "unkonventionell" ist, dann dieser Familienpark. Der Park kommt ganz ohne technischen Firlefanz aus. Hier gibt es einen Bauernhof mit Haustieren, die vom Aussterben bedroht sind, längst vergessene Nutzpflanzen, Geschichte über die Menschheit, Wasserspielplätze, physikalische Phänomene, einen Philosophenweg und sehr viel tiefgründiges und politisch unkorrektes. Kurzum ein faszinierender Park und ein würdiger Abschluss für diese Reise. Mehr Informationen über den Park und die Öffnungszeiten erfahren Sie auf dieser Seite www.familienparksottrum.de.

Damit beenden wir diese Reise und dieses Buch. Wir hoffen, wir konnten Ihnen nützliche und informative Hinweise für Ihre Reise durch den Harz und sein Umland geben.

Tipps und Infos – alphabetisch sortiert

Baden/Wellness

Es gibt eine große Summe an Frei- und Hallenbädern, auf die wir immer wieder hingewiesen haben, ohne jedoch dabei den Anspruch auf Vollständigkeit erheben zu wollen.

Ein großes Thema sind in den letzten Jahren die Kurbäder geworden, die in der Regel nicht nur verordnete Kuren durchführen, sondern ihre Angebote auch auf das Thema **Wellness** ausgerichtet haben. Viele davon haben einen Wohnmobilstellplatz in unmittelbarer Nähe, manche so nah, dass man theoretisch im Bademantel vom Womo in das entsprechende Bad gehen kann. Wir haben sie aufgenommen und sie im Stichwortverzeichnis aufgeführt.

Campingplätze

Die Zahl der Campingplätze ist groß im Harz und im Weserbergland. Wir haben nicht alle aufgenommen, sondern sehen sie als Alternative zu nicht vorhandenen Stellplätzen. Wir wählen einen Campingplatz aber auch dann, wenn er besonders schön an einem Fluss oder einem See liegt, während der ausgewiesene Stellplatz nur eine Ecke auf einem Großparkplatz an einer viel befahrenen Straße ist oder in der Nähe einer viel befahrenen Bahnstrecke liegt.

e-bike Ladestationen

Mittlerweile sind sehr viele Radler mit einem sogenannten e-bike unterwegs. Wir haben an vielen Stellen in unserem Reisegebiet Ladestationen vorgefunden, die ein kostenloses Nachladen des Akkus ermöglichen. Es empfiehlt sich also bei einer längeren Tour das Ladekabel für das eigene Rad mitzuführen, um unterwegs neue Kraft für das Rad tanken zu können.

Freies Campen/Freies Übernachten

Nicht jeder traut sich auf einem Waldparkplatz oder an einem still verschwiegenen See ohne eine Menschenseele um sich herum sein Womo abzustellen und zu übernachten. Uns stört es nicht, wenn in der Nacht der Waldkauz ruft oder wenn es im Gebüsch auch einmal knackt. Unter Sicherheitsaspekten betrachtet erscheint uns dies sogar besser, denn Spitzbuben, die auf Diebestour sind, gehen eher dort hin, wo sie nicht lange suchen müssen. Außerdem haben wir immer unsere drei treuen Begleiter dabei, die schlagen jeden in die Flucht, wenn es denn sein muss.

Bitte respektieren Sie aber, dass eine Übernachtung auf einem Wanderparkplatz im Nationalpark Harz verboten ist.

Gasversorgung

Graue Campinggasflaschen werden in fast allen Baumärkten zu den üblichen Ladenöffnungszeiten zum Tausch angeboten. LPG-Tankstellen gibt es mittlerweile sehr viele. Sie aufzuführen würde den Rahmen dieses Büchleins sprengen.

Gaststätten und Spezialitäten

Kulinarisch haben die Regionen, die wir in diesem Buch durchfahren haben, einiges zu bieten. Es überwiegt die traditionelle deutsche Küche, eine große Zahl besonderer regionaler Spezialitäten, wie sie zum Beispiel in den Küchen Badens und Württembergs zu finden sind gibt es hier nicht, dafür aber gute Biere und an Saale und Unstrut auch guten Wein und Sekt.

Harzer Roller

Entweder man liebt oder man hasst ihn, denn er hat einen extrem starken Eigengeruch, der manchen Menschen den Atem verschlägt. Dabei bringt der „Stinker-Käse" viele gute Seiten mit sich, er enthält viel Eiweiß und gleichzeitig nur wenig Fett. Er wird zumeist in der Kombination mit einem kräftigen Brot gegessen.

Harzer Schmorwurst

Es ist eine Wurst aus Schweinefleisch, die zuerst gekocht und angehend geräuchert wird. Sie bekommen die Wurst mit Grünkohl und Salzkartoffeln serviert.

Arme Ritter

Traditionelles „Arme Leute Essen", das Sie als Nachspeise oft auf den Speisekarten finden.

Hasseröder

Traditionsbrauerei in Wernigerode, meistkonsumierte Biermarke in Ostdeutschland.

Schierker Feuerstein

Ein von einem Apotheker aus Schierke gemixter Kräuterlikör der gern nach dem Essen gereicht wird. Er soll Verdauungsfördernd wirken und Magenbeschwerden vorbeugen.

Soljanka

Nicht typisch für den Harz. Eher ein Überbleibsel aus der DDR-Küche. Diese herzhafte Suppe aus Zwiebeln, Tomaten, Sauerrahm, Gewürzgurken und Wursteinlage finden Sie auf fast jeder Speisekarte in Sachsen-Anhalt.

Erbsensuppe/ -eintopf

Auch eine Spezialität in Sachsen-Anhalt, die Sie an verschiedenen Stellen aus der Gulaschkanone am Straßenrand serviert bekommen.

Rotkäppchen Sekt

Rotkäppchen war die bekannteste Sektmarke in der DDR und hat sich mittlerweile über alle Grenzen hinweg etabliert.

Küche im Weserbergland

Hier gibt es eine bodenständige Küche, mit sehr vielen Wild- und Lammgerichten, das in der Regel mit einem Bier begleitet wird.

GPS/Navigation

Ohne ein Navigationsgerät ist heute kaum noch jemand unterwegs. Wir halten diese Geräte für äußerst nützlich, nur blind vertrauen sollte man ihnen nicht. Hinter jeder Programmierung und Datenerfassung steht ein Mensch und der macht nun einmal Fehler, falsche Wegweisung ist deshalb nicht ausgeschlossen. Navigationsgeräte führen zwar zielgenau zu den eingegebenen Koordinaten, eine Übersicht bieten sie jedoch nicht und eine räumliche Orientierung vermitteln sie auch nicht. Nehmen Sie ergänzend zu Ihrem Navi eine gute Landkarte zur Hand, damit Sie ein Gefühl dafür bekommen, in welcher Lage sich die einzelnen Städte oder Sehenswürdigkeiten zueinander befinden.

Internet/WLAN

Neben den Navigationsgeräten hat die mehr oder minder starke Konnektivität mit dem Internet in den letzten Jahren stark zugenommen und wird in den nächsten Jahren noch sehr viel stärker zunehmen. Nicht überall sind auf den Stellplätzen schnelle Verbindungen vorhanden. Wenn das Smartphone 3G oder H anzeigt, wissen Sie, dass Sie keine hohe Surfgeschwindigkeit erwarten können. Erscheint GPRS oder ein E in der oberen Displayecke kann von Geschwindigkeit keine Rede mehr sein. Bei 4G oder LTE in der Anzeige ist die Geschwindigkeit relativ hoch. Bei schnellen Verbindungen macht es Sinn, sich die Webseiten anzuschauen, auf die wir in diesem Buch hingewiesen haben. Darunter befinden sich auch Hinweise auf Videos. All diese Informationen betrachten wir als Unterstützung für einen interessanten und unterhaltsamen Urlaub.

Bis der 5G-Standard installiert ist und das alles noch schneller geht, wird es wohl noch eine Weile dauern. Dort, wo es an Stellplätzen einen WLAN-Zugang gibt, haben wir es vermerkt.

Kartenmaterial und Literatur

Ergänzend zu Ihrem Navi sollten Sie gutes Kartenmaterial mit sich führen. Wir waren mit Kartenmaterial im Maßstab 1:150.000 vom ADAC-Verlag unterwegs und haben auch immer Kartenmaterial aus dem Kunth-Verlag an Bord. Aus den jeweiligen Verlagsverzeichnissen lassen sich die Karten und Autoatlanten für Ihr Zielgebiet gut entnehmen.

Für die Planung der Wanderungen bevorzugen wir die Karten der Landesvermessungsämter. Welche Karten das sind, erfahren Sie bei den jeweiligen Wanderbeschreibungen. Darüber hinaus haben wir uns auch mit den Produkten eingedeckt, die regional an den Kiosken oder Tourist-Infos angeboten werden.

Natürlich macht auch eine Internetrecherche zu den jeweiligen Zielgebieten Sinn. Auch wenn jede Tourist-Info ihre „Website“ anders aufbaut und man sich immer wieder neu in den Seiten zurechtfinden muss, lassen sich doch einige nützliche Informationen gewinnen. Man sollte nur immer daran denken, dass diese Informationen nicht uneigennützig ins Netz gestellt werden. Mittlerweile werden auf den Seiten der Tourismusämter gute Karten im PDF-Format zum download angeboten. Wir haben auch diese genutzt, auf das Tablet gespeichert und das Gerät in den Rucksack gepackt. Bei unseren Beschreibungen der Wanderungen und Radwandtouren haben wir immer wieder darauf hingewiesen und links in den Texten dazugestellt. Nützlich ist es auch, Wandertafeln mit dem Smartphone oder dem Tablet abzufotografieren und das Foto unterwegs immer wieder zur Orientierung aufzurufen.

Kleingeld/Münzen

Die Parkautomaten, die Münzautomaten an den Stromsäulen und an den Sanitärstationen verlangen nach Kleingeld. Achten Sie darauf, immer einen Vorrat an 50 Cent und 1-Euro-Münzen mitzuführen. Wir haben uns dazu eine kleine Schachtel im Handschuhfach bereitgelegt, die immer wieder mit dem Wechselgeld nach Einkäufen gefüttert wird.

Toiletten/Toilettenentsorgung

Auf unseren Touren haben wir darauf geachtet, eine Vielzahl von Plätzen zu finden, die sachgerechte Ver- und Entsorgungseinrichtungen haben. Die Entsorgung ist kein Kostenfaktor und es sind genügend Stationen in diesem Buch genannt. Es gibt also wirklich keinen Grund, den Inhalt der Bordtoilette hinter irgendeinem Busch zu entleeren. Die Stationen sind in den Tourenkarten gut erkennbar. Vielleicht müssen Sie mal auf eine Station aus einer Nachbartour ausweichen, auch diese Möglichkeit ist in den Tourenkarten gut ablesbar.

Für den Notfall haben wir uns eine zweite Kassette zugelegt, die bei Bedarf gegen die volle getauscht wird. Ansonsten gilt: Vorausschauend Ver- und Entsorgen und nicht bis auf den letzten Drücker warten.

Trinkwasserversorgung/Grauwasserentsorgung

Hier gilt das Gleiche wie für die Toilettenver- und entsorgung. Erfahrungsgemäß ist die Toilette schneller voll als der Abwassertank. Wir arbeiten die Frischwasseraufnahme, Grauwasser- und Toilettenentsorgung immer an einer Service-Station nacheinander ab, egal wie dringend notwendig das eine oder andere gerade auch ist.

Wandern und Radwandern

Die gesamte Region ist zum Wandern und Radeln ideal. Wir haben uns bemüht, einige der interessantesten Routen im Buch zu berücksichtigen. Es gibt jedoch noch wesentlich mehr Wege, die entdeckt, durchschritten bzw. durchfahren werden wollen. Um diese zu erkunden, empfehlen wir die amtlichen Wanderkarten und Radwanderkarten und Radwanderbücher, die z.B. entlang der Weser, entlang der Leine, entlang der Saale und entlang der Elbe zu bekommen sind. Die Beschilderung der Radwege ist durchweg als gut zu bezeichnen, die Richtungshinweise sind klar verständlich und mit Kilometerangaben versehen.

Zum Schluss: Die große Wohnmobilfahrerfamilie

Urlaub mit dem Wohnmobil ist etwas ganz Besonderes. Man kann die Freiheit genießen, ist ungebunden, dennoch immer zu Hause und lebt mitten in der Natur. Seit mehr als 30 Jahren geben wir Ihnen mit unseren Reiseführern eine Anleitung für diese Art Urlaub mit auf den Weg. Außer den umfangreich recherchierten Touren haben wir viele Tipps allgemeiner Art zusammengetragen, unter ihnen auch solche, die für einen Womo-Urlauber eigentlich selbstverständlich sein sollten. Weil wir als Wohnmobiler die Natur in ihrer ganzen Schönheit und Vielfalt zu schätzen wissen, haben wir auch eine besondere Verantwortung ihr gegenüber, die wir nicht einfach auf andere abwälzen dürfen.

Jährlich erhalten wir viele Zuschriften, Grüße von Lesern, die mit unseren Reiseführern einen schönen Urlaub verbracht haben und sich herzlich bei uns bedanken. Wir erhalten Hinweise über Veränderungen an den beschriebenen Touren, die uns bei der Aktualisierung der Reiseführer helfen.

Aber: Wir erhalten auch Zuschriften über das Verhalten von Wohnmobilfahrern, die sich egoistisch, rücksichts- und verantwortungslos der Natur und ihren Mitmenschen – Urlaubern und Einheimischen – gegenüber verhalten. In diesen Briefen geht es um die Themen Müllbeseitigung, Abwasser- und Toilettenentsorgung. Es soll immer noch Wohnmobilurlauber geben, die ihre Campingtoilette nicht benutzen, dafür lieber den nächsten Busch mit Häufchen und Toilettenpapier „dekorieren"; die den Abwassertank nicht als Tank nutzen, sondern das Abwasser einfach durchfließen lassen, die ihren Müll neben dem Wohnmobil „vergessen“ und sich davon machen.

Liebe Leser!

Wir möchten Sie im Namen der gesamten Womo-Familie bitten: Helfen Sie aktiv mit, diese Schweinereien zu unterbinden! Jeder Wohnmobilurlauber trägt eine große Verantwortung und sein Verhalten muss dieser Verantwortung auch gerecht werden. Bestimmt hat mancher, dem Sie auf Ihrer Tour begegnen und sich unwürdig verhält, das gleiche Büchlein in der Hand wie Sie. Er weiß zumindest jetzt, worum es geht. Sprechen Sie ihn an und weisen Sie ihn auf sein Fehlverhalten hin.

Der nächste freut sich, wenn er den Stellplatz sauber vorfindet, denn auch er hat sich seinen Urlaub verdient!

Vor allem aber: Wir erhöhen damit die Chance, dass uns unsere über alles geliebte Wohnmobil-Freiheit noch lange erhalten bleibt.

Helfen Sie mit, den guten Ruf unserer Womo-Familie zu wahren!
Tragen Sie dazu bei, dass Einzelne ihn nicht in den Schmutz ziehen!
Wir danken Ihnen im Namen aller Womo-Freunde –

Ihr WOMO-Verlag

Stichwortverzeichnis

H

I

J

K

Q

R

S

T

Bildnachweis:

Alle Fotos stammen von den Autoren mit Ausnahme folgender Aufnahmen: Hanskühnenburg Seite 38 © Kassandro, Wikimedia; Knollenturm Seite 42 © Kassandro, Wikimedia; Ostdeutsches Fahrzeug & Technikmuseum Seite 55 © MT's Panzerfahren Team; T55 Seite 55 © MT's Panzerfahren Team; Impressionen aus Heimkehle Seite 65 © Höhle Heimkehle; Grube Glasebach Seite 67 © Grube Glasebach; Dampflok der Selketalbahn Seite 71 © Frank Bothe, Wikimedia; Ulrichkirche in Sangerhausen Seite 80 © Dr. Volkmar Rudolf, Wikimedia; Himmelsscheibe von Nebra Seite 87 © Dbachmann, Wikimedia; Baumannshöhle Seite 176 © Jan Reichel; Iberger Tropsteinhöhle Seite 192 © Guenter Jentsch; Romanische Basilika Lippoldsberg Seite 221 © Heinrich Stürzl, Wikimedia; Campingpark Schellental Seite 239 © Campingpark Schellental; Bibliothek der Königin Seite 283 © Patrice Kunte; Baumwipfelpfad in Bad Harzburg Seite 302 © Baumwipfelpfad; BaumSchwebeBahn Bad Harzburg Seite 302 © BaumSchwebeBahn Harz, Nordstadtlicht; Tetzelstein Seite 319 © Roll Stone; Innenraum Kaiserdom Seite 329 © PtrQs, Wikimedia.

Karten:

Alle Karten wurde erstellt von Heiner Newe. Die Stadtpläne unter Verwendung der Daten von © OpenStreetMap contributors.

Info-Blatt aus dem WOMO-Buch: Harz '21

Lokalität: Seite: Datum:
(Stellplatz, Campingplatz, Wandertour, Gaststätte, usw.)

unverändert gesperrt/geschlossen folgende Änderungen:

Lokalität: Seite: Datum:
(Stellplatz, Campingplatz, Wandertour, Gaststätte, usw.)

unverändert gesperrt/geschlossen folgende Änderungen:

Lokalität: Seite: Datum:
(Stellplatz, Campingplatz, Wandertour, Gaststätte, usw.)

unverändert gesperrt/geschlossen folgende Änderungen:

Lokalität: Seite: Datum:
(Stellplatz, Campingplatz, Wandertour, Gaststätte, usw.)

unverändert gesperrt/geschlossen folgende Änderungen:

Lokalität: Seite: Datum:
(Stellplatz, Campingplatz, Wandertour, Gaststätte, usw.)

unverändert gesperrt/geschlossen folgende Änderungen:

Lokalität: Seite: Datum:
(Stellplatz, Campingplatz, Wandertour, Gaststätte, usw.)

unverändert gesperrt/geschlossen folgende Änderungen:

Meine Adresse und Tel.-Nummer:

Info-Blatt aus dem WOMO-Buch: Harz '21

Lokalität: Seite: Datum:
(Stellplatz, Campingplatz, Wandertour, Gaststätte, usw.)

unverändert gesperrt/geschlossen folgende Änderungen:

Lokalität: Seite: Datum:
(Stellplatz, Campingplatz, Wandertour, Gaststätte, usw.)

unverändert gesperrt/geschlossen folgende Änderungen:

Lokalität: Seite: Datum:
(Stellplatz, Campingplatz, Wandertour, Gaststätte, usw.)

unverändert gesperrt/geschlossen folgende Änderungen:

Lokalität: Seite: Datum:
(Stellplatz, Campingplatz, Wandertour, Gaststätte, usw.)

unverändert gesperrt/geschlossen folgende Änderungen:

Lokalität: Seite: Datum:
(Stellplatz, Campingplatz, Wandertour, Gaststätte, usw.)

unverändert gesperrt/geschlossen folgende Änderungen:

Lokalität: Seite: Datum:
(Stellplatz, Campingplatz, Wandertour, Gaststätte, usw.)

unverändert gesperrt/geschlossen folgende Änderungen:

Meine sonstigen Tipps und Verbesserungswünsche:

Wir bestellen: (Preisänderungen vorbehalten)

- ☐ Wohnmobil Handbuch .... 12,00 €
- ☐ Wohnmobil Kochbuch.......... 12,90 €
- ☐ Heitere Geschichten .... 6,90 €
- ☐ Albanien.............................. 19,90 €
- ☐ Allgäu.................................. 19,00 €
- ☐ Andalusien (Spanien Süd).... 22,00 €
- ☐ Auvergne .... 22,00 €
- ☐ Baden-Württemberg .... 22,00 €
- ☐ Baltikum.............................. 23,00 €
- ☐ Bayern (Nordost) .... 20,90 €
- ☐ Bayern (Nordwest)............... 20,90 €
- ☐ Bayern (Südost/Oberbayern) 22,00 €
- ☐ Belgien & Luxemburg .... 19,90 €
- ☐ Bretagne .... 20,90 €
- ☐ Burgund .... 19,90 €
- ☐ Dänemark........................... 21,00 €
- ☐ Elsass................................. 21,00 €
- ☐ England (Nord) .... 19,90 €
- ☐ England (Süd).................... 19,90 €
- ☐ Finnland.............................. 19,90 €
- ☐ Frankreich Südwest............. 22,00 €
- ☐ Französische Alpen .... 20,90 €
- ☐ Franz. Atlantikküste (Nord)... 19,90 €
- ☐ Französisches Jura .... 21,00 €
- ☐ Griechenland .... 19,90 €
- ☐ Harz.................................... 22,00 €
- ☐ Hessen (Nord) .... 22,00 €
- ☐ Hessen (Süd)...................... 19,90 €
- ☐ Hunsrück/Mosel/Eifel........... 22,00 €
- ☐ Irland.................................. 22,00 €
- ☐ Island .... 18,90 €
- ☐ Korsika............................... 18,90 €
- ☐ Kroatien / Montenegro.......... 19,90 €
- ☐ Languedoc / Roussillon.... .... 20,90 €
- ☐ Ligurien.............................. 18,90 €
- ☐ Loire-Tal/Paris..................... 17,90 €
- ☐ Lothringen........................... 17,90 €
- ☐ Lüneburger Heide................ 22,00 €
- ☐ Marokko.............................. 22,00 €
- ☐ Meckl. Vorpommern (West) .. 20,00 €
- ☐ Meckl. Vorpommern (Ost)..... 20,00 €
- ☐ Mittel-Italien .... 19,90 €
- ☐ Namibia.... .... 20,90 €
- ☐ Neuseeland (Nord + Süd). je 19,90 €
- ☐ Niederlande .... 21,00 €
- ☐ Nord-Frankreich................... 19,90 €
- ☐ Normandie .... 22,00 €
- ☐ Norwegen (Nord) .... 21,00 €
- ☐ Norwegen (Süd) .... 21,00 €
- ☐ Österreich (Ost) .... 22,00 €
- ☐ Österreich (West) .... 17,90 €
- ☐ Ostfriesland .... 20,90 €
- ☐ Peloponnes.......................... 19,90 €
- ☐ Pfalz.................................... 21,00 €
- ☐ Piemont/Aosta-Tal .... 22,00 €
- ☐ Polen (Nord/Masuren) .... 21,00 €
- ☐ Polen (Süd/Schlesien).......... 17,90 €
- ☐ Portugal (Nord).................... 21,00 €
- ☐ Portugal (Süd) .... 20,00 €
- ☐ Provence & C. d'Azur (Ost) .. 19,90 €
- ☐ Provence & C. d'Azur (West) 19,90 €
- ☐ Pyrenäen .... 19,90 €
- ☐ Rumänien .... 19,90 €
- ☐ Sachsen.............................. 22,00 €
- ☐ Sardinien .... 19,90 €
- ☐ Schleswig-Holstein .... 22,00 €
- ☐ Schottland........................... 19,90 €
- ☐ Schwarzwald .... 21,00 €
- ☐ Schweden (Nord)................. 19,90 €
- ☐ Schweden (Süd) .... 19,90 €
- ☐ Schweiz (Ost + West)....... je 22,00 €
- ☐ Sizilien .... 19,90 €
- ☐ Slowakei .... 21,00 €
- ☐ Slowenien .... 21,00 €
- ☐ Spanien (Nord/Atlantik) .... 19,90 €
- ☐ Spanien (Ost/Katalonien) ..... 18,90 €
- ☐ Südafrika (Krüger NP) .... 24,90 €
- ☐ Süditalien (Ost/Apulien)........ 21,00 €
- ☐ Süditalien (West/Kalabrien).. 19,90 €
- ☐ Süd-Tirol .... 20,00 €
- ☐ Thüringen .... 22,00 €
- ☐ Toskana & Elba.................... 22,00 €
- ☐ Trentino/Gardasee............... 21,00 €
- ☐ Tschechien .... 20,00 €
- ☐ Umbrien & Marken mit Adria. 19,90 €
- ☐ Ungarn................................ 18,90 €
- ☐ Venetien/Friaul..................... 19,90 €
- ☐ Wales.................................. 18,90 €

* WOMO * WOMO * WOMO * WOMO *

Absender:

Datum

Unterschrift

WOMO-VERLAG

Versandabteilung

OT Mittelsdorf

An der Liethe 4-6

36452 Kaltennordheim

DIE REISE- UND ERLEBNISFÜHRER

* Bequeme Touren durchs ganze Urlaubsland.
* Viele Plätzchen für freie Übernachtungen mit GPS.
* Genaue Hinweise auf viele Trinkwasserstellen.
* Die schönsten Badeplätze, die nicht jeder kennt.
* Bergtouren und Spaziergänge für groß und klein.
* Die besten Anreiserouten, Fähren, usw.
* 300 Tipps und Tricks – für Ausrüstung, Reisevorbereitung und Urlaub.
* Ausgefeilte Profipackliste.
* Spezialkarten mit präzisen Einträgen der freien Stellplätze, Trinkwasser- und Entsorgungsstellen.

DAS KOCHBUCH

* Einrichtung der WOMO-Küche.
* Lebensmittel-Grundausstattung.
* Konserven selbst gemacht.
* Backen in der Bratpfanne – Kuchen, Pizza, Brote.
* Viele, viele WOMO-Rezepte für zwei Gasflammen – einfach, schnell und lecker!
* Einkochen im Urlaub.
* Spezialrezepte für den Dampftopf.
* Der WOMO-Pfannenknecht.

DAS HANDBUCH

* Beratung bei Kauf und Miete.
* Gas-, Wasser-, Elektroinstallation.
* Einrichten des Wohnmobils.
* Tipps & Tricks fürs Wochenende.
* 3200 freie deutsche Stellplätze.
* 700 deutsche Entsorgungsstationen.
* Urlaubsvorbereitung, Profipackliste.
* .Stellplatz-Infos für ganz Europa.
* Wohnmobil und Wintersport.
* Der WOMO-Urlaubspartner-Service.
* Gastankstellen in ganz Europa.

Unsere Bücher erhalten Sie in jeder Buchhandlung oder auf Rechnung direkt vom Verlag. Hier gibt's auch die aktuellen Infos über unsere ständigen Neuerscheinungen. (Versandkosten 1,20 €, ab 10 € portofrei/Ausland 7,50 €, Preisänderungen vorbehalten).

Bestell-Telefon: 036946-20691 * Fax: 036946-20692**
Internet: www.womo.de * eMail: verlag@womo.de**